交通行为学

刘小明　石建军　陈艳艳　著

科学出版社
北京

内 容 简 介

人、车、路是构成道路交通系统的三大要素，其中人是核心要素。人在交通系统运行中的作用以交通行为方式表现。交通行为是人的社会行为在道路交通系统中的具体表现，决定着道路交通系统的存在、发展与运行方式。与数学、系统、信息等理论相似，交通行为学是交通学科的基础科学理论之一。本书从社会、群体、交互、个体等多行为层面对道路交通进行行为学基础研究，并围绕交通安全行为、信息交通行为、虚拟交通行为等主题，进行应用基础研究。交通行为学涉及交通、行为、系统、信息、实验、计算等科学理论与方法，是多学科综合的基础理论。

本书可为交通规划、交通管理和交通控制等方向的科学工作者和高等院校师生提供参考。

图书在版编目(CIP)数据

交通行为学/刘小明，石建军，陈艳艳著. —北京：科学出版社，2017.11

ISBN 978-7-03-054861-0

Ⅰ.①交… Ⅱ.①刘… ②石… ③陈… Ⅲ.①交通-社会问题-研究
Ⅳ.①C913.32

中国版本图书馆 CIP 数据核字(2017)第 254988 号

责任编辑：刘宝莉　陈　婕　纪四稳 / 责任校对：桂伟利
责任印制：吴兆东 / 封面设计：陈　敬

科学出版社出版
北京东黄城根北街 16 号
邮政编码：100717
http://www.sciencep.com
北京凌奇印刷有限责任公司 印刷
科学出版社发行　各地新华书店经销
*
2017 年 11 月第 一 版　开本：720×1000　1/16
2023 年 6 月第六次印刷　印张：20 1/4
字数：400 000

定价：150.00 元

(如有印装质量问题，我社负责调换)

前　　言

交通是人类社会的重要组成部分，是人类跨越时空相互交往的社会活动，是社会赖以存在的基础和发展的先决条件。交通支撑经济社会发展并创造了人类文明，是社会文明程度的客观标志之一。随着经济社会的发展，社会对交通的需求与日俱增，交通问题也随之产生，由于人的个体与群体的参与，交通复杂性不断增加。正确认识和科学描述交通中人的个体或群体行为特性和规律是科学交通规划、建设、运营、管理及服务的基础，探索建立交通行为学理论体系是交通科技工作者多年的目标，这一学科体系的建立也将为综合交通体系建设、运输服务体系构建、交通问题治理等提供理论指导。

我国交通工程学始建于20世纪80年代，它跨越了工程、管理、经济、社会等多个领域，其学科基础、学科类型一直在争论中不断完善和发展，其在实际的经济社会发展、交通发展与运行中具有十分重要的现实作用，与经济社会的发展、人们的生产生活之间的关系越来越密切，为此，必须深入研究分析作为交通主体的人的行为特性及其规律。

交通心理学关注交通中人的个体心理、生理特性研究，更多地聚焦于交通系统内的分析。交通行为学则是将人的个体与群体放到包含交通的社会中进行分析研究，既有个体的特性分析与规律的把握，又有对个体的引导，也有对群体的分析和引导。交通行为学以人的行为及其产生的原因作为研究对象，主要从人的交通需要、欲望、动机、目的等心理因素的角度研究人的行为规律。要借助对交通行为规律性的认识来预测和控制人的交通行为，以实现交通效率的提高和安全水平的提升，从而实现交通系统的目标。交通行为学通常分别对个体、交互、群体、社会四个层面的各种交通行为现象进行系统探讨，并从应用层面研究交通行为与运输服务、交通管理之间的互动关系。对于过去交通研究中的供、需两个方面，人们更关注供给，对需求的认识相对较少，“需要就是合理”常常被社会公众和交通研究简单地认同，其实需要有理性的，也有非理性的，需要的满足方式也是多样的，需要也是要管理的。需求同样是可以教育、引导和改变的，对需求进行有效的管理恰恰是考量管理者智慧的途径。

北京工业大学省部共建交通工程重点实验室于2010年在国家重点基础研究发展计划(973计划)支持的基础上系统开展了交通行为理论体系的研究，之后又展开了国家自然科学基金项目、北京市重点实验室基础研究项目的研究。本书是这些研究项目成果的部分汇集。交通行为学学科体系的构建、内涵与表达方式仍需深入研究，本书乃抛砖之作，供大家讨论，望引起更多的关注。参加本书撰写及相关项目研究的主要有：邵长桥（第 4 章）、胡江碧（第 6 章）、贺玉龙（第 7 章）、曹静（第 9 章）、魏中华（参与编写第 8 章）、周雨阳、王玮琪等老师，以及实验室在读博士、硕士研究生。

交通行为学是研究交通领域的行为科学。随着行为科学和交通工程学的发展，交通行为学理论体系的逐步形成将为交通规划、交通管理、交通服务等制度建设的合理性和有效性创造条件。

目　　录

第1章　绪　　论

1.1　一般概念

1.1.1　行为的含义

人的行为一般是指人的有意识、有目的的社会活动，是人与环境相互作用的产物和表现。人的行为既是人的有机体对于刺激的反应，又是人通过一连串的动作实现其预定目的的过程。行为(behavior)一词有广义与狭义的解释：狭义的行为是指可以观察测量的外显反应或活动，如工作、走路、跑步、打球、游泳等，这些动作可经由他人的感官直接观察得知，或借助仪器等技术手段记录下来，加以分析研究处理；广义的行为是指由一定的目的引起，指向一定目标并促成一定效果的活动。广义的行为，除了包括外显的动作，还包括人的心理、生理、思维等内在的要素，如动机、意识、思考、信念、价值观等，这些都是外显行为的内在驱动力(drive)，具有决定行为的可能性和趋向的作用。因此，广义的行为是指任何外显的、可观察的动作、反应、运动或行动，以及人的头脑中进行的各种内在的心理活动，是人与环境两者互动作用的结果。人的行为大都是通过学习获得的。行为离不开人这个主体，也离不开外在的环境刺激。如果行为的主体是个人，那么就是个体的行为；如果行为的主体是一群有相同目的的群体，那么就是群体的行为。

行为是许多学科共同的研究对象，如心理学、社会学、文化人类学、精神医学、动物学、遗传学、神经科学、生态学、政治学、经济学、人文科学等。决定人的行为的因素有很多，人的行为表现为如下特点：①组合性，即人的行为既包括所做，也包括所说，而且往往两者组合后才能真正辨明行为；②适应性，即人的行为反应既要满足本身的需要，又要符合环境的要求；③多样性，即不同的人在不同的时间、地点条件下会做出多种多样的行为反应，同时，人的行为会随时间、地点和环境的变化而不断发展变化；④可测性，即行为是具有自然尺度的动作、反应或活动，而且一旦形成，就具有相对的稳定性和完整性，因此可以被描述和观测；⑤可塑性，即人的行为大部分不是天生的，而是可以通过各种措施，包括培训、教育等过程获得，经后天塑造而成；⑥关联性，即人的行为实质是人的生理、心理因素与客观环境相互作用的结果和表现，人的行为既受自然环境支配，也对外界环境产生影响。

在行为研究中一个重要的、不可回避的问题就是人性的假设，在每一个行为或每一个管理决策和管理措施的背后，必然有关于人性的假设。关于人性的假设从管理学、经济学的发展成就中可以窥见一斑。按照近代管理学、经济学的发展，人性的假设大致可以概括为三个阶段或者三类：①形成于19世纪末、20世纪初的古典管理思想理论，是严格定位于"经济人"的假设；②产生于20世纪上半叶基于人的需求、欲望、动机、目的等心理因素的"社会人"或"自我实现人"的假设；③发展于20世纪中后期的"有限理性人"、"复杂人"和"文化人"的假设。从以上几种代表性的人性假设可以看出，每种假设都突出了人性的一个侧面，事实上人性具有复杂、综合和动态的特点，不同的人性假设，人的行为是不同的，由于人性的动态性，人的行为也是可以调控或者改变的。

1.1.2 行为科学的发展

行为科学(behavioral sciences)的研究开始于20世纪20年代末的霍桑试验。霍桑试验的研究结果否定了古典管理理论中对于人的假设，试验表明了工人不是被动的、孤立的个体，其行为受工资的刺激，影响生产效率的最重要因素不是待遇和工作条件，而是工作中的人际关系。这一理论在当时被称为人际关系理论，即早期的行为科学。随后，许多社会学家、人类学家、心理学家、管理学家都从事行为科学的研究，先后发表了大量优秀著作，提出了许多很有见地的新理论，逐步完善了人际关系理论。1949年在美国芝加哥召开的一次跨学科的会议上，有学者首先提出了行为科学这一名称，此后该名称被广泛使用。

行为科学是研究人类行为的发生、发展及其变化规律的科学。行为科学认为，人的行为是一种复杂的现象，一个人从呱呱落地到成长为一个社会的人，经历了复杂的变化过程。行为科学就是要揭示这个衍化过程对现实人行为的影响。现实人的行为之所以千差万别，是因为受到了复杂的个人生理和心理因素及外部社会因素的影响(如人的神经活动、认知能力、兴趣、爱好、气质、性格等心理活动和特点)、人与人之间的相互影响以及人所处的社会环境的影响等，这些都是人的行为发生的条件。行为科学就是要揭示人的行为的变化与这些条件的关系，其研究对象涉及思考过程、交往、消费行为、经营行为、社会和文化的变革、国际关系政策的拟定等广泛课题。行为科学希望打破传统学科领域的界限，凭借心理学研究个人行为，以社会学探知团体行为，借助人类学了解文化与环境对人类行为的影响等，旨在探讨人类行为与整个环境的关系及人类行为的原因和引导。

行为科学是一门跨多学科的学科群，是心理学、社会学、文化人类学等研究人类行为的各种学科互相结合的一门边缘性学科。行为科学英文词尾之所以用复数，是因为它具有学科群的特点。行为科学通过把握人的心理和行为发展变化规律，来提高对个体、群体、组织心理及行为的预测，引导控制能力，即时协调个人、群体、组织之间的相互关系及其与外部环境的关系，从而调动人的积极性、主动性和创造性。行为科学涉及面较广，是联系自然科学与社会科学的纽带(图1-1)，连接着科学探索的广阔领域。按学科性质的不同，行为科学可分为决策科学和交流科学两大类。决策科学包括有关决策过程和个体在社会环境中的生存技能的学科，主要研究有机体决策的生理机制和认知过程的交互作用，包括心理学、生物心理学、运筹学、管理科学等，构成行为科学与自然科学之间的桥梁。交流科学包括有机体交流策略及有机体之间的动力学研究的学科，主要研究个体认知和交往策略的交互作用和社会结构的程序，包括人类学、组织行为学、行为经济学和社会性网络等，构成行为科学与社会科学之间的桥梁。

<table>
<tr><td>自然科学领域</td><td colspan="4">物理学、化学、生物科学、认知科学</td></tr>
<tr><td rowspan="4">⇩
行为科学
⇧</td><td colspan="2">决策科学</td><td colspan="2">交流科学</td></tr>
<tr><td>心理学</td><td>消费心理学</td><td>人类学</td><td>组织行为学</td></tr>
<tr><td>生物心理学</td><td>管理科学</td><td>行为经济学</td><td>社会性网络</td></tr>
<tr><td>运筹学</td><td>动物行为学</td><td>组织生态学</td><td>模因学</td></tr>
<tr><td>社会科学领域</td><td colspan="4">社会学、经济学、政治学、社会经济学</td></tr>
</table>

图1-1 行为科学学科体系

与自然科学相比，行为科学与人们的日常生活的联系更加紧密。随着各分支学科的日益成熟，作为一个整体学科群的行为科学也日趋完善。行为研究不再局限于心理学、经济学和管理学领域，研究者已将其研究领域扩大到如犯罪行为学、环境行为学、建筑行为学、网络行为学等行为研究内容。西方发达国家越来越认识到行为科学在社会发展、个人发展中的重要作用，例如，美国在结束“脑的十年”(1991～2000年)之际，于2001年9月正式宣布2001～2010年为“行为的十年”(decade of behavior，DoB)。

“行为的十年”是1997年由美国心理学会科学委员会(Board of Scientific Affairs，APA)提出的[1]。该计划一提出，便立即得到行为科学各学科的积极响应。该计划旨在通过行为和社会科学研究探究人的行为以及人类集合体的行为规律，希望借助行为科学的研究成果解决诸多社会问题[2]，包括改善教育，促进健康，提高健康看护水平，保障家庭和社会安全，控制药物滥用，解决贫穷、种族歧视、对政府机构的讥讽、犯罪和高风险行为以及人口老龄化等问题。这表明，行为科学已经引起一些发达国家的高度重视，它的研究对社会的发展有重要的基础性作用。

1.1.3 行为科学研究领域

行为科学以人的行为为研究对象，探索人的行为的发生、动机、影响因素、应用等。概括来说，行为科学的研究领域主要集中在以下五个方面：

（1）人类行为在其发展过程中受到不同国家、不同民族、不同区域文化差异的哪些因素影响？一个人如何从一个自然人变成一个社会人？

（2）研究生理和心理因素对人的行为的影响，主要研究个人行为如何受其认识、情感、气质、性格、态度、价值观等心理过程及特性的影响，同时揭示这些心理过程和特性的生理机制。

（3）研究社会因素对人的行为的影响，其中包括人与人之间的关系，组织环境、身份、权利、人与人的冲突、领导作风等因素对人的行为的影响。

（4）综合研究人的行为的一般模式，探索人的行为发生的原因，从人的需要动机出发，揭示人的需要得到满足与得不到满足时行为表现的规律性，以及如何创造满足人的需要的条件等。

（5）进行应用型研究。一般行为科学的应用学科有很多，如医疗行为学、行为管理学、犯罪行为学、政治行为学、行政行为学、交通行为学等。它们都是行为科学的分支学科，其宗旨在于应用行为科学的基础理论研究各个具体领域中控制、引导人的行为的方法和技术。

自 20 世纪 50 年代以来，世界范围内逐渐形成了一些不同水平的行为科学研究机构。虽然没有一个机构的研究能够覆盖行为科学的所有领域，但通过考察这些机构目前的研究课题，人们可以了解目前行为科学研究的某些动向和特点。例如，美国行为科学高级研究中心主要通过资助高级学者和博士后人员从事心理学、语言、法律、社会文化、经济、教育、政治等领域的研究；美国密西根大学社会研究所主要从事社会调查与社会调查方法的研究；美国加利福尼亚大学旧金山分校社会与行为科学系主要从事社区老年人家庭护理、健康心理的研究；美国洛杉矶行为科学研究所主要从事药物和酒精滥用状况的调查研究；等等。从美国这几个著名的行为科学的研究机构来看，目前国际上的行为科学主要研究与社会发展和人民生活密切相关的问题，此外，还包括少量的分子水平的行为研究。

因此，从行为科学的发展历史以及现有行为科学研究机构的研究内容来看，科学界对行为以及行为科学的理解也在发生变化。这些变化表现出以下发展趋势：

（1）对行为的研究正向着社会宏观和生物微观两个方向深入，行为所包含的范围越来越广。在宏观水平上，向上扩展到组织、国家以及社会水平的行为；在微观水平上，向下扩展到行为的基因、分子水平。但是，更多的研究集中在与社会发展和人们生活密切相关的行为问题方面，如老年人赡养、青少年社会化和犯罪等问题。

（2）在个体和社会水平行为的研究，更注重为本国的公共政策提供科学建议和技术支持，如对人口老龄化的社会福利政策及社区服务、对重大危险源工业系统的安全控制、对药物依赖的戒断等。

(3) 更多的学科加入对行为的研究。除了原来被认为构成行为科学的心理学、社会学、文化人类学、精神医学、动物学等学科，遗传学、神经科学、生态学、政治学、经济学、人文科学等都宣称研究不同水平的行为。自20世纪70年代以来，陆续诞生了许多边缘学科，如行为遗传学(behavioral genetics)、生态行为学(ecological behaviors)和行为神经科学(behavioral neuroscience)。

1.2 交通行为与交通行为学定义

1.2.1 交通与交通行为

交通是现代社会生活不可缺少的社会活动，每一个人和每件物品都要参与到交通中。随着经济社会的发展，人与物在道路上移动的规模越来越大，构成了越来越复杂的人类社会活动，这些活动的集合就是交通。人和物在道路上有目的的移动即形成了道路交通。

人是交通行为的主体。为了实现自己、乘车人以及载运货物等运输目的，人以驾驶车辆的方式参与到道路交通中，产生车辆交通行为。人与车辆构成一个交通行为单元，人的行为特性融合到人车单元的行为特性中，在交通中表现为车辆交通行为。车辆交通行为特性是人的交通行为特性的外延，是不可忽略或分裂的交通行为个体。总之，交通行为的主体是人，只是从行为具体输出角度看，其分为人直接的出行行为和驾驶车辆的车辆交通行为。

交通工程学中的出行者是指为实现出行目的进入道路交通系统中的个体，包括行人、乘客、机动车或非机动车驾驶员等。在交通行为研究中，可沿用"出行者"这个名词。但为了达到行为研究目的，引入"交通人"表述，并从行为研究角度对交通过程中和准备参加到交通中的人进行一些假设：一是"交通人"具有社会基本知识和平均的交通专门知识；二是"交通人"的交通心理、生理是正常的；三是"交通人"追求选择的交通方式代价最小、效益最高；四是交通是为"交通人"个体出行需求服务的，交通本身不是需求。

交通行为以交通系统中的个体、群体的行为为研究对象，是专门研究社会人在交通环境中的行为及其规律的学问。按照心理学解释，人的交通行为可以描述为下面的过程：人在进行某项社会活动时会产生交通出行需求，这是不含心理倾向的客观的需求；对于这个客观需求，人会根据自身的及外界的各种环境条件(供给条件)，选择一种具体的实现过程，即动机，这是人的心理倾向的表现；然后人会选择交通工具实现出行，即行动；在执行完一次出行活动之后，人会根据此次出行情况和历史信息进行学习并修正自己的出行方式、出行时间、出行路线等，以追求交通出行的最大效益。

从个体角度看，交通行为起源于出行者的交通需求，服务于出行目的，是在一定交通环境中，在一系列信息交互后的心理过程结果的肢体体现。直接出行行为是生物体的运动现象，受生物规律的约束；人驾驶车辆行为是由人支配的机械运动，受人的行为特性和机械物理规律的约束。

从宏观角度看，交通行为不是个体的运动现象，而是交通集群行为。交通集群并非是由特定组织者组织的团体，而是由共同出行目的、出行方式在道路上形成的临时但并不完全松散的交通群体，表现出集群交通行为，在道路交通系统中可以归类研究。

1.2.2　交通行为的特征

了解交通行为的特征有助于预测行为，进而引导行为、控制行为。人类行为不像低等动物的反射行为，只要知道低等动物有机体遭遇的刺激，便可以预测哪种行为可能发生。人类的行为更具复杂性，影响行为的因素有很多，如学习、认知、态度、动机和价值观等，所以要预测人类的行为，比预测低级动物的行为困难得多。交通行为具有以下共同特征。

1）交通行为是学习行为

人类学认为，人类行为的发展受遗传、环境与学习的影响。人类有些行为无需任何学习即会出现，即人类本能；而社会性行为多受后天学习的影响，通过学习与教养的方式，形成个体的行为与人格结构。所有人类的行为或多或少均符合社会认同的模式，这些模式对统一社会的成员产生统一的情感约束。因为这些行为模式是经过很长时间的学习，从孩提时期一直承认而内化成为每个人思想的一部分。人类所有的行为模式都是从社会成员中学习得到的，所以称为“模式行为”。

交通行为属于社会性行为，不是个体与生俱来的本能。学习或模仿是人类社会组成的要素之一，也是社会化的基础。通过父母、家人、社会的指导，个体从儿童时期开始学习并参与社会交通行为。研究显示，多数家长会对儿童的过街行为进行指导，帮助儿童建立正确的交通行为意识。从简单的红灯停、绿灯行到危险状态的感知与评估，再到车辆驾驶技能的学习，个体通过不断深入的学习，实现对社会交通的认知和参与，运用学到的知识来训练培养自己的交通行为，增进知识，熟练技能，充实经验，养成习惯，形成态度。人类学习的过程是艰巨且深刻的，交通行为的学习也同样重要。

2）交通行为是理性行为与非理性行为的结合

人类借着认知、思考、推理及创造能力使行为发展符合社会行为，这种行为的表现便是人类的理性行为。人类的本能行为受社会化过程的制约而使其行为表现合乎理性。另外，人类行为也是情绪的行为。人类的所有活动都带有情绪的因素，个体表现出来的积极情绪包括毅力、热情、忠诚等，表现出来的消极情绪包括丧志、忧愁、恐惧等。

在交通中,人的行为也是理性行为与非理性行为的结合体。一方面,交通人根据自己的认知、思考以及历史经验按照效用最大化原则做出自己的行为决策。例如,出行者遵循时间最优或距离最短安排自己的出行路径,这种行为表现是交通人的理性行为。另一方面,由于不完全信息或约束条件等,并不是所有的交通人的行为都符合效用最大化原则,例如,在城市交通拥堵环境下的人,明确知道大家都开车出行会加剧拥堵,但还是经常希望他人不开车而乘坐公共交通工具,自己要低成本开车出行,这种行为属于非理性交通行为。

3) 交通行为是互动行为

人不能离群索居,必须与他人及团体共同生活,因此互动是必然发生的。在社会层面,互动是指个人的言语行动等反应能构成对另一个人言语行动的刺激,并且彼此反复不已。在交通层面,互动是指一个人的交通行为所产生的交通信息对他人交通行为的刺激。

互动行为的本质是信息作用关系,交通信息由个体、群体出行者产生。道路交通系统中处处体现着交通行为互动问题,例如,出行者的出行路径选择会受历史信息的影响,驾驶员之间存在交互行为,实时路况的信息发布使驾驶员之间存在相互博弈的关系,这都是互动行为。因此,交通互动行为的研究就是研究交通信息对交通人的作用。

综上所述,交通行为是学习的行为、理性与非理性的行为、互动的行为。研究者了解交通行为的特征,对交通行为研究工作的实施将大有裨益。

1.2.3　交通行为学的定义与内涵

交通行为学是研究人或人组成的群体的交通行为规律的科学,主要研究交通中人的心理活动特征和行为表现,是实现运输服务、科学交通管理的基础科学。道路交通是交通行为研究的典型对象,道路交通行为学运用心理学、行为学、信息论、交通工程学的基本原理和方法,以人的交通行为及其产生的内在原因作为研究对象,从人的交通需求、动机、目的等心理因素的角度研究人的交通行为规律,分析和研究人及其驾驶的车辆在道路交通系统中个体和集群的特性及过程,探讨交通行为的可预测性与可控制性,为交通运行、运输服务提供研究基础。

交通行为学以行为科学和交通工程学为基础,集合了心理学、社会学、人体工程学、经济学等学科的研究成果,属于一门新兴的交叉学科,如图 1-2 所示。交通行为学是将行为学知识应用于道路设计、交通设施设计、交通安全、交通管理与控制、交通政策的一门应用型基础学科。交通研究工作中,如何适应出行者的生理、心理特性,进行交通系统的规划与建设;如何通过政策调控出行者的行为提高交通系统运行效率;如何通过交通规则约束出行者的行为、减少交通事故的发生、提高安全水平等，这些都是交通行为研究关注的问题。

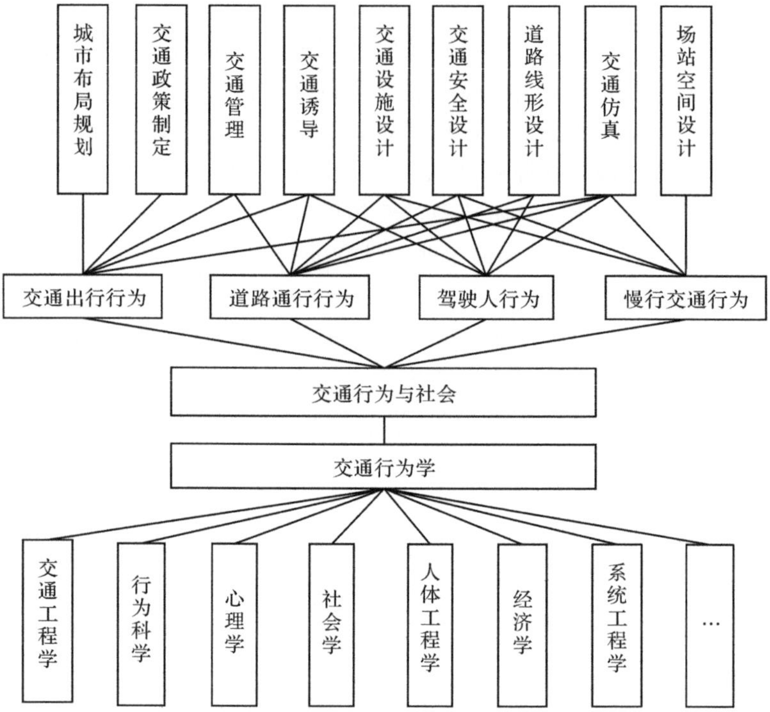

图 1-2 交通行为学的内涵与外延

交通行为学是交通工程学的理论基础。交通行为学所研究的出行者出行规律、驾驶员操纵特性、车辆交互规律、行人交叉口/过街特性、交通事故行为分析等内容是交通工程学中的重要组成部分。交通行为学的研究成果将促进人们对交通发展规律的认识，指导科学的交通组织和管理，从而推进交通工程学的发展。

本书探索交通行为学的理论结构，试图建立交通行为学的科学体系，初步建立一个交通行为学的框架，从而进一步完善交通工程学科体系，为交通工程向更深、更高层次探索提供基础理论支撑。

1.2.4 建立交通行为学的意义

建立交通行为学是交通工程学科发展的必然要求，也是我国交通学科向纵深发展的需要。1978 年，我国引进交通工程学科，使我国交通工程发展从计划经济年代的纯工程学科向完整的交通工程学科发展，正如美国交通工程学者张秋先生所描述的，过去我国交通工程解决的主要是设施的建造，而对设施网络的规划、工程规模的论证、工程建成后的运行管理等缺乏研究，就如一条鱼，原来研究了鱼的中段，现在我们要研究一条全鱼。交通行为学发展三十多年来，人们发现仍需要继续向前探寻该学科的基础，不仅需要研究交通需求的满足，更要研究交通需求的控制与管理，科学地引导和管控交通需求，也就是需要建立交通行为学科学体系。其研究意义可体现在如下几方面：

(1) 交通行为学具有许多行为学研究领域所没有的特性。交通是发生在道路系统上的特定活动，它不是孤立的，而是其他社会活动的延伸，是商品社会的重要支柱。把交通行为从中提取出来专门研究，是因为交通行为具有特殊的行为方式、非组织性群体和相对独立的行为依赖，是服务于其他社会生活需要的部分。因此，交通行为学从目的、需求、心理过程、环境因素导致交通行为的角度出发，探讨交通需求形成、出行行为、停车行为等与出行者相关的内在规律。

(2) 交通行为学研究是交通心理学研究的落脚点。交通心理学探讨的是在道路交通系统中个体人的心理特性、心理过程和生物特性，这些是单个交通出行者的一切交通行为的内在原因。行为是人的心理表现，是心理学研究的落脚点。反之，对交通行为的实验、观察、调查和分析则是交通心理学的实验基础。

(3) 交通行为学研究人类生物系统的智能输出。人以需求、目的、信息、环境、知识和心理过程为输入变量，输出交通行为。行为研究是人的智能过程的外在研究，是智能交通系统(intelligent traffic system，ITS)的重要基础。

(4) 交通行为学研究对人性化交通设计具有十分重要的意义。现代交通工程学中的道路设计、道路设施设计、交通信息发布、交通管理等都是以交通出行者为对象的服务设施或管理，在突出技术规范的同时，都强调人性化设计理念。人性化设计是以人为本，基于人的生理需求、心理需求、行为特性的工程设计理念。人性化设计研究出行者在道路系统上需求的产生、需求的内容、心理的焦虑、生理的特性等，设计提供及时、充分、高效的设施及信息服务，使出行者顺畅、安全、高效地完成交通行为。交通行为学研究可以有效支持交通人性化设计。

(5) 交通行为学是智能交通控制的理论基础。与其他控制系统不同，交通控制的对象是人(出行者)和人驾驶的车辆，交通控制系统的输出是交通行为。显然，交通系统需要针对人的交通行为特性检测人和车辆的交通行为，选择恰当的控制方法，制订合理的控制方案等。

(6) 交通行为学是制定交通政策的理论依据。如何激励和控制交通行为，解决个体理性、集体非理性问题是交通政策制度设计的基础。对于个体理性，最大化的总是个人利益；对于制度理性，最大化的不是个人利益，而是群体利益或共同利益，在这里，个人意志和个人追求不起作用或不直接起作用，直接起作用或决定性作用的是制度结构本身的逻辑。如何解决个体理性与集体理性之间的矛盾，使两者在目标上达到一致，是一个十分重要的问题。

1.3 交通行为学发展

交通是一个系统。交通系统中的人欲达到安全、迅速、舒适、方便、经济的出行目的，不能单靠增建道路、添加交通设施、改进车辆性能，而必须对交通行为主体进行研究。同时，城市道路网规划、交通政策制定、交通组织管理都应考虑人的因素。充分认识交通人的行为规律是规划、管理交通系统的必要前提，也是创立交通行为学的客观需要。

在交通工程学中，交通行为科学的建立以交通心理学为基础。交通心理学以驾驶员为研究对象，通过测试分析驾驶员事故倾向性进行交通安全评价，进一步研究驾驶员认知和决策倾向，把出行者作为道路交通系统的组成因素从整体上进行研究。根据驾驶员的生理心理特性，有研究者提出了刺激-反应跟驰模型，并将认知心理学理论引入跟驰模型形成了心理-生理类模型。交通行为学的发展，从研究驾驶员的行为扩展到研究驾驶员、行人、骑行者、老人、儿童和残疾人等所有出行者的交通行为，为交通系统组织管理提供保障。

交通行为是一个大系统，研究者基于不同的研究需求和目的，在一定程度上对交通行为进行广泛研究。交通行为的研究并没有形成一个完整的体系，各自研究成果之间联系度较低。因此，对于当前交通行为的研究发展，这里仅从驾驶员、骑行者、行人以及信息对出行者的影响四个方面进行简要介绍。

1.3.1 驾驶员行为研究

驾驶员生理特性直接影响其驾驶行为。驾驶员的生理特性研究主要用于指导道路线形设计和驾驶适宜性研究两个方面。

驾驶员生理的研究工作起源于 20 世纪初。1919 年，格林伍德和格林伍兹首先提出事故倾向性问题，即在某个人身上存在着容易诱发事故的某些特性。1934 年，美国的西蒙森和罗耶在“改善道路边缘”的文章中提到，驾驶员驱车在山区公路上行驶，产生害怕心理，感到不舒适，其原因是道路边坡高、陡，驾驶员坐在驾驶位置上看不见坡脚，使得驾驶员在心理上产生危险感。

20 世纪 50 年代，交通工程人员开始把用路者纳入人-机系统进行研究，并研究驾驶员的视认性、正确行为、反应特性等问题。1959 年，美国公共交通管理局聘请心理学家从事管理和研究工作。

20 世纪 60 年代，美国、德国、日本、俄罗斯等国学者针对驾驶员在交通过程中产生的各种心理现象、行人心理、事故心理等进行了广泛研究。

自 20 世纪 70 年代以来，医学理论的进步及先进设备的应用为驾驶员生理行为研究开创了新的局面。1979 年，苏黎世的 Zeier 研究了手动变速器和自动变速器对驾驶员和乘员的多项生理指标的影响(皮肤电阻、前额肌肉、EMG、ECG、尿液)[3]。日本有学者开始陆续用主要包含心率、血压等生理指标在内的多道生理记录仪,研究驾驶员在驾车时的生理心理特性与道路线形指标的关系。

20世纪90年代初,Brookhuis等用心电图结合脑电图研究了分别在城市拥挤的快速环线和畅通无阻的高速公路上行车时驾驶员的心理压力[4]。1999年,Healey等开发了一套用来分析和研究驾驶员情绪压力生理学特征的系统[5]。2001年,Chang等用EEG对匝道进口处不同部位驾驶员行车紧张状况进行了研究[6]。Furuichi等为了研究两种同样线形参数的S形道路所导致交通事故量截然不同的问题,测量了驾驶员在这些道路上行车时的车速、眼睛运动情况和心率等参数,并对这两种道路的测试结果进行了对比分析[7]。

国内,从生理学角度研究交通问题的学者较少。任福田于20世纪90年代初首次提出“道路线形设计新理论”[8]。道路线形设计新理论提出:以用路者的交通需求和生理-心理反应特征作为道路线形设计的理论基础,用动的观点设计路线的各个元素,力求协调。新理论以人为主体,研究用路者的心理需求。

同济大学、北京工业大学、长安大学、东南大学等高校学者在此方面进行了有效探索。同济大学潘晓东应用心率、血压两个生理指标定量研究驾驶员以不同的车速在山区道路试验段行驶,得到了平曲线半径、行车视距、平曲线转角和平曲线长度的组合等与驾驶员行车时生理反应需求之间的关系模型[9]。北京工业大学郑柯应用医学和生理学方面的理论方法和仪器设备,通过大量的行车试验,分析和建立了行车生理反应与道路线形、车速的各种关系和模型[10]。北京工业大学王书灵以山区双车道公路为研究对象,通过分析驾驶员心率变化的规律,确定道路纵断面线形与驾驶员心理适应性的相关性,从而建立了道路纵断面线形与其心理生理变化的关系和模型,提出适合驾驶员心理生理需求的道路线形指标[11]。长安大学闫莹以驾驶员在山区不同坡度,弯、坡组合路段以及高速公路的实车试验为依据,通过测试驾驶员心率受线形、车速影响时的变化规律,分析了驾驶员心率、车速、长大下坡段线形指标间的相关性,建立了驾驶员心率、车速、不同路段线形指标间的多元回归模型[12]。东南大学唐登科研究了驾驶员在低等级道路和高等级道路条件下,以不同车速行驶时线形与驾驶员生理反应的相关规律,并且分析了驾驶员的个体差异[13]。周骊巍等阐述了道路线形设计与交通安全及司机心理状态的相互影响关系,着重分析了不合理的线形设计对司机造成的生理影响和心理影响,并对道路设计中易被忽视的细节给出了建议[14]。

1.3.2 骑行者行为研究

骑行者行为主要针对自行车个体交通行为进行研究,包括自行车骑行速度、骑行加速度、反应时间及骑行者的心理等。

在发达国家，由于交通流以机动车为主，自行车所占比重不大，所以这些国家对自行车微观行为的研究并不深入。主要研究成果有：Forester 和 Pein 在不同环境下测定了自行车的行驶速度分布[15,16]；Taylor 等通过对志愿者的测试得出了舒适速度下通过交叉口的平均加速度及平均停车减速度[17]，研究了个体间隙接受行为的概率模型[18]，其后通过试验研究了最佳的自行车减速度，并指出在不同条件下自行车制动减速度极限值，同时通过大量试验测定了加速度到正常行驶过程中的加速度值[19]；Pein 测定了不同环境下自行车的加、减速度分布和转弯半径等参数[16]；Hossain 针对发达国家的交通流特性，建立了评价机非混行交叉口饱和流率的微观模拟模型方法[20]。

由于我国交通环境的特点是机动车、非机动车和行人混合通行，国内自行车交通特性研究成果要远远大于国外的研究成果。目前研究成果多集中在自行车交通流特性和机非混合交通特性两方面，研究场景多在路段和交叉口进行。

在自行车交通流特性研究方面，《交通工程手册》通过对实际数据的调查，讨论了自行车出行的时间和空间分布、骑行特性、制动特性、速度特性和密度特性等[21]。北京工业大学刘国新以流体力学理论为基础建立了信号交叉口自行车群释放模型[22]。北京工业大学魏恒等应用流体动力学理论建立了微分方程分析自行车流的速度、密度以及流率之间的三维关系[23]。公安大学韩凤春等对交叉口自行车交通流的排队密度、行驶速度以及自行车与机动车的冲突进行了定性分析[24]。北京工业大学何民在分析自行车运动特性的基础上，以 Agent 理论为基础建立了自行车交通流仿真模型[25]。

在机非混合交通特性研究方面，北京工业大学关宏志、陈艳艳等以基本路段非机动车对机动车流的干扰现象为研究对象，运用交通流理论及交通动力学理论提出了基本路段的机非混合交通流模型[26]。黄迪和钱大琳等在对信号交叉口自行车穿越行为研究的基础上提出了信号交叉口混合交通流干扰计算方法[27]。王明文、关宏志等将非机动车对路段交通流的影响归结为机动车运行延误的增加，并给出了阻滞延误的计算模型[28]。北京交通大学贾平顺等以实际调查数据为基础分析城市路段自行车对机动车行驶的干扰影响[29]。吉林大学程瑶在分析单体自行车交通运行特性的基础上，以流体动力学理论为基础描述了混合交通流的黏滞特性，并建立了自行车交通流黏滞特性模型[30]。

1.3.3 行人行为研究

行人交通理论研究初始于 20 世纪 50 年代，晚于机动车交通理论研究。由于影响行人交通特性的灵活多样且影响因素复杂，所以行人交通理论研究更为复杂。其主要研究成果可以从行人的宏观交通特性和微观交通特性两方面阐述。

行人的宏观交通特性研究始于 20 世纪 50 年代末。自 1971 年 Fruin 的经典

著作 *Pedestrian Planning and Design* 问世以来[31]，国内外学者对行人交通特性进行了较为深入的研究，研究成果主要集中于行人自由流速度、宏观交通流参数关系、设施通行能力和服务水平等方面。

国内外学者通过大量行人流的实地观测，对行人流宏观特征达成基本认知，即行人流表现出“自组织特性”。行人自组织现象常发于大型场馆、轨道交通枢纽、紧急情况下行人疏散等人员密集的场所，其表现形式主要为分层现象、成带现象、成拱现象等。Helbing 提出了当两股行人流主要运动方向间夹角为 180°，即反向运动时，行人倾向于跟随与他自身运动方向相同的行人，进而在相向行人中形成了不同的层[32]。Johansson 研究发现，在行人密度增大时，行人必须降低运动速度来避免碰撞的可能性，进而形成了分层现象[33]。Yu 和 Song 进一步证明了行人在运动过程中选择其左前方或右前方的概率与其选择偏好密切相关[34]。Hoogendoorn 和 Daamen 研究表明，当两股行人流呈 90°交叉时，会出现明显的斑纹现象[35]。Guo 和 Wong 等开展了交叉流基本特征的定量研究[36]。在大型商场、紧急疏散等危急情况下，由于出、入口等设施难以满足客流通行需求，行人人群的分布会形成拱形，并在瓶颈处出现震荡现象；在高密度人群运动过程中可能出现走走停停以及人群激波等现象。

随着行人密集活动场所的增多，以及对人员安全的重视，以行为为主体的行人密集行为研究也逐渐增多。Nevill 等分析了大型活动场所类型对参与者行为的影响[37]。Sime 将人群的心理与工程方案相结合，分析了大型活动进场、散场行为特点，解释了大型活动期间行人遇到紧急状态可能产生恐慌的原因[38]。Galea 针对紧急情况下的人员疏散，分析了紧急状态下行人的运动特点，通过网格点的模型方法，建立了行人疏散行为仿真模型，其研究小组分析了行人对信息的注意和反应特征，发现行人运动时，注意的视角其实很小[39]。Helbing 论述了行人紧急疏散行为，提出关于社会力的行人运动模型，根据仿真验证了行人运动过程中的自组织现象[40]。

随着现场调查、可控试验及计算机模拟技术的日趋成熟，国内外学者开展了针对行人个体交通行为微观特征的研究。

20 世纪 80 年代，Gipps 和 Marksjö 认为行人流运动的改变主要由行人个体对路径的选择决定，因此假定行人的移动服从最短路定律，并建立了最早的个体路径选择模型[41]。Helbing 通过追踪行人在公共场所的运动轨迹建立了行人运动模型，在标定特定参数的基础上用于预测行人的运动路径[42]。Kitazawa 和 Batty 在考虑行人路径选择不确定性影响因素条件下，对行人选择最短路的最大效用条件进行了修正，通过遗传算法，进行了行人运动路径的应用研究[43]。Schelhorn 等通过对行人运动中个人特性和吸引点的影响分析，构建了 STREETS 模型，应用 Agent 模型描述了行人在城市街道的运动情况[44]。Kwon 研究了在较窄的城市街道行人绕行障碍物的行为，结果显示行人大约会提前 4.8m 调整路径，并在 0.3m 远的位置绕过固定障碍物[45]。Thompson 对建筑紧急疏散条件下行人的运动行为进行了分类描述，指出行人行为受通道宽度、心理状态的直接影响[46]。Metoyer 以行人对最新环境的期望为原则，由于不同类型环境中行人的“自卫”行为存在差异，所以会形成预期的运动路径和轨迹，在此基础上实现行人运动过程的行为仿真[47]。香港的 Lam 和 Cheung 通过调查香港 MTR 车站，对其行人特性进行了研究，发现行人的步行行为受行人设施物理属性的影响[48]。北京交通大学李得伟从设施行为、流向行为、目的行为等多个方面研究了乘客在枢纽内的微观行为[49]。北京工业大学陈艳艳等对场馆、交通枢纽等密集场所行人交通行为进行研究，建立了行人交通仿真系统，为场馆设计、行人组织和管理提供了分析工具[50]。

1.3.4 信息对出行者影响研究

出行者是城市交通系统中的重要因素，从出行起点到达终点的需求产生、规划、实施的全过程中，出行者根据获得的交通路况信息以及自身的历史出行经验，通过分析比较，最终选择合理的出行时间、出行路线和交通方式等。回顾近三十年来关于交通路况信息条件下的出行行为研究，下面从出行行为影响因素和出行行为分析方法两方面进行总结。

出行行为影响因素方面主要包括出行者的个人社会经济属性和信息服务特性两个方面。

出行者的个人特性对出行选择行为有重要影响。研究表明，不同年龄、性别、收入水平、职业、知识水平等属性的出行者在交通方式选择、出行频率和出行习惯等方面存在明显差异。Reddy 等的研究表明，出行者个人出行经验对交通信息选择有明显影响，如果信息与经验差别较大，那么出行者以经验为主的可能性更大[51]。Lotan 应用随机效用理论研究发现，不熟悉路网的出行者会考虑查询更多的交通出行信息[52]。

出行者的心理倾向、学习能力和感知差异也会影响其出行行为。Boyle 等研究了出行者心理因素对交通信息使用的影响，对于不提供交通信息的后方路段，出行者则倾向于增加车速，从而弥补以前路段上的时间损失[53]。Srinivasan 等研究发现，路线选择行为受备选路线的信息服务水平等因素的影响[54]。Jha 等研究发现，出行者会对出行知识不断自我更新，通过接收的交通信息强化出行者对出行的认知，进而对路径进行更新[55]。Dia 在分析中通过引入反馈与学习机制，验证了出行者的学习水平会明显影响其选择行为[56]。Chen 等针对台北市城区出行者进行了实证调查，研究了出行者关于交通信息的感知权重对他们的路线选择行为的影响[57]。

出行者的出行行为同时受交通信息的服务特征、出行环境、备选出行方案等外部因素的影响。Lyons等提出向出行者提供包括公共交通信息在内的综合信息，以促进私家车出行者有更多的出行方式选择[58]。Adler研究发现，差异化的交通信息服务内容会显著影响出行选择行为，相比熟悉路网的出行者，提供路线导航信息对于不熟悉路网的出行者在短期内的感知收益更大[59]。Golob等分析了出行者对各类交通出行信息内容的偏好，研究显示恶劣天气信息、交通事故信息以及出行时间信息等需求最高[60]。Kilpeläinen等研究发现，交通信息的获取时机会影响其选择行为[61]。此外，交通信息的发布方式，如VMS、车载GPS导航、交通广播、手机等移动终端、互联网信息等都会对出行者行为选择产生影响。

信息质量、价格、市场渗透率、信息获取时机也是影响出行行为的重要因素。Yim等调查发现，多数信息使用者不愿意向提供交通出行信息的服务运营商支付费用[62]。黄海军等研究发现，出行时间价值的差异导致出行者的交通路况信息使用意愿的差别[63]。Amott等研究发现，信息费用比信息质量更能影响出行者的出行行为，高质量的交通信息会显著影响出行行为[64]。Yin等研究表明，高质量的交通出行信息配合高市场渗透率，反之，信息质量降低会带来市场渗透率下降；伴随着信息市场渗透率的提高，路网系统最优转向用户最优时，出行时间可能增加，最优的市场渗透率是20%～30%[65]。Johansson等根据出行安全、舒适、便利性等因素对出行行为的影响进行了研究，结果发现，出行者除了考虑备选方案的出行费用和出行时间等特征，同时会关注备选方案的舒适性和机动性等特性[66]。

目前研究者使用的出行行为分析方法主要为期望效用理论和前景理论。

离散选择模型(discrete choice model)是以效用最大化原理为基础，在一个互相排斥但总体上完备的方案集合上建立的选择模型，是当前分析居民交通行为领域中模型结构简洁、经济高效、可移植性高、应用广泛的方法。为了和传统的集计模型(aggregate model)相区别，离散选择模型又常称为非集计模型(disaggregate model)。该模型通过分析个体的出行特征，并对出行选择行为进行建模，进一步通过出行行为的变化对出行需求进行预测。Wamer和Lisco等采用离散选择模型在交通运输领域中进行了最早的应用研究[67]。国外在20世纪80年代初开始以居民出行调查数据为基础，利用离散选择理论对行人出行方式选择进行了研究，进入90年代，Kitamura等对日常活动的交通方式选择行为特征进行了分析[68]。1998年，Koppelman和Wen介绍了Nested Logit模型的理论基础及特性，基于效用最大化原理建立了四种交通方式选择行为的Nested Logit模型[69]。2000年，Hensher应用离散选择方法，构建了通勤出行的交通方式选择Nested Logit模型[70]。近十年来，国内学者使用MNL、NL、Probit和Mixed Logit四种模型，对轨道交通出行选择、城市居民出行、老年人出行以及换乘行为、公交出行选择等多种交通方式进行了研究。此外，还涉及公交票价制定、停车需求预测、停车收费管理、轨道交通客流预测等。

Kahneman 和 Tversky 研究发现,采用完全理性的方法分析现实中的不确定因素的选择行为存在较大的偏差,进而对期望效用理论中要求行为主体具备完全理性的特征提出了质疑,并提出了前景理论(prospect theory)[71]。基于前景理论框架,de Blaeij 等分析了出行者对出行过程中的风险感知问题[72]。Fujii 和 Kitamura 等研究了出发时间选择过程中的参考点依赖现象[73]。Avineri 运用 PT 理论分析了出行者对公交路线的选择行为[74]。张杨通过实证研究发现,城市交通中的私家车出行路线选择行为符合前景理论提出的不确定情境决策特征,其中包括参考点依赖、收益时风险规避、损失时风险偏好,以及对损失的敏感程度高于同等收益的偏好,出行者的路线选择行为不仅追求成本最小化,而且根据出行的重要性、时间约束和对路线的熟悉程度等环境不确定性而变化[75]。城市交通行为研究的一个重要缺陷在于,进行出行者选择行为的假设较少考虑行为科学的理论成果,而前景理论的引入则使情形有所改观。综合来看,前景理论对于准确描述不确定性条件下的出行行为具有其自身独到的优势,因此在交通出行决策分析中应用前景理论进行行为建模具有较好的适用性。

1.4 交通行为学特点

1.4.1 学科特点

交通工程学是研究道路交通中各种交通现象的基本规律及其应用的一门工程技术科学,把人、车、路、环境与能源作为独立的要素分别进行研究。行为科学是研究人类行为规律的科学,行为科学在不同领域的应用构成了行为科学的丰富体系。将行为科学应用于交通工程,研究交通中复杂环境对人的刺激反应的行为规律,便是交通行为学的研究内容。将行为科学引入交通工程,形成独具特色的交通行为学,目的在于应用行为科学理论及其研究成果,探索人在交通环境中的行为规律,为解决我国交通发展与运行中的问题提供理论支持。

交通工程学最初建立于道路工程之上,不可避免地会将研究重点放在“道路”上,经过多年的发展,交通研究者将心理学、人体工效学等学科特点融入交通研究中,逐步将研究对象转向“交通人”。交通行为学从研究角度上讲,就是要彻底地转变研究思路,将以“道路”为研究对象转为以“交通人”为研究对象,如图 1-3 所示。人是交通行为的主体,交通行为研究强调人的能动性和车辆的工具性。在驾驶过程中人承担信息的感知、处理、决策以及执行过程,而车辆是一种工具,具有物质、能量和信息特征。

交通行为学研究的是人和交通环境的相互作用,在这个相互作用中,人的交

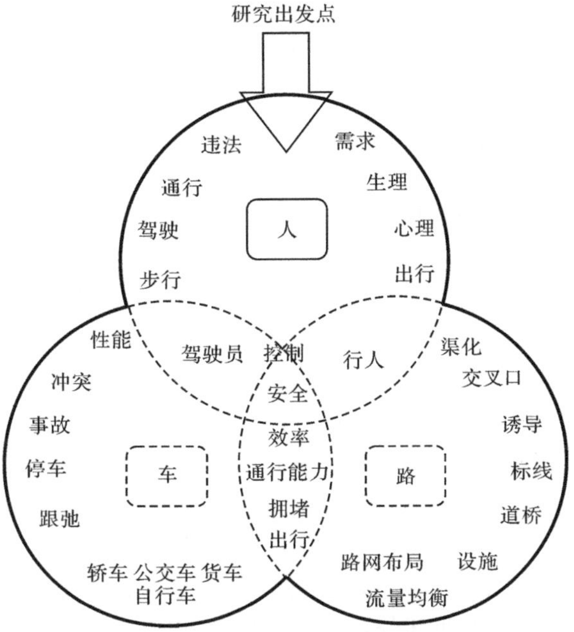

图 1-3 交通行为研究角度

通行为构成了道路交通环境，反过来人的行为和经验也被社会文化、环境所改变。交通行为学是建立在交通工程学、行为科学、心理学等众多学科上的一门交叉学科，涉及人的交通行为和社会环境之间的关系，包括那些以利用和促进此过程为目的并提升道路基础设施设计以及改善交通相关法规制定的研究和实践。因此，交通行为学有两个目标：一是了解“人-人、人-环境”的相互作用；二是利用这些知识来解决复杂多样的交通问题。

交通行为学的建立应以交通工程学为基础，它研究的领域也是交通工程学的研究领域，是对传统交通工程研究的深化。然而，交通行为学还没有建立完整的理论体系，研究工作尚处于零星探索阶段。因此，交通行为学具有以下主要特点。

(1) 应用性。交通行为学属于应用型基础研究。交通行为是引发交通系统运作的基础动力。交通系统服务于出行者，满足其出行愿望，实现其出行目的。交通行为学直接服务于交通工程学，是进行交通规划、交通管理、交通法规制定等的重要基础理论。同时，交通行为学研究的目的是掌握出行者心理和行为的特点及一般规律，运用这一规律预测出行变化趋势，采用合适的交通发展策略，在满足出行者需要的基础上提高交通供给和服务水平。

(2) 变化性。对交通行为规律的研究是以物理学为基础发展起来的，如重力模型、流体力学模型，但是物理世界的实体(如引力、原子)具有相对不变的特性，而交通行为却是以变化为特征的，没有哪两种交通现象是相同的。交通行为的这种特性告诉人们，必须用与研究完全均一的无生命的物质完全不同的精神来研究复杂的交通行为。交通中人的行为是复杂的，单纯的交通行为研究依赖于对各种交通出行行为、道路通行行为、驾驶人行为和慢行交通行为的研究，每种行为所处的环境又千差万别。因此，仅仅在最抽象的和质的水平上才能谈论交通行为学的最一般规律，许多交通行为的规律都只适用于单一的行为。

(3) 交互性。交通行为研究强调交互作用关系，不仅指社会文化、道路环境与交通行为的交互作用，还包括交通中人与人的交互关系。交通行为学改变原有的将人、车、路、环境割裂的研究方法，以“人”为研究对象，从行为学的角度研究个体与个体、个体与群体、群体与群体的相互作用。

(4) 综合性。在现实交通活动中，人们的出行形式多样，交通习惯、人员素质千差万别，仅仅运用单一学科的知识进行研究，很难完整地把握其全部特点和规律。因此，交通行为学是一门交叉学科，其理论源于交通工程学、行为科学、心理学、社会学、人体工程学、经济学、系统工程学、统计学等相关学科。在此基础上交通行为学的研究内容分为两部分：一是基础理论研究，涵盖交通中基本行为的规律研究，即社会交通行为、交通出行行为、道路通行行为、驾驶人行为和慢行交通行为；二是应用型研究，即以交通行为规律研究为基础，研究信息对交通行为的影响以及交通安全行为等。

(5) 发展性。交通行为学作为一门独立的学科还没有正式形成，在体系设置、理论构成、内容方法等方面还尚待完善。对交通中各种行为特性和行为规律的研究还处于起步阶段，需要新的理论、观点不断地充实到该研究体系中，使学科框架不断更新、发展和完善。

1.4.2 影响因素

交通工程学认为，道路交通系统是由人、车、路和环境等要素构成的一个具有特定功能的闭环系统。如图 1-4 所示，各要素之间彼此协调、相互依存才能使系统正常运行。否则，系统中任何一个要素与其他要素的不协调，都可能影响系统的正常运行。

人是交通系统中的重要组成部分，具有能动作用，直接参与交通活动的“交通人”在交通过程中处于主导地位。在交通过程中，“交通人”通过视觉、听觉、触觉等器官从交通环境中获取道路、行车条件、车辆状况等信息，经大脑处理，做出判断，再支配手、脚等运动器官，直接参与交通活动或通过操纵汽车按照一定的轨迹在道路上运行。在此过程中，“交通人”的行为受自身运动特性、车辆性能、道路环境以及信息环境的约束。然而，交通行为的主体生活在复杂的社会环境中，个体

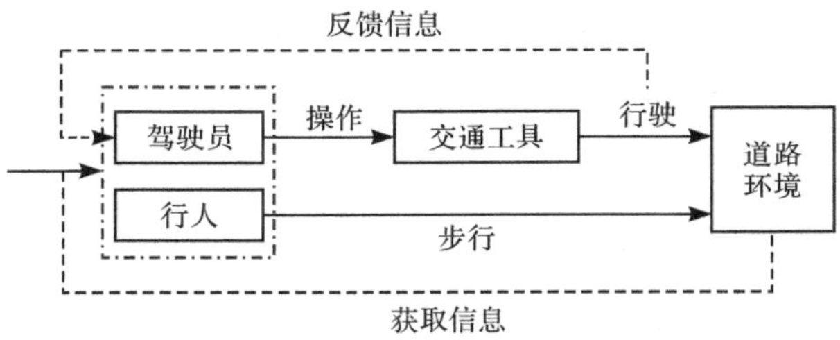

图 1-4　道理交通系统要素

气质、教育背景、文化差异、经济法律因素都会影响交通人的交通行为，从而产生多种多样的交通现象。

行为学认为，影响人类行为发展的因素除遗传、环境、成熟、学习外，还有莫瑞斯(C. Morris)的“四因说”及亚瑟(G. Athos)与柯菲(E. Coffey)的“行为背景因素说”。“四因”是指“体质因素”、“符号因素”、“物质环境因素”及“社会环境因素”。莫瑞斯认为人的行为经常受到这四种因素的影响和控制。而这四种因素也相互影响，它们各自分别或共同影响着人的品质和支配人的行为，如图 1-5 所示。“符号因素”是指一个人的生活中，大半时间都在语言、文字和思想中活动，人的价值观念和认识无一不是一种符号传递过程，所以符号的作用影响人类的行为。

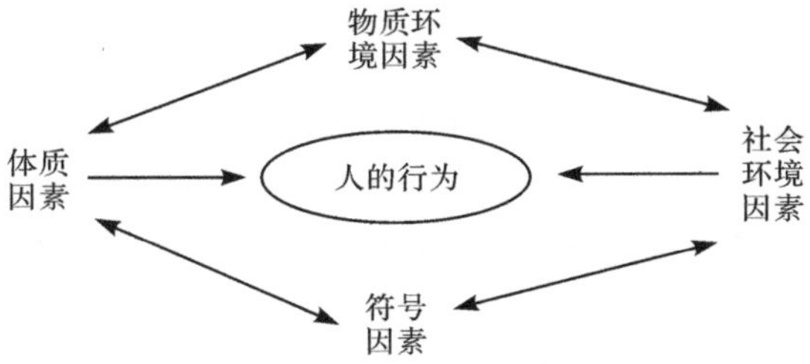

图 1-5　行为影响四因素

亚瑟与柯菲的“行为背景因素说”认为一个人的行为受其环境的影响。他们把组织中的影响因素分为外在因素与内在因素两类(图 1-6)。外在因素属于外在条件因素，如经济、社会与文化、政治与法律、地理环境、人口分布等。而股东、竞争者、顾客、供应来源等则属于外在的组织群体因素。内在因素包括主管、目标与目的、产品或劳务、技术等。这些外在因素和内在因素相互影响，也影响组织中的个体行为。两者之间的关系如图 1-6 所示。

因此，应拓展思路，从社会、经济、科学、法治、文化等社会大环境入手，研究交通行为的产生动机、发展、行为过程、干预方法及干预措施。

可从影响行为的个人因素、环境因素及文化因素三方面分别加以分析。

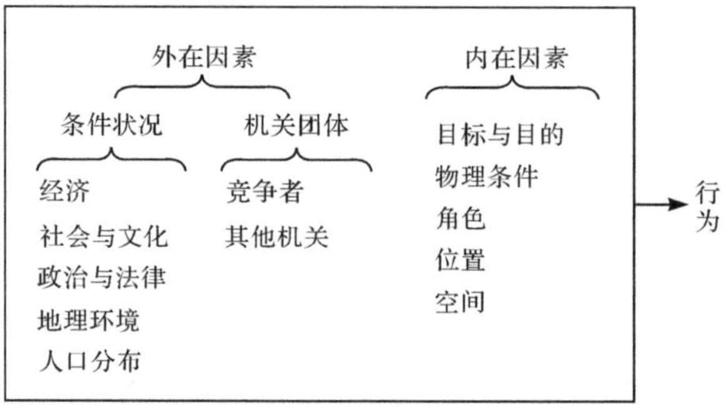

图 1-6　行为背景因素

1. 个人因素

1) 生理因素

年龄、性别、健康状况和生理特质的不同，可能造成不同的行为表现。研究显示，人的年龄对反应时间有明显影响。一般来说，在 30 岁以前，反应时间随着年龄的增加而缩短，30 岁以后则随着年龄增加而延长。由于人与人之间存在个体差异，即使同龄人在完全相同的试验条件下，不同人的反应时间也不一定相同。

2) 心理因素

气质是人典型的、稳定的个性心理特征。这种个性心理特征在各种各样的活动中，以同样的方式表现在心理活动的动力上，不随活动的内容、目的和动机而转移。古希腊著名医生希波克拉特观察到不同人有不同的气质，将人分为四种气质：多血质、胆汁质、黏液质、抑郁质。不同的个体在感知、兴趣、态度等方面存在明显差异。一般地，男性表现为外倾型，心理活动表位在外，如开朗、活跃、善交际、富有正义感和意志决定能力；女性表现为内倾型，心理活动表现在内，如深沉、文静、反应迟缓、情绪不定。

3) 个体背景

一个人受教育的程度、家庭背景、社会背景及其感情生活、道德行为、职业、习惯、技艺、嗜好与态度等对交通行为有重要的影响。

4) 动机

个体的动机对外界的反应常有选择与辨别的作用，与动机无关的刺激则无法引起个体的行为。

2. 环境因素

环境包括自身环境、道路环境和社会环境。

1）自身环境

自身环境是指出行者在出行过程中自身的周边交通环境。例如，驾驶员在驾驶过程中，对驾驶行为最直接的影响就是周围车辆的交通行为，其行为受周围车辆的约束，同时也影响着他人，形成动态的交互过程。

2）道路环境

道路环境包括道路条件和交通运行条件两个方面。

（1）道路条件是指道路线形组合、横断面设计、路面（路面破损状况、路面结构强度、路面平整度、路面抗滑性等）以及交通安全设施对“交通人”的影响。如果道路几何线形的组成不合理，驾驶员就会在驾驶汽车过程中缺乏足够的思想准备，引起精神过分紧张和情绪上的不稳定，造成操纵上的行为偏差，严峻时刻会导致交通事故的发生。车道数、车道宽度、路肩宽度等因素都可能导致驾驶员驾驶行为的差异。

（2）交通运行条件主要是指不良天气、交通量对交通行为的影响。不良天气导致路面使用性能下降。例如，雨、雪、雾等恶劣天气，因为改变了道路的行车条件，减小了路面的摩擦系数或降低了能见度，所以影响了驾驶员的正确判断和操作，改变了驾驶员的驾驶行为。交通量的大小直接影响着驾驶员的心理紧张程度，也直接决定了交通事故率的高低。

3）社会环境

人本质上是一个社会性的存在，个人的发展不可能脱离现实的社会。个人的成长过程不可避免地受社会环境的影响。李维特①认为，人是环境的产物、习惯的俘虏及生物遗传和文化的产品。处于社会中的“交通人”也同样如此，在所有的影响因素中，以人为主的社会环境对行为影响最显著。社会环境包括两个方面：心理的社会环境，是指人与人共同相处时的环境；文化的社会环境，是指物质、生物、心理等方面的人文环境。

3. 文化因素

文化是一个社会成员共有的思维和行为方式的集合，即在一个社会通行的知识、道德、价值观和习惯等。人类学家泰勒（E. B. Tyler）认为，“文化是包括知识、信仰、艺术、道德、法律、风俗以及其他作为社会一分子所习得的一切能力和习惯的复合体”。社会文化是环境的一环，与个人行为关系密切。社会文化是行为的产物，而它对每个人的性格又会有多方面的影响。适应社会环境也就是对社会文化的适应，人们若不接受社会文化，就无法生活于其中，也无法满足自己的欲望，更难获得安定感。文化对个人行为的影响往往表现在价值体系和文化传递的心

---

① 李维特（Harold J. Leaviit）（1922～2007），美国斯坦福大学教授，管理心理学者。

路历程上。在交通行为表现上，文化对交通行为的影响也是显著的。研究显示：在不同国家，驾驶员在十字交叉口的行为是不同的。在欧洲南部国家，特别是拉丁语系国家，驾驶员的驾驶行为比较激烈，而欧洲南部国家的驾驶员则更倾向于合作驾驶行为[76]。

1.4.3　学科建模

从历史的角度思考，人类的模型建立经历了三次“革命”：从直接的感官反应建模到间接的文字理解建模，再到利用数学工具建模。随着模型的“精度”越来越高，对描述对象的限制也越来越多，其模型的适应性也变得越来越窄（图 1-7）。在现代的模型建立中，人们习惯将描述对象进行定量的分析而多采用数学建模的方法，但对于城市交通发展过程的现象，特别是包括人的交通行为的复杂对象，如何进行数学建模还是一种挑战。

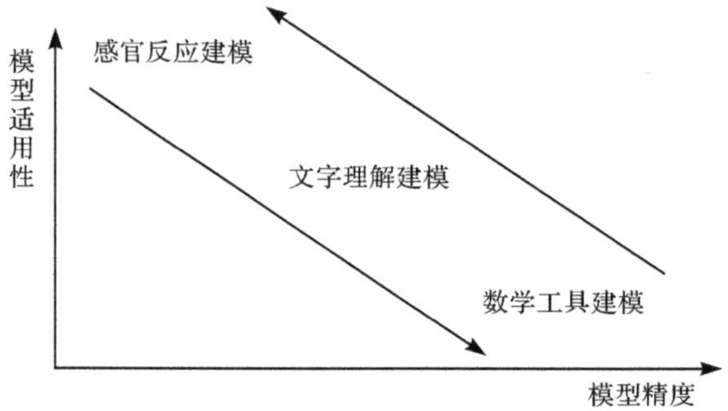

图 1-7　模型适用性与精度的关系

交通行为学是一门交叉性学科，具有自然科学和社会科学的双重属性，因此，在研究方法上不应当向物理学看齐，企图用几个基本公式来概括所有的交通现象是不切实际的。实际上，其他科学领域的规律也不一定都是定量的规律。生物学、化学、地球物理学，甚至物理学的一些规律就属于定性结构的规律。例如，帕斯特的“疾病是由病菌造成的”这个规律并不是一个定量的规律，但它对人们寻找疾病产生的原因起到了指导作用，并推动了医学的发展，所以人们承认它是基本规律。因此，交通行为学的成功并不一定要看建立了多少数学模型，只要能把人的交通行为问题描述与解释清楚，用什么样的模型以及模型的形式都不重要。

交通行为模型的建立中，用精确的数学模型来表达交通行为规律固然重要，但无限制地追求精确数学模型必然意味着对行为研究得过于抽象和细化。在前面提到，交通行为是一门基于应用的基础学科，虽然研究的精细化有助于问题的解决，但是脱离了交通行为的研究目的，缺乏微观和宏观行为的连接机制，无法从本质上解决问题。因此，对交通行为研究必须结合感官反应建模、文字理解建模和数学工具建模。

1.5 交通行为学研究内容

交通行为学主要研究交通中人出行过程中的行为表现。按照所涉及的人口规模大小、时间跨度以及研究区域,可以将交通行为分为社会交通行为、交通出行行为、道路通行行为、驾驶人行为及慢行交通行为五个基础研究方向(图1-8)。交通行为研究的主要内容如下。

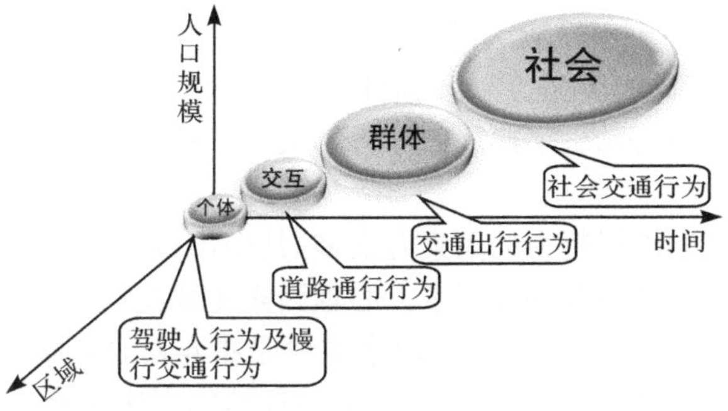

图1-8 交通行为研究内容

1) 社会交通行为

交通所依赖的社会系统决定了交通需求、交通供给及其平衡调节方式的构成。现代交通总是存在于、服务于特定的现代社会系统,一切交通行为均由社会化的生产生活需求所引起。同时,现代交通行为也影响和改变着社会行为。网络购物的飞速发展使快递运输业迅速扩展,城市物流连接铁道、航空和公路物流,增加了城市内物流车辆的数量和出行强度,相应地减少了居民出行次数以及所产生的道路通行、停车等交通压力,影响着人们的社会生活方式。

因此,社会系统、社会生活以及交通行为三者存在相互影响的关系,对社会交通行为内容的研究主要分为三个方面:①研究社会系统对交通行为的作用,主要涉及经济科技发展、社会文化、社会格局、生态环境要求等方面;②研究社会生活对交通的影响,涵盖社会生活出行(通勤、购物、娱乐等)、社会生产、虚拟社会生活(电子化办公、视频会议、网络课堂)、特定社会活动(大型活动、节假日出行)等;③研究交通行为对社会系统和社会生活的影响,即研究错峰上下班、弹性工作制、车辆限行等交通政策措施对社会系统和社会生活的影响。

2) 交通出行行为

城市聚集了高密度的人口和社会经济活动,是一个极其复杂而且处于动态变化之中的巨系统。居民在城市的不同场所完成的上班、家务、娱乐、购物等活动以及场所间的空间移动构成了庞杂的城市活动系统的主体。交通出行行为作为城市活动系统内部的动态联系，实际上是人们日常活动中派生出来的交通活动，反映了居民在城市中的时空参与性。

交通出行行为是交通规划、交通管理与交通控制中最重要的内容之一。加强对出行行为的分析，可以使定性分析与定量分析有机地结合在一起，从而更加有效地进行交通需求分析与预测，制定出更加有效的交通建设、管理与控制的政策及措施。

交通出行行为分析理论研究，尤其是个体出行行为的研究已成为焦点，它涉及四个重要方面：①个体进行需求选择时考虑的属性；②模型描述的特定选择，包括(方式、目的地)选择的类型、出行的时间(日、月、年等)以及可能选择集合的性质；③决策规则(互补、否决、字典规则等)；④决策者可用信息的假设(包括信息获取及使用)。

影响出行者交通出行行为的因素有很多，其中出行者个体方面的因素主要有心理因素、个人因素、情境与环境因素。心理因素主要是包括需要与动机、感觉与知觉、学习与记忆、信念与态度；个人因素主要是指年龄、性别、职业、受教育程度等人口统计因素以及个性和生活方式；情境与环境因素则包括文化、社会阶层、社会群体、家庭、经济环境等方面。

目前常见的交通出行行为分析模型和方法包括非集计理论、机会模型、结构方程模型、复杂模型系统。

3) 道路通行行为

道路通行行为是驾驶员驾驶机动车交通工具实现出行目标过程中与其他车辆交互的行为表现，简称通行行为。研究不同社会文化、道路环境下车辆的通行行为，探索车辆交通行为规律，对于进行交通安全、交通管理、通行能力、服务水平等方面的分析都有着重要的意义。

当前道路通行行为研究主要集中在驾驶行为方面，以人-车单元的车辆运动表现为研究对象，研究跟驰行为、换道行为、分合流行为等典型行为，属于个体型交通行为的研究，忽略了车辆是在具体的道路环境中行驶，车辆在正常行驶过程中不可避免地要与周围车辆、环境发生交互行为。因此，通行行为的研究对象为交互的车辆行为，突破了原有驾驶行为以人-车单元作为研究对象的局限，同时研究对象不涉及驾驶员的个体认知、感觉、技能等。

通行行为从行为学角度研究车辆间的交互行为规律以及信息对驾驶员的影响，是关系型交通行为的研究。因此，通行行为在研究内容上分为两个方面：①道路上人所驾驶的车辆间的交互进程，包括个体、群体行为研究，个体与群体行为研究，群体与群体行为研究，主要是指跟驰、换道和超车行为，竞争和协作通行行为，攻击性通行行为;②信息对驾驶员路径选择行为影响研究。

4) 驾驶人行为

驾驶人行为是从影响安全的行为产生原因、诱发结果等方面开展的研究,如疲劳、酒后、分神以及超速等行为,是个体型交通行为的研究。其主要研究内容包括影响驾驶人安全的行为特征,从宏观角度分析各种驾驶行为的产生原因、表征宏观驾驶行为的指标、对具体操作的影响机理等方面;研究成果可为制定事故预防对策和提升驾驶安全提供依据。

根据驾驶人的行车过程,按照信息处理及加工方式可将驾驶过程分为三个主要阶段:①信息感知、处理;②信息决策和驾驶操作;③车辆运行及信息反馈。为了研究驾驶过程的三个主要阶段的行为变化特征,交通领域的学者根据各阶段的特点,提出了驾驶行为表征指标,在第一个阶段,主要确定了用于表征驾驶人获取道路和其他车辆运行信息的特点,主要从视觉方面建立表征指标;在第二个阶段,主要建立了描述驾驶人对各种信息的认知态度和反应能力的指标,主要从生理数据和心理数据(脑电、心电、皮电、肌电、心跳、血压、体温以及呼吸频率)方面建立表征指标;第三个阶段是具体表现出来的操作动作和车辆运动特征(控制油门、换挡、制动、踩离合、转向等),是驾驶行为的具体表现,也是驾驶行为定量研究的重要方向。

驾驶人行为研究主要以交通安全为目的,研究主要集中在几种典型行为对安全性的影响,具体包括疲劳驾驶、分神驾驶、酒后驾驶以及交通设施对驾驶员的影响评估等内容。

5) 慢行交通行为

慢行交通行为(简称慢行行为)包括非机动车和步行两种交通行为方式,其研究内容包括场馆、枢纽内部行人的行为特性。慢行行为具有短途优势,并且兼有绿色、环保、低碳的特点,在各种交通活动中都有广泛的应用。

自行车出行在我国城市居民出行方式中占有较大比例。自行车交通具有节能、环保、健身等优点,其适宜的出行距离在6km以内。在路段的自行车骑行行为具有摇摆性、结群性、单行性、多变性等特点;在交叉口的自行车骑行行为具有侧聚性、扩散性、抢先性等特点。步行作为各类交通方式出行的起始和终止,是城市交通的重要组成部分和不可或缺的辅助方式(步行交通以个人体力为基础,其适宜的出行距离在1km以内)。步行交通具有个体性强、路线选择自由等特点,其出行目的因人而异。

目前,国内外学者针对混合交通的研究比较多,在某些领域研究比较深入,基本形成了一套成熟的理论体系。自行车行为研究涵盖自行车交通流特性、自行车交通流群特性、自行车信号配时以及混合交通环境下交叉口运行效果四个方面。行人研究主要包括行人服务水平、行人交通流特性、行人与机动车冲突、行人过街设施设计等方面。

大型活动、枢纽内部行人密集，造成环境拥挤，舒适度降低，增加了引发突发事件的概率和安全风险。因此，了解大型活动、枢纽的行人集散特性，行人的交通流特性，以及拥挤条件下的行人行为，才能为行人交通组织、设施设计和配套的服务方案制订提供基础。大型活动、枢纽内部行人研究涉及行人交通流特性、行人集散特性、行人行为建模、管理组织方法等方面。

以上研究为交通行为学基础理论研究，以此为基础可以进行交通信息、交通安全、虚拟交通行为等的应用研究。

1）交通信息

交通信息作用的对象是人，目的是交通行为控制。实际上，交通信息是被人们精心设计用来控制或指导人的交通行为，保障交通安全和便利出行的环境刺激要素。根据信息对行为控制的效用，交通信息可分为三类：交通行为教育信息、交通行为控制信息和交通行为指导信息。

交通行为教育信息是指用于培养人的交通知识、交通常识而通过教育、宣传传播的信息。这类研究通常涉及儿童、老年人等弱势群体的行为研究，用于指导其行为规范。

交通行为控制信息具有明确的行为控制作用，出行者必须严格遵守，其控制效果不受交通影响因素的限制。如何高效地利用道路的时空资源，如信号配时、绿波控制、面控制等城市交通控制系统优化是研究者关注的主要问题。现阶段比较成熟的交通控制系统以 TRANSYT、SCATS 和 SCOOT 为代表。

交通行为指导信息主要是为交通出行提供服务、交通行为引导的各种信息。这类信息没有强制性，其控制效果取决于不同个体、需求、环境等因素。面对提供的交通指导信息，出行者需要通过自身感知来权衡信息的价值，判断信息的可靠性，评价信息的有用性，进而确定信息是否值得采纳。现有交通行为指导信息的研究涉及两个方面：一方面从交通信息作用机理的角度，通过影响出行者对交通信息的依赖性，直接或间接地影响出行选择行为，如改变出行路线或出行方式等；另一方面从出行行为的角度，研究交通路况信息对出行行为的影响作用。

2）交通安全

随着机动化水平的提高，我国的交通事故已成为社会性的大问题。当前我国城市道路交通特点表现为：交通流混合严重，机动车、非机动车、行人混杂，车辆行驶干扰严重，再加上交通设施不完善、交通执法不严格，造成秩序混乱，交通事故增加。

人是交通行为的主体，交通安全的研究应以人在交通中的行为规律为研究基础。以人为主体，探究人、车、路、环境所组成的系统在交通事故构成因素中的作用，分析现有交通安全问题，研究和掌握发生交通事故的规律，并对交通事故进行预测，通过建立的宏观和微观安全评价体系对道路交通安全状况进行评估。根据交通事故调查与分析资料以及评价体系，对道路事故危险点进行鉴别，进而通过交通工程设计实现交通安全改善。智能交通技术的应用对交通安全的改善具有积极作用，通过先进的道路交通控制系统可以改善交通流在路网的时空分布，实现对特殊道路和特殊天气条件的警告、可视性和智能性速度限制设施的改善。

总之，交通安全研究包括交通事故的定义、分类、表达方式、变化规律、影响因素、发生机理以及安全保障措施等。

3) 虚拟交通行为

虚拟交通行为可表述为：交通行为在计算机及其网络构成的虚拟空间中，借助数据、模型、计算、显现等信息方式实现的有交通管控和交通科学研究等应用目的的映射。虚拟交通行为是面向应用目的的交通行为研究，其本质是交通行为在计算机虚拟空间中的映射，该映射要求虚拟对象根据特定应用目标在功能与表现上体现交通行为的特征；其整体是针对不同应用目的，计算机虚拟的一般个体反应方案与交互方案的组合。

虚拟交通行为是交通行为在计算机虚拟空间中的构建，是计算机中数据、模型（元素、单元、逻辑、进程）在功能与表现上体现交通行为的特征，是将交通行为通过计算机语言进行描述，描述的是人的行为一般过程及在计算机“功能构建”下不同情境状态的一般反应方案的组合，用于深层次理解人的行为机理，并提供交通系统中人的行为或系统设计规范。

1.6　交通行为学研究方法

1. 调查法

调查法是进行交通行为学研究的一种基本方法，包括问卷调查法和访谈法。问卷调查法在交通研究中的应用最为普遍，例如，在交通出行预测中多采用 SP 和 RP 调查相结合的方法研究居民的出行意愿、出行方式等内容，在枢纽、人行道等服务水平研究方面，完善、合理的问卷调查能帮助研究者更好地理解出行者对交通出行环境的主感官。访谈法在交通研究中的应用较少，一般用于获取出行者在发生一次交通行为过程中的心理感受。

问卷调查法是以书面形式，围绕研究目的设计一系列有关的问题，请被调查者做出回答，然后通过对问卷的回收、整理和分析，获取有关信息的一种研究方法。问卷可以是表格式、卡片式或簿记式。设计问卷是问卷调查法的关键。完美的问卷必须具备两个功能，即能将问题传达给被问的人和使被问者乐于回答。要完成这两个功能，问卷设计时应当遵循一定的原则和程序，运用一定的技巧。一般来说，问卷设计应遵循以下原则：

(1) 有明确的主题。根据主题，从实际出发拟题，问题目的明确，重点突出，没有可有可无的问题。

(2) 结构合理、逻辑性强。问题的排列应有一定的逻辑顺序，符合应答者的思维程序。一般是先易后难、先简后繁、先具体后抽象。

(3) 通俗易懂。问卷应使应答者一目了然，并愿意如实回答。问卷中语气要亲切，符合应答者的理解能力和认识能力，避免使用专业术语。对敏感性问题采取一定的技巧调查，使问卷具有合理性和可答性，避免主观性和暗示性，以免答案失真。

(4) 控制问卷的长度。回答问卷的时间控制在20min左右，问卷中既不浪费一个问句，也不遗漏一个问句。

(5) 便于资料的校验、整理和统计。

访谈调查法是指通过访谈员和受访人面对面地交谈来了解受访人的心理和行为的心理学基本研究方法。访谈是一种研究性交谈，根据受访人的答复搜集客观的、不带偏见的事实材料，以此来了解调查对象的行为或态度，准确地说明赝本所要代表的总体，达到调查的目的。访谈一般以面对面的个别访谈为主，也可采用小型座谈会、调查会的形式进行团体访谈，常用于心理研究领域，适用于向被访者了解心理体验、情感，以及对某一事物的意见、态度、评价等方面的信息。

访谈调查法中，访谈员与受访人直接交流，访谈员可以灵活安排访谈时间和内容，把握访谈过程的主动权，有利于受访人能更客观地回答访谈问题，从而对受访人的态度、动机等深层次的内容有比较详细的了解，因此，该方法具有灵活、准确、深入的优点。访谈调查法也有成本高、缺乏隐秘性、受访谈员影响大、记录困难以及处理结果难等局限性。

2. 时空法

时空法，即交通轨迹法，是通过摄像机记录交通环境中交通人的行为视频数据提取交通行为轨迹。图1-9为几种数据调查方法的比较，由图可以看出视频轨迹方法具有明显的优势。

在已有的国外的研究实验中，摄像机通常架设在被观察对象的正上方，摄像机坐标系与世界坐标系保持一致，而且像平面与场景平面相互平行，因此观察对象在像平面的坐标与其场景平面的坐标之间可直接使用摄像机内部参数确定的尺度因子矩阵进行换算。

而实际情况中，摄像机的架设位置往往受具体场景的限制，不能悬挂于交通对象正上方，则进行像平面坐标与场景坐标转换时，除了尺度因子矩阵之外还需要确定相应的旋转矩阵，针对该问题，通常采用一种基于空间共面直线从单幅图

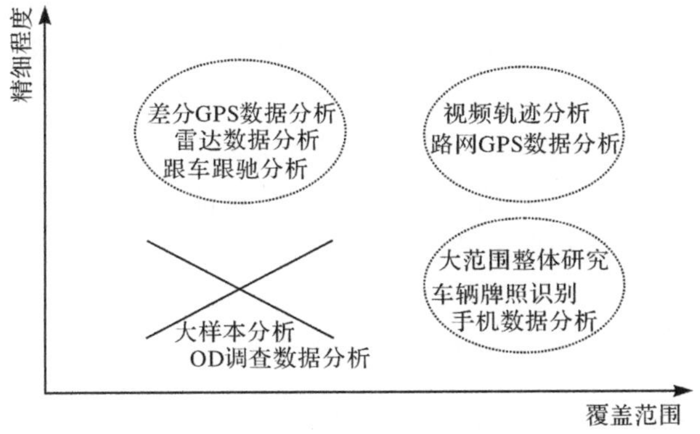

图 1-9 数据调查方法比较

像进行摄像机自标定的线性方法,来确定交通对象位置所在像平面坐标与场景平面坐标(世界坐标)之间的转换矩阵,从而进一步将视频中的轨迹数据提取出来。

目前,供研究者使用的轨迹提取软件较多,如表 1-1 所示。大部分软件都采用人工点选的方法提取交通轨迹,不能自动地进行研究对象的识别、跟踪和提取。PETS(performance evaluation of tracking and surveillance)主要进行计算机图像识别、事件检测以及性能评价方面的研究,具体包括个人和车辆跟踪、数量和密度检测、事件检测等。该技术的发展可应用于视频中研究对象的识别、跟踪以及交通事件等的自动化识别,为交通行为规律的研究提供丰富、精确的基础数据。

表 1-1 交通轨迹提取软件

所有者	名称	特点
SIMI 公司	SIMI Motion	最初用于运动员数据分析,将交通系统抽象为不同类型的运动物体
私人	George	人工点选:一次只能提取一个交通轨迹
魏恒	VEVID	人工点选:可以对多个交通对象同时进行轨迹提取
FHWA*	NGSIM-VIDEO	自动识别、跟踪、提取车辆轨迹,视频质量要求高

*〈美〉联邦公路局。

3. 实验法

实验法是交通工程心理学的重要研究方法。由于交通条件很复杂,分析某种事件与所有影响因素的关系很困难,而且在自然条件下不可能获得某一种影响因素与某事件的定量关系。因此,需要控制某些因素,进行实验研究。

实验法就是人为地控制自变量(外界刺激)和因变量(被实验的人),进行适量实验,从中探求规律。对于交通行为,外界刺激是指道路、交通信号标志、交通安全设施、交通环境、行人干扰、车辆影响、气候条件等。对于受试者,可以性别、年龄、驾驶经历、技术熟练程度、身体特征、生活环境、身心状态等进行区分。

实验研究分为现场实验和实验室实验两种。现场实验是在实际交通环境中,按创造的实验条件进行实验,研究结果更接近实际交通情况。实验室实验是在实验室内,按更严格的控制条件进行实验,研究结果能比较真实地反映自变量的影响,但实验环境远离了道路上复杂的交通条件。

现场实验与实验室实验之间有密切关系。一般在现场条件不具备的情况下,先进行实验室实验,在实验室实验有了一定结果时,再应用现场实验来验证结果是否符合实际情况。

现场实验与前面提到的观察研究不同,其根本区别在于前者控制实验条件,后者不控制实验条件。

1) 现场实验

现场实验是在实际的道路交通环境中,创造条件,或适当控制条件,研究用路者的心理活动。为了在短时间内取得满足要求的数据,需要投入较多的人员。另外,需向被试人员说明研究目的和要求,以便得到他们的理解和配合。

2) 实验室实验

交通工程心理学中的很多问题都可以在实验室进行研究,如驾驶员对交通标志的视认性、驾驶员对各种外界刺激的反应(包括简单反应与复杂反应)、视觉适应性、汽车某些装置对操作的影响。

实验时,要根据不同的研究目的选择不同的受试者,如男驾驶员或女驾驶员、哪一年龄段的驾驶员、有几年驾驶经历的驾驶员等,创造外界刺激,严格控制干扰因素。

现代设备完善的实验室,对呈现刺激和记录反应都采用录音、录像、电影、电子计算机等现代化技术实行自动控制,可以精确地记录产生某种心理现象的外界条件、人体内部生理变化和外部表现。

4. 计算法

随着计算机科学与技术的发展,计算已成为继实验和理论之后的第三种学科类形态。信息技术的进步使计算机可以模拟真实处理问题的实验场景或人的思维过程来解决许多问题。

交通仿真是研究者接触最多的计算形式。近年来,由于新的计算手段和计算方式的提出,交通仿真不再局限于对模型稳定性、真实性的验证,而更多地关注动态离散事件和混合系统的行为模拟。基于计算实验理论,相关学者提出了实验交通工程学和人工交通系统的概念。未来通行行为的研究将不局限于传统交通流理论的束缚,但是目前用于交通仿真系统的各个子系统的已有方法都可以直接用于下一代交通仿真系统的建模与构造，仿真系统构建的核心依旧是个体和群体行为学模型的构建以及实际交通系统的运行规律、方式、方法和各种约束条件，同时还必须客观地考虑文化和社会环境对交通行为的影响。交通仿真系统还应实现与现实交通的接入功能，导入更加真实的交通流，根据交通参与者的真实行为创造任意交通行为。

根据计算实验和计算智能的最新进展，实现下一代交通仿真系统的新方法包括：智能体方法与编程技术；Petri 网及其衍生模型；复杂系统的语言动力学描述；元胞自动机及其广义形式；模糊逻辑、神经元网、遗传演化程序和自然计算在内的智能计算方法。

1.7 本书章节安排

本书第 1 章为交通行为学理论体系，从交通行为学的概念、相关学科的研究现状、交通行为学基本特点以及研究内容和研究方法等方面对交通行为学进行全面的阐述，搭建交通行为学基本理论框架。

第 2～6 章涉及交通行为学基础研究内容，根据研究对象的范围、关系、特征等因素，将交通行为分解为社会交通行为、交通出行行为、道路通行行为、慢行交通行为以及驾驶人行为等五部分分别研究探讨。

第 7～9 章内容属于交通行为应用基础研究探讨。由于篇幅有限，无法全面涉及交通行为全部应用基础研究的内容，只选取交通安全行为、信息交通行为以及虚拟交通行为三个方面进行总结归纳，以期将交通行为的研究服务于道路交通规划、设计建设、交通组织、安全控制、系统运行管理与控制等实际操作中。

参考文献

[1] Carpenter S. Behavioral science claims the decade[J]. Monitor on Psychology, 2000, 31(11): 22-24.

[2] http://www.decadeofbehavior.org[EB/OL][2015-3-20].

[3] Zeier H. Concurrent physiological activity of driver and passenger when driving with and without automatic transmission in heavy city traffic[J]. Ergonomics, 1979, 22(7): 799-810.

[4] Brookhuis K A, De Waard D. The use psychophysiology to assess driver status[J]. Ergonomics, 1993, 36: 1099-1108.

[5] Healey J, Seger J, Picard R. Quantifying driver stress: Developing a system for collecting and processing bio-metric signals in natural situations[J]. Biomedical Sciences Instrumentation, 1999: 193-198.

[6] Chang M. Evaluation of driver's psychophysiological load at freeway merging area[C].

Washington DC: Transportation Research Board, 2001.
[7] Furuichi T, Iwasaki M, Kadoma T. Drivers' behavior in S curve negotiations on an urban motorway[J]. Traffic and Transportation Studies, 2002, 2: 849-856.
[8] 任福田. 交通工程心理学[M]. 北京：北京工业大学出版社，1993.
[9] 潘晓东. 人体信息技术在道路几何构造安全性评价中的应用[R]. 上海：同济大学，2002.
[10] 郑柯. 基于驾驶员心理生理反应的高速公路线形研究[D]. 北京：北京工业大学，2003.
[11] 王书灵. 基于驾驶员心生理反应的山区双车道公路极限坡度坡长研究[D]. 北京：北京工业大学，2005.
[12] 闫莹. 公路长大下坡路段线形指标对驾驶员心理生理影响的研究[D]. 西安：长安大学，2005.
[13] 唐登科. 驾驶员驾车生理心理反应与道路线形关系的研究[D]. 南京：东南大学，2006.
[14] 周骊巍，曾伟. 道路线形设计对驾驶员心理的影响[J]. 道路交通与安全，2005，5(4)：28-30.
[15] Forester J. Bicycle Transportation[M]. Cambridge: MIT Press, 1983.
[16] Pein W. Bicyclist performance on a multiuse trail[J]. Transportation Research Record, 1997: 127-130.
[17] Taylor D. Analysis of traffic signal clearance interval requirements for bicycle-automobile mixed traffic[J]. Transportation Research Record, 1993: 13-20.
[18] Taylor D, Mahmassani H. Bicyclist and motorist gap acceptance behavior in mixed-traffic [C]. Washington DC: Transportation Research Board, 1998.
[19] Taylor D, Davis W J. Review of basic research in bicycle traffic science, traffic operations, and facility design[J]. Transportation Research Record, 1999, (1674): 102-110.
[20] Hossain M. Estimation of saturation flow at signalized intersections of developing cities: A micro-simulation modeling approach[J]. Transportation Part A, 2001, (35): 129-147.
[21] 刘以成，杨盛福，任福田. 交通工程手册[M]. 北京：北京交通出版社，1995.
[22] 刘国新. 灯控平交路口混合交通自行车通行能力研究[J]. 北京工业大学学报，1986，12(4)：117-125.
[23] 魏恒，任福田，刘小明. 自行车行驶状态与自行车道通行能力关系研究[J]. 中国公路学报，1993，6(4)：60-64.
[24] 刘东，韩凤春，陈永胜. 灯控路口非机动车交通流运行特性研究[J]. 中国人民公安大学学报(自然科学版)，2004，10(2)：89-92.
[25] 何民. 混合交通流微观仿真关键技术研究[D]. 北京：北京工业大学，2003：61-88.
[26] 关宏志，陈艳艳，刘小明. 基本路段机非混合交通流的解析模型[J]. 北京工业大学学报，2001，27(1)：12-15.
[27] 黄迪，钱大琳，赵春龙. 平交口右转机动车穿越直行自行车行为研究[J]. 北京交通大学学报，2006，30(3)：23-26.
[28] 王明文. 非机动车对路段交通流影响研究[D]. 北京：北京工业大学，2004.
[29] 贾顺平，彭宏勤. 城市混合交通中自行车对机动车行驶影响的定量分析[J]. 交通运输系统工程与信息，2008，8(2)：58-62.

[30] 程瑶. 交通流压缩特性与黏滞特性研究[D]. 长春：吉林大学，2006.
[31] Fruin J J. Pedestrian Planning and Design[M]. New York：Metropolitan Association of Urban Designers and Environment Planners，1971.
[32] Helbing D. A stochastic behavioral model and a "microscopic" foundation of evolutionary game theory[J]. Theory and Decision，1996，(40)：149-179.
[33] Johansson A. Constant-net-time headway as a key mechanism behind pedestrian flow dynamics[J]. Physical Review E，2009，80(2)：026120.
[34] Yu Y F，Song W G. Effect of traffic rule breaking behavior on pedestrian counter flow in a channel with a partition line[J]. Physical Review E，2007，76(2)：026102.
[35] Hoogendoorn S，Daamen W. Self-organization in pedestrain flow[J]. Traffic and Granular Flow，2005，3：373-382.
[36] Guo R Y，Wong S C，Huang H J，et al. A microscopic pedestrian-simulation model and its application to intersecting flows[J]. Physica A：Statistical Mechanics and its Applications，2010，(389)：515-526.
[37] Nevil A，Balmer N，Williams M. Crowd influence on decisions in association football[J]. The Lancet，1999，(353)：1416.
[38] Sime J D. Crowd psychology and engineering[J]. Safety Science，1995，(21)：1-14.
[39] Galea E R. Simulating evacuation and circulation in planes，trains，buildings and ships using the EXODUS software[J]. Policy Futures in Education，2002，7(5)：463-472.
[40] Helbing D. Collective phenomena and states in traffic and self-driven many-particle systems [J]. Computational Materials Science，2004，(30)：180-187.
[41] Gipps P G，Marksjö B. A micro-simulation model for pedestrian flows[J]. Mathematics and Computers in Simulation，1985，27(2)：95-105.
[42] Helbing D，Keltsch J，Molnar P. Modeling the evolution of human trail systems[J]. Nature，1997，(388)：47-50.
[43] Kitazawa K，Batty M. Pedestrian behavior modeling：An application to retail movements busing a genetic algorithm[C]. The 7th International Conference on Design and Decision Support Systems in Architecture and Urban Planning，Enihoven，2004.
[44] Schelhorn T，O'Sullivans D，Haklay M，et al. STREETS：An agent-based pedestrian model [R]. UK Centre for Advanced Spatial Analysis，1999.
[45] Kwon Y. Analysis of pedestrian behavior and planning guidelines with missed traffic for narrow urban streels[C]. Washington DC：Transportation Research Board，1998.
[46] Thompson P A. Developing new techniques for modeling crowd movement[D]. Edinburgh：University of Edinburgh，1994.
[47] Metoyer R A. Building behavior with examples[D]. Atlanta：Georgia Institute of Technology，2002.
[48] Lam W H K，Cheung C Y. Pedestrian route choice between escalator and stairway in MTR stations[J]. Transportation Engineering，ASCE，1998，124(3)：277-285.

[49] 李得伟. 城市轨道交通枢纽乘客集散模型机微观仿真理论[D]. 北京:北京交通大学,2007.
[50] 陈艳艳,张广厚,史建港. 拥挤行人交通系统规划及仿真[M]. 北京:人民交通出版社,2011.
[51] Reddy P D V G, Yang H, Vaughn K M, et al. Design of an artificial simulator for analyzing route choice behavior in the presence of information system[J]. Mathematical and Computer Modelling, 1995, 22(4-7): 119-147.
[52] Lotan T. Effects of familiarity on route choice behavior in the presence of information[J]. Transportation Research Part C, 1997, 5(3-4): 225-243.
[53] Boyle L N, Mannering F. Impact of traveler advisory systems on driving speed: Some new evidence[J]. Transportation Research Part C, 2004, 12(1): 57-72.
[54] Srinivasan K K, Mahmassani H S. Analyzing heterogeneity and unobserved structural effects in route-switching behavior under ATIS: A dynamic kernel Logit formulation[J]. Transportation Research Part B, 2003, 37(9): 793-814.
[55] Jha M, Madanat S, Peeta S. Perception updating and day-to-day travel choice dynamics in traffic networks with information provision[J]. Transportation Research Part C, 1998, 6(3): 189-212.
[56] Dia H. An agent-based approach to modeling driver route choice behavior under the influence of real-time information[J]. Transportation Research Part C, 2002, 10(5-6): 331-349.
[57] Chen T, Chang H, Tzeng G. Using a weight-assessing model to identify route choice criteria and information effects[J]. Transportation Research Part A, 2001, 35(3): 197-224.
[58] Lyons G D, Urry J. Travel time use in the information age[J]. Transportation Research Part A, 2005, 39(2-3): 257-276.
[59] Adler J L. Investigating the learning effects of route guidance and traffic advisories on route choice behavior[J]. Transportation Research Part C, 2001, 9(1): 1-14.
[60] Golob T F, Regan A C. Trucking industry preferences for traveler information for drivers using wireless internet-enabled devices[J]. Transportation Research Part C, 2005, 13(3): 235-250.
[61] Kilpeläinen M, Summala H. Effects of weather and weather forecasts on driver behaviour [J]. Transportation Research Part F, 2007, 10(4): 288-299.
[62] Yim Y, Kanafani A. Expanding Usage of Cellular Phones: User Profile and Transportation Issues[R]. Berkeley: University of California, 1991.
[63] Huang H J, Li Z C. A multiclass, multicriteria Logit-based traffic equilibrium assignment model under ATIS[J]. European Journal of Operational Research, 2007, 176(3): 1464-1477.
[64] Arnott R, de Palma A, Lindsey R. Does providing information to drivers reduce traffic congestion[J]. Transportation Research Part A, 1991, 25(5): 309-318.
[65] Yin Y, Yang H. Simultaneous determination of the equilibrium market penetration and compliance rate of advanced traveler information systems[J]. Transportation Research Part A, 2003, 37(2): 165-181.

[66] Johansson M V, Heldt T, Johansson P. The effects of attitudes and personality traits on mode choice[J]. Transportation Research Part A, 2006, 40(6): 507-525.

[67] 毛保华,曾会欣,袁振洲. 交通规划模型及其应用[M]. 北京:中国铁道出版社,1999.

[68] Kitamura R, Chen C, Pendyala R M. Generation of synthetic daily activity-travel patterns [J]. Transportation Research Record, 1997, 1607(1): 154-162.

[69] Koppelman F S, Wen C H. Alternative nested Logit models: Structure properties and estimation[J]. Transportation Research Part B, 1998, 32(5): 289-298.

[70] Hensher D A, Ton T T. A comparison of the predictive potential of artificial neural networks and nested Logit models for commuter mode choice[J]. Transportation Research Part E, 2000, 36(3): 155-172.

[71] Kahneman D, Tversky A. Prospect theory: An analysis of decisions under risky[J]. Econometric, 1979, 47(3): 263-291.

[72] de Blaeij A T, vanVuuren D J. Risk perception of traffic participants[J]. Accident Analysis & Prevention, 2003, 35(2): 167-175.

[73] Fujii S, Kitamura R. Drivers' mental representation of travel time and departure time choice in uncertain traffic network conditions[J]. Networks and Spatial Economics, 2004, 4(3): 243-256.

[74] Avineri E. A cumulative prospect theory approach to passengers' behavior modeling: Waiting time paradox revisited[J]. Intelligent Transportation Systems, 2004, 8(4): 195-204.

[75] 张杨. 不确定环境下城市交通中车辆路径选择研究[D]. 成都:西南交通大学,2006.

[76] Doniec A, Espié S, Mandiau R, et al. Multi-agent coordination and anticipation model to design a road traffic simulation tool[C]. European Workshop on Multi-Agent Systems EUMAS, Lisbon, 2006: 223.

第 2 章　社会交通行为

2.1　社会交通行为及研究内容

现代交通总是存在于、服务于现代社会，这就决定了交通行为都具有社会性，是社会行为不可或缺的重要组成部分。交通行为泛指交通参与者在交通活动全过程中发生的各种行为现象和外在表现，它是在一定的交通环境下产生的[1]。交通行为概念具有深刻的内涵和广泛的外延，围绕交通行为的研究应在多层次上展开。社会交通行为研究关注交通行为群体在特定社会中的总体表现，以及社会交通行为对社会运行产生的影响。这种表现和影响在交通需求和供给平衡调节过程中尤为突出，本章重点讨论这一过程中的社会发展与社会交通行为的相互作用关系。

社会交通行为是处于特定社会架构和社会发展中的群体交通行为的总和，是社会群体对交通活动的普遍选择。社会交通行为研究交通行为的社会属性、社会系统对交通行为的决定作用、社会生活对交通行为的驱动，以及交通行为对社会运行的影响等。

2.1.1　交通行为与社会

一些学者提出交通社会学概念，从社会学角度研究交通行为。章辉美等[2]提出交通社会学是探索社会交通行为、交通现象以及交通行业良性运行和整个交通系统与社会协调发展规律的一门社会科学。何玉宏等[3]提出交通社会学是一门研究交通与社会生活诸要素间的关系及其发展规律的科学。

交通学科从人、车、路构成的交通角度研究交通行为，多集中在对个体交通行为的研究，以及个体相互交互形成的总体交通行为的研究，如驾驶人行为、慢行交通行为、交通出行行为等，并不特别考虑社会对交通行为的影响。本书探讨的交通行为学涵盖个体、交互、群体与社会行为各个层次。其中，社会交通行为处于特定社会架构和社会发展环境下，是个体交通行为以及由个体交通行为不断交互形成的群体交通行为的总和，是特定的社会对交通活动的普遍认知和选择。社会交通行为是交通行为基础研究的重要部分，其地位及与其他交通行为研究的关系如图 2-1 所示。

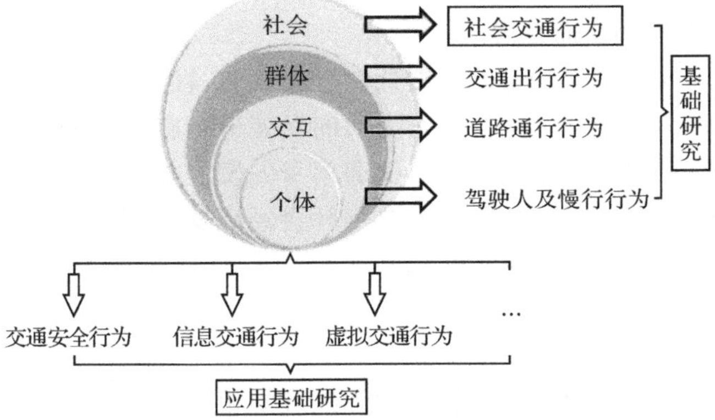

图 2-1　社会交通行为与交通行为科学

1. 交通的社会形成

交通是现代社会存在和发展的基础和前提。交通作为社会系统的基本要素，其形成过程经历了从满足社会经济科技发展需要到满足社会总体需求的发展。社会经济科技的发展促进了交通的更新和发展，完善了各种交通出行方式；同时，交通以其自身的发展和随之产生的巨大供给也拉动了社会经济的发展。经济、文化、城市格局、生态环境等社会因素的变化影响着交通工具的购买、交通方式的选择和交通出行行为的表现。因此，交通作为人类对社会空间的跨越行动与过程，是一种社会活动，是社会交通。

1）交通的社会构成

交通行为存在于现代社会活动中。对于交通行为，社会的含义又包括静和动两部分内容。静态社会是指交通行为依存的社会系统，包括政治、经济、文化、科技等，是相对静止和稳定的；动态社会是指交通行为服务的社会生活，包括社会生产生活、社会消费生活和社会虚拟生活，这些内容每天都要发生变化，是动态的。

现代社会系统能够产生交通需求、提供交通供给，并且具备调节交通供需平衡的方法和手段。但是当社会系统自动调节的力度不足以维持供需平衡时，就需要发布相应的交通政策来调节交通供给与需求的关系，保障交通与社会的协调发展。

2）社会发展水平决定交通系统发展状况

交通发展不仅是技术应用问题，而且是社会问题，要发展交通，必须有相应的社会发展。交通的发展受许多直接或间接社会因素的影响，因此可以通过改变塑造交通的社会来改变交通的发展，通过发展社会来带动交通的发展。但是，仅仅注意交通技术和管理方法的创新是不够的，要创新社会管理体制，促进交通与社会的良性互动,协调发展。

3) 社会需求推动交通发展

社会需求对交通发展的影响主要通过社会调节、社会选择、社会评价、社会创新等方式进行[4]。社会调节是社会对交通的发展进行有目标的调整和引导,包括自觉的政府调节和自发的市场调节。交通本身的发展并不是最终目的,它必须服从于社会、经济发展的总体目标,并且要与社会经济发展的总体需求相适应,交通的发展才能对社会发展发挥更大作用。

2. 交通行为主体的社会性

交通行为的主体是人。参考管理学和经济学相关的研究方法,为明确行为研究对象的特性,提出关于“社会人”、“经济人”等人性假设的概念,本章研究基于社会人的一般的、普遍的交通行为特点,对交通行为主体的心理和行为等属性进行抽象化、概念化的假设,使用“交通人”的概念,以承载社会人在从事交通活动中所特有的心理和行为共性[5]。交通人比以往研究中采用的出行者等概念更能体现行为主体在出行准备、交通出行、出行回报三个阶段的交通活动全过程中表现的社会属性。作为社会交通行为的主体,交通人必然要在既定的政治国家和社会关系中生活,并开始接受各方面尤其是精神方面的教育、影响、规范和塑造。这是交通行为主体的社会性的最突出的体现,也是社会关系对行为主体的制约性的表现。明确了社会交通行为主体的基础,有助于深入探讨其行为规律及发生机理,以实现对交通行为的预测和控制。

3. 交通行为与组织

交通是社会进步的一种技术手段,其发展程度与水平在很大程度上决定着社会中的组织的形式与规模,相反,组织也能以其自身的优势促进交通的进步和发展。

交通行为是有组织的行为,在促进交通发展的组织中,有政治组织,如国家、政府机构、政治团体,它们是国家的上层建筑,为了维护国家的繁荣和社会的稳定而推动交通事业的发展;有经济组织,如跨国公司、大型企业以及运输公司、物流公司、公交公司、出租公司、航空公司等,它们为了获取经济利益投资于交通以促进交通事业的发展;还有社会组织,如交通研究院所、大学、交通行业协会等,它们出于社会公益的目的推动交通事业的发展。

交通行为的管理者是政府主管部门,政府通过制定交通产业政策来有效干预交通产业、制定法规等,以规范交通行为,有效的交通组织和控制可充分实现交通行为与交通系统的协调。图 2-2 为新疆维吾尔自治区伊犁哈萨克自治州特克斯县特克斯镇,该镇的城市布局按八卦图建设,以城中花园为中心,有 8 条街道向外辐射，与 4 条环路相交，是可不用信号灯就能实现交通管理的有效组织形式。交通产业政策是交通产业发展的制度基础，好的交通产业政策可以促进交通产业的发展，有效的交通运输组织和管理可为交通行为创造非零和局面，反之，则会阻碍交通的发展。

图 2-2　新疆维吾尔自治区伊犁哈萨克自治州特克斯县特克斯镇

确保社会交通行为良性运行的组织主要是交通运输和公安交通管理的各专业交通部门在内的交通政府组织。它们的主要职责是在社会总体范围内负责推进综合交通运输体系建设，统筹规划铁路、公路、水路、民航以及邮政业发展，建立与综合运输体系相适应的制度体制机制，通过制定交通产业政策等政府干预措施来发展交通事业，以及对道路交通进行社会层面的管理与执法。

4. 社会约束交通行为

社会是交通发展的基础，为交通的发展提供供给。但是当有限的社会资源无法满足日益增长的交通需求时，交通的发展就会受到社会条件的制约。经济科技、社会文化、资源占用、社会格局、生态平衡等社会系统的重要组成因素均在不同程度约束和影响交通，这里主要从社会对交通行为需求、交通行为动机、交通行为表现、交通行为回报四个方面来探讨社会对交通行为的约束和调节。

1) 社会对交通行为需求的约束和调节

社会在促进交通发展的同时也由于资源和环境等的限制对交通行为的需求起到约束作用。例如，有限的社会资源和经济水平限制了交通基础设施等的建设行为需求；有限的不可再生资源限制了机动车的购买行为需求、不同交通方式选择的行为需求，促使交通系统在发展过程中充分利用有限的社会资源，通过改变消费模式等方式使社会的供给能力与经济发展对交通的需求相平衡，以实现交通与社会的可持续发展。

2）社会对交通行为动机的约束和调节

交通对社会发展起着积极作用的同时，也会带来一些负面影响，如交通拥堵和交通事故等。因此，在保障交通稳步发展的同时要合理抑制交通行为的一些动机。例如，约束对有限交通资源争夺争抢的动机，抑制危险驾驶以降低拥堵和事故的发生概率。

3）社会对交通行为表现的约束和调节

社会经济科技水平决定交通行为的表现形式，具体体现在交通工具的发展和出行方式的选择上。交通工具的发展是由当时的科技和生产力水平决定的，具有某一时期的社会特征。出行方式的选择首先由社会的总体经济水平决定，其次取决于交通人的个人经济水平，再次取决于交通政策的调节。例如，当今社会经济科技高度发展，铁路、公路、民航、水路等交通运输方式极大地方便了人们的日常出行，但是同时受个人经济水平的制约，在日常生活中会有私家车出行、公交出行等不同的交通方式选择行为。

4）社会对交通行为回报的约束和调节

行为回报是行为调整的重要原因。按照导致回报的原因和机理，交通行为回报可分为交通行为自然回报和交通行为社会回报。交通行为自然回报是由自然规律决定的行为与结果之间的关系，是不以人的意志为转移的回报形式。交通行为社会回报是指通过立法、执法、监督和构造社会行为规范形成的回报，如交通处罚和奖励；人们对道德、交往、尊重、爱和归属等社会性需要的追求也构成交通行为社会回报的内容。交通行为社会回报是可以被人为调度和配置的回报形式，是实现交通行为控制的重要手段[5]。社会通过行为回报影响交通人的行为动机，规范其行为表现，实现交通与社会的可持续发展。例如，生态环境、土地利用等社会因素促使交通人充分利用有限资源，提高现有资源的利用效率，选择更加节能减排的交通出行方式；部分城市出台的汽车限购政策，影响了交通人对机动车的购买动机；法律法规对违章、违法驾驶行为的处罚起到了规范行为的作用等。

2.1.2 社会交通行为的表现

行为通常是指人在特定环境中的活动。社会交通行为是指交通人在社会环境中的活动表现。交通人不是个体人，而是社会中从事交通活动的群体。交通人的概念承载了该群体从事交通活动中所特有的心理和行为共性。因此，本书所指的社会交通行为是交通人社会交通行为的简称。

社会交通行为通常是由社会存续和发展需求引起、社会系统组成和架构决定、社会生产和生活驱动、自然和社会回报调节的特定活动，是社会层次的需求、动机、活动和回报的复杂过程。为了便于社会交通行为的研究，更清晰地描述交通行为，这里以社会交通需求和交通供给均衡的态势作为参照，分别分析社会交通行为的表现。

从社会整体上看，交通与其他商品或服务产品一样，总是处在需求与供给之间平衡的某个特定状态，以及特定的发展变化的态势。交通基础设施建设是交通供给的根本表现，因其涉及社会发展的整体利益，必然由国家政府主导。交通运输的供给则由社会市场与经济模式决定。

在不同的社会发展过程中，社会交通问题各不相同。本书以社会交通供给与需求平衡关系为参照，描述不同的社会交通行为表现，如表 2-1 所示。

表 2-1　在不同供需关系下的社会交通行为表现

社会交通状态	社会交通行为表现	社会与交通行为的相互关系
交通供给大于交通需求	1. 私家车出行比例上升； 2. 出行时间可靠度较高； 3. 出行舒适度较好； 4. 人员流动性增加等	1. 大力发展汽车工业； 2. 刺激消费，增加人员流动； 3. 鼓励长假出行等
交通供给小于交通需求	1. 私家车出行比例减少、公交车出行比例增加； 2. 出行时间可靠度降低。例如，部分有硬性时间规定的上班族，会选择地铁出行或停车换乘(P&R)； 3. 出行舒适度降低，拥堵时间增加； 4. 在可选择出行时间的节假日、特殊活动等高峰时段出行人数、出行次数有所降低(通过实时路况信息查询避开高峰时段出行)； 5. 信息技术的发展，在一定程度上减少了消费出行	社会系统调节： 1. 建设硬件，如建设新的道路、立交、地铁等物理措施，以提供供给； 2. 提升软件，如通过经济、政治、科技、交通政策等手段以适度抑制不合理的交通需求，同时提高现有路网的使用效率。例如，停车收费、私家车限购、公交优先、可变信息标志(VMS)预知路况信息等措施。 社会活动驱动： 1. 弹性工作制； 2. 错峰上下班； 3. 长假变成强制带薪假，以限制假期出行等
交通供需基本平衡	1. 出行方式的比例在一定范围内保持稳定； 2. 高峰时段与拥堵持续时间相对固定，处于可以接受的范围内； 3. 出行时间可靠度较高； 4. 个人可以凭借喜好选择出行舒适度[6]或出行时间可靠度	交通行为处于比较稳定的状态，较少调节

注：出行舒适度是指城市居民出行时完成某一社会性活动或者个人活动，从甲地到乙地的时间和空间转移过程中给人心理和生理上带来的舒适感和满足感。

1. 交通供给大于交通需求状态下的社会交通行为

交通供给大于交通需求通常出现在经济高速发展的阶段，随着社会经济、科学、技术发展的带动，作为国民经济基础的道路交通基础设施往往会超前发展，以带动社会发展。此时,交通为社会的生产、生活带来了很大的便利,人们可以充分享受大规模的交通设施带来的便利。此条件下的社会交通行为具有以下特点:

(1) 交通行为更为积极、活跃,导致人、货物和商品流动性加大,为社会经济发展提供加速引擎。

(2) 在满足基本出行目标的同时,交通行为表现更加追求交通舒适度,货物运输更加快捷。

(3) 社会交通行为正回报(收益)明显增加。除了表现在交通带来的经济效益,充足的交通供给也使交通行为更加安全,交通事故、交通拥堵、交通疲劳等负回报减少。

(4) 对社会交通行为总的社会管理较弱、较少。交通行为自由选择空间较大,交通管理的人员和资金投入水平较低。

2. 交通供需基本平衡状态的社会交通行为

交通供需基本平衡状态出现在经济发达、成熟稳定的社会。经过长时间的建设和充分发展,社会形态和社会生产生活处于相对稳定状态,交通供给与交通需求在一定水平上基本平衡。此时,社会交通模式与社会运行模式相适应。此条件下的社会交通行为具有以下特点:

(1) 交通模式稳定,与社会发展水平相适应,社会交通行为与社会融合度较高,变化小。

(2) 社会交通行为规律明显,可预测性强。

(3) 围绕交通的总的社会管理制度稳定,变化较少。

(4) 应用通信、计算机等新科学技术,提升交通行为的宏观调控,从形式上改善交通供给。

3. 交通供给小于交通需求状态的社会交通行为

交通供给小于交通需求出现在社会经济高速发展时期。由于基础设施建设周期较长,交通供给增加的速度跟不上经济建设发展的速度,交通需求持续增加引发交通拥堵等低效社会运行。此条件下的社会交通行为具有以下特点:

(1) 社会交通行为总体表现为低效率的交通活动,在不同的层次上影响社会运行效率。

(2) 几乎无法调整或压缩社会运行产生的硬性交通需求,各种类型交通行为的动机处于经常的变化、调整和尝试中,导致交通行为表现规律性不强,社会交通行为很难预测和估计。

(3) 为了在有限交通资源供给中获得优质资源,竞争行为显著增加。

(4) 交通行为需要和依赖交通信息的程度增加。

(5) 对社会交通行为的管理强度增大,各种技术、行政、经济等手段均被用来调节交通行为。

综上所述,社会交通行为是在一定的社会系统中产生交通需求、影响交通供给、平衡调节供给需求过程中的整体交通行为的统称。当交通供给大于交通需求时,社会总体交通行为的特点是充分享受大规模的交通设施带来的便利,而社会系统也通过增加交通设施建设投资、鼓励居民出行以及刺激消费等方式调节社会交通行为的选择。当交通供给小于交通需求时,交通资源有限,社会总体交通行为的特点是竞争行为明显增加,并且出行者根据自身意愿在省时、快捷和舒适度之间进行选择。而社会系统通过各种手段适度抑制不合理的交通需求,以保障整个路网的畅通。当交通供给与交通需求处于平衡状态时,社会总体交通行为的特点是交通模式基本稳定,规律明显,变化小,因此较少调节社会系统。

2.1.3 研究内容与方法

社会交通行为主要研究社会与交通行为的关系。社会交通行为受许多因素的影响,通常分为静态和动态两部分。静态方面是指交通行为产生和存续的社会系统,如政治、经济、文化、科技等,是相对静止的。动态方面是指交通行为服务的社会生活,包括社会生产生活、社会消费生活和社会虚拟生活等随时都在变化的部分。社会系统相对于交通行为的发生呈现基本静止稳定的状态,这种状态对交通行为的影响较深且持续时间较长。社会生活每天每时都在发生着各种变化,对交通行为的影响是直接和动态的。社会交通行为表现复杂,类别众多,难以归纳。例如,从社会交通需求供给平衡与稳定的角度出发探讨社会交通行为,则可从静态的社会系统和动态的社会生活两个方面入手研究社会交通行为的基本规律。

从社会发展角度看,社会交通的运行由交通供给和交通需求两部分决定。交通供给与交通需求都取决于社会系统,交通需求来自社会的发展,交通供给由社会系统提供。交通需求是交通供给的前提和基础,交通供给根据交通需求产生并发生变化,但有其增长极限。交通供给和交通需求经常处于不平衡状态,社会交通行为也处于不稳定状态,因此寻求交通供给和交通需求的平衡,改善和提升社会交通行为水平,是研究社会交通行为的根本目的。

在交通供给与交通需求构成的平衡体系中,交通政策作为调节供需平衡的支点,可以在由社会系统构成的杠杆上左右移动,具有可调节性。例如,当交通供给小于交通需求时,通过相应的交通政策扩建道路,支点向右移动,此时交通供给上升,交通需求下降,交通供给与交通需求又趋于平衡状态。社会系统调节交通供需平衡可用图 2-3 形象地表示。在平衡过程中的社会交通行为表现出一定的特点和规律,寻求行为规律可以实现对行为的预测和控制。

图 2-3　社会系统调节交通供需平衡

用交通供给与交通需求的一般公式来描述其平衡模式如下：

$$\sum_{i=1}^{n} P_i^S s_i = \sum_{j=1}^{m} P_j^D d_j \Psi$$

$$S = \sum_{i=1}^{n} s_i$$

$$D = \sum_{i=1}^{n} d_i$$

式中，s_i 为 i 方式的供给量；d_i 为 i 方式的需求量；S 为各方式总需求量；D 为各方式总供给量；P_i^S 为 i 方式政策调节供给系数；P_j^D 为 j 方式政策调节需求系数；Ψ 为需求满足水平。

2.2　社会系统调节社会交通行为

社会系统与交通行为有着千丝万缕的联系，经济科技、社会文化、社会格局等社会系统的重要属性都对社会交通行为有着显著的影响。社会系统提供交通供给，产生交通需求。社会系统提供的道路交通资源与交通需求经常处在不平衡状态，可以借助多种手段调节社会交通行为，改善社会交通活动，最终保障社会系统的良性运行。

2.2.1　经济科技与交通行为

1. 经济科技与交通系统的关系

国家或地区的经济发展水平与交通行为表观总是相辅相成的。各种交通运输方式与管理、政策和谐适应，形成稳定体系，称为交通运输系统，它是国家经济高速发展的基础，是社会经济发展和社会资源开发程度的体现。而一个国家的经济科技发展水平，也是促进内部各种交通行为产生的根源，是交通运输系统的基础保障。优良的交通带动经济科技的发展，而经济科技的提高又加大了对各种交通基础设施和服务条件的需求力度，良性循环，为社会经济发展提供保障。

随着国家经济科技的发展，社会生产与人民生活对交通的需求不断增加，为了保障不断增长的交通需求和日趋落后的交通供给的平衡，必然需要强化国家交通运输网络、设施的建设，不断完善交通运输方式，充分提高现有路网的使用效率以增加交通供给。同时还需要合理搭配各种交通管理与控制措施，影响和控制交通行为，合理抑制经济发展所导致的对交通不断增长的需求，保障交通供给与交通需求的平衡。

2. 收入与交通行为

居民收入水平影响交通行为表现。①社会的整体收入水平代表了消费水平，决定了私家车的保有量和使用量。②收入水平对社会交通行为的影响体现在普遍出行方式的选择上。社会生活中人们的普遍意愿是选择最快、最安全、最舒适的出行方式，并具有个性化的倾向。但是，社会系统提供的交通供给不能无限制地满足人们的行为意愿，同时交通行为的方式选择也受收入预算的限制。在收入水平较低的情况下，交通行为的特点是选择成本较低的交通方式，如公交或地铁出行。随着收入水平的提高，社会交通行为在交通选择方式的构成比例上有所变化，并呈现波动态势，如公交出行比例降低，私家车或者停车换乘(P&R)出行比例增加。

1) 收入对交通需求的影响

人均收入的增长，使居民有更多的生活出行。城市交通需求主要划分为上班、上学、公务、生活购物、文娱体育、探亲访友、看病等。社会的出行结构中，上班、上学等为居民生存必须进行的出行，属于基本需求或生存需求层次；居民为满足生存以外的需求而产生的出行属于弹性需求或生活需求层次。在全国范围内来看，弹性需求所占比例越来越高，而基本需求所占比例越来越低，出行行为变得多样化，出行方式的选择也发生了变化。居民收入增长后，在出行方式的选择上更加追求舒适性、便捷性，乘坐出租车、私家车在各种交通方式中的比例明显增加。

2) 收入对交通供给的影响

收入水平与交通供给有密切的关系，收入水平的提高，必然会增加居民对交通方面的投资，交通基础设施得以扩建，机动车的数量大幅度增加。机动车的增加在一定程度上满足了人们的交通需求，同时也对交通基础设施以及社会系统提供的车辆管理措施等提出了更高的要求。私家车相对于公交车具有较好的可达性、舒适性和快捷性，因此在经济条件允许的情况下社会交通行为的普遍选择趋势为私家车出行。社会群体对交通的普遍需求造成了社会交通行为的总体趋势。但是由于道路交通供给有限，大幅增长的机动车造成了交通供给与交通需求的失衡，交通拥堵随之产生。

3）收入对交通供需平衡的调节

社会在发展过程中对交通的需求越来越高，然而城市承载力有限，不可能无休止地增加道路基础设施来满足人们日益增长的交通需求，必须充分利用现有的道路交通资源，并借助社会系统的调节手段来适度抑制不合理的交通需求，以达到交通供需平衡。其中通过运用经济杠杆调节交通成本在居民收入中的比例来影响交通供需平衡是一个有效的手段，如停车收费[7]、拥堵收费[8]、调节油价等经济手段。同时运用经济手段也会对人们的交通行为产生影响，通过不同的收费标准和价格改变居民出行行为，调节出行结构，将潜在的交通需求转化为现实的消减后的交通需求，以实现交通供需平衡。

高额的停车收费促使车辆使用者在日常出行时选择公共交通，同时也刺激了停车设施投资经营者的积极性，使停车供应得到了保障。停车收费价格由市场决定，停车场根据停车位的供需状况及时调整停车价格，所以只要管理到位，即使停车位非常有限，也很少出现停车位不足(供不应求)的现象。

交通拥堵费是利用价格机制来限制城市道路高峰期的车流密度，达到缓解城市交通拥堵的目的，提高整个城市交通的运营效率。通过交通收费机制控制交通流量，促使部分居民改乘其他形式的交通工具，改善出行结构，从而降低中心城区的交通压力。

阶梯票价通过对不同人群收取不等的票价，不仅包含同种交通方式，而且包含不同交通方式之间的票价差异，以此来调节不同出行方式选择的比例。例如，北京市公交和地铁的票价差异，对时间要求较高的上班族和学生倾向于选择地铁，而时间自由的退休职工或者游玩者则可能喜欢选择票价较低的公交出行。

3. 科技与交通行为

交通和科技作为社会生产力，既相互促进，又相互制约。一方面，交通的内在需求与发展将带动相关科技的发展进步，促进科学技术成果的普及；另一方面，发展科学技术并进行成果应用，可以持续转化为推动交通向前发展的现实生产力，影响交通供需平衡，改变人们的交通行为。

1）科技对交通需求的影响

以原子能、空间技术和电子计算机的广泛应用为主要标志，信息技术、新材料技术、新能源技术、空间技术、微电子技术等高新技术群的兴起和发展为其主要内容，科技革命引发了交通的质的飞跃，使交通步入“信息化、智能化”时代。随着科技的不断发展，尤其是互联网技术的发展，在改变社会生活方式的同时也影响着社会交通行为。部分上班、上学等基本交通行为可以通过网络等虚拟方式解决，代替了现实出行，实现了减少交通出行、缓解交通压力的目的。

2) 科技对交通供给的影响

科技是促进交通基础设施发展、交通工具性能提高的动力，随着交通设施及交通工具的不断完善，人们的出行方式也从最初的人力、畜力向后来的汽车、火车等多样化发展。同时，交通工具的速度更快、运量更大、行程更远，高度发达的交通打破了空间藩篱，缩短了世界的距离。出行的快捷与方便大大扩展了人们的活动范围，对人们交通行为产生深远的影响。此前，受交通条件的限制，人们极少外出，活动范围狭窄。随着汽车、飞机等交通工具的出现，人们的活动范围空前扩展，人员流动急剧增加，交通行为也更加多样化，出行频率大幅增加。交通管理部门通过安装道路引导系统来引导人们的出行，通过改变人们对出行方式或路径的选择来影响人们的交通行为。个人通过安装导航装置，在陌生的环境中也可以自由行驶。

3) 科技对交通供需平衡的调节

科技的发展及其成果的运用，不断转化为现实的交通生产力，推动交通基础设施(如道路以及通信、信号、导航设施等)的发展、交通工具性能(如速度、安全和重量等)的提高和增强，促进交通方式的发展与完善、交通运输布局的合理化、交通管理效能提高、交通管理体制的变化以及交通从业人员素质的增强。

4) 科技在交通管理中的运用

现代科技的应用提高了交通供给，影响着交通需求。在调节交通供给和交通需求的平衡过程中影响社会交通行为。这主要表现在[9]：

(1) 计算机在交通管理中的应用，提高了交通管理的科学化水平。因地制宜地实施有效控制，提高了通行能力，并且根据交通流量、流向的分布特点，加强区控道路的交通渠化研究和实施，提高渠化路口的通行能力，减少交通事故发生，优化交通秩序。为人们提供良好的交通环境，使人们的交通出行更加舒适，也更加有序。

(2) 电视系统的使用，使交通信息的获取更加快捷，管理更加直观、方便。监视交通流量及道路状况，及时得到交通滞阻状况及原因，为计算机考察、试验、调整各交通方案提供依据，从而保障了交通路线的通畅、安全和交通信息的准确可靠。有效地减少了超速、闯红灯等常见的不良交通行为，使人们更加自觉地遵守交通法规，创造文明的驾驶环境。

(3) 信息虚拟技术在交通行为研究中的运用，有利于提高交通规划、组织和管理研究的水平。利用交通仿真模型能动态逼真地模拟交通流和交通事故等各种交通现象，深入分析车辆、驾驶员和行人、道路及交通流的交通特性，从而有效地进行交通规划、交通组织和管理、交通能源节约及物质运输流量合理化等方面的研究，以很小的代价获得各种数据，再现多种交通现象，从而在大范围、深层次上对交通问题进行研究，进而从根源上解决各种交通问题，改变交通环境，影响交通行为。

(4) 全球定位系统及其他高科技的应用,改变着传统的管理方式,使交通管理向智能化方向发展。智能交通系统是将信息、通信、控制和计算机技术及其他现代技术集成应用于交通运输领域,实行人、车、路三位一体,建立起全方位发挥作用的实时、准确、高效的运输管理系统,实现对运输网络的现代化管理和对运输工具的服务。具体地说,它运用先进的电子信息技术,将人(包括驾驶人与管理者)、运输工具、运输线路有机地结合起来,从而使运输工具依靠自身的智能在运输线上安全、自由地行驶。驾驶员和交通运输管理人员依靠系统的智能对运输线路和运输工具行驶情况了如指掌。这也就使人们的出行距离越来越远,弹性交通需求的私家车出行所占比例越来越高。

2.2.2 社会文化与交通行为

1. 政治政策与交通行为

国家的政治政策与城市交通发展和交通行为的关系是密不可分的。处在不同社会形态和不同社会时代政治政策下的社会交通行为各有不同,交通供给与交通需求经常处于不平衡状态,因此国家通过政治政策来调节社会交通供给与交通需求的平衡,并在调节平衡的过程中影响着当代人的交通行为。在农业社会和封建社会形态中,交通没有发生根本性变化,交通供给和交通需求都是基本的、低级的;而在工业社会形态中,交通发展日新月异,交通方式和交通行为迅速改变,交通供给和交通需求开始出现不平衡的现象。

1) 政治政策刺激交通需求

国家的各项政治政策在促进社会经济高速发展、城市化进程加快的同时,也使客货运输总需求增加。国家把汽车工业作为支柱产业的政策,使汽车进入家庭,机动车数量迅速增加,居民机动化出行逐年递增。相对来说,道路交通设施建设周期较长,交通供给增加缓慢,小于交通需求增长速度,供需矛盾逐渐突出。

2) 政治政策推动交通供给

为了满足交通出行和汽车增长的需要,政府出台相关的政治政策和规定来增加交通基础设施的建设,扩充道路容量。“贷款修路、收贷还贷”政策大大促进了收费公路的发展,大规模土地开发促进了城市交通系统的建设。亚洲金融危机和美国次贷金融危机导致的全球经济危机进一步推动了政府加快交通基础设施等公共基础设施建设,交通供给能力持续增强。1992 年,邓小平同志南行谈话发表和党的十四大召开后,我国提出了交通运输上新台阶的目标和深化改革、扩大开放、加快发展的政治措施,有力地调动了社会各方面发展交通的积极性,“要想富、先修路,要快富、修高速”成为共识,交通基础设施建设明显加快。

3）政治政策调节供需平衡

政府的政治政策在调节交通供给和交通需求的平衡过程中得到了充分体现，并在调节的过程中通过各项交通政策影响着社会交通行为。当交通供给大于交通需求时，政府通过政治政策刺激交通需求，社会交通行为呈现人员流动增强、出行频率增加等特点；当交通供给小于交通需求时，政府通过政治政策协调交通系统中各种交通方式的配合，提高现有路网的使用效率，合理抑制交通需求，推动集约化运输方式等，社会交通行为呈现出各种出行方式比例的变化等趋势，在满足交通需求的同时，保证人们能够用最少的时间、最少的费用，安全、舒适地到达目的地。在全面建设和谐社会的今天，更需要政治政策合理地指引、限制、管理、影响人们的交通行为，以机制建设为保障，完善各项配套制度，强化激励约束，从根本上调节交通供给和交通需求的平衡。

2. 社会管理强度与交通行为

社会管理强度与交通行为密不可分，有效的社会管理能保证良好的交通行为，法律法规的作用也只有在合理、有效的管理强度下才能实现交通供给与交通需求的平衡。

社会在发展过程中对交通的需求越来越大，因此交通供给与交通需求经常处于不平衡状态，驾驶员为了争夺有限的道路资源导致的不良驾驶行为也日益增多，如攻击性驾驶行为和路怒症等。此外，违法和违规驾驶行为也对交通运行产生了负面效应，例如，在繁华的街道或交叉路口上，行人不遵守交通秩序、不走人行横道、横穿马路等交通行为严重影响了道路通行秩序，甚至可能造成交通拥堵和事故。为适应我国机动车数量、道路交通需求量持续大幅度增长的形势，政府通过各种手段加强交通管理强度，完善规划，健全交通法规，整顿交通秩序，增强市民守法意识和公德意识，规范交通行为，优化交通结构，调节供需平衡，保障交通良性运行。

3. 其他文化因素与交通行为

民俗文化是指与交通活动有关的民俗与风俗习惯。交通行为既是地理问题，也是社会问题，与民俗文化有着密切的关系。从古至今许多交通行为中都表现着风俗习惯与信仰文化。宗教信仰以其独特的文化内涵引领了一系列大规模的、有规律的交通行为，如定期的朝拜行为。“妈祖文化”在台湾海峡地区广为流传。在台湾回归以前，两岸交通不顺畅，信徒便不远千里绕道前往湄洲朝拜。如今，海峡两岸的交通越来越便利，据统计，每年前往湄洲妈祖庙朝拜的台湾信徒不下 10 万人次；此外，宗教文化的交流与传播也离不开交通行为。从汉末到唐代，不断有中国僧徒跋山涉水不远万里到印度取经。到了唐代，这种取经活动达到了高潮。在中国与印度的频繁交流下，佛教在中国迅速发展，以致唐代时期日本许多高僧来唐求佛访问，加强了中国与日本的文化传播。社会文化依靠交通系统得以交流和传播，交通系统也在社会发展和文化传播过程中不断完善和进步。

由于地区和民族的差异，交通行为也表现出不同地区和民族的区域特色和民俗特色。例如，华南地区河流众多，雨量充沛，所以出行多为水路，船舟、木筏自然成为华南少数民族传统而又重要的交通工具。四川沿长江主干流的两岸山势陡峭，因此在悬崖峭壁上开山凿岩形成的栈道在交通活动中起主要作用。华北等内陆地区陆地上的工具较为重要，在古代主要是轿子、马车等，而内蒙古少数民族区域的人们则总是选择骑马出行。古代华南少数民族的民俗文化，还表现在一些马市马会中。马市马会既是交通工具展销的良机，也给人们带来更多的游艺乐趣。在古代乃至今天，一些交通行为都是在传统的节日民俗活动中展开的，如赛马、划龙舟等。

4. *法规进步与交通行为*

调节交通供给和交通需求的平衡是社会性很强的行为，交通行为进行的每个环节都是在与社会发生联系并对社会产生影响的情况下进行的。交通供给和交通需求经常处在不平衡的状态，在此状态下产生的各种交通行为也需要社会的法律规范，而规范和管理交通行为最有效和最成熟的手段便是法律。法律是交通行为良性运行的基础，是交通供需平衡调节的有效保障。

汽车社会化、轿车家庭化在带给人们交通出行便利的同时，也引发了耕地减少、交通拥堵、空气污染等诸多社会深层次问题。交通拥堵从根本上由交通供需失衡所致，目前无论从政策、经费、土地和环境等各个方面，城市都不可能无限制地通过增加道路基础设施来缓解日益严重的交通拥堵问题，扩建的道路基础设施可能会进一步刺激交通需求，从而陷入“汽车数量增加—交通拥堵—修建道路—汽车数量继续增加—再建路”的恶性循环中。因此，解决交通拥堵问题除了考虑政治政策上加大道路基础设施建设，还应考虑通过法律法规、经济政策和技术手段来合理抑制交通需求、提高车辆乘坐率和城市路网交通运输效率等方式提高交通供给，进而达到供需平衡。

通过多年的探索与分析，有必要对交通供需管理方面的配套法律法规体系进行补充和完善，构建实施交通需求管理策略的法律体系，以调节我国不断变化发展的交通需求和交通供给的失衡。

2.2.3 社会格局与交通行为

社会格局主要体现在贫富差距上，而造成贫富差距的主要原因是我国的地区差异、城乡差距和城市差异。而这些差距又与地区的基础设施建设以及教育水平相互影响，这就导致各地区在经济发展、交通基础设施建设以及社会发展等各个方面存在差距。一个地区的经济基础决定了该地区的交通通信基础设施是否完善，地区的经济越发达，路网的规模、机动性与可达性也就越高。经济社会格局在很大程度上影响着交通需求，决定了交通供给，同时导致了各区域居民交通行为特点的不同。

1. 地区差异与交通行为

我国的地区差异主要表现在东、中、西部的差异。改革开放初期，鼓励一部分人、一部分地区先富起来，东部地区凭借其特有的沿海地理条件和投资环境相对发展较快，产生了商品交易和货物运输等有关贸易的交通需求，交通需求拉动交通供给，同时在雄厚的经济实力的支持下，东部沿海地区的路网规模与通达程度也在交通需求的拉动下快速发展。因此，东部地区交通行为的总体特点是人员与货物的流动性大，出行次数高，交通出行方式多为小汽车、货车等机动车出行，而中西部地区则正好相反。因此，经过长期的发展，东部地区发达程度与中西部地区的差距更大，贫富悬殊更加明显。

2. 城乡差距与交通行为

我国目前处于二元经济结构状态。城乡二元经济结构的特点是以社会化生产为特点的城市经济和以小生产为主要特点的农村经济并存的经济结构。在城市经济的带动下，城市居民的人均消费水平远远高于农村居民，交通需求较大，道路网络等基础设施也比较发达，居民的交通行为主要表现为出行方式的选择和流动性等方面。城市居民交通行为的总体特点是出行次数较高，除具有上下班的通勤出行等城市内部交通需求，还存在城市之间出行的交通需求。出行方式主要为私家车和公交车出行，并且依靠强大的路网设施与便利的交通出行手段，居民在各区域之间的流动性较大。而在农村经济条件下，居民收入与消费水平都低于城市，交通需求较低，村镇之间主要依靠村通公路相互衔接。因此，乡村居民的交通行为特点是出行次数较低，且多为村镇之间的内部出行，出行方式主要为非机动车或步行出行，人员与货物的流动性较差。

3. 城市差异与交通行为

由于城市功能定位、文化背景和历史条件的约束，不同城市有着不同的人口数量、城市规模和生活方式，也就形成了不同的交通行为。而交通行为又标志着该地域的现代文明和城市化进程。国内外城市发展的实践证明，在城市化发展的不同阶段，城市的产业结构、产业布局、城市结构、土地利用形态以及城市发展有所不同，由此决定的城市交通结构、交通需求属性、交通拥挤状况等在不同的城市化阶段也各具特色。

1）发生阶段

在城市化发生阶段，人们收入水平较低，主要是以谋生为目的的工作出行和必要的生活出行。城市土地和城市规模有限，客运交通需求量增长缓慢，传统的步行、自行车等交通方式可以满足人们的交通需求。土地利用形态与交通结构比较协调，基本上不存在交通拥挤问题。此时，城市路网布局处于初始阶段，主要靠修路、完善路网来满足交通需求的增长，以达到交通供需平衡。

2）发展阶段

进入城市化发展阶段，劳动者收入有所提高，以谋生为目的的出行不能满足人们的生活需要，弹性出行需求日益增多，导致城市客运需求量迅速增长，并使人们对出行的舒适和方便程度有更高的要求。此外，城市规模的增长以及空间上的进一步扩张，使城市土地利用方式出现了明显分化，形成了不同的功能区。中心城区成为吸引和辐射周围地域的磁场中心，此区域人口分布密度、土地开发强度呈现明显的从城市中心向边缘递减的特征，城市内部交通需求十分集中。出行方式主要是轨道交通或者小汽车出行。这一阶段的城市交通需求呈集中型特征，区域中交通需求集中于城市，城市内部交通需求集中于中心城区。交通需求集中分布与交通需求迅速增长的同时出现，使这个阶段城市交通供需矛盾最为突出，城市交通问题尖锐化。在此阶段，城市路网仍处于不完善状态，单纯地修路、完善路网已难以满足交通需求的增长，必须引入交通需求管理，从两方面实现道路交通供需平衡。

3）成熟阶段

到城市化成熟阶段，随着城市居民收入的增加，人们对出行的舒适、快捷、方便等要求进一步提高，但信息产业的发展部分取代了人们出行的必要性，城市吸引力也相对下降，使城市客运交通需求量重新趋缓。同时，由于城市郊区化现象的出现，城市交通需求分布呈分散化趋向，尤其是大城市内部的交通需求得到一定程度的分散，交通压力有所减轻。上下班派生性交通需求出现出行密度较低、出行距离较长、出行方式多样化的特点。商业、金融保险业的拓展使交通需求具有一定的地域集中特性，并且需求强度很大；旅游业和管理服务业等则是交通需求大幅增长的内在根源，这种交通需求在信息化社会中对公路交通容量和交通管理模式的冲击将会逐步增大。尤其是第三产业的迅速发展，不仅提高了就业人口的比例，改变了就业人口成分，而且也刺激了商业活动的增加。这两个方面都是导致交通需求增长和变化的直接原因，在促使上下班基本出行总量稳步提高的同时，也使娱乐、公务等非基本出行需求以更快的速度增长。由于经济科技的增长，人们之间的交往越来越密切，可以通过多种途径来获得更多的信息，这使得人们的思维变得开放，对生活质量的要求也越来越高，并且渴望获得更多的就业机会、更加丰富多彩的业余生活，甚至接受更好的教育和更好的医疗服务。这就使人员的流动性加大，更多的人涌入大城市或者经济发达的地区。在此阶段，城市规模已基本趋于稳定，路网已完善，并且出于环境、生态和空间限制的考虑，已不容许修路，主要采用交通系统管理和交通需求管理来满足交通需求的增长，以实现交通供需平衡。

4. 行业差距与交通行为

行业间的收入差距是较大的，收入较高的行业为电力、金融、科研勘察和计算机软件类；而收入较低的行业则为农业、建筑业、住宿餐饮业和公共管理业，最低的仍然是农林牧渔业。我国行业与行业之间的收入差距明显，造成了不同收入人群在私家车拥有量、出行方式选择等方面的不同。收入高的人群普遍选择私家车出行，而收入低的人群主要选择公共交通或者非机动车出行。

经济社会格局使交通行为具有区域性特点，也使不同区域的交通供给与交通需求出现严重的失衡，造成整个社会贫者愈贫、富者愈富的极端状态。要打破这种极端状态：①要充分利用经济社会格局本身的特点来调节不同区域的交通供需平衡，把“二元经济”结构的重点放在发展城市经济上，并且在发展城市经济的同时加快发展农村经济，以求实现城乡经济一体化。②通过推进城市人口与农村人口比例的变化，引起社会行业分工的变化，调整社会产业格局，进而推动经济增长。③转变城市功能，合理规划城市布局，也可以有效地规范交通行为。城市布局应尽量紧凑，工厂区与大量机关集中区附近，必须有生活居住区，以免在上下班时间形成大量的车流和客流，以致拥堵；商业服务区、文化娱乐区、绿地公园区不应过分集中；道路交通系统稀密适度，干支分明，以便疏通线路，排除干扰。市内交通要同市郊公路有效衔接，过境道路不得同城市交通混杂在一起。④可以建设卫星城，通过增加子城的内部交通，减少子城涌入母城的外部交通压力，也可在一定范围内实现交通供需平衡。

2.2.4　生态环境与交通行为

交通是国民经济的重要支柱，也是社会进步的重要标志。随着社会的进步和经济的繁荣，道路交通行业迅猛发展，以机动化为特征的现代交通行为发生着剧烈变化。除了交通更加快捷、舒适、安全以外，随之带来了一系列负面影响，主要包括能源消耗、环境污染、交通拥堵等问题。

私家车的普及对居民的出行习惯带来了重大的影响，自驾出行逐步取代了步行出行、非机动出行和公交出行，居民出行的机动性得到了大幅度的增加。随着小汽车出行比例的增加，现有的道路系统远不能满足小汽车数量的增长，造成城市交通的拥堵日趋严重。增加路网建设投资成为改善道路交通状况的重要手段，然而各国经验表明,单纯依靠建设道路无法解决城市的交通拥堵问题。

1)能源消耗剧增

交通的发展必然带来相应的能源消耗的增加。公路、航空等是高能耗的运输方式,我国国内的石油储备已无法达到自给自足的水平,为满足国内的石油需求,我国对国际能源的依赖程度不断增加。

除化石类燃料等消耗造成的环境污染,土地的占用也在一定程度上对生态平衡产生了破坏。交通基础设施的建设对生态敏感地区的破坏以及对耕地的占用也关系到经济社会的可持续发展。

为解决交通发展带来的能源消耗问题,可以采用合理的财税政策来提高交通行业的能源效率,并且调整用能方式,寻找、开发低污染的新能源来代替石化燃料的使用,以减少对进口石油资源的依赖。

2)城市环境污染日益严重

交通行业的高能耗必然带来高排放,影响居民的社会生活。机动车带来的空气污染、气候变化等是大城市不能回避的社会问题。机动车尾气排放的碳氧化物、氮氧化物以及细颗粒物造成全球变暖、臭氧层空洞、酸雨等一系列的生态环境的恶化。此外,由空气污染造成的疾病率的增加也是亟待解决的社会问题。

目前,各大城市已经高度重视改善空气质量,并且针对固定污染源和移动污染源出台了相应的政策,调节交通出行行为、道路通行行为、驾驶人行为等,例如,社会系统通过税收政策鼓励小排量汽车的使用。同时运用科技手段提高机动车能效,消减尾气排放,以实现节能减排的工作目标。此外,还逐步理顺成品油价格,在税收、停车费、过路费、行车付费等方面减少出行需求,并对小排量汽车和新能源汽车实行优惠措施。

除宏观调控外,还应鼓励"慢加速、缓刹车"的驾驶行为,倡导绿色交通,通过留心速度,改变驾驶习惯,自觉地在驾驶过程中减少油耗,实现节能减排,为社会环境和生活质量改善贡献力量。绿色交通是一个全新的理念,它与解决环境污染问题的可持续发展一脉相承,强调的是城市交通的"绿色性",即减轻交通拥挤,减少环境污染,促进社会公平,合理利用资源。其本质是建立维持城市可持续发展的交通体系,以满足人们的交通需求,以最少的社会成本实现最大的交通效率。这种理念是三个方面的完整统一结合,即通达、有序,安全、舒适,低能耗、低污染。

2.3 社会生活驱动社会交通行为

2.3.1 社会生活驱动下的社会交通行为表现

社会生活由物质资料的生产活动、物质生活资料的消费活动和精神生活三个方面构成。因此，由社会生活驱动的交通行为也具有以上三个方面的特性。①服务于社会化生产的交通行为受生产方式的影响，具有时间上的集中性。②社会消费生活驱动的交通行为受经济水平和消费需求的制约，具有交通方式选择上的聚类性。③随着经济和科技的发展逐渐产生和演变的虚拟社会是社会精神生活的集中体现，由虚拟社会生活驱动的交通行为受计算机网络的影响与传统社会生活驱动的交通行为存在较大的差异，具有可预先计划的特性。

1. 交通工具占有与使用行为

社会在进步的过程中生产力水平不断提高，生产方式不断变化，生活质量得到了大幅度提升，人们对交通行为的质量要求也越来越高，即人们对交通的安全性、舒适性、便捷性的要求越来越高，最突出的表现就是对小汽车的需求大幅提升。按照世界银行研究，人均 GDP 1000 美元时，私家车开始进入家庭；人均 GDP 为 3000 美元时，私家车开始快速进入家庭。2014 年，中国人均 GDP 达到 8000 美元，购买小轿车已经成为当前社会的普遍行为。并且在国家和社会的倡导下，人们也越来越多地关注一些环保型或便携式的代步交通工具，如电动小汽车、电动自行车等。

对于交通行为，车辆只是交通工具，首先关注使用价值，其次才关心财产价值。当使用十分便利时，交通行为本身不关注占有交通工具。

2. 交通出行行为

当今社会居民的交通出行行为呈现出生活必需交通行为趋于稳定、弹性交通行为多样化，并且在时间上有一定的规律性等特点。工作日的出行主要是较为固定的通勤出行和业务出行，交通出行率和人均出行次数较高，并具有早晚高峰特性；双休日的出行主要是文化娱乐、探亲访友和购物出行，出行的频数要明显低于工作日，且在出行时间上无明显规律。

在出行的时间分布方面，上班、上学等通勤行为由于受作息时间的强制性限制，比其他目的的出行表现出更强烈的集中出行的趋势。而以私人生活为目的的购物、文化娱乐、探亲访友等出行，在全天的时间分布则更为均匀，不仅高峰的峰值要低得多，而且出现的时间也要晚于更为强制性的通勤出行。在大城市，特别是特大城市，通勤一族在中午时间难以实现往返，因此，中午出行次数明显减少。

城市居民一天的生活是由一系列的活动构成的，而这些活动中的大多数存在固定的时间表。这些时间表有些是由人的生理特点造成的，如一日三餐的时间、睡觉的时间，而有些是由客观环境决定的，如工作时间的安排、娱乐设施的营业时间等。由于这些要完成的活动存在固定的时间表，所以城市居民的出行也有相应的时间限制。居民的出行并不是在一天 24h 内均匀分布，而是存在比较明显的高峰和低峰，并且不同目的的出行高峰和低峰的出现时间也存在很大差异，这就是居民出行的时间分布特征。图 2-4 为国内城市典型的不同目的出行时间分布。

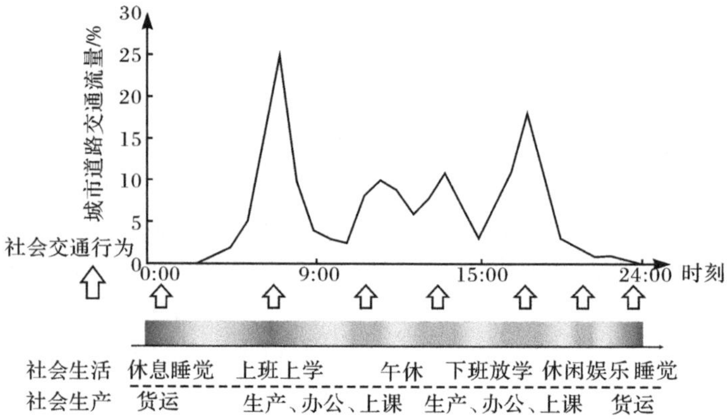

图 2-4 国内城市典型的不同目的出行时间分布

以上下班和上下学为目的的通勤出行与其他目的的出行相比，在时间上更具有强制性，而且在数量上占全部出行量的 60%左右(指国内城市)，因此通勤出行的时间安排决定了城市居民出行的时间分布形态。除此之外，家距工作地点或学校的远近，也是非常重要的影响因素。大城市生活节奏快、郊区化的趋势使家远离工作地点，因此居民出行的时间分布形态多为“双峰”形，且高峰持续的时间较长，往往绵延两到三个小时。而中小型城市生活节奏相对较慢，就业区与居住区相对集中，故居民出行时间的分布形态往往表现为 4 个高峰，且峰值高、持续时间短。例如，中午休息时间较短，两个午高峰有时会连成一个高峰，使居民出行时间分布形态类似于三峰形。在一天的某个时间段中出行集中，是产生交通拥挤的主要原因之一。在高峰期间，交通需求约为平峰时交通需求的 2 倍；而对于公共交通，高峰时的交通需求为平峰时交通需求的 3～4 倍。了解和掌握城市居民出行在一天内的分布规律，有些居民则可以避免在拥堵时刻出行，对交通设施建设、交通控制与管理也具有十分重要的意义。一些城市通过变动部分行业员工的工作时间而实施错峰出行，使市民不在同一时间上下班，延长高峰出行的时间，从而减小单位时间内的出行总量而削峰。

3. 停车行为

我国正处于机动化、城市化、现代化进程中，很久以来，交通的发展主要以应对“行”为重点，即如何应对机动车保有量迅速增长带来的城市拥堵问题，对“停”

的问题重视不够，导致停车供需失衡，造成交通拥堵更为严重。停车位严重紧缺，路内停车普遍，加剧了城市交通的供需矛盾。各旧小区缺乏停车位，一些新建项目的配建停车设施也不科学，无法满足停车需求，导致这类项目周边边沿路内停车也较为普遍。加上路内停车方便、停车费用比路外公共停车场或配建停车场的停车费用要低等错误的政策导向，导致大量路内停车占用道路空间，有效行车宽度减少，道路通行能力下降，交通秩序混乱。

由于制度不完善，管理执法不严格，车辆乱停乱放的现象屡禁不止。例如，在人流较为集中的办公楼和医院等区域，由于工作或者就医需求，大多数车辆停驻的时间较为短暂而且紧急，违章停车行为较为普遍。在一些城市，由于管理不到位，一边是施划法定的停车位无人停放，另一边则是大量的为了节省时间、方便或者节约停车费用的路边乱停车。

4. 交通违章行为

近年来我国机动车和非机动车保有量迅猛增长，道路交通资源有限，各大城市普遍面临较高的交通需求，导致各种违章交通行为的产生。

电动车以其环保、小巧、价廉、快速等优点，成为继传统自行车之后的一种主流、小型的交通工具。电动车为出行带来便利的同时也给道路交通带来了安全隐患，其事故发生率逐年上升。从近几年电动车造成的伤亡事故的数据分析看，电动车数量增长过快，相关配套政策和管理措施未能及时跟进，是电动车交通事故频发的主要原因。电动车使用者大多未经过正式驾驶技能训练和交通法规知识的系统学习，交通安全意识、法律意识、操作控制能力普遍较低，无证驾驶、无牌行驶、不戴安全头盔、任意穿插车道、闯红灯、不按车道行驶、乱停乱放等违法现象极为突出，极易发生刮擦碰撞，撞伤行人的事故也时有发生。

2.3.2　服务于社会生产的交通行为

社会生产以其生产方式和生产特点要求参与社会生产的人员具有高度一致的作息规律，以保证社会生产的分工协作。因此，由社会生产驱动的交通行为的显著特点是时间上的集中表现。上班族在上班时间的交通行为属于通勤交通行为，其特点是受工作制度的制约出行时间一致，出行方式一定，属于固定线路出行，容易形成出行早晚高峰时段。双休日则多为消费和休闲出行，并且经过一周的工作，上班族多数选择周六作为休息时间，周日作为休闲、消费时间，因此周日出行多于周六出行，并且出行时间与出行方式随个人喜好而不固定。表 2-2 为服务于社会生产的交通行为的特点。此外，一些特定的社会生产造成的社会交通行为也具有显著的特征，例如，春运期间回城务工人员的交通行为等。

表 2-2 服务于社会生产的交通行为的特点

社会生产	社会生产的特点	交通行为的特点
上下班	通勤交通、作息时间规律且高度一致	1. 出行时间一致，形成出行早晚高峰； 2. 出行方式与起讫点固定，一般属于固定线路出行
双休日	上班族多数选择周六作为一周工作的休息日，周日作为休闲、消费日	1. 周日出行多于周六出行，且多集中在城市周边的旅游区； 2. 出行方式不固定，旅游则多为私家车出行，而购物则可能会选择公共交通出行
货运交通	货运交通多发生在夜间	1. 出行时间多为夜间，交通畅通； 2. 出行方式固定

2.3.3 社会消费生活驱动的交通行为

消费在经济发展中具有重要地位，直接关系到宏观经济运行态势，同时经济发展成果的首要表现之一就是居民消费水平的提高和消费结构的升级。居民的交通行为特点在消费生活中得到充分体现，城乡居民所处的交通区位不同、交通条件不同、家庭收入不同、生产与生活模式不同等，导致其在交通工具消费、交通消费时间、交通消费空间和交通消费目的等方面存在明显的行为差异。

1. 教育交通需求

我国一向十分重视发展教育事业，制定了多种法律保障公民受教育的权利。自 1986 年颁布《中华人民共和国义务教育法》后，我国基础教育得到充分的重视。随着生活质量的提高，学生上学使用的交通工具也越来越趋于现代化、快捷化，由以前的步行、自行车出行转变为使用公共汽车、校车以及私家车出行。同时，由于学校作息时间固定，教育所产生的交通需求特点比较明显。

1) 上下学交通行为在时间选择上的特点

学生上下学产生的交通行为在时间选择上较为固定，通常集中在周一至周五。在每天的时间中，小学生的上学时间集中在 7:30～8:30，放学时间集中在 15:30～16:30；初中生及高中生上午上学时间集中在 6:30～7:30，晚上放学时间集中在 9:00～10:00。

2) 上下学交通行为在交通方式选择以及目的地的分布特点

学生上下学选择的交通方式主要以公交车和地铁为主，距离较近者选择步行或者自行车出行。随着生活水平的提高，私家车接送所占的比例越来越高。

学生的交通行为的目的地非常固定，工作日中起讫点几乎都是家与学校，一般情况下行程路线也相对固定。

3）上下学交通行为诱发的其他交通行为的特征

教育和安全越来越受到社会各方面的重视，在经济条件允许的情况下，私家车接送越来越普遍，由此也诱发了其他交通行为的产生，例如，在上下学高峰时间段，各教育机构门口因私家车过多而出现暂时性违章停车行为，尤其在各幼儿园以及小学门口，车辆乱停乱放导致的拥堵现象更为严重。有的家长认为临时停车几分钟无关紧要，但是就是这种心理，导致在上下学高峰时段，学校门口交通组织困难，给交通运行带来不便。

2. 旅游交通需求

旅游业已经成为促进地方经济结构调整、区域开发开放、社会稳定发展的重要因子，是增进地方经济发展和创造就业岗位的最活跃力量。随着经济发展和收入增加，我国居民的出游率稳步上升，旅游消费意识逐渐改善，随之产生的交通行为也发生了变化。旅游交通作为旅游业必不可少的先决条件和依附基础，其发展状况对旅游目的地的持续发展具有重要影响。

旅游过程一般以景点为节点，以交通路线为联络线形成闭合系统，需要交通工具的定时输送，在此过程中产生交通需求。交通需求是以完成旅游为目的的行为中最基本的需求，交通系统的有效运行既是旅游流的扩展因素，也是旅游流的限制性因素，交通行为的特点影响着旅游流的类型。交通的发展状况决定了旅游过程中的交通行为特点。但实际上，旅游产生的交通行为特征与常规的交通行为特征有很大的差异，旅游交通行为在时间、空间、交通方式选择上都与常规交通行为不同。

1）旅游交通行为出行时间选择特点

通勤交通行为通常时间较为固定，一般在工作日的早晚高峰，而旅游交通行为的发生时间相对分散，而且随着季节有明显、规律性的变化。旅游交通行为通常发生在旅游旺季(4～11 月份)、节假日以及周末。

2）旅游交通行为出行方式选择特点

旅游过程中交通方式的选择具有多样化特点，一般长途旅游会选择飞机、火车或者长途大巴；短途或者同城旅游会选择公交、地铁、汽车或者私家车自驾，由于自驾随到随停、边走边停、快捷、方便的特点，其所占比例越来越高。对于跨国或者跨省的长途旅游，大多数人会选择航空、铁路或者跟团大巴。

3）旅游交通行为自由程度与漫游性特点

日常交通行为受季节、天气、交通状况、时间、服务水平等因素的影响很小，出行时间、出行路线以及出行量相对固定；而旅游交通行为自由程度和选择空间较大，季节、时间、交通状况、费用、服务水平都制约着旅游交通行为。同时，旅游交通行为的最大特点就是在游览观光过程中的交通行为漫游性很大，不像日常通勤交通行为那样只是起终点间的简单移动。旅游交通行为是以观光、游览、漫游为目的的交通行为，出行过程中的交通方式选择和时间安排等随机性都很大。

3. 休闲购物消费交通需求

休闲购物交通行为比日常交通行为要复杂得多，因为实际休闲购物时的交通行为涉及很多选择问题，如出行方式、时间、频度、目的地和路线，伴随的交通行为也在不停地变化。城市居民休闲购物的交通行为特征与城市的区域、经济发展水平和传统文化等因素有关。例如，由于大连地处辽东半岛的丘陵地带，所以居民休闲购物出行很少使用自行车；而地处华北的石家庄则是典型的平原城市，居民购物出行大部分使用自行车；由于经济水平的差异，我国南方城市居民的休闲购物出行频率高于中西部经济欠发达的城市。

1）休闲购物交通行为出行时间选择特点

居民休闲购物时间比较分散，但一般大多集中在周末及节假日。一天中的出行时间和回程时间也相对规律。有关调查显示，一天中人们休闲购物出行时间大多集中在上午 9:30～10:30、下午 13:30～14:30 两个时间段；回程时间大多集中在中午 12:00～13:00、下午 16:30～17:30 两个时间段。

2）休闲购物交通行为出行方式选择特点

休闲购物交通行为在交通方式选择上有相对稳定的特点，一般在出行时选择公共交通、地铁和步行较多，而在回程时地铁、公交和步行的分担率会有所下降，由于购物回程可能会携带大量商品，所以一部分购物者会选择出租车回程。同时，随着生活水平的提高，在休闲购物交通方式选择上私家车的比例也在逐渐增长，其原因是私家车便于载运商品，自由程度更大。

3）休闲购物交通行为出行地点选择特点

休闲购物交通行为的目的地相对固定，大多集中在城市的商业区和休闲娱乐区。有关调查显示，北京王府井、西单购物商业区每天客流量超过 15 万人，周末、黄金周期间则更多。

2.3.4 虚拟社会生活中的交通行为

对于虚拟社会生活，国内外学者从不同的角度给出了不同的界定。国外学者中以迈克尔·海姆(Michael Heim)为代表，他归纳出虚拟世界具有模拟性(simulation)、互动性(interaction)、人造性(artificiality)、沉浸性(immersion)、远程展示(telepresence)、身体完全沉浸(full body immersion)和网络化的交往(network communication)等特性，认为在虚拟空间中通过效仿、远程沟通、网络化交往和互动、人造仿真性等活动形成一个新型的社会，是现实和理想化相互交合的产物，由虚拟人构成的对应于现实社会的社会形态[10]。国内学者张品良界定虚拟社会是运用高科技手段与数字化技术，将现实社会中的人与真实世界“数字化”，变成信息符号，创造出一个堪与现实世界相媲美的仿真图像世界[11]。随着网络技术的高度发展和应用的普及，现代社会的生活方式和活动方式发生了重大变化，逐渐由现实社会生活过渡到虚拟社会生活，即网民经由网络平台，在其中实施各种社会行为、进行各种社会交往、开展各种社会活动而形成的一种与现实社会并存的人类社会存在的新形势，有学者将虚拟社会形象地称为“信息高速公路”。

虚拟社会存在很多与现实社会根本不同的特点。首先，虚拟社会与现实社会的存在环境不同。现实社会的存在以自然环境为基础，而虚拟社会的存在依赖于计算机网络构建的赛博空间（Cyberspace）。其次，现实社会是以物质实体的方式存在的，主体的交通行为以时间和空间来实现其存在；而虚拟社会是以虚拟的方式存在的，主体的交通行为以信息来实现其存在。因此，在虚拟社会，行为主体可以通过虚拟的方式进行社会活动，改变了社会交通行为的驱动方式，以往由现实社会生活驱动的交通行为可以在虚拟社会完成，并且具有时间和空间的优越性。虚拟社会生活包括很多方面，但其中的网络消费、网络办公以及网络信息对交通行为的影响较大，因此本书重点对此进行探讨。

1. 网络消费驱动的交通行为

网络消费是指人们借助互联网来满足自身需求的过程。互联网商务的出现，使得人们的交通行为也发生了一系列的转变。网上购物、支付等交易方式，具有时间优越性，在时间上给予了人们极大的生活便利，同时也大大减少了现实社会驱动的人员流动和停车等交通行为，降低了出行次数，缓解了节假日等时段由消费生活造成的交通拥堵，但相应地增加了由虚拟社会生活驱动的交通行为。网络消费增加了由网络购物驱动的快递货运配送出行，但是由于货运配送是批量发送的，所以社会总体的出行总量显著下降。

2. 网络办公驱动的交通行为

网络办公可以在网络空间中完成许多在现实社会中难以达成的工作，超越时间、空间和部门分隔的制约[12]。例如，跨越国际的选课、教学、就医、交往、会议等。网络办公不仅减少了由现实生活驱动的通勤、差旅等交通行为，并且在减少人员流动的情况下增加了社会交往。

3. 网络信息驱动的交通行为

实时路况信息的查询、手机的使用等都对交通行为有一定的驱动作用。网络技术的发展使出行者把握了路网的全局信息，相比没有网络的时代，出行者会在出行之前进行实时路况查询、查看拥堵指数、选择出行时间，以避免拥堵高峰时段、高峰路段出行。此外，出行者会利用手机在拥堵过程中查询路况信息，选择其他拥堵指数低的路径到达目的地，以节省时间。

打车软件等各种手机软件的应用也正实现着对传统服务业和原有消费行为的冲击，形成一种新的服务形态。通过这类打车软件，乘客可以通过手机发出用车需求信息，并引导较近的车辆司机到达乘客指定地点，既满足了乘客需求，又优化了车辆服务运行效率，并在无形中逐渐改变用车习惯和对出行方式的选择。

2.3.5 特定社会活动中的交通行为

大型社会活动是指主办者租用、借用或者以其他形式临时占用场所、场地、面向社会公众举办的文艺演出、体育比赛、展览展销、招聘会、庙会、灯会、游园会等群体性活动[13]。

大型社会活动的显著特点即人群密集性，呈现的交通行为的特点是人们在活动举办时间的限制下选择同一时段出行，形成出行高峰时段，造成必经路段交通拥堵，严重影响活动场所周边的交通环境，如周边的交通量、停车场、交通枢纽等。由于受大型活动的具体性质和特点的影响，活动主体参与者的交通行为与需求具有一定的一致性。例如，各类大型考试和招聘等活动具有时间的硬性规定，因此其参与者的交通行为的需求则是准时到达，为了满足需求，参与者会选择较为熟悉且拥堵指数低的路径出行，以避免拥堵和突发状况的产生，并且为了准时到达，会选择出行时间较为可靠的私家车或者地铁出行，而较少选择公交出行，若只能选择公交出行，则会有较大的时间提前量。文艺演出和体育比赛等大型活动没有时间的硬性规定，因此其参与者的交通行为需求则视场地的交通基础设施、周围交通环境能否满足观看需要而定，为了满足需求，参与者可能会选择公交出行，适当降低出行舒适度，以避免参会人员众多而停车设施不足造成不必要的麻烦。

综上所述，各种大型活动的类型和特点不同，因此其所驱动的交通行为在时间、方式、路径和舒适度方面的特点也各不相同，如表 2-3 所示。

表 2-3　社会活动驱动的交通行为的特点

社会活动	出行时间	出行方式	出行路径	出行舒适度	社会系统调节方式
各类考试、招聘会等	各大考试与招聘的硬性时间规定使相关人员的出行时间较为固定	为了保证时间的准时，出行者会选择时间可靠度较高的出行方式，如私家车、地铁出行，而较少选择公交出行	出行者会选择熟悉的路径或拥堵指数低的路径	出行舒适度要求较高	封锁相关道路，以保障考场周围交通畅通；给予考试车辆相关优待政策（如不限单双号）

续表

社会活动	出行时间	出行方式	出行路径	出行舒适度	社会系统调节方式
文艺演出、体育比赛、展览展销、庙会、灯会、游园会等	活动举办时间限制,会造成高峰时段	受停车地点和停车费用的影响,部分人会选择周边或稍远地点的免费停车场,或在会场附近违章停车,因此部分人由于停车原因以及非硬性时间限制,会选择公共交通出行	会场周边人员众多会造成周边必经道路交通拥堵	由于受停车等因素的影响,人们会适当降低出行舒适度	在事故多发路段以及易拥堵路段配备交通警察,人工疏导交通;出行前查询实时路况,避免高峰时段出行
长假引发的社会活动,包括购物和旅游交通行为	由长假旅游出行造成的假期结束前一天下午的回程高峰期	城市周边的旅游多选择私家车出行;远地点的旅行回程后则多选择公共交通出行	各大消费中心(商场)等附近客流量较大;火车站与飞机场人员出行增多	购物消费等多选择私家车出行;旅游出行则多选择公共交通或出租车接送	—
就医	除定时体检外,就医出行时间的随机性较高	出租车或私家车出行	以出行时间最短为标准选择出行路径	由于患者的需求,就医出行的舒适度要求较高	—
⋮	⋮	⋮	⋮	⋮	⋮

2.4 社会交通行为影响社会运行

社会交通行为可以通过不同社会条件下的交通工具的类型和主要交通模式来衡量。

社会运行状态可以通过城市规模、城市形状、生活节奏和消费模式来衡量。

不同社会条件下交通工具的类型经历了步行、非动力车、非机动车和机动车阶段。在步行和非动力车以及两者的过渡阶段,其主体交通行为是生存所必需的交通行为,并且由于交通工具的可达性限制,交通行为的范围十分有限。社会运行状态呈现为城市规模较小,并多为近似圆形的布局,生活节奏较慢,消费模式多为自给自足。在非机动车和机动车以及两者的过渡阶段,其主体交通行为是私家车大规模发展,人们利用便利的交通工具从事生产和生活活动。主要交通模式是步行交通、自行车交通、常规公交、轨道交通以及私家车交通在不同比例上的分配,交通工具的可达性大大增强,交通行为的范围打破了地域的局限。社会运行状态呈现为中等规模和大规模城市出现,城市形状由交通沿线的带状城市向多核心模式的城市群转变,并且向郊区化阶段发展,逆中心化趋势出现。生活节奏加快,商品、人员和货物的流通达到了前所未有的发达程度,不仅缩小了地域范围,而且可以起到均衡区域优势的作用,如表 2-4 所示。

表 2-4 交通行为影响社会运行状态变化阶段

主要交通模式		城市形态特征		生活模式	
交通工具发展阶段	可达性	城市规模	城市形状	生活节奏	消费模式
步行	很低	很小	近似圆形布局	很慢	自给自足
步行、非动力车、非机动车	较低	中等	沿交通线呈带状布局	较慢	小范围的商品交换或流动
步行、非机动车、机动车	较高	大规模	多核心模式的城市群	较快	商品、人员和货物流通极为便利

在现代社会,特别是进入了信息化时代,快节奏的生活已经成为一种社会现象,人们为了追求高效的出行,对交通的需求越来越高,此时的社会交通行为多倾向于选择私家车出行,导致了一定程度的交通拥堵,影响了社会的运行,并且无法通过社会的自调节来达到平衡状态,因此必须借助社会系统来规范和调整交通行为,以保障社会的良性运行。现代社会中存在的显著影响社会运行的交通行为主要是由社会生产和社会生活所驱动的。例如,由社会生产驱动的早晚高峰,刚性的时间规定导致上班族和学生的固定时间的通勤交通行为;由社会生活驱动的长假交通行为和业余时间的购物交通行为等。针对以上方面,可以出台相应的政策来改变现状:

(1) 将刚性上班时间调整为弹性工作制,上班族可以通过错峰上下班来大幅度提高出行效率。

(2) 通过鼓励网络化办公、教学以及购物来减少交通出行。

(3) 将长假变成强制带薪假来减少长假交通出行造成的交通拥堵。

(4) 在大城市通过调节停车收费等手段鼓励公交出行,优化交通模式,可以提高现有路网的使用效率,减少环境污染,实现绿色交通。

(5) 通过优化城市布局、建立卫星城等方式来分散中心城市的交通压力。

综上所述,本节着重讨论了在不同交通供需平衡状态下的交通行为与社会因素的关系,属于交通行为学中的社会层级的群体行为研究。对于一个社会,当交通供给与交通需求不均衡时,有可能发生道路资源浪费,或者出现全局性交通拥堵等问题,这些问题反过来影响社会交通行为,引导社会对交通行为干预调节的手段和强度,最终在新的社会水平上形成交通需求供给平衡。任何群体交通行为、个体交通行为以及个体间交互交通行为总是社会交通行为在一定交通时空中的投射。社会交通行为研究是从社会学层次对交通行为的研究。在社会交通供需平衡状态变化中，社会交通行为规律更为明显，是研究的切入点。

社会交通行为面临着社会进步带来的新问题研究，例如，用车成本、收费对社会交通行为影响，时间价值和生命价值对社会交通行为的影响，高速互联网对社会消费出行模式和物流运输的影响，智能自动车辆、富信息车辆混杂交通中的交通行为等。社会交通行为研究需要适应发展深入展开。

2.5　本章小结

现代交通与社会的关系十分密切，两者相互作用形成特定的社会交通行为。在社会快速发展过程中，交通需求与交通供给总是经常处于不平衡状态，对社会的发展或起到拉动作用，或产生制约影响，这种情况下，交通行为的社会属性表现得尤其明显。

社会交通行为有着絮烦的表现、复杂的关联、隐约的规律，很难全面描述分析。本章从社会快速发展过程中，交通需求与交通供给从平衡到不平衡又到新平衡重复循环的发展进程角度出发，分析了社会及其发展作用交通行为，以及交通行为对社会生活影响的规律。

参考文献

[1] 石建军. 交通行为控制原理[M]. 北京：人民交通出版社，2009.

[2] 章辉美，谷中原. 交通社会学：对一门新生应用社会学的构想[J]. 湖南师范大学社会科学学报，2003，32(6)：48-52.

[3] 何玉宏，刑元梅. 交通社会学研究[J]. 理论月刊，2004，12(12)：38-42.

[4] 黎德扬，高鸣放，成元君. 交通社会学[M]. 北京：中国社会科学出版社，2012.

[5] 石建军，李晓莉. 交通行为控制的对象及其特性分析[J]. 交通运输工程与信息学报，2011，9(2)：8-19.

[6] 靳增鑫. 人均出行舒适度评定研究[D]. 长沙：长沙理工大学，2011.

[7] 秦焕美，关宏志，殷焕焕. 停车收费价格对居民出行方式选择行为的影响研究——以北京市居民小汽车、公交、出租车选择行为为例[J]. 土木工程学报，2008，(8)：93-98.

[8] 马帆. 需求管理的交通拥挤问题研究[D]. 西安：长安大学，2009.

[9] 彭列汉，吴元强. 论交通与科技的互动[J]. 理论月刊，2005，(2)：37-39.

[10] 迈克尔·海姆. 从界面到网络空间——虚拟实在的形而上学[M]. 金吾伦，刘钢，译. 上海：上海科技教育出版社，2000.

[11] 张品良. 和谐社会视野下的网络虚拟社会构建[J]. 江西社会科学，2006，(9)：139-144.

[12] 王静. 网上办公系统安全体系研究与应用[D]. 杭州:浙江工业大学,2007.
[13] 北京市第十二届人民代表大会常务委员会. 北京市大型社会活动安全管理条例[Z]. [2005-9-9].

第 3 章　交通出行行为

交通出行方式的选择对交通方式的分担率、交通工具的出行量、交通服务水平都会产生巨大影响，直接关乎居民出行的时间成本和舒适度，因此，对交通出行行为(下文简称“出行行为”)的研究，尤其是对出行选择的研究，对整个城市交通系统的规划和管理都有着极为重要的意义。然而，影响交通出行行为选择的多样性及影响因素的复杂性，使得对出行行为选择的研究充满挑战。本章通过介绍出行行为的影响因素、选择模型和干预方法，抛砖引玉，期望交通研究工作者继续探究交通出行行为的机理，服务公共交通。

3.1　出行行为影响因素

交通出行行为选择受出行主体自身需求及城市客体交通环境的复合影响。我国的城市居民出行行为研究始于 20 世纪 80 年代几个大城市相继开展的居民出行调查。这些研究以调查数据为基础，关注居民的出行方式、出行时间等出行特征，而居民的购物、夜间消费等出行，其空间特征也引起学界的兴趣。随着研究的深入，学者不再满足于出行行为的特征描述，开始从行为心理、城市空间结构等角度探索影响居民出行行为的潜在因素。研究的层面也从宏观的城市整体转向微观的社区，关注社区居民的通勤行为及居住环境对居民出行的影响[1]。

总体上，国内外关于居民出行行为的研究大多把居民看成一个同质体，或者是基于居民的单一属性，如性别或年龄等，对居民的出行行为特征进行横向对比，忽略了居民是多种属性的复合体。同时，大部分研究停留在对出行特征的统计和描述，对居民的出行行为作用机制和出行决策过程考虑不足。

影响出行行为选择过程的因素可划分为出行者个人及家庭属性、土地利用、交通设施供给属性、交通需求管理政策、出行成本和出行偏好等六个方面，各因素对出行者的出行行为的影响均不相同。

1. 出行者个人及家庭属性

出行者个人及家庭属性包括出行者的性别、年龄、学历、职业、个人及家庭收入、有无私家车等，这是影响出行的个体因素[2]。它们通过影响出行者对衡量交通运输服务质量不同指标的重要程度的认识，以及对不同指标的期望值来影响出行者的出行行为[3]。传统研究中出行者及家庭的经济收入对出行者出行行为起着至关重要的作用。经济收入代表了个体的购买力，而购买容量和购买意愿在很大程度上取决于购买力。因此，不同收入阶层的出行者的出行行为选择是有较大差异的。出行者正是在个人经济承受能力与出行需求之间寻找平衡点，其具体的表现主要是出行者对交通方式及出行路线的选择，以及出行者对出行目的、出行目的地的选择。

2. 土地利用

欧美学者就城市土地利用与居民出行方式的关系研究表明：土地利用紧凑、混合度高以及鼓励公共交通和步行的城市设计能显著改变居民的出行方式。不少学者认为，城市形态中的 3D 要素，即密度(density)、土地功能混合(diversity)、人性化的城市设计(design)是影响居民出行行为的重要因素，改变土地利用特征有可能成为解决城市交通问题的有效途径。

国内关于土地利用与出行行为关系的研究大致可分为两类：①利用出行行为调查指导空间布局，如在总出行时长最小前提下求解城市土地利用优化模型；通过分析消费者行为特征，寻求商业空间规划评价依据[4]；②分析土地利用对居民出行方式的影响。黄建中[5]分析了 20 世纪 80 年代以来我国特大城市的居民出行特征，指出导致公交出行分担率下降的原因主要是交通和土地利用缺乏有效配合。文献[6]分析了广州市的居住、就业空间特征及其对居民出行行为的影响，认为居住空间与就业空间的外移以及城市的多中心化，促使居民出行空间趋向均衡。张明等[7]以上海市四个社区为例研究了街区设计对交通行为的影响。

3. 交通设施供给属性

公共交通作为城市交通结构的重要组成部分，对发挥城市功能，缓解城市交通压力，满足广大居民便捷、安全的出行需求具有不可替代的作用。公交出行方式的选择行为与公共交通设施供给密不可分，包括常规公交站点数及线路数、轨道站点及地铁线路数、从居住地到公交设施的距离以及步行或自行车投入环境条件等。显然，公交设施供给越充分，居民公交出行越便利，公交出行选择意愿也会越强烈。例如，平均到站时间、平均离站时间及平均候车时间对居民的公交出行选择影响较高。到、离站时间反映公交设施的可达程度，公交站点密度越大，居民的公交出行可达性越高，这是衡量公交服务水平的一个重要指标，在规划时要从站点布设和土地布局方面综合考虑。另外，公交车辆的发车频率及可选择的公交线路数的多少也影响乘客的候车时间。候车时间的长短对出行决策有很大影响，当候车时间过长时，居民会放弃公交，选用其他出行方式。居民对公共交通设施供给水平的满意度决定公交出行行为的选择。由于有限土地资源的限制，无法进行无休止的交通基础设施建设，所以交通设施建设布局及运行调度的科学合理性对促进城市公共交通结构的优化及居民绿色出行行为的选择起着至关重要的作用。

4. 交通需求管理政策

影响交通出行行为的交通政策一般是指交通需求管理(TDM)政策，它涉及交通系统的各个方面，可以概括地定义为：通过出行成本调整、行政限制等手段影响出行者的行为，而达到减少或重新分配出行对方式、空间和时间需求的目的；交通需求管理旨在从问题产生的根源上采取措施，防止目前交通拥堵问题的进一步恶化，并采取措施解决目前的问题。在改变出行时间方面，在丹佛市实施“4/10 工作制”的结果表明，早高峰期间半小时的上班到达率降低了 14%，晚高峰期离开率下降了 13%。在新加坡也曾尝试这类措施，如错峰上下班、弹性工作制，但普遍效果不明显，因此已被停用。日本在东京新交通拥挤对策中也号召实行弹性工作制，不仅采用弹性工作时间，而且在不同单位之间实行错开工作时间来减缓高峰期上下班的交通量。在改变出行方式方面，美国佛罗里达州立大学工程学院的城市交通运输研究中心曾为佛罗里达州首府塔拉哈西市公共交通局的交通运输部编制过 *Commute Alternatives System Handbook*(《通勤出行替代方式系统手册》)。此外，纽约、华盛顿、洛杉矶、匹兹堡、明尼阿波利斯和迈阿密地区实施的 HOV 车道也引起了出行方式的改变。出行成本方面的主要策略旨在拥挤区域收取高额停车费，从而增加出行者出行成本，促使人们放弃私家车出行，特别是放弃单独驾车出行。

5. 出行成本

城市出行方式的研究可以按固定成本与变动成本、内部成本与外部成本来分析。外部成本包括外部经济成本与外部不经济成本两种。固定成本包括基础设施成本等，变动成本包括交通设施的折旧费、驾驶员的工资等。内部成本一般是指外部效益，而外部成本则是指环境污染、噪声污染等。加拿大通过对城市的巴士、公交、轻轨、自行车、摩托车、有轨电车、无轨电车等不同交通工具在以上各个方面产生的成本研究，分析出影响交通成本的 1/3 为外部成本，并且有高达一半以上的为外部不经济成本[8]。

6. 出行偏好

出行偏好主要是指交通方式的偏好，包括安全性、舒适性、经济性、方便性以及快捷性等。为了实现出行者预期的活动，出行者必须实施出行行为，因此，出行者出行最基本的要求是安全到达目的地。在安全到达的基础之上，出行者会延伸出许多较高的要求，包括出行消费价值观(关注环保、不关注环保)、便捷(不/少换乘、目的地附近有停车位等)、快速(无交通拥堵、存在快速的大容量交通方式等)

以及舒适(乘坐的交通工具不拥挤、换乘步行距离短、换乘空间不拥挤等)等。

国外学者从20世纪80年代后开始重视心理偏好与影响出行行为的各个因素的相互关系。Bradshaw、Dellinger、Guiseppi、Rosenbloom、Bhat、Mannering、Hendriokson、Plank、Steed等认为对于居民出行选择行为,可以类比于消费者行为,出行者对于其购买的产品(如选择的不同交通方式、选择不同的出发时间)也存在一定的品牌偏好,该偏好是出行者在多次出行过程中逐渐形成的,并且这种偏好一旦形成,在以后的出行过程中,出行者会极力维护对出行偏好的忠诚度,轻易不会改变[8]。

国内对心理偏好与出行行为的研究起步较晚,该研究多为定性、半定量分析。何瑞春等建立了城市居民出行中有时间、费用、车种偏好的出行选择预测模型[9]。朱明皓和李捷利用主成分分析方法指出快捷性是城市居民出行心理关注度最高的因素[10];居民出行心理偏好的研究多集中在定性描述和心理偏好对出行行为影响因素的分析等。

随着对服务水平要求的提高,人们出行选择对舒适性的要求也越来越高,对低碳环保的关注度也会提高。过度拥挤、接驳不便等问题直接影响对公交的选择。舒适成本的提升可能会使对于交通成本敏感程度较为薄弱的轨道交通出行者转化为潜在的私家车出行。

3.2 基于心理学理论的出行方式使用意向模型

3.2.1 出行方式持续使用意向综合模型

1989年,技术接受模型(technology acceptance model,TAM)是Davis[11]运用理性行为理论研究用户对信息系统接受时所提出的一个模型,该模型被提出的最初目的是对计算机广泛接受的决定性因素做一个解释说明。该模型提出了两个主要的决定因素:①感知的有用性(perceived usefulness),反映一个人认为使用一个具体的系统对其工作业绩提高的程度;②感知的易用性(perceived ease of use),反映一个人认为容易使用一个具体的系统的程度。

计划行为理论于1985年正式被Ajzen提出。该理论认为个人执行某种行为的可能性直接受行为意向的影响,而行为意向又由态度、主观规范和知觉行为控制决定[12]。

在行为领域,顾客满意度是指出行者在特定的环境下,对于其所采取的交通方式服务的一种情感反应。顾客满意度取决于出行者期望服务的实现程度,即从出行者的总体评价观点来反映期望与实际结果是否一致,所以对于出行者,一般采用整体满意程度衡量的方法。国内学者也对服务质量与顾客满意度、忠诚度的关系进行了研究。汪纯孝等的研究结果指出:服务质量整体的好坏对顾客满意度与消费者购买意向有直接的影响,并且顾客满意度也会直接影响顾客购买意愿[13]。

整合技术接受模型、计划行为理论以及服务质量、顾客满意度与忠诚度关系模型建立了公共自行车与公共交通组合出行持续使用意向行为模型,如图 3-1 所示。该模型的假设条件包括:

(1) 出行者使用某种交通方式出行后的满意度会对态度产生一定的直接影响,从而间接影响再次使用意向。

(2) 感知服务质量以出行者感知有用性和感知易用性来表征,直接影响态度和持续使用意向。

(3) 模型还考虑了一些外部因素,外部因素主要包括出行者个人特性、出行特性以及交通出行环境三个方面。

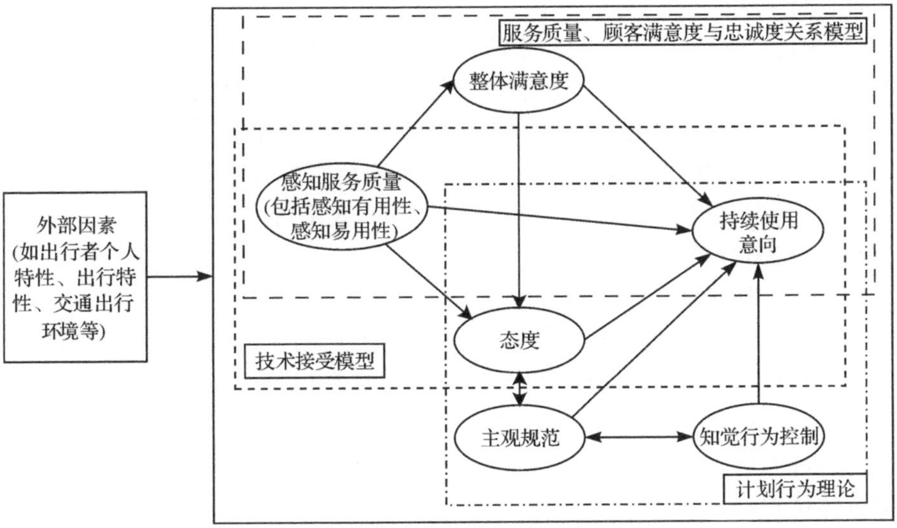

图 3-1　出行方式持续使用意向行为模型

3.2.2　公共自行车持续使用意向建模与分析

公共自行车目前在国内一些城市已开始推广,并已经有了一定的使用人群。有些居民结合自身的出行需求和交通环境已经开始利用公共自行车与公共交通组合的方式出行。对于政府和运营商,出行者长期使用公共自行车,才能避免真正的资源浪费,真正发挥公共自行车短距离出行的优势,因此影响出行者持续使用公共自行车因素的研究是其最关心的问题。出行方式的选择涉及的因素比较复杂,一般行为意向越强烈,采取行为的可能性就越大。

1. 影响持续意向的潜变量及测量变量

1) 感知服务质量

感知服务质量(PSQ)通过五个问题来测量:①公共自行车系统借还方便容易(PSQ1);②公共自行车系统提供足够的信息服务(PSQ2);③采取公共自行车与公交组合方式出行节省费用(PSQ3);④采取公共自行车与公交组合方式出行省时(PSQ4);⑤采取公共自行车与公交组合方式换乘方便(PSQ5)。

2) 态度

出行者对公共自行车与公共交通组合方式的持续使用行为态度(ATT),通过问题“对于自己,采用公共自行车与公共交通组合方式出行是:便利(ATT1)、快捷(ATT2)、经济(ATT3)、安全(ATT4)、舒适(ATT5)以及有利于缓堵(ATT6)”来测量。

3) 主观规范

主观规范(SN)通过五个问题来测量:①亲朋好友支持我使用公共自行车与公共交通组合方式出行(SN1);②亲朋好友认为我应该使用公共自行车与公共交通组合方式出行(SN2);③公众意见、社会媒体宣传会影响我选择使用公共自行车与公共交通组合方式出行(SN3);④政府交通政策会影响我选择使用公共自行车与公共交通组合方式出行(SN4);⑤不受外界影响,我坚持使用公共自行车与公共交通组合的方式出行(SN5)。

4) 知觉行为控制

知觉行为控制(PBC)通过四个问题来测量:①基于目前的出行环境,我不得不采用公共自行车与公共交通出行(PBC1);②在日常出行中,采取公共自行车与公共交通组合的方式出行是可能的(PBC2);③在日常出行中,我很清楚每次出行的借还公共点的具体位置(PBC3);④在日常出行中,我很清楚换乘站(地铁站或公交站)的具体位置(PBC4)。

5) 整体满意度

公共自行车的满意度(WS)取决于出行者期望能提供的服务功能的实现情况,是从总体上来评价公共自行车期望能提供的服务是否与现实一致。采用总体满意度来测量满意度。

6) 持续使用意向

持续使用意向(BI)通过三个问题来测量:①我打算再次选择公共自行车与公共交通组合出行(BI1);②我会鼓励身边的人采用公共自行车与公共交通组合出行(BI2);③就算有了小汽车,在未来的一段时间我也会继续使用公共自行车与公共交通组合出行(BI3)。

2. 调查设计

1) 问卷设计

3.2.1 节构建的理论模型借鉴了目前已有的一些研究成果，并对目前已有的两个模型进行了整合。各个潜变量以及测量指标，尽量从目前已有的测量指标进行选择，但由于国内外关于公共自行车出行行为的研究较少，尤其缺少公共自行车与公共交通组合出行持续使用意向方面的研究，尚未形成一个共用的普遍接受的统一的衡量标准，因此本书根据已有的关于计划行为理论和服务质量、满意度及顾客忠诚度测量表和存在的关于公共自行车(公共自行车与公共交通换乘行为)的研究，结合实际的访谈和专家修改，形成初始调查表。

为了确定问卷的合理性，对初始调查表进行了试调查。选择北京市朝阳区劲松地铁站 C 口、松榆东里南门以及武圣路公共点进行了小样本调查，共发放问卷 150 份，回收 89 份，通过与被调查者进行沟通，整合专家和被调查者的意见，把不易理解的题项进行修改、重复的题项进行删除以及漏掉的题项进行添加，对原来的问卷进行修正。

经过修正后得到的最终调查问卷共分为三部分：第一部分为公共自行车使用情况调查，主要包括出行者的个人统计特性、本次出行方式、出行距离以及出行目的等；第二部分为公共自行车设施服务质量和满意度调查，公共自行车服务质量主要包含选择借还车便捷程度、站点位置的合理性以及车辆保养三方面的内容，满意度从出行的整体满意度进行调查；第三部分为影响意向的因素调查，主要包括态度、主观规范、知觉行为控制以及行为意向。第二部分和第三部分是本书研究的重点，采用 5 分制的 Liker 量表，1～2 分表示高倾向，3 分表示一般，4～5 分表示低倾向，针对公共自行车服务质量、整体满意度、态度、主观规范、知觉行为控制以及持续行为意向等方面分别设计了 2～5 个问题项。

2) 调查对象、地点和时间的确定

调查对象应当是使用公共自行车与公共交通组合出行的居民，这些居民应当满足以下几个条件：①被调查者结合自身出行环境有使用公共自行车与公共交通组合出行的能力；②被调查者熟识借还车公共点的具体位置；③被调查者有采用组合方式出行的经验。

北京市朝阳区是布设公共自行车现行试点最早的城区，能从网上实时发布骑车出行提示信息以及办卡点、租车网点开通或变更等最新运营动态信息，公共自行车的配套设施相对比较完善，城区居民已经逐渐接受了公共自行车这种新型的交通方式，也结合自己的日常出行需求养成了采用公共自行车出行或采用公共自行车与公共交通组合方式出行的习惯。因此，选择北京市朝阳区作为研究区域，目前，朝阳区共有公共点 165 个，包括 14 个地铁沿线、63 个住宅、18 个办公区、5 个商业区、1 个景区以及 64 个其他类型的公共点。对每种类型的公共点采用简单随机抽样的方法进行抽样，共获得 15 个公共调查地点。调查地点整体情况如表 3-1 所示。

表 3-1 调查地点

公共点编号	公共点名称	公共点类型
01050036	日坛北门站	景点
01050009	工体北门站	其他
01050156	七圣路新华书店站	其他
01050157	朝外街道办事处站	其他
01050136	三元桥西北站	其他
01050159	朝阳区投资服务大厅站	其他
01050089	地铁双井站 A 口东站	地铁
01050065	地铁农展馆站 A 口站	地铁
01050005	地铁朝阳门站 A 口站	地铁
01050085	百子湾路西口南站	住宅
01050023	朝阳医院站	住宅
01050124	松榆东里南门站	住宅
01050032	蓝岛西区站	办公
01050075	麦子店西街站	办公
01050029	工体南门站	商业

选择 2014 年 3 月 18 工作日为调查时间，主要对出现在这几个公共点正在借车和还车的北京市居民进行调查，少数数据是通过在公共点周边自行车道进行拦截询问获得的，重点调查使用公共自行车换乘公共交通出行的人群，在每个公共点发放问卷 50 份，共发放问卷 750 份。其中选择公共自行车与公共交通组合方式出行的有效问卷有 382 份，有效问卷回收率约为 51%。因为有的居民拒绝填问卷或者问卷没填完就赶时间离开，所以，问卷回收率较低。多大的样本量是最为适当的？通常有研究认为，样本数为 100～200 时能够保证模型评估的稳定性和样本的代表性。由此可知，本研究的样本数量符合要求。

3) 描述性统计分析

在对理论模型进行验证之前，对调查回收到的 382 份采用公共自行车与公共交通组合方式出行的有效问卷进行描述性统计分析，在进行描述性分析之前，对原始问卷数据进行处理，针对不同的变量有不同的处理方法：

(1) 对于出行者个人特性、出行特性和交通出行环境等变量可以先进行赋值，以年龄为例，在值列表中，针对不同的年龄段进行赋值：年龄 20 岁以下的赋值为 1，年龄为 20～29 岁的赋值为 2，年龄为 30～39 岁的赋值为 3，年龄为 40～49 岁的赋值为 4，年龄 50 岁及以上的赋值为 5，其他变量的赋值情况见表 3-2 和表 3-3。

(2) 对于态度、主观规范以及知觉行为控制等变量，把问卷对应的题项加数字进行命名，如态度 1 对应的题项就是便利性，并把变量设置为连续变量。

表 3-2　出行者个人特性统计表

类别	分类(赋值)	数量	所占比例
性别	男(1)	206	54%
	女(2)	176	46%
年龄	<20 岁(1)	15	4%
	20～29 岁(2)	153	40%
	30～39 岁(3)	130	34%
	40～49 岁(4)	61	16%
	≥50 岁(5)	27	6%
小汽车拥有情况	有(1)	172	45%
	没有(2)	210	55%
平均月收入	3000 元以下(1)	57	15%
	3001～6000 元(2)	210	55%
	6001～10000 元(3)	88	23%
	10000 元以上(4)	27	7%
最高学历	高中以下(1)	73	19%
	本科(2)	172	45%
	研究生(3)	88	23%
	研究生以上(4)	50	13%

表 3-3　出行者出行特性统计表

类别	分类(赋值)	数量	所占比例
出行时间	6:00～10:00(1)	157	41%
	10:00～17:00(2)	103	27%
	17:00～24:00(3)	122	32%
出行目的	上学(1)	4	1%
	上班(2)	180	47%
	购物(3)	69	18%
	娱乐休闲(4)	38	10%
	景点旅游(5)	4	1%
	其他(6)	88	23%

续表

类别	分类(赋值)	数量	所占比例
使用时长	5min 以内(1)	15	4%
	5～10min(2)	73	19%
	10～15min(3)	145	38%
	15～30min(4)	80	21%
	30min 以上(5)	69	18%
被替代的交通方式	小汽车(1)	42	11%
	步行(2)	99	26%
	公共交通(3)	160	42%
	其他(4)	80	21%

针对出行者个人特性和出行特性进行详细分析,可知:

(1) 从性别来看,男性所占比例为 54%,女性所占比例为 46%,差异性不是很大。

(2) 从年龄来看,20～29 岁的比例最高,所占比例为 40%,30～39 岁的比例次之,所占比例为 34%,而年龄在 20 岁以下和 40 岁以上的人很少,说明使用公共自行车与公共交通这种组合方式的出行者一般为青壮年。

(3) 从小汽车拥有情况来看,拥有小汽车的出行者使用公共自行车与公共交通组合方式的出行者所占的比例为 45%,而没有小汽车的出行者所占比例为 55%。

(4) 从平均月收入来看,月收入在 3001～6000 元使用这种组合方式的比例最高,为 55%,而平均月收入在 10000 元以上以及平均月收入在 3000 元以下的使用比例都比较小,分别为 7%和 15%。

(5) 从最高学历来看,本科和研究生学历的出行者所占比例最高,共占了 68%,研究生以上的只占了 13%。

(6) 从出行时间来看,在早晚高峰期使用公共自行车与公共交通组合方式的出行者最多,但是早高峰相对晚高峰的使用者多。

(7) 从出行目的来看,上班出行所占比例最高,为 47%,其次为购物出行,为 18%。

(8) 从使用时长来看,公共自行车作为公共交通末端交通方式,出行者使用时长最多的为 10～15min,所占比例为 38%,而时长超过 30min 或者小于 5min 的所占比例相对较少。

(9) 从被替代的交通方式来看,公共交通作为前后末端交通方式被替代的比例最高,为 42%,而小汽车被替代的比例相对来说比较低,为 11%。

3. 研究结果分析

1) 信度和效度分析

信度(reliability)即可靠性,是指采用同样的方法对同一对象重复测量时所得结果的一致性程度。信度系数越大,表示测量的可信程度越高。采用 Cronbach a 系数从两个方面进行信度分析,一方面进行变量的整体信度检验,另一方面对各变量构成的题项进行信度分析。各潜变量的 Cronbach a 系数及各测量变量的 Cronbach a 均大于 0.6(表 3-4),说明各变量量表具有内部一致性。

表 3-4 变量信度检验结果

潜变量	项数	Cronbach a	测量变量	Cronbach a
PSQ	5	0.827	PSQ1	0.820
			PSQ2	0.794
			PSQ3	0.813
			PSQ4	0.818
			PSQ5	0.802
ATT	6	0.814	ATT1	0.760
			ATT2	0.770
			ATT3	0.756
			ATT4	0.808
			ATT5	0.788
			ATT6	0.826
SN	5	0.839	SN1	0.831
			SN2	0.783
			SN3	0.817
			SN4	0.784
			SN5	0.815
PBC	4	0.646	PBC1	0.720
			PBC2	0.660
			PBC3	0.720
			PBC4	0.689
BI	3	0.775	BI1	0.771
			BI2	0.625
			BI3	0.685

效度(validity)即有效性,是指测量工具或手段能够准确测出所需测量的事物的程度,以结构效度作为参考指标。结构效度利用 KMO 测度和 Bartlett 球形检验方法测得。各潜变量的 Bartlett 球形检验统计值的显著性概率是 0.000,小于 1%,说明数据相关阵不是单位阵,具有共同因素,同时 KMO 均大于 0.6,表示测量变量之间的相关情形良好,适合进行因素分析。通过主成分分析,除主观规范外的所有潜变量,各测量变量的公因子负荷度均大于 0.6,能很好地解释各潜变量。对于主观规范,SN1 和 SN2 对主成分的负荷度分别为 0.517 和 0.557,小于 0.6,剔除这两项潜变量(表 3-5)。

表 3-5　变量效度检验结果

潜变量	KMO 度量	显著性	测量变量	公因子的负荷度
PSQ	0.704	0.000	PSQ1	0.841
			PSQ2	0.853
			PSQ3	0.706
			PSQ4	0.824
			PSQ5	0.863
ATT	0.761	0.000	ATT1	0.770
			ATT2	0.756
			ATT3	0.818
			ATT4	0.836
			ATT5	0.811
			ATT6	0.655
SN	0.769	0.000	SN1	**0.517**
			SN2	**0.557**
			SN3	0.706
			SN4	0.715
			SN5	0.684
PBC	0.665	0.000	PBC1	0.984
			PBC2	0.601
			PBC3	0.681
			PBC4	0.720
BI	0.677	0.000	BI1	0.871
			BI2	0.841
			BI3	0.780

2）结构方程模型及检验结果

构建公共自行车与公共交通组合出行持续使用意向行为结构方程模型，经过不断修正和估计，各潜变量之间的路径系数均小于 1，说明模型中的变量是合理的；模型估计值中，调整后的拟合优度指数 AGFI＝0.990＞0.9，比较拟合优度指数 CFI＝0.998＞0.9，近似均方根误差 RMSEA＝0.016＜0.08，表示修正后的模型与观测数据拟合得比较好。在显著性水平 $p<0.01$ 时，各潜变量之间均有显著性影响，路径系数结果如图 3-2 所示。主观规范（0.57）和感知服务质量（0.40）是影响持续使用的关键因素。

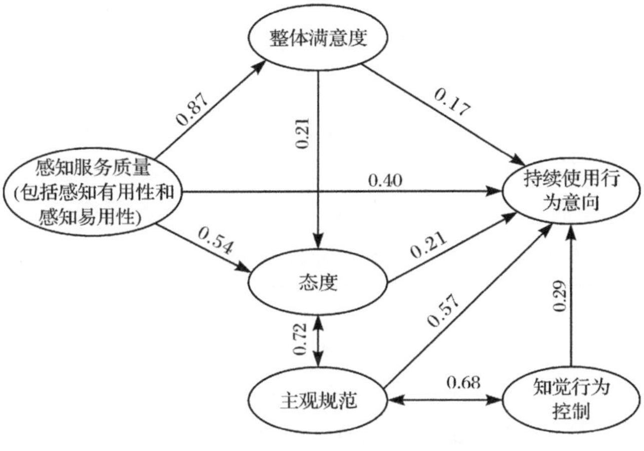

图 3-2　潜变量之间路径系数结果

对于不同的出行者个人特性，在不同的出行特性以及交通出行环境下，为了分析公共自行车与公共交通组合出行持续使用意向的差异性，进行了多群组结构方程模型差异性分析。

（1）不同出行者个人特性多群组结构方程差异性分析。出行者具有性别、年龄、职业、收入、受教育程度等多种不同的个人特性，由于篇幅有限，这里只以出行者平均月收入为例进行公共自行车与公共交通组合出行持续使用意向差异性分析，结果见表 3-6。对于平均月收入 3000 元以下的人，影响其持续使用意向的主要变量为主观规范和感知服务质量；对于平均月收入 10000 元以上的人，影响其持续使用意向的主要变量为主观规范和使用后的整体满意度和态度。

表 3-6　不同平均月收入人群的路径系数估计及检验结果

路径			平均月收入			
			＜3000 元	3001～6000 元	6001～10000 元	10000 元以上
整体满意度	→	持续使用意向	0.184	0.389	0.254	0.272*
态度	→	持续使用意向	0.132	0.260	0.191	0.144**

续表

路径			平均月收入			
			<3000 元	3001～6000 元	6001～10000 元	10000 元以上
知觉行为控制	→	持续使用意向	0.118	0.253	0.103	0.263
主观规范	→	持续使用意向	0.102**	0.128**	0.543**	0.403**
感知服务质量	→	持续使用意向	0.253*	0.277*	0.177	0.562

* 表示显著性水平 $p<0.01$；** 表示显著性水平 $p<0.001$。

(2) 不同出行者出行特性多群组结构方程差异性分析。以不同出行目的为例，公共自行车与公共交通组合出行持续使用意向差异性分析结果见表 3-7。对于上学出行，知觉行为控制对持续使用意向的影响不显著；对于上班出行，知觉行为控制对持续使用意向的影响最显著；对于购物出行，主观规范对持续使用意向的影响不显著；对于娱乐休闲出行，感知服务质量对持续使用意向的影响不显著；对于旅游出行，只有感知服务质量对持续使用意向的影响显著。

表 3-7　不同出行目的的路径系数估计及检验结果

路径			出行目的				
			上学	上班	购物	娱乐休闲	旅游
整体满意度	→	持续使用意向	0.107*	0.280*	0.155*	0.009**	−0.105
态度	→	持续使用意向	0.114*	0.382**	0.220*	0.106*	0.07
知觉行为控制	→	持续使用意向	0.314	0.394*	0.183*	0.155*	0.331
主观规范	→	持续使用意向	0.170*	0.192*	0.521	0.283*	−0.07
感知服务质量	→	持续使用意向	0.133**	0.311*	0.147*	0.265	0.232*

* 表示显著性水平 $p<0.01$；** 表示显著性水平 $p<0.001$。

(3) 不同交通出行环境多群组结构方程差异性分析。以不同公共点位置条件为例，公共自行车与公共交通组合出行持续使用意向差异性分析结果见表 3-8。当出发地或目的地距离公共点小于 200m 时，感知服务质量对持续使用意向的影响最显著；200～300m 时，知觉行为控制对持续使用意向的影响最显著；大于 300m 时，知觉行为控制对持续使用意向的影响最显著，而且随着出发地或目的地距离公共点的距离增加，该显著性影响逐渐增大。

表 3-8　不同公共点位置条件下的路径系数估计及检验结果

路径			出发地或目的地距离公共点的距离					
			100m 以下	100～200m	200～300m	300～400m	400～500m	500m 以上
整体满意度	→	持续使用意向	0.269*	0.273*	0.282	0.267**	0.286**	0.272*
态度	→	持续使用意向	0.105*	0.004**	0.166	0.361**	0.343*	0.397*

续表

路径			出发地或目的地距离公共点的距离					
			100m 以下	100～200m	200～300m	300～400m	400～500m	500m 以上
知觉行为控制	→	持续使用意向	0.141*	0.123*	0.232*	0.367**	0.379**	0.394*
主观规范	→	持续使用意向	0.221*	0.244*	0.476	0.238**	0.219**	0.327*
感知服务质量	→	持续使用意向	0.324**	0.292*	0.273	0.223**	0.188*	0.152*

*表示显著性水平 $p<0.01$；**表示显著性水平 $p<0.001$。

模型结果表明，对于全样本数据，影响持续使用意向的最显著的两个因素为主观规范和感知服务质量。因此，为鼓励和提高公共自行车使用意向，应该从提高个人主观规范入手，加大社会宣传力度、制定有效的交通政策，改变出行者的主观意识；对于感知服务质量，包括感知有用性和感知易用性，应该从公共自行车网点布局、信息服务、换乘效率等方面进行改善，提高出行者感知服务质量。

多群组结构方程模型差异性分析结果表明，对于不同的出行者个人特性、在不同的出行特性以及交通出行环境下，影响公共自行车与公共交通组合出行持续使用意向显著性因素不同。

(1) 对于平均月收入 10000 元以下的人，影响其持续使用意向的主要变量为主观规范和感知服务质量；而对于平均月收入 10000 元以上的人，影响其持续使用意向的主要变量为主观规范和使用后的整体满意度和态度。由此说明，收入越高的人越关注影响态度的变量如便利、快捷、经济、安全、舒适以及有利于缓堵等，所以为鼓励和引导高收入人群使用公共自行车和公交方式组合出行，要从多方面进行策略的制定，不仅要保障公共自行车方式出行的便利、快捷、经济，而且要提高公共自行车方式出行的安全、舒适，并能在缓堵效果上有所体现。

(2) 对于不同的出行目的，影响公共自行车与公共交通组合出行持续使用意向的显著性因素不同。例如，对于上学出行，知觉行为控制对持续使用意向的影响不显著，主要原因可能是由于学生目前就近上学，出行距离短，采用公共自行车感知到困难程度较小；对于上班出行，知觉行为控制对持续使用意向的影响最显著，所以为鼓励上班出行继续使用公共自行车和公交方式组合出行，应该为出行者提供更多的使用公共自行车的机会和资源；对于旅游出行，只有感知服务质量对持续使用意向的影响显著，所以旅游景区应该注重公共自行车网点布局、信息服务、换乘效率等方面的改善，提高出行者的感知服务质量。

(3) 公共自行车站点位置不同，公共自行车与公共交通组合出行持续使用意向重要的显著性因素有所不同，随着出发地或目的地与公共点间的距离的增加，知觉行为控制的显著性影响逐渐增大。因此，当出行者出发地或目的地距离公共交通换乘站的公共自行车站点较远时，应该为出行者提供更多的使用公共自行车的机会和资源。

3.3 基于累积 Logit 的个体出行方式选择预测模型及弹性分析

3.3.1 累积 Logit 回归模型

成对比较和排序数据是常用的问答形式。通常成对比较数据不是仅询问希望哪个方案，而更多的是询问对方案的希望程度。例如，答案可以分为五个选择项(category)，要求被访问者从中选择一个答案[14]。

(1) 一定选择第一种交通方式；

(2) 可能选择第一种交通方式；

(3) 不确定；

(4) 可能选择第二种交通方式；

(5) 一定选择第二种交通方式。

这时，选择概率不仅与两种交通方式的效用值的大小有关，而且里面包含效用差的信息。对成对比较数据建立模型的适当方法之一是累积 Logit 回归模型，也称为序次 Logit 回归模型(ordered Logit regression model)，或比例发生比模型(proportional odds model)。累积 Logit 回归模型是二分类 Logit 回归模型的扩展。

累积 Logit 回归模型定义如下：

$$y^* = \alpha + \sum_{k=1}^{K} \beta_k x_k + \varepsilon \tag{3-1}$$

式中，y^* 为观测现象内在趋势，它并不能被直接测量；ε 为误差项。

当实际观测反应变量有 j 种类别时($j=1,2,\cdots,J$)，相应的取值为 $y=1$，$y=2$，$\cdots$，$y=J$，并且各取值之间的关系为$(y=1)<(y=2)<\cdots<(y=J)$，那么共有 $J-1$个未知阈值(threshold)或分界点(cut point)将各相邻类别分开，即：

如果 $y^* \leqslant \mu_1$，则 $y=1$；

如果 $\mu_1 < y^* \leqslant \mu_2$，则 $y=2$；

⋮

如果 $\mu_{J-1} < y^*$，则 $y=J$。

其中，μ_j 表示分界点，有 $J-1$ 个值，且有 $\mu_1 < \mu_2 < \cdots < \mu_{J-1}$。在参数估计过程中，第一个分界点 μ_1 通常定为 0，这样可以减少一个参数估计。由于这种尺度的设定是随意的，所以开始或结束于任意序次数字都是可行的。因此，规定 $\mu_1=0$ 以后，将有 $J-2$ 个 μ 需要估计。

给定 x 值的累积概率可以按如下形式表示：

$$\begin{aligned}P(y\leqslant j\mid x)&=P(y^{*}\leqslant\mu_j)\\&=P\left[\left(\alpha+\sum_{k=1}^{K}\beta_k x_k+\varepsilon\right)\leqslant\mu_j\right]\\&=P\left[\varepsilon\leqslant\mu_j-\left(\alpha+\sum_{k=1}^{K}\beta_k x_k\right)\right]\\&=P\left[\mu_j-\left(\alpha+\sum_{k=1}^{K}\beta_k x_k\right)\right]\end{aligned}\tag{3-2}$$

有了累积分布函数以后，累积 Logit 回归模型可以定义为

$$\ln\left[\frac{P(y\leqslant j\mid x)}{1-P(y\leqslant j\mid x)}\right]=\mu_j-\left(\alpha+\sum_{k=1}^{K}\beta_k x_k\right)=\beta_{0j}-\sum_{k=1}^{K}\beta_k x_k$$

由式(3-2)可以看到，在累积 Logit 回归模型中，Logit 是按反应变量的类别顺序定义的，也就是说，模型的发生比是通过该发生比分子中的事件概率的依次累积而形成的。这就是“累积 Logit”模型的含义。在上面公式中，β_{0j} 是反应变量各类中截距 α 和阈值 μ_j 的综合。

累积 Logit 回归模型对 $J-1$ 个 Logit 中的每一个 Logit 各有一个不同的 β_{0j} 估计，然而对所有的累积 Logit，变量 x_k 却有一个相同的 β_k 估计，因为其假设条件为自变量独立于所有累积 Logit 的门槛。在这一假设条件下，对于一个连续自变量 x_k，不同累积对数发生比的回归线相互平行，只是截距参数有所差别，这被称为成比例发生比假设条件(proportional odds assumption)。正是这种成比例性，累积 Logit 回归模型也被称为比例发生比模型(proportional odds model)。

累积概率可以通过以下公式进行预测：

$$P(y\leqslant j\mid x)=P(y^{*}\leqslant\mu_j\mid x)=\frac{e^{\left[\mu_j-\left(\alpha+\sum_{k=1}^{K}\beta_k x_k\right)\right]}}{1+e^{\left[\mu_j-\left(\alpha+\sum_{k=1}^{K}\beta_k x_k\right)\right]}}\tag{3-3}$$

一旦计算出累积概率，属于某一特定类别的概率如 $P(y=1)$，$P(y=2)$，…，$P(y=J)$等便可以计算出来，即 $P(y=1)=P(y\leqslant1)$，$P(y=2)=P(y\leqslant2)-P(y\leqslant1)$，…，$P(y=J)=1-P(y\leqslant(J-1))$，其中，$P(y=1)+P(y=2)+\cdots+P(y=J)=1$。

3.3.2　交通方式选择过程及广义成本分析

对于个体出行者，选择交通方式的过程实际是个广义的消费过程。在这个过程中，出行者针对个人的出行需求，考虑是否存在可替代的出行方式。随着社会的发展，可替代的出行方式越来越多，例如，对于购物出行，可考虑网上购物，对于上班出行，可考虑家庭办公。当出行不可由其他方式替代时，出行者才做出出行

决定，包括出行目的地及交通方式选择等。

在交通方式的选择过程中，出行者依据个人及社会条件确定可供个人选择的交通方式选择集，如对于可利用私家车的群体，交通方式选择集包括私家车、出租车、公交车及自行车等；对于无私家车的群体，交通方式的选择集包括出租车、公交车及自行车等。

在此基础上，比较交通方式特性，分析交通方式广义费用，依据个人购买力和出行偏好，感受交通方式相对吸引力的强弱，从而做出方式的选择。交通方式选择行为具体过程如图 3-3 所示。

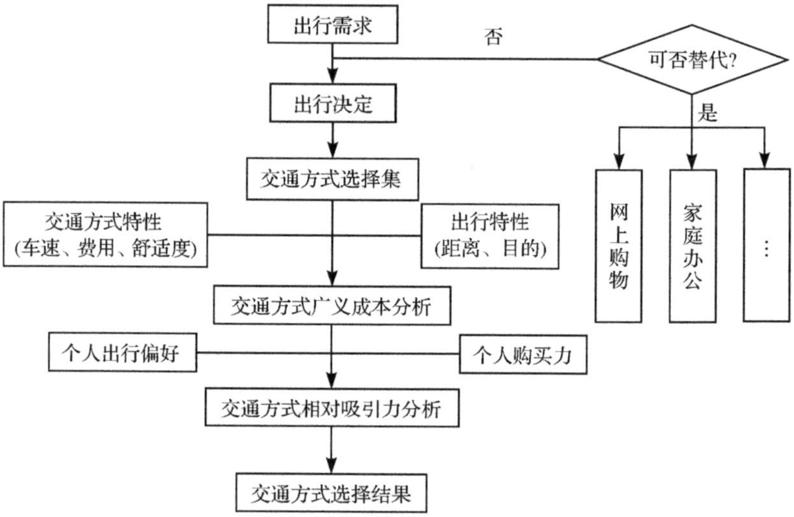

图 3-3　交通方式选择行为过程

交通方式的广义成本是基于时间价值的概念，在个人时间价值的基础上，将交通方式属性统一为货币的形式，其基本模型为

$$C_i = F_i + \mathrm{VOT}T_i + \beta S_i \tag{3-4}$$

式中，C_i 为交通方式 i 一次出行的总费用，元；F_i 为交通方式 i 一次出行的直接费用，元；VOT 为出行者的时间价值，元/h；T_i 为交通方式 i 一次出行的总时间，h；β 为出行者对出行舒适程度和其自身出行偏好的一个单位价值；S_i 为交通方式 i 具有的不舒适程度和不偏好程度，如车上的拥挤状况、车况、车内卫生条件等。

结合我国国情，通常情况下每位出行者在出行时考虑两种以上交通方式的情况很少，一般情况下存在两种交通方式供其选择即可以很好地描述现状。乘客的两种出行方式的可替换程度与两种出行方式总成本之差成反比。

$$\Delta C = (F_2 - F_1) + \mathrm{VOT}(T_2 - T_1) + \beta(S_2 - S_1)$$

ΔC 绝对值很小时，乘客为不稳定客流，乘客可能会随机地选择两种出行方式的一种，这时两种出行方式存在着一定的竞争关系。ΔC 绝对值较大时，乘客是出行成本较低的方式的稳定流，而是较高出行成本出行方式的流失流，这时两种出行方式主要为一种互补关系。

在出行者对交通方式广义成本进行判断时，考虑的主要因素包括出行费用、时间、舒适性、安全性及准时性等。

3.3.3　交通方式意愿调查说明

由于出行方式选择不仅与出行者个人属性有关，还与交通方式属性及出行距离有关，本节通过交通意愿调查得出影响被调查者出行方式选择的因素及程度。

1. 调查问卷结构

良好的问卷设计是精简与详尽之间的权衡，内容主要包括出行记录、选择游戏和个人属性三部分。出行记录主要是选择调查对象及本次调查的出行目的，并对受访者过去通常的出行状况做一个简要的了解，并据此确定其在本次调查中的归类情况。选择游戏主要是要求受访者对所提供的调查情境做出符合其本人意愿的选择，为参数估计提供有效的数据基础。个人属性主要包括年龄、职业、家庭月均收入等，主要用于出行者个人特性分析以及与选择结果进行比较分析。

2. 交通方式广义成本构成

出行者在出行过程中选择一种特定的交通方式时，通常需要考虑可供其选择的各交通方式的广义成本，包括步行时间(达到/离开公交站点)、等车时间、车内时间(运行时间)、交通方式间的换乘时间以及出行过程中所需的各种费用，还包括一部分难以量化的因素如舒适度、有无座位、噪声、服务水平以及卫生状况等，据此来确定最终的选择结果。本节重点考虑两类交通方式，即私人交通(本处特指私家车)及公共交通。各方式考虑的广义成本主要构成如图 3-4 所示。

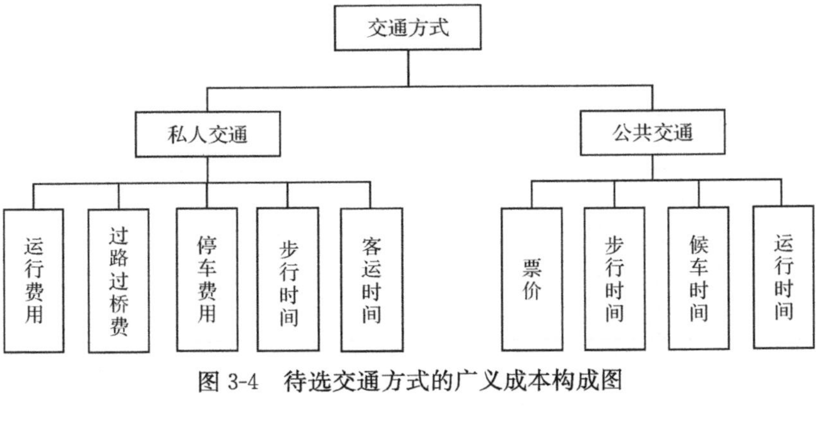

图 3-4　待选交通方式的广义成本构成图

3. 调查情境设计

依据调查对象分类结果和交通方式属性的确定，通过均匀设计法，对私家车和公共交通的属性进行设计，并依此设计卡片。表 3-9 为某次研究中采用的均匀设计表格。

表 3-9　私家车和公共交通选择时均匀设计表

私家车				公共交通(地铁或公交车)		
总时间/min	步行时间/min	总费用/元	(停车费用，过路过桥费)/元	总时间/min	(步行时间，等车时间)/min	票价/元
29	7	21	(7,0)	54	(13,7)	1
26	7	8	(2,0)	35	(13,7)	5
17	7	13	(7,0)	46	(5,7)	7
20	7	17	(5,0)	50	(15,7)	8
32	7	23	(12,0)	38	(10,7)	7
20	7	19	(10,0)	30	(8,7)	1
23	7	14	(0,0)	33	(5,7)	4
26	7	22	(10,0)	57	(3,7)	5
32	7	13	(5,0)	38	(3,7)	2
23	7	20	(12,0)	63	(15,7)	4
29	7	9	(0,0)	56	(8,7)	8
17	7	13	(2,0)	64	(10,7)	2
56	7	41	(10,0)	87	(5,7)	15
62	7	23	(5,0)	80	(9,7)	8
56	7	38	(10,10)	65	(11,7)	18
62	7	41	(5,5)	80	(15,7)	22
44	7	57	(12,10)	80	(9,7)	25
32	7	44	(7,10)	67	(7,7)	8
50	7	27	(0,5)	65	(5,7)	25
50	7	37	(0,10)	89	(13,7)	11
32	7	29	(7,0)	89	(13,7)	22
38	7	21	(2,5)	89	(7,7)	18
38	7	37	(2,0)	65	(11,7)	15
44	7	31	(12,5)	80	(15,7)	11

4. 选择方案设计

本书采用意愿(SP)调查对比法分析各方式对人们的吸引力。对于每一个情境,要求受访者根据自己的意愿将情境中的两种交通方式进行对比,并在给定的选择范围做出抉择。给定的意愿性范围如下:

(1) 一定选择第一种(目前的)交通方式;

(2) 可能选择第一种(目前的)交通方式;

(3) 无所谓;

(4) 可能选择第二种(替代的)交通方式;

(5) 一定选择第二种(替代的)交通方式。

访问员向受访者询问如下问题:目前存在私家车与公共交通两种交通方式,其中私家车方式需要运行 16min、步行 5min,共需耗时 21min,同时需要支付运行费用 8 元、停车费用 6 元,共 14 元;而公共交通方式需要运行时间 33min、等车时间 7min、步行时间 11min,共 51min,同时支付票价 6 元,您会选择哪种交通方式出行? 这样,需要询问受访者 6 次即可完成一次调查。

3.3.4　个体出行方式选择预测的累积 Logit 回归模型

本节以北京市某次调查为例,说明累积 Logit 回归模型在个体出行选择意愿预测中的应用。该调查在城区共访问了 3302 户。

1. 因素的筛选

1) SP 数据列联表独立性检验

此次 SP 调查中,50.09%的样本是有车家庭。对这部分家庭交通方式选择的影响因素进行列联表独立性检验,结果见表 3-10。

表 3-10　各因素与交通方式选择关系的 Pearson χ^2 检验

因素	Pearson χ^2	自由度	P 值
出行目的	0.985	12	1.000
是否有交通补贴	344.74	4	0.000
年龄	225.115	12	0.000
性别	83.533	4	0.000
职业	420.679	44	0.000
受教育程度	121.511	12	0.000
家庭月收入	354.741	20	0.000

从表 3-10 中的检验结果可以得出以下结论：出行目的、是否有交通补贴、年龄、性别、职业、受教育程度、家庭月收入与交通方式选择之间具有相关性，且相关性比较显著。

2) 个人属性相关性检验

为了避免建立模型时产生共线性现象，特进行个人属性自相关检验，检验结果见表 3-11。受教育程度与是否有交通补贴、年龄、职业及家庭月收入相关性系数绝对值均大于 0.150。为了避免产生共线性现象，同时便于实际分析，剔除受教育程度与职业，确定代入模型的变量为是否有交通补贴、性别、年龄及家庭月收入。

表 3-11　个人属性自相关检验

属性	是否有交通补贴	年龄	性别	职业	受教育程序	家庭月收入
是否有交通补贴	1	−0.014	−0.054**	−0.071**	0.153**	0.008
年龄	−0.014	1	−0.018*	0.051**	−0.162**	−0.059**
性别	−0.054**	−0.018*	1	−0.003	0.063**	0.066**
职业	−0.071**	0.051**	−0.003	1	−0.152**	0.065**
受教育程度	0.153**	−0.162**	0.063**	−0.152**	1	0.248**
家庭月收入	0.008	−0.059**	0.066**	0.065**	0.248**	1

*代表双边检验显著性水平为 0.05；**代表双边检验显著性水平为 0.01。

2. 模型的建立

1) 变量的设置

反应变量 CHOICE 为成对比较数据，1 表示“一定选择私家车”，2 表示“可能选择私家车”，3 表示“无所谓”，4 表示“可能选择公共交通”，5 表示“一定选择公共交通”。

经上述独立性检验及自相关性分析，确定代入模型的分类自变量包括四个，分别如下：

(1) 交通补贴情况，为二分类变量，0 表示无交通补贴，1 表示有交通补贴。

(2) 年龄，为四分类变量，由三个哑元(dummy)变量表示。

(3) 性别，为二分类变量，0 表示男，1 表示女。

(4)家庭月收入，为六分类变量，由五个哑元变量表示。

分类变量设置的具体结果见表 3-12。

表 3-12　分类变量的设置

变量	分类	哑元变量				
年龄	<30 岁	1	0	0	0	—
	30～39 岁	0	1	0	0	—
	40～49 岁	0	0	1	0	—
	≥50 岁	0	0	0	0	—
家庭月收入	0～1000 元	1	0	0	0	0
	1001～3000 元	0	1	0	0	0
	3001～6000 元	0	0	1	0	0
	6001～10000 元	0	0	0	1	0
	10001～15000 元	0	0	0	0	1
	15000 元以上	0	0	0	0	0

2) 模型表达式

对于私家车的出行群体，依据调查方案，对于私家车与公共交通间的成对比较数据，采用累积 Logit 回归模型。与前面相同，模型包括四个累积 Logit 函数，并对其同时进行估计：

$$\ln\left(\frac{P_1}{P_2+P_3+P_4+P_5}\right)=\beta_{01}-\sum_{k=1}^{K}\beta_k x_k \tag{3-5}$$

$$\ln\left(\frac{P_1+P_2}{P_3+P_4+P_5}\right)=\beta_{02}-\sum_{k=1}^{K}\beta_k x_k \tag{3-6}$$

$$\ln\left(\frac{P_1+P_2+P_3}{P_4+P_5}\right)=\beta_{03}-\sum_{k=1}^{K}\beta_k x_k \tag{3-7}$$

$$\ln\left(\frac{P_1+P_2+P_3+P_4}{P_5}\right)=\beta_{04}-\sum_{k=1}^{K}\beta_k x_k \tag{3-8}$$

式中，P_1、P_2、P_3、P_4 和 P_5 分别为“一定选择私家车”、“可能选择私家车”、“无所谓”、“可能选择公共交通”和“一定选择公共交通”的概率，且有 $P_1+P_2+P_3+P_4+P_5=1$；x_k 为代入模型的个人属性和交通方式属性变量。

以上四项 Logit 为基于累计概率的累积 Logit。这些 Logit 可以用一个公式来表达，即

$$\ln\left(\frac{P(y\leqslant j\,|\,x)}{1-P(y\leqslant j\,|\,x)}\right)=\beta_{0j}-\sum_{k=1}^{K}\beta_k x_k$$

选择概率 P_i 的表达式为

$$P_1=\frac{e^{\beta_{01}-\sum_{k=1}^{K}\beta_k x_k}}{1+e^{\beta_{01}-\sum_{k=1}^{K}\beta_k x_k}} \tag{3-9}$$

$$P_2 = P(y \leqslant 2) - P(y \leqslant 1) = \frac{e^{\beta_{02}-\sum_{k=1}^{K}\beta_k x_k}}{1+e^{\beta_{02}-\sum_{k=1}^{K}\beta_k x_k}} - \frac{e^{\beta_{01}-\sum_{k=1}^{K}\beta_k x_k}}{1+e^{\beta_{01}-\sum_{k=1}^{K}\beta_k x_k}} \tag{3-10}$$

$$P_3 = P(y \leqslant 3) - P(y \leqslant 2) = \frac{e^{\beta_{03}-\sum_{k=1}^{K}\beta_k x_k}}{1+e^{\beta_{03}-\sum_{k=1}^{K}\beta_k x_k}} - \frac{e^{\beta_{02}-\sum_{k=1}^{K}\beta_k x_k}}{1+e^{\beta_{02}-\sum_{k=1}^{K}\beta_k x_k}} \tag{3-11}$$

$$P_4 = P(y \leqslant 4) - P(y \leqslant 3) = \frac{e^{\beta_{04}-\sum_{k=1}^{K}\beta_k x_k}}{1+e^{\beta_{04}-\sum_{k=1}^{K}\beta_k x_k}} - \frac{e^{\beta_{03}-\sum_{k=1}^{K}\beta_k x_k}}{1+e^{\beta_{03}-\sum_{k=1}^{K}\beta_k x_k}} \tag{3-12}$$

$$P_5 = 1 - P(y \leqslant 4) = 1 - \frac{e^{\beta_{04}-\sum_{k=1}^{K}\beta_k x_k}}{1+e^{\beta_{04}-\sum_{k=1}^{K}\beta_k x_k}} \tag{3-13}$$

将个人属性变量及交通方式属性变量代入模型，建立私家车出行群体的意愿选择模型，见表 3-13。

表 3-13　私家车出行群体意愿选择模型参数估计

参数		$\hat{\beta}_k$	标准误差	Wald 检验	自由度	显著性	95%置信区间	
							下限	上限
阈值	[Choice=1]	1. 366	0. 198	47. 690	1	0. 000	0. 978	1. 754
	[Choice=2]	2. 139	0. 198	116. 379	1	0. 000	1. 751	2. 528
	[Choice=3]	2. 223	0. 198	125. 629	1	0. 000	1. 835	2. 612
	[Choice=4]	3. 022	0. 199	229. 916	1	0. 000	2. 631	3. 413
因素	RunTime1	0. 040	0. 002	374. 233	1	0. 000	0. 036	0. 044
	ParkCost1	0. 063	0. 005	194. 866	1	0. 000	0. 054	0. 072
	Toll1	0. 033	0. 006	31. 764	1	0. 000	0. 022	0. 045
	RunCost1	0. 046	0. 003	194. 982	1	0. 000	0. 039	0. 052
	WaitTime2	−0. 046	0. 005	88. 663	1	0. 000	−0. 056	−0. 037
	RunTime2	−0. 038	0. 002	509. 335	1	0. 000	−0. 041	−0. 034
	Fare	−0. 054	0. 004	163. 253	1	0. 000	−0. 062	−0. 045
	[Subsidy=0]	0. 288	0. 050	33. 656	1	0. 000	0. 190	0. 385
	[Subsidy=1]	0. 000	—	—	0	—	—	—
	[Age=1]	−0. 498	0. 067	55. 209	1	0. 000	−0. 629	−0. 366
	[Age=2]	−0. 274	0. 059	21. 465	1	0. 000	−0. 390	−0. 158
	[Age=3]	−0. 331	0. 057	33. 975	1	0. 000	−0. 442	−0. 220

续表

参数		$\hat{\beta}_k$	标准误差	Wald 检验	自由度	显著性	95%置信区间	
							下限	上限
因素	[Age=4]	0.000	—	—	0	—	—	—
	[Gender=0]	−0.314	0.039	66.395	1	0.000	−0.389	−0.238
	[Gender=1]	0.000	—	—	0	—	—	—
	[Income=1]	1.793	0.284	39.972	1	0.000	1.237	2.349
	[Income=2]	1.882	0.176	114.109	1	0.000	1.537	2.227
	[Income=3]	1.213	0.174	48.852	1	0.000	0.873	1.553
	[Income=4]	1.116	0.176	40.076	1	0.000	0.770	1.462
	[Income=5]	0.796	0.204	15.264	1	0.000	0.397	1.195
	[Income=6]	0.000	—	—	0	—	—	—
关联函数:Logit								
a	冗余参数被设置为 0							

模型变量表示意义见表 3-14。

表 3-14　变量意义

参数	意义	参数	意义
[Choice=1]	一定选择私家车	[Age=1]	<30 岁
[Choice=2]	可能选择私家车	[Age=2]	30～39 岁
[Choice=3]	无所谓	[Age=3]	40～49 岁
[Choice=4]	可能选择公共交通	[Age=4]	≥50 岁
RunTime1	私家车运行时间	[Gender=0]	男
ParkCost1	私家车停车费用	[Gender=1]	女
Toll1	私家车过路过桥费	[Income=1]	0～1000 元
RunCost1	私家车运行费用	[Income=2]	1001～3000 元
WaitTime2	公共交通等车时间	[Income=3]	3001～6000 元
RunTime2	公共交通运行时间	[Income=4]	6001～10000 元
Fare	公共交通票价	[Income=5]	10001～15000 元
[Subsidy=0]	无交通补贴	[Income=6]	15000 元以上
[Subsidy=1]	有交通补贴	—	—

3. 模型评价

1) Wald 检验

从表 3-13 中的 Wald 卡方值来看，各自变量的 Wald 卡方值均大于 $\alpha=0.05$ 的 χ^2 临界值 3.841，且各变量显著性指标均小于 0.001，因此认为各变量的系数 β_k 均不为零。

2) 似然比检验

由表 3-15 可以看出，所建模型与零假设模型相比，−2 倍的对数自然值从 10892.375 下降到 9316.314，$-2LL>\chi_{\alpha}^2$，卡方显著性检验结果为 0.000，拒绝零假设，模型包含的自变量对因变量有显著的解释能力，所建模型有意义。

表 3-15　似然比检验

模型	−2 倍的对数自然值(−2LL)	卡方检验	自由度	显著性
零假设模型	10892.375	—	—	—
所建模型	9316.314	1576.061	17	0.000

3) 预测准确性检验

从表 3-16 可以看出，类 R^2 系数相对较大，反映模型有较高的预测准确性。

表 3-16　类 R^2 检验

方法	系数值
Cox 和 Snell	0.116
Nagelkerke	0.131
McFadden	0.157

4) 共线性检验

对模型的共线性检验结果见表 3-17，卡方检验中 χ^2 值的统计性不显著(卡方检验值为 680.955，自由度为 51，显著性检验结果为 0.000)，这表明应用累积 Logit 回归模型是适当的。

表 3-17　共线性检验

模型	−2 倍的对数自然值(−2LL)	卡方检验	自由度	显著性
零假设模型	9316.314	—	—	—
所建模型	8635.359	680.955	51	0.000

3.3.5　模型结果分析

在累积 Logit 回归模型中，用需求弹性来描述问题可以更好地分析因素变化

的效果。假设有五个选择肢,则各选择肢的点弹性的计算公式为

$$E_{x_k}^{P_1} = -\beta_k x_k (1 - P_1) \tag{3-14}$$

$$E_{x_k}^{P_2} = -\beta_k x_k \{1 - [P(y \leqslant 2 | x) + P(y \leqslant 1 | x)]\} \tag{3-15}$$

$$E_{x_k}^{P_3} = -\beta_k x_k \{1 - [P(y \leqslant 3 | x) + P(y \leqslant 2 | x)]\} \tag{3-16}$$

$$E_{x_k}^{P_4} = -\beta_k x_k \{1 - [P(y \leqslant 4 | x) + P(y \leqslant 3 | x)]\} \tag{3-17}$$

$$E_{x_k}^{P_5} = \beta_k x_k P(y \leqslant 4) \tag{3-18}$$

在设计方案的平均水平下,得到私家车使用群体的选择方案对私家车和公共交通各属性的弹性值及交叉弹性值见表 3-18。表中的数据反映了私家车及公共交通各属性的变化对私家车出行群体选择方案的影响程度。根据弹性值及交叉弹性值的概念,可以得到以下结论:

私家车运行时间增加 1%,一定选择私家车的比例下降 0.53%,一定选择公共交通的比例增加 1.04%;

私家车停车费用增加 1%,一定选择私家车的比例下降 0.14%,一定选择公共交通的比例增加 0.34%;

私家车过路费增加 1%,一定选择私家车的比例下降 0.04%,一定选择公共交通的比例增加 0.09%;

私家车运行费用增加 1%,一定选择私家车的比例下降 0.29%,一定选择公共交通的比例增加 0.7%;

公共交通候车时间增加 1%,一定选择私家车的比例增加 0.17%,一定选择公共交通的比例下降 0.41%;

公共交通运行时间增加 1%,一定选择私家车的比例增加 0.66%,一定选择公共交通的比例下降 1.55%;

公共交通票价增加 1%,一定选择私家车的比例增加 0.08%,一定选择公共交通的比例下降 0.19%。

通过以上分析可以得出如下结论:

私家车的各属性按对公共交通吸引力提高贡献大小排列,结果为:私家车运行时间>私家车运行费用>私家车停车费用>私家车过路费。

公共交通各属性按对抑制私家车使用贡献的大小排列,结果为:公共交通运行时间>公共交通候车时间>公共交通票价。

表 3-18　平均水平下私家车与公共交通的弹性和交叉弹性　(单位:%)

项目	一定选择私家车	可能选择私家车	无所谓	可能选择公共交通	一定选择公共交通
私家车运行时间	−0.53	0.45	0.66	0.79	1.04
私家车停车费用	−0.14	0.15	0.22	0.26	0.34

续表

项目	一定选择私家车	可能选择私家车	无所谓	可能选择公共交通	一定选择公共交通
私家车过路费	−0.04	0.04	0.06	0.07	0.09
私家车运行费用	−0.29	0.31	0.44	0.53	0.7
公共交通候车时间	0.17	−0.19	−0.27	−0.32	−0.41
公共交通运行时间	0.66	−0.65	−0.98	−1.18	−1.55
公共交通票价	0.08	−0.09	−0.12	−0.15	−0.19

3.4 出行行为干预及引导

3.4.1 交通需求管理与出行行为引导

交通需求管理政策是出行行为引导策略的主要体现。其最终目的是在满足资源(土地、能源)和环境容量限制条件下,使交通需求和交通供给达到平衡,促进城市的可持续发展。以前这种平衡主要由提高交通设施的供给能力来满足,交通需求管理政策的出现,改变了这种被动的交通供需平衡调节关系。传统方法与交通需求管理方法的不同之处如图 3-5 所示。

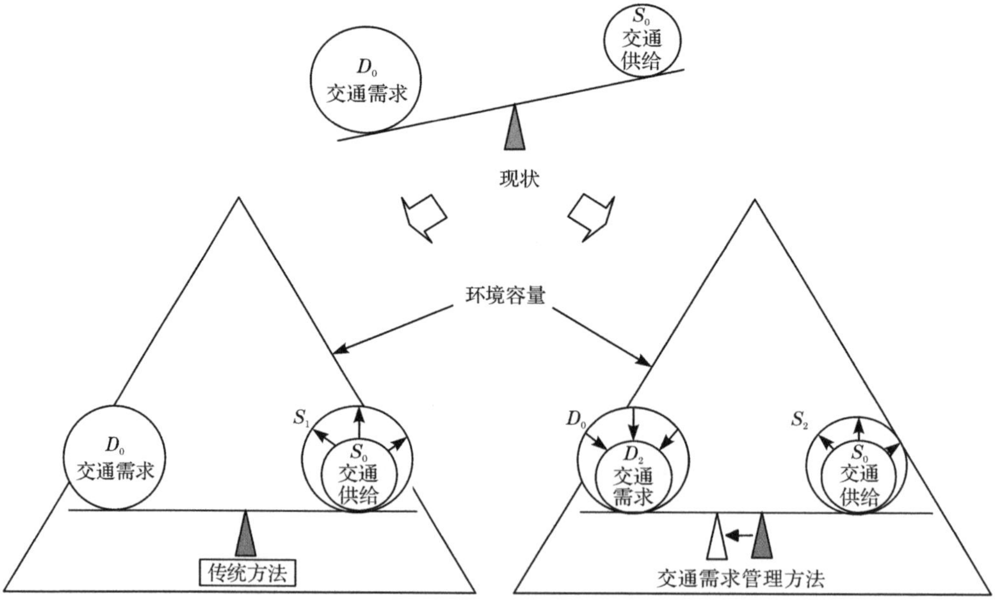

图 3-5 传统方法与交通需求管理方法对比图

传统解决供需矛盾的方法是单方面提高交通供给能力，而交通需求管理方法是在适度的交通建设规模下，控制交通需求总量，削减不合理的交通需求，即通过减少分散需求或需求的集约化使交通供需平衡，保证系统有效运行，让客货出行迅速、安全地到达目的地，缓解交通拥挤，改善城市生态环境和居民生活环境质量。

当现有交通需求高于交通供给时，交通系统的平衡被打破，此时交通拥挤出现，交通污染加重，交通出行环境恶化等诸多交通问题就会暴露。依传统方法，会通过各项措施，如投资新的建设项目，改、扩建交通基础设施等方式提高交通供给（使供给由 S_0 提高到 S_1），以此满足日益增长的交通需求，但该种方法是被动的，某些情况下甚至是“饮鸩止渴”的行为，在实际中，盲目增建道路设施，以至于“修一条路，堵一条路”情况屡见不鲜。不仅如此，盲目地增加供给会破坏环境容量的限制，引发新的环境问题，给社会造成更大的负担。

与传统方法不同，交通需求管理方法考虑了在环境容量的限制下，使交通需求和交通供给达到一个新的平衡，所使用的策略是在适度增加交通供给（供给由 S_0 提高到 S_1）的同时，更加强调对交通需求的管理和控制，降低交通需求（需求由 D_0 降低到 D_2），并且使制度性框架向交通需求方向偏移，以此采用更为经济有效的方法解决交通问题。

交通需求管理遵循可持续发展原则，很多政策直接支持可持续发展的目标，如资源保护、公平性、环保性、土地有效利用以及公众参与性。因此，交通需求管理有助于创建一个可持续发展的交通运输体系。

具体而言，通过交通需求管理措施的实施，交通需求管理对城市的可持续发展的有效促进主要体现在：

(1) 通过交通需求管理措施的应用，促进与完善城市规划与交通规划的互动反馈作用，使城市布局合理化，减少或避免不必要的交通发生源和吸引源，控制城市交通需求的不合理增长。

(2) 通过交通需求管理的实施，有效地发展公共交通，并使个体交通尽可能转移到公共交通方式上来，并引导其他交通方式合理发展，不断优化城市交通结构。

(3) 合理调节和控制不同时段、不同区域城市道路上机动车辆总量，处理有限道路空间资源与不断增长的交通需求的矛盾，克服滥用有限道路空间现象，实现道路交通设施最充分、最有效的利用，更好地均衡时空分布。

(4) 通过为低收入者、出行不便利者提供可支付得起的出行选择，并通过经济杠杆调节使得小汽车出行实际成本与实际支付成本的偏差，使其为外部性付出一定代价，促进社会公平性。

交通需求管理是一种“预案”式的解决方案。一般来说，阻止问题产生比问题发生后再去解决更为经济有效。交通需求管理在很大程度上延展了解决问题的范围，将其扩展到去主动寻求问题根源，并对一些事件做出预案，当这种事件一旦发生，该体系会迅速实施，目标明确，效果明显。当有特殊事件，如举办奥运会等大型活动时，交通需求管理政策显得尤为重要，这些政策可以提高交通系统运行的可靠性，减少拥挤，减少设施建设以及对紧急事件做出快速反应。

根据国内外经验，交通需求管理政策主要通过以下四种途径实现(图 3-6)：

(1) 合理的土地使用规划从源头上减少出行需求；

(2) 为出行者提供一个或多个可选的交通模式或服务，这样可以鼓励公共交通出行或获得每车更高的占有率；

(3) 通过限制减少出行或促使出行向非高峰及非拥挤区域转移；

(4) 通过非交通手段来完成出行目的(如使用电子通信替代办公出行)。

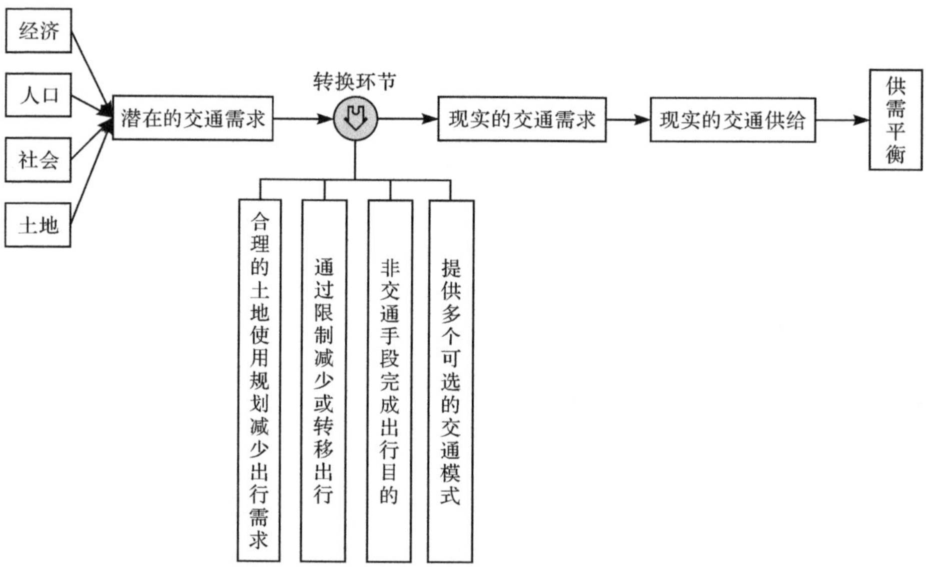

图 3-6 交通需求管理措施引导交通供需平衡途径

根据国内外交通需求管理政策实现途径及作用，总结出这些政策主要分为土地利用管理、交通出行替代、增加/鼓励其他交通方式、限制机动车拥有和使用以及调整道路机动车时空分布等五类，各政策对应的措施见表 3-19。

表 3-19 交通需求管理政策分类表

政策	措施
土地利用管理	1. 交通引导土地利用(TOD) 2. 混合用地 3. 交通影响评价 4. 城市布局优化

续表

政策	措施
交通出行替代 (交通手段变更)	1. 网络办公 2. 居家工作/电子通勤 3. 电话会议
增加/鼓励其他交通方式 (交通方式变更)	1. 大容量快速公交 2. 穿梭巴士服务 3. 合乘 4. 自行车/公交一体化 5. 停车换乘 6. 公共交通改善 7. 鼓励步行和骑车 8. 高占有率车辆(HOV)优先 9. 通勤财政补贴 10. 班车、校车
限制机动车拥有和使用	1. 拥挤收费/道路收费 2. 根据里程收费 3. 燃料税 4. 停车管理及收费 5. 车辆限制
调整道路机动车时空分布	1. 错时上下班 2. 弹性工作制 3. 压缩工作日 4. 交通信息发布 5. 智能交通控制、诱导、调度 6. 部分区域或道路分车种分时段限行

各种措施对出行行为各阶段产生的影响(图 3-7)如下：

(1) 在私家车购置阶段，通过车辆牌照拍卖、停车泊位证、车辆牌照限额发行、高额购置税费和年度车辆牌照费等措施，减少居民购置私家车数量，从而间接地减少对机动车的拥有和使用。

(2) 在交通需求产生阶段，通过其他替代方式如电话会议、网络办公、压缩工作日以及增加燃油税、阶梯油价等措施，减少出行次数或取消不必要的出行来降低交通需求产生总量。

(3) 在出行目的地选择阶段，通过强制性措施如差别化停车收费、区域拥堵收费、低排放区收费和区域限行等措施，减少以政策实施区域为目的地的出行，选择取消出行或更改出行目的地。

(4) 在出行方式选择阶段，强制性措施和其他鼓励性措施如鼓励合乘、停车换乘及自行车换乘、公交改善等措施，可以引导出行者改变出行方式、减少机动车使用和增加公交出行方式分担率。

(5) 在出行时间和路径选择阶段，强制性措施、错时上下班、弹性工作制、交通信息发布和诱导等措施，引导出行者改变出行时间、促使交通需求在空间上均衡；另外，强制性措施、交通信息发布和诱导等措施也可以引导出行者进行改变路径选择，促使道路交通运行状态在空间上更加均衡。

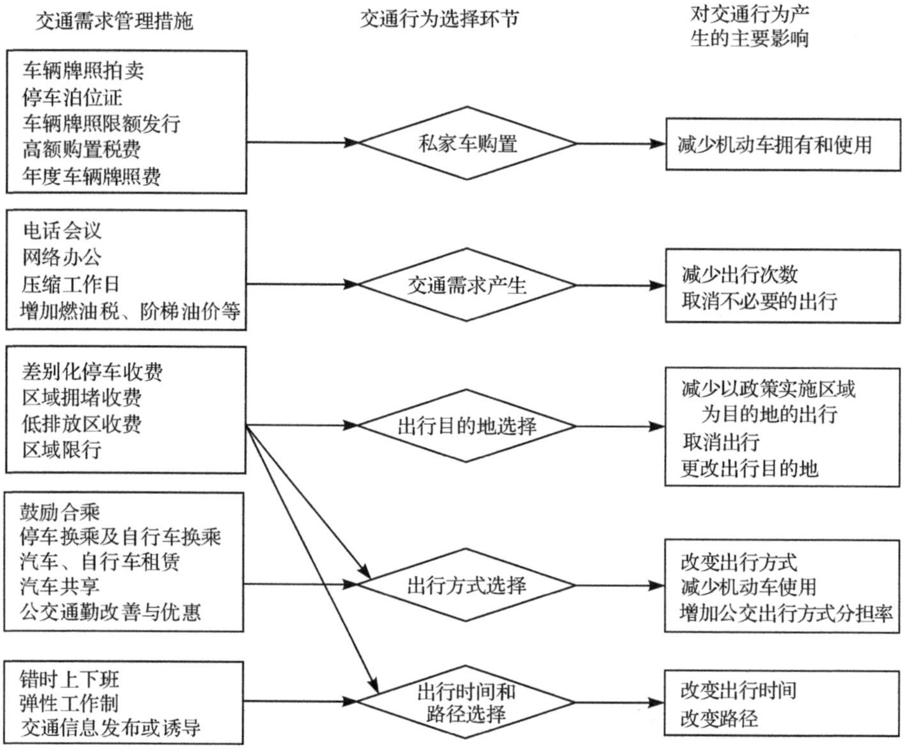

图 3-7　交通需求管理措施对出行行为各阶段产生的影响

3.4.2　低排放区拥挤收费出行行为引导有效性评价分析

城市交通问题是城市经济社会发展中多重矛盾的集中反映，直接关系城市运行效率、城市空气质量等。为此，国际上许多城市采取了低排放区放置或拥堵收费的方式，实施对城市出行行为的干预和引导，取得了环境、交通等多方面的效益，但这一措施同样存在政治风险和技术风险。本书以北京市为例进行技术上的分析。

1. 公众可接受性建模与分析

1) 研究区域

北京市二环区域由二环主路围合而成，封闭性好，如图 3-8 所示；区域内存在大量的住宅、办公、商业及旅游景点，出行发生量和吸引量大，区域内外的交通出行交换量巨大；二环内的长安街、两广路和二环主路等道路也是主要的交通拥堵路段；同时，二环区域内公共交通设施发达，公交和地铁线路众多，假设在该区域内拟实施低排放区拥挤收费。

图 3-8　北京市低排放区拥挤收费研究界限图

2) 调查受影响的主要人群特征

不同的交通需求管理政策会对不同利益群体产生不同的影响，由于道路拥挤条件的不同，出行者出行目的、收入状况等因素的不同将影响人们对各项政策的接受程度。如何在保证整体利益的情况下，使个体利益不受损害是一项交通政策能否有效实施的关键。实际操作中可针对各项政策的可接受性对受影响人群进行调查分析，被调查的人群以私家车使用者为主。

3) 受影响出行者可接受性建模与分析

在利他主义理论中，社会规范、个人规范、问题感知、行动意愿之间存在正相关关系，前一个变量直接影响后一个变量，也会直接影响更后面的变量；计划行为理论指出感知行为控制对行为意愿有积极影响。行为意愿与可接受性之间存在着对措施的评价过程。评价过程包括出行者对措施有效性、公平性及其他方式感知自由的评价。

如果公众愿意减少车辆使用,也认为建议的措施对自己和社会产生积极的影响,那么他们会接受这项措施;相反,如果他们认为措施对解决交通问题没有效果,而且对他们来说不公平,那么他们就会反对这项措施。采用 LISREL 方法,建立公众可接受性的心理因素结构方程模型,如图 3-9 所示。通过问卷设计、可接受性调查进行数据分析,确定影响可接受性的关键因素,并对关键因素进行调整完善,提高交通需求管理措施的公众可接受性,并进一步对公众可接受性进行评价分析。

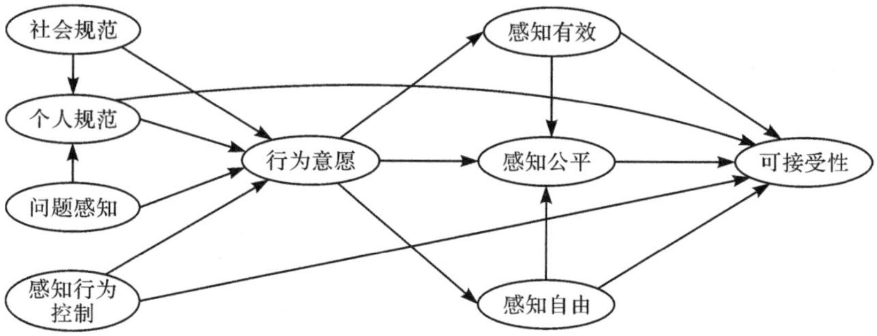

图 3-9 基于计划行为理论的可接受性结构方程模型

结构方程模型变量及维度如下。

(1) 社会规范使用两个测量项目:亲戚朋友会支持我减少车辆使用;我会按照亲戚朋友的意思来减少车辆使用。

(2) 感知行为控制使用两个测量项目:我能控制小汽车使用;如果愿意,我可以很容易地减少车辆使用。

(3) 问题感知使用三个测量项目:拥挤、环境污染、交通噪声。

(4) 个人规范使用两个测量项目:我有道德上的义务为减轻城市交通问题减少车辆使用;我有道德上的义务减少车辆使用,而不管其他人怎么做。

(5) 行为意愿使用两个测量项目:我愿意为减轻城市交通污染减少车辆使用;我愿意为减轻城市交通污染问题减少车辆使用的可能性。

(6) 感知有效的测量使用两个测量项目:减少污染排放有效程度;如果实施低排放区收费,车辆会减少的百分数。

(7) 感知公平的测量使用两个测量项目:措施对自己的公平程度;措施对其他人的公平程度。

(8) 感知自由的测量使用两个测量项目:措施对自由选择出行方式的影响;措施是否会使出行变得困难。

(9) 可接受性(AC)的测量使用两个测量项目:您对措施的态度;您是否支持措施。

4) 模型拟合与估计

正式调查共发放了 1000 份问卷,剔除无效问卷后,最终用于分析的问卷有 827 份,占发放总数的 82.7%。使用 Bootstrap 法对模型进行拟合和估计,模型的整体拟合度 P 为 0.145,拟合优度指数 GFI 为 0.986,RMR 为 0.023,RMSEA 为 0.045,CFI 为0.765,IFI 为 0.842,各评价指标满足判别标准,模型整体拟合度较好。

5) 模型结果

结构方程模型变量之间的路径系数见图 3-10。各变量的总体效应由大到小依次为感知公平(0.53)→感知自由(0.43)→感知行为控制(0.26)→个人规范(0.29)→行为意愿(0.15)→社会规范(0.09)→问题感知(0.02)→感知有效(0.00)。感知公平和感知自由是影响拥挤收费可接受性的两个关键因素。

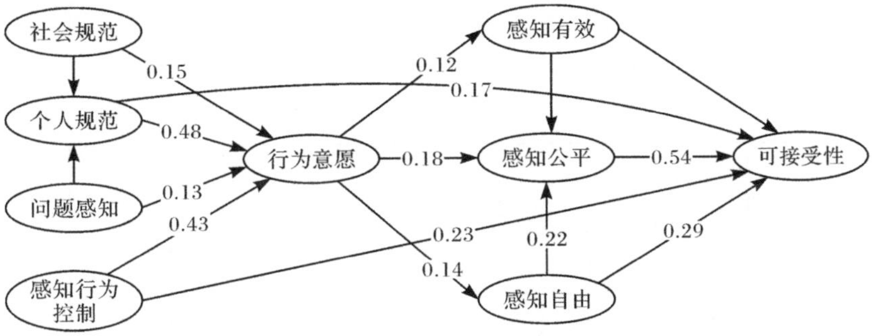

图 3-10　结构方程模型变量之间的路径系数

公平性与可接受性之间的关系表明措施越能体现公平性,公众接受度就越高。调查中发现,公众对收费措施公平性的关心主要是公车的使用以及税收的分配和管理。

实施低排放区拥挤收费一定要对公车进行改革,让公众相信措施对所有的车辆都是平等对待的,同时要向公众说明税收的用处(如用于改善公交、降低车辆使用税、道路建设等)。

感知自由与可接受性之间的显著关系表明,为了接受低排放区拥挤收费政策,私家车用户需要有道德上的义务,而且还要增加可替代的出行方式,使出行选择不受限制。

2. 出行行为引导有效性分析

1) 调查设计

根据出行的起点及终点与二环区域的关系,将出行者分为两部分进行行为调查和意向调查(RP＋SP)。第一类出行(图 3-11)为起点及终点均在二环外的出行,出行路径为穿越二环或者沿二环行驶一段时间的出行;第二类出行(图 3-12)为起点及终点至少有一端在二环内的出行,其中起点或终点一端在二环内的出行是该类出行的研究重点。

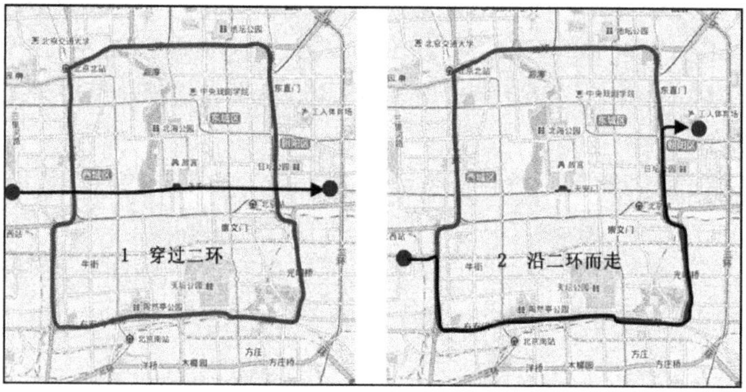

图 3-11　第一类出行者出行路径示意

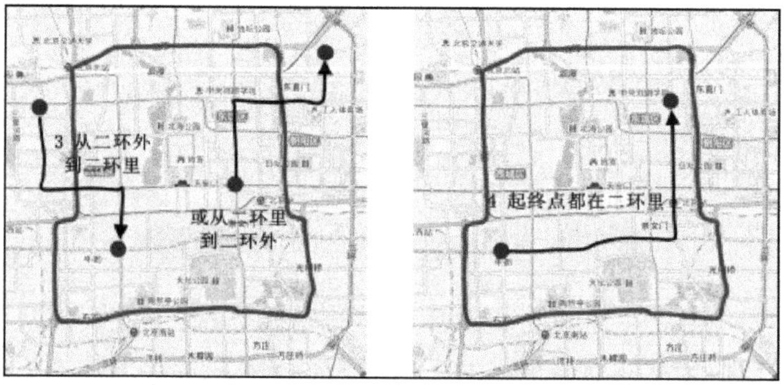

图 3-12　第二类出行者出行路径示意

2) 调查方法及调查地点

采用 RP＋SP 方法,面对面地向私家车使用者发放调查问卷,询问他们如果进入区域内或二环主路拟实施低排放区收费措施时他们如何改变对出行方式的选择。调查在 2013 年 9 月 12 日(周四,工作日)完成。调查地点为人流量较大的地面或地下停车场,实验中共调查了五处:北京火车站国安服务中心停车场、北京东方广场地下停车场、协和医院地下停车场、中国银行建国门外支行停车场和东二环主路匝道出口处(中国邮政储蓄北京分行西侧)。区域内调查地点三处,停车设施主要服务对象为车站接送停车、医疗、办公加商业,调查人员对在此停车车辆进行随机访问调查;而区域外侧边缘调查地点两处,北京邮政储蓄银行停车场在东二环主路出口匝道处，调查人员通过观察，若车辆为离开主路并进入调查点便上前询问调查，两处调查点主要服务对象为个人事务出行停车。

3）调查问卷设计

调查内容主要包括四部分：出行者基本信息、出行者车辆使用信息、实际出行信息和在收费情境下的出行方式选择信息。

出行者基本信息包括性别、年龄、职业、受教育程度、家庭月收入。出行者车辆使用信息包括使用车辆归属、车辆花费主要由谁承担、日常使用车辆频率、平常开车原因、对拥挤收费的态度。实际出行信息包括出行起终点、出行时间、出行距离、出行目的、出行路径。

不同收费情境下的出行方式选择信息中针对所要研究的私家车出行类型不同，设计了不同的选择方案。对于第一类过境出行，给出的选择方案为：①开车继续按原方案行驶；②开车绕行区域外道路；③乘坐公共交通出行。

对于第二类进入区域出行，给出的选择方案为：①开车继续按原方案行驶；②将车停到二环外，乘坐公共交通进入区域；③乘坐公共交通出行。

出行方式的特征因素在第一类出行中选择低排放区收费、私家车绕行时间和公共交通出行时间三个变量。利用均匀设计方法对出行特征因素进行组合。

选择三因素五水平的均匀设计实验方案，利用DPS软件得到较为理想的均匀设计规格化表。区域通行费设置五个水平，分别为5元、8元、10元、15元和20元；私家车绕行时间和公共交通出行时间设计为与实际出行时间比的形式，绕行时间设计为比正常通行增加10%、20%、30%、40%和50%，公共交通出行时间设计为比正常通行增加20%、30%、40%、50%和60%。三种因素的均匀设计组合见表3-20。

表3-20　私家车与公共交通出行影响因素均匀设计方案

序号	私家车（正常通行）通行费/元	私家车（绕行或停车换乘）出行时间/min	公共交通出行时间/min
1	5	增加20%	增加50%
2	8	增加40%	增加40%
3	10	增加10%	增加30%
4	15	增加30%	增加20%
5	20	增加50%	增加60%

在第二类出行中同样选择区域通行费、停车换乘出行时间、公共交通出行时间三个变量。选取的变量水平与第一类出行相同。

4）多项Logit模型预测结果

对于第一类出行者，多项Logit模型标定结果见表3-21，年龄对于出行方式的选择存在显著影响，与第一种方案相比，选择绕行和乘坐公共交通的参数为负，说明年龄越大的出行者选择后两种方案的可能性越小；有无职业对绕行方案的参数为正，说明有职业的人比无职业的出行者更可能选择绕行方案，而有无职业对公共交通方式的选择影响不显著；家庭月收入对绕行和公共交通的参数均为负，且影响显著，说明家庭月收入越高，出行者更倾向于选择按照原方式出行；是否与家人或朋友一起出行对绕行方案的影响不显著，但对公共交通方式的系数为负，说明当出行者与朋友或家人一起出行时更倾向于选择缴纳通行费而不是选择公共交通出行。此外，车辆费用报销情况、出行时间和出行目的对出行者的方式选择均存在显著影响。车辆费用能够报销的出行者更倾向于缴纳通行费，按原计划开车出行时间越长、绕行时间和公共交通时间越短，出行者更可能选择绕行或公共交通方式，而出行目的为上班、上学或公务的出行者更倾向于缴纳通行费以节省出行时间。低排放区费用对出行方式选择存在显著影响，费用越高，通勤者选择后两种方案的可能性越大。而结果同时显示，性别对于方式的选择影响不显著。

表 3-21　低排放区第一类出行 Logit 模型标定结果

属性类型	特征变量	绕行		公共交通	
		控制变量系数	t	控制变量系数	t
个人属性	性别	−2.532	−0.33	−1.581	−0.42
	年龄	−3.072	−2.65*	−6.289	−2.54*
	有无职业	1.171	2.94*	−4.568	−0.99
家庭属性	家庭月收入	−5.484	−3.92*	−4.266	2.08*
是否与家人或朋友一起出行		3.476	1.42	−0.406	−3.52*
车辆费用	车辆费用报销情况	−5.498	2.56*	−2.702	2.16*
出行时间	开车时间	0.169	3.11*	0.132	2.05*
	绕行时间	−0.006	2.05*	0.127	1.96*
	公交出行时间	−0.049	−1.49	−0.032	3.21*
出行目的		3.181	2.72*	1.218	4.06*
低排放区费用		0.352	2.71*	0.54	3.07*
常数项		−2.226	−1.95	−6.432	−1.34

对于第二类出行，多项 Logit 模型标定结果见表 3-22，除性别对方式选择的影响不显著外，其他因素对出行方式选择均存在显著影响，且影响方向与第一类出行基本一致。公共交通出行时间对停车换乘方案的符号为负，但是未检验到该变量对停车换乘方案选择存在显著影响，而停车换乘时间变量对公共交通方式选择的影响也不显著。低排放区费用对停车换乘以及公共交通方式的影响因素为正，说明通行费用越高，出行者选择开车进入二环区域的可能性越小。

表 3-22　低碳排放区第二类出行 Logit 模型标定结果

属性类型	特征变量	停车换乘		公共交通	
		控制变量系数	t	控制变量系数	t
个人属性	性别	0.839	0.57	−0.466	−0.38
	年龄	1.805	2.04*	−3.149	−2.43*
	有无职业	4.026	1.96*	−2.519	−2.32*
家庭属性	家庭月收入	−6.727	2.3*	−0.806	1.99*
是否与家人或朋友一起出行		−2.242	3.44*	−2.956	2.66*
车辆费用	车辆花费承担情况	−3.158	−3.04*	−2.664	−2.97*
出行时间	开车时间	−0.15	−2.7*	0.132	3.27*
	停车换乘时间	−0.149	−2.29*	−0.065	−1.79
	公交出行时间	−0.034	−1.39	−0.075	−1.98*
出行目的		1.215	2.28*	1.222	2.48*
低排放区费用		0.298	2.33*	0.429	3.46*
常数项		−5.238	−2.53	−5.824	−1.6

5）低排放区费用对出行方式选择结果影响分析

根据模型参数标定可以对出行者的出行方式进行预测。假设其他条件不变，只调整低排放区费用，出行者的出行方式选择会出现变化，因此能够得到不同费用标准下各方式的选择比例。对于第一类出行，结果如图 3-13 所示，收费标准大于 10 元时，交通方式选择结果变化明显，开车方式向绕行和公共交通方式转移。

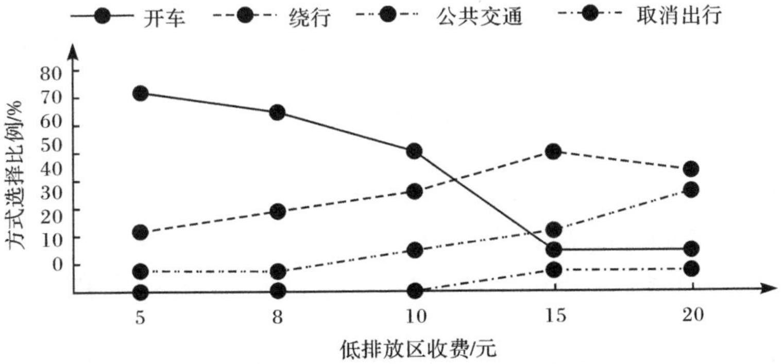

图 3-13　第一类出行在不同低排放区收费费用下的交通方式转移预测结果

对于第二类出行，结果见图 3-14，收费标准大于 10 元时，交通方式选择结果变化明显，开车方式向公共交通方式转移。

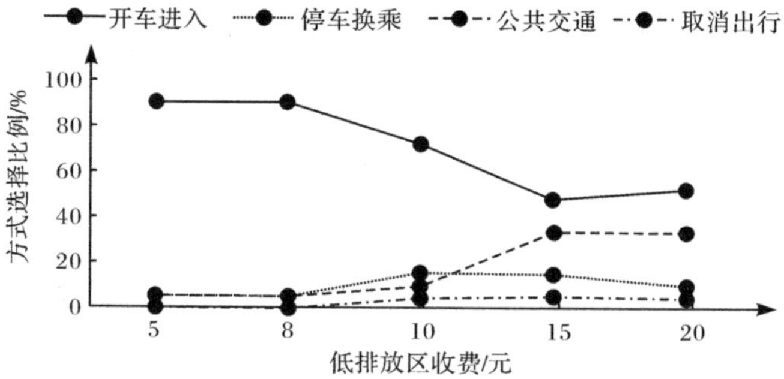

图 3-14　第二类出行在不同低排放区收费费用下的交通方式转移预测结果

3.5　本章小结

本章首先介绍了出行行为选择过程中的主要影响因素；其次从心理学理论出发建立了出行方式持续使用意向模型，以公共自行车持续选择行为分析为例，探讨了影响出行者持续选择公共自行车方式出行的显著性影响因素；再次利用累积Logit回归模型建立了个体出行方式选择模型，对影响因素进行了点弹性分析，确定影响个体出行方式选择的各影响因素的贡献大小；最后介绍了交通需求管理政策的相关概念以及其对出行行为转变的引导过程，并以低排放区拥挤收费为例说明出行行为引导有效性的分析思路和方法。

参考文献

[1] 周素红，闫小培. 基于居民通勤行为分析的城市空间解读——以广州市典型街区为案例[J]. 地理学报，2006，(2)：179-189.

[2] 金宝辉. 交通出行行为分析[D]. 成都：西南交通大学，2004.

[3] 段征宇，张军，张立宏. 城市公共自行车服务系统的多学科探讨——一个典型的产品服务系统的案例对比研究[J]. 创意与设计，2011，(5)：31-36.

[4] 王德，朱玮. 南京东路消费者的空间选择行为与回游轨迹[J]. 城市规划，2008，(3)：33-40.

[5] 黄建中. 1980 年代以来我国特大城市居民出行特征分析[J]. 城市规划学刊，2005，(3)：71-75.

[6] 闫小培，周素红. 广州城市居住-就业空间及对居民出行的影响[J]. 城市规划，2006，(5)：13-18.

[7] 张明，潘海啸，沈青. 城市形态对居民出行的影响——上海实例研究[J]. 城市交通，2009，(6)：28-32.

[8] 胡永举，高婷婷. 城市交通方式的出行成本量化方法研究[J]. 城市公共交通，2005，(8)：

27-30.

[9] 何瑞春,李引珍,张峻屹,等. 城市居民出行选择预测模型及实证研究[J]. 交通运输系统工程与信息,2007,(6):80-84.

[10] 朱明皓,李捷. 基于主成分分析的城市居民出行心理探讨[J]. 物流技术,2011,(11):113-114.

[11] Davis F. Perceived usefulness, perceived ease of use, and user acceptance of information technology[J]. MIS Quarterly, 1989, 3(13): 319-342.

[12] Ajzen I. From intentions to actions: A theory of planned behavior[J]. Action Control, 1985, 20(1): 11-39.

[13] 汪纯孝,温碧燕. 服务公平性、顾客服务评估和行为意向的关系研究[J]. 中山大学学报(社会科学版),2002,(2):109-116.

[14] 关宏志. 非集计模型:交通行为分析的工具[M]. 北京:人民交通出版社,2004.

第 4 章　道路通行行为

4.1　道路通行行为定义

道路通行行为顾名思义就是车辆在道路上行驶过程中表现出的“人-车”单元之间的交互作用和“人-车”单元对出行情境的反应，以及驾驶人在通行过程中的行为表现。其描述和刻画了驾驶人在驾驶车辆出行过程中的系列行为特性。本章将道路通行行为简称为“通行行为”。

驾驶人的通行行为与驾驶人的任务是密切相关的。从单个驾驶人的任务角度来看，通行行为可以分为三个层次：控制（车辆）、引导（车辆）、导驶（出行规划和路径跟踪）[1,2]。控制主要是指为了保证安全，驾驶人在通行过程中需要根据道路环境和交通环境操纵车辆和控制车辆的速度；引导是指驾驶人要保持车辆在路内安全的轨迹行驶；导驶则是指驾驶人根据原有信息（经验）或新获得的信息对出行路线进行规划并按规划路线行驶。因此，从微观的角度看，跟驰行为、超车/换车道行为、间隙接受行为（包括合流行为）、路径选择行为、避让行人行为、驾驶人对控制设施反应以及行为的影响因素都是通行行为研究的内容；从宏观的角度看，通行行为研究内容还包括宏观交通流特性（如速度分布特征、流量分布）、交通流模型（包括网络尺度上的关系）以及交通对安全、环境的影响等内容。

驾驶人在出行过程中，其出行路径是连续的，不仅有点（交叉口、分合流点），还包括路段（路段、一条路）、通道（交通走廊），甚至某一区域路网。其整个通行过程中，由于出行情境的不同，驾驶人呈现出不同的行为特征，并影响交通流及交通系统的运行效率。显然，仅用一个行为过程（如跟驰行为或换车道行为）难以全面概括整个通行过程以及驾驶人整体行为与个体行为之间的关系。这也是引入通行行为这一概念的主要原因。

4.1.1　通行行为理论框架

驾驶人的通行过程实质上是驾驶人根据道路、交通、环境等因素，获取信息、更新信息、调整行为的过程。驾驶人的信息既有内部的信息（掌握的信息、经验等），也有外部信息（主要是通行过程中获取的信息）。已有的研究更多地强调外部信息（刺激）的作用，而对内部信息（经验、态度、信仰、状态）的作用关注较少。实际上，驾驶人在通行过程中既受外部信息的影响，又受内部信息的作用。驾驶人通过比较已有信息与(通行过程中)新获取的信息(感知信息变化,并更新信息),进行判断-决策,调整自己的行为。例如,在停让控制的无信号交叉口,如果等候时间过长,驾驶人就会选择比其预期要小的间隙通过。这一过程中,驾驶人不断调整自己的"判断",是要继续等待还是冒一定的风险选择较小的间隙。此外,在超车过程中,也可以观测到驾驶人由于不能完全确认能否安全超车,而出现"放弃超车"的情况。上述例子都说明,只用刺激-反应模型难以描述通行过程中驾驶人的行为,驾驶人的行为还应包含驾驶人对信息的处理过程。

驾驶人在通行过程中,根据内部和外部信息的变化,实时汇集并更新"通行信息"(并形成决策),该过程可以简单描述为

$$\text{信息}(t+\Delta t)=\text{信息}(t)+\text{信息}(\Delta t) \tag{4-1}$$

式中,信息$(t+\Delta t)$为$t+\Delta t$时刻获得的信息;信息(Δt)为$(t,t+\Delta t)$时间内信息的变化;Δt为信息更新时间或大脑"扫描"时间。

在信息的作用(刺激)下,驾驶人调整或选择自己的通行行为完成驾驶任务,可用一般的反应-刺激模型描述[2]:

$$\text{反应}(t+T)=\text{灵敏度}\times\text{信息}(t) \tag{4-2}$$

式中,反应$(t+T)$为驾驶人的行为;T为驾驶人的反应时间,s。式(4-1)和式(4-2)简单描述了驾驶人在通行过程中的行为机理。实际通行行为过程要复杂得多,其根本原因在于通行行为受多种因素的影响。这些因素既有驾驶人因素、车辆因素、道路因素,还有环境因素。上述因素影响单个驾驶人出行行为特性,并最终决定了宏观交通流特性。图 4-1 给出了通行行为理论框架[3]。

4.1.2　通行行为与交通流理论

从通行行为的定义可以发现,通行行为研究的内容是交通流理论研究的一部分,既包含驾驶人的行为,又包含驾驶人整体行为对交通、安全、环境等的影响。因此,通行行为与交通流理论的关系既可以从微观尺度上分析,也可以从宏观交通流特性上分析。微观尺度上,可以从驾驶人的特性、车辆性能、道路环境、交通管制等进行单个驾驶人通行行为的影响因素分析;宏观尺度上,可以从众多个体行为特性分析其与出行分布(交通分布)、交通流特性、交通安全、交通影响(能耗和废气、噪声)等"计集"和"聚集"特性之间的关系。因此,无论从微观尺度还是从宏观尺度上,通行行为概念的引入均没有割舍其与交通流理论的关系,而是对交通流理论研究的补充和进一步梳理。其不但包含传统的速度选择、跟驰理论、超车行为、间隙接受行为(无信号交叉口、合流匝道)等交通行为研究内容,而且进一步把交通信息(智能交通)、交通影响、交通安全等交通流理论研究的内容与交通行为有机地联系了起来(图 4-2)。

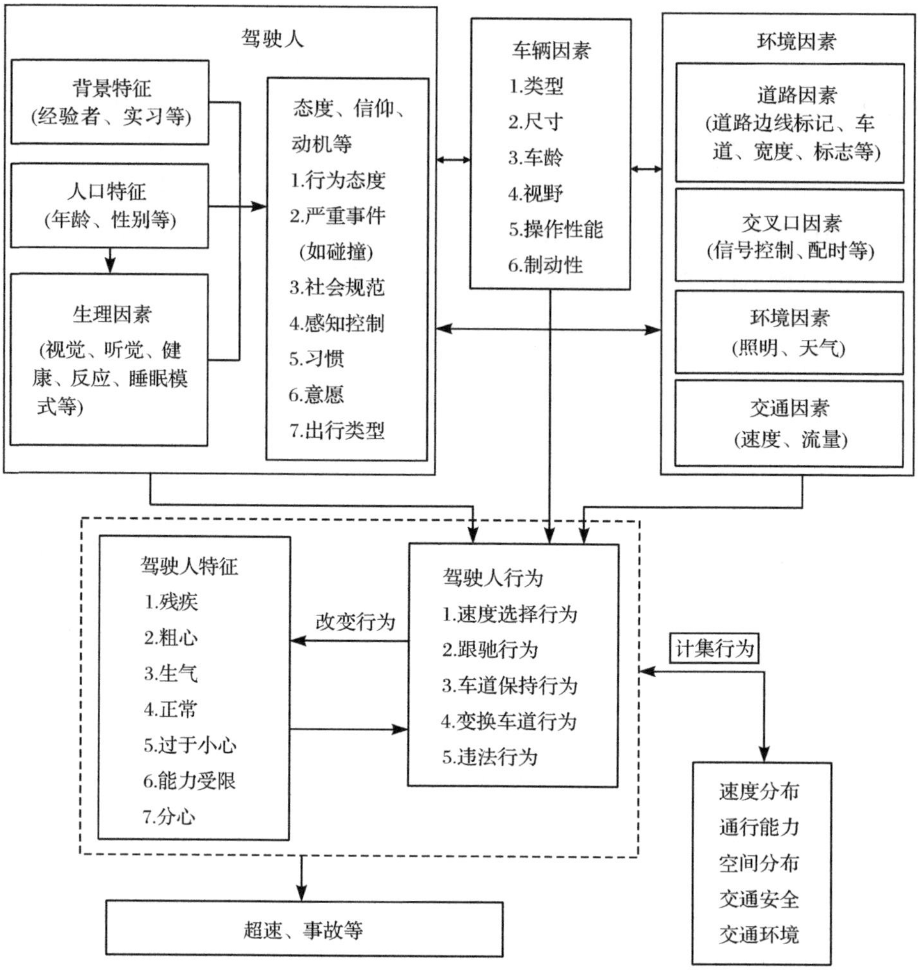

图 4-1 通行行为理论框架

4.1.3 通行行为研究内容

根据前面的叙述，通行行为的研究内容是非常广泛的(图 4-1 给出了相关研究内容和框架)，并且其内容还在不断丰富和发展。从已有的研究来看，主要有以下内容。

1. 速度选择行为

速度是影响交通安全的主要因素，也是驾驶人在驾车出行中最直接的表现。因此，驾驶人速度选择行为的研究一直备受关注。已有的研究往往是从安全设计的角度出发，分析驾驶人在自由流状态下的速度选择行为。研究表明，驾驶人在

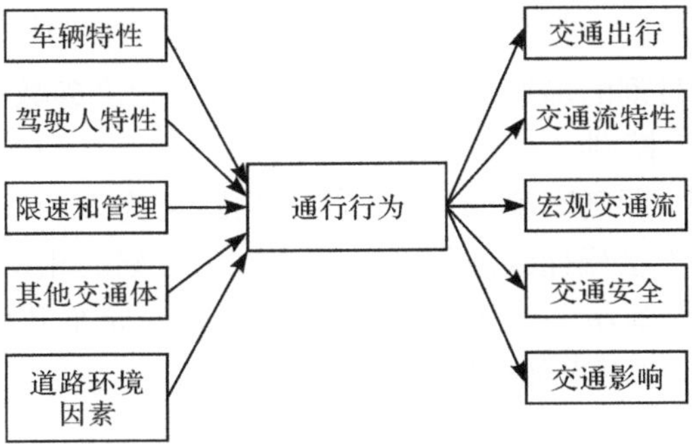

图 4-2　通行行为与交通流理论的关系

道路上行驶时，其速度选择不仅与个人因素有关，还受道路（功能）类型、车道宽度、路肩宽度、商业化程度、有无路边停车、自行车道、中央分隔带类型（包含宽度）、行人活动强度、出入口密度、路侧环境、信号灯密度、有无路边线、路面总宽度等的影响。

2. 跟驰行为

跟驰行为是车辆通行过程中跟随前车行驶状态的行为。该理论可从机理上分析通行行为对交通安全、通行能力等的影响，可定量地反映行驶自由性和道路提供的服务水平。跟驰行为的研究对交通安全、交通管理、通行能力、交通影响等方面都有重要的意义，这也是跟驰行为研究得到持续重视且研究内容不断丰富的原因。在传统跟驰模型的基础上，研究人员提出了刺激-反应跟驰模型、安全距离跟驰模型与优化速度模型。

1) 刺激-反应跟驰模型

交通安全和驾驶人期望是决定跟驰行为的主要因素。为了避免发生与前车碰撞，跟随车辆应与前车保持足够的距离；而驾驶人的期望（包括对速度、跟车距离、环境的判断）又促使驾驶人尽量与前车保持小的距离。驾驶人在跟车过程中，基于自己的经验（包括对相同通行情境的反应、处理经验）和对自己驾驶熟练程度的了解，根据获取的信息进行反应，调整行驶速度，这一原理就是跟驰模型的基础[2]：

$$\text{反应}(t+T)=\text{灵敏度}\times\text{刺激}(t) \tag{4-3}$$

式中，T 为跟随车辆的驾驶人的反应时间，s。刺激-反应模型刻画了速度差、车头间距等信息对驾驶人的刺激作用，并解释了驾驶人存在反应延迟现象。

研究人员提出了不同的刺激-反应假设，并给出了多种模型。1961 年，伽赛斯(Gazis)给出跟驰模型的一般形式：

$$\ddot{X}_{n+1}(t+T)=\alpha\frac{\dot{X}_{n+1}^{m}(t+T)}{[X_n(t)-X_{n+1}(t)]^l}[\dot{X}_n(t)-\dot{X}_{n+1}(t)] \tag{4-4}$$

式中，$X_n(t)$为车辆 n 在 t 时刻的位置，m；$\dot{X}_n(t)$为车辆 n 在 t 时刻的速度，m/s；$\ddot{X}_n(t)$为车辆 n 在 t 时刻的加速度，m/s^2；α 为反应灵敏度参数；m 和 l 为常数。

2) 安全距离跟驰模型

假设跟驰过程中，跟随车辆保持与前导车的距离为 $h_s(t)$，如果前导车紧急停车，跟随车停下来就不会碰撞到前导车。两车在 t 时刻的相对位置如图 4-3 的上半部分所示（n 为前导车，$n+1$ 为后随车）。t 时刻，前导车开始制动，两车停止后的相对位置如图 4-3 中下半部分所示。

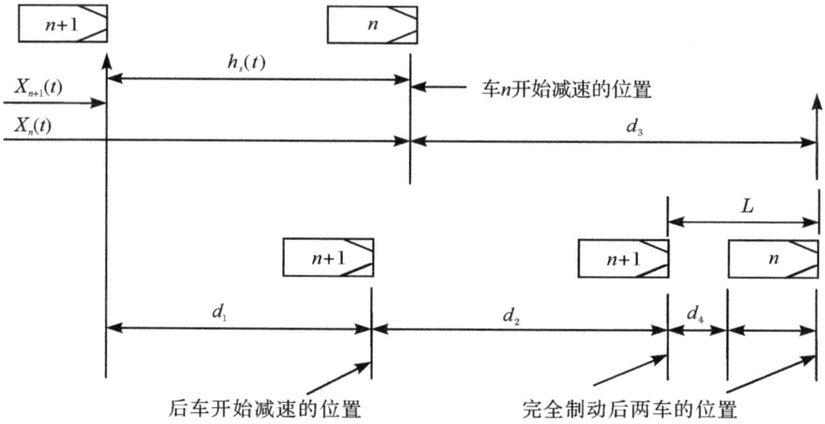

图 4-3　安全距离跟驰模型示意图

图 4-3 中，L 为停止时的车头间距，m；T 为后随车驾驶人的反应时间，s；d_1 为车辆 $n+1$ 在反应时间 Δt 内行驶的距离，m；d_2 为车辆 $n+1$ 从制动到完全停下行驶的距离，m；d_3 为车辆 n 从制动到完全停下行驶的距离，m；d_4 为两车停车后的缓冲距离，m；$X_i(t)$为第 i 辆车在 t 时刻的位置，m；$\dot{X}_i(t)$为第 i 辆车在 t 时刻的速度，m/s；$\ddot{X}_i(t)$为第 i 辆车在 t 时刻的加速度，m/s^2。

因此，在 t 时刻，前导车突然停车而不发生碰撞，所要求的车头间距为

$$s(t) = X_n(t) - X_{n+1}(t) = d_1 + d_2 + L - d_3 \tag{4-5}$$

根据对车头时距的研究，Ohta 于 1993 年定义了四种交通状态来刻画跟驰行为[4]。他认为当车头时距小于 0.6s 时，后车车辆会有不安全的感觉；当车头时距介于 0.6s 和 1.1s 之间时，称为交通安全的“临界区域”；车头时距大于 1.1s 小于 1.7s 时，则是舒适跟车区域；当车头时距大于 1.7s 时，则后车有“追赶”前车的倾向。

van Aerde 对跟驰过程进行了研究，提出了车头间距与运行速度关系模型，其也可以归为安全距离模型[5,6]：

$$s_n = c_1 + c_3 v_n + \frac{c_2}{v_f - v_n} \tag{4-6}$$

式中，s_n 为同一车道同向行驶的车辆 n 与车辆 $n-1$ 的间距，m；v_n 为车辆 n 的行驶速度，m/s；v_f 是道路设施的自由流速度，m/s；c_1、c_2 和 c_3 为参数；c_1 是最小安全距离（常数）；c_2 车头间距变异参数，m^2/s；c_3 是车头间距参数，s^{-1}。由于该模型可以很好地拟合交通拥堵状态下的跟驰行为，所以受到了研究人员的重视，并对模型参数标定方法进行了研究。邵长桥等考虑到测量误差对模型的影响，提出了改进模型[7]：

$$s_n = c_1 + c_3\theta_i + \frac{c_2}{v_f - \theta_n} + \varepsilon_n \tag{4-7}$$

$$v_n = \theta_n + \delta_n \tag{4-8}$$

式中，ε_n 为车头间距测量误差；δ_n 是速度测量误差；v_n 与 θ_n 分别为实际速度和观测速度；其他参数同式(4-6)。

3) 优化速度模型

优化速度模型本质上是刺激-反应模型。其假设车辆运行过程中存在一个“优化”速度，该速度是车间距、速度差的函数。车辆在行驶过程中，通过调整“优化”速度，以达到与当前速度一致来控制车辆行驶。

优化速度模型最早是由 Bando 等于 1995 年提出的，该模型假设优化速度是车间距函数[8]：

$$\frac{\mathrm{d}v_{n+1}(t)}{\mathrm{d}t} = \alpha[V(\Delta x_{n,n+1}(t)) - v_{n+1}(t)] \tag{4-9}$$

式中，α 为敏感系数；$V(\cdot)$为优化速度函数；$v_n(t)$为运行速度；$\Delta x_{n,n+1}(t)$为车间距。

为了弥补 Bando 模型的不足，Helbing 等对式(4-9)进行了修改[9]，增加了速度差的影响：

$$\frac{\mathrm{d}v_{n+1}(t)}{\mathrm{d}t} = \alpha[V(x_{n,n+1}(t)) - v_{n+1}(t)] + \lambda H(-\Delta v_{n,n+1})\Delta v_{n,n+1}(t) \tag{4-10}$$

式中，$H(\cdot)$为阶梯函数；λ 为敏感系数；其他参数意义同式(4-9)。

速度优化模型通过引入“优化”速度作为驾驶人在通行过程中速度调整的“动机”，可以很好地解释驾驶过程中跟驰行为特性，如跟车间距与运行速度等关系。因此，优化速度模型受到研究者的关注，并在模型(4-8)和模型(4-9)基础上有所发展[10,11]。

3. 超车行为

驾驶人在道路上希望保持较快的速度或期望速度行驶。但遇到前面车辆行驶速度低于其运行速度时，就会产生超车或换车道的需求。

1) 双车道道路上的超车行为

图 4-4 给出了双车道道路上超车过程示意图[12]，其中，n 表示超车车辆，m、

$m+1$分别表示对向来车，$n+1$ 和 $n+2$ 分别表示前车和头车。前车和头车之间的车头时距定义为可回车车头时距 $t_{可回车}$，m 和 $m+1$ 之间的车头时距定义为可超车车头时距 $t_{可超车}$。

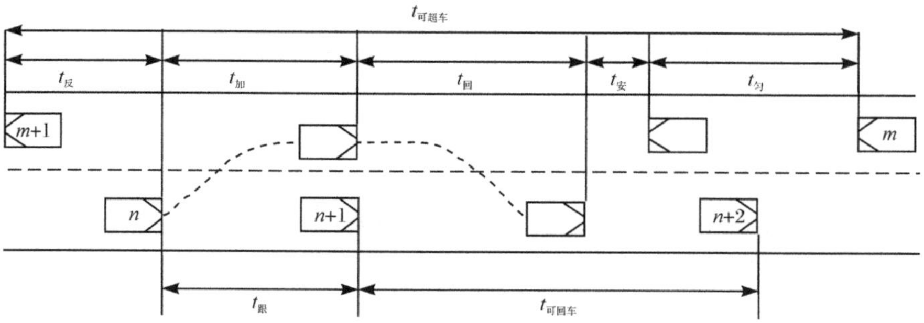

图 4-4　双车道道路上超车过程示意图

从图 4-4 中给出的双车道道路上车辆超车过程可以发现，当超车车辆 n 超车时，由于对向来车 m 的影响，其不可能长时间占用对向车道，必须在车 m 到来之前安全穿插到车 $n+1$ 和 $n+2$ 之间的空隙中。

超车过程分为两个阶段：一是超车车辆换到对向车道，该过程需要对向车道有足够的超车间隙；二是超车车辆返回原车道，需要原车道有足够的可回车间隙。

(1) 换道阶段。

为了快速完成超车行为，一般要求超车车辆 n 的速度高于被超车车辆 $n+1$。因此，该过程往往伴随着超车车辆加速过程。记超车车辆 n 的初始速度为 v_0^n，其加速时间为 t_1，加速到 v_1^n，行驶距离为 s_1。

(2) 返回阶段。

超车车辆 n 以速度 v_2^n 返回原车道，完成超车。为了简化分析，一般假设 $v_2^n = v_1^n$。此段行程时间为 t_2，行驶距离为 s_2。

超车过程应满足以下条件：

$$t_{可超车} \geqslant t_{反} + t_{加} + t_{回} + t_{安} + t_{匀} \tag{4-11}$$

式中，$t_{反}$ 为车 n 与车 $m+1$ 会车后，车 n 变换车道行为反应时间，s；$t_{加}$ 为车 n 超车时加速所用的时间，s；$t_{回}$ 为车 n 返回原车道所用的时间，s；$t_{安}$ 为车 n 与对向来车 m 会车时需要保留的安全时距，s；$t_{匀}$ 为车 m 在车 n 完成超车行为时匀速行驶的时间，s；车辆间所提供的两个可接受间隙为可回车车头时距和可超车车头时距。

对向车道虽然提供了足够的可超车车头时距，但本向车道没有可以回车的车头时距，因此，车 n 同样不敢贸然超车。一般研究中只考虑可超车车头时距，而没有考虑可回车车头时距，因而对双车道公路超车行为的研究是不完善的。

2) 多车道道路上的超车行为

多车道道路上的超车行为与双车道道路上超车行为的不同之处在于多车道道路上的超车过程是在同向车道上完成的，其过程如图 4-5 所示。超车过程可以看成两个独立的换车道行为，并且超车车辆换到其他车道时没有对向来车“迫使”其返回原来车道。

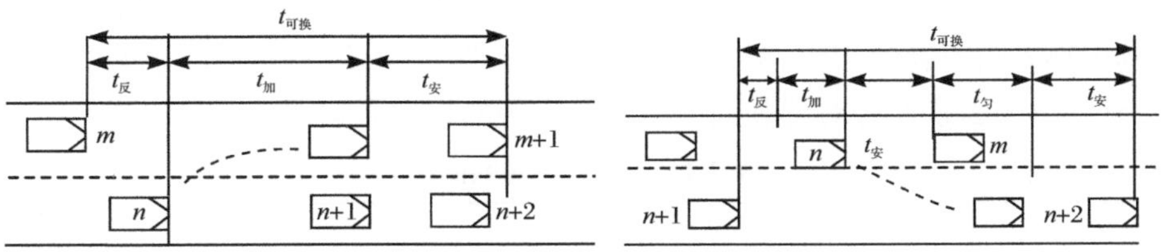

图 4-5　多车道道路上超车过程示意图

4. 间隙接受行为

间隙接受行为的基本思想是：在相交的两支车流中，假定一支车流为主要车流，另一支车流为次要车流，次要车流只能利用主要车流的间隙通过，当主要车流上某一间隙大于临界间隙时，次要道路上的车流才能通过。临界接受间隙理论对研究无信号交叉口通行能力、信号交叉口许可左转通行能力、环岛交叉口通行能力以及高等级道路合流区通行能力具有重要意义，已经成为该类设施通行能力和交通流运行分析的主要方法。

随着交通拥堵的增加，通行过程中通行竞争与协作现象日益突出，特别是在发生严重交通拥堵的情形下，无竞争性的间隙接受行为几乎不可能，间隙接受行为出现了新的特性。图 4-6 给出了两种状态下的可接受间隙分布特性。

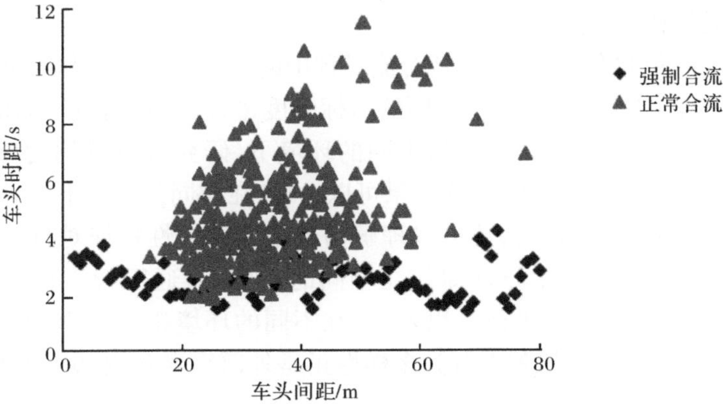

图 4-6　合流过程中的可接受间隙分布

4.2　通行行为影响因素

通行行为影响因素可以概括为人、车、路、情境(环境)四类(表 4-1)。其中,人的因素称为内部影响因素,其与驾驶人的心理(认知过程、反应)、驾驶人的个性等有关,而这些又直接与驾驶人的年龄、性别、经验和状态(如疲劳)密切相关。因此,其内部影响因素常用上述变量来刻画。车、路和情境可以概括为外部影响因素。外部影响因素通过对驾驶人的生理心理等的作用影响驾驶人的行为。

表 4-1　通行行为影响因素

影响因素	变量
人	驾驶人的年龄、性别、经验、状态等
车	车辆类型、各类型车辆数(交通量)
路	道路等级、道路性能、车道宽度、路肩宽度、坡度、视距、路面类型和路面状况
情境(环境)	天气、(周边)土地利用、照明、景观等

1. 人的因素

影响驾驶人行为的因素主要有性别、年龄、社会经济水平、受教育程度、健康状况、种族、驾驶经验(道路熟悉程度)、精神状态等。上述因素对通行行为的影响可以通过以下指标表现:

(1) 感觉-反应时间(包括认知时间等);

(2) 速度选择(包括自由流速度选择、加(减)速度选择、对限速的遵守程度等);

(3) 驾驶风格(保守、冒险);

(4) 车头间距和车头时距,包括合流过程中的接受间隙大小和随车时距。

驾驶人的影响因素可以通过不同的指标来度量,但其对通行行为的影响主要体现在感觉-反应时间上。表 4-2 为不同的环境下,研究人员得到的感觉-反应时间统计结果[2]。从表 4-2 中给出的结果可以发现,在相同的条件下,不同的驾驶人的感觉-反应时间是不一样的,这可以理解为驾驶人的个性特征对行为的影响(个性差异)。正是这种个性差异,(即使在相同的条件下)通行行为存在随机特性。此外,从表 4-2 中给出的结果还可以发现,在不同的环境条件下,驾驶人的行为特征也是不一样的。因此,驾驶人行为多样性正是外部因素和内部因素共同作用的结果。

表 4-2　驾驶人感觉-反应时间统计结果

占比	测试车辆、封闭道路	私人车辆、封闭道路	私人车辆、开放道路
50%	0.82	1.09	1.11
75%	1.02	1.54	1.40
90%	1.15	1.81	1.57
95%	1.23	1.98	1.68
99%	1.39	2.31	1.90

2. 车的因素

车的因素主要有车辆的动力性能、刹车性能、外廓尺寸等。在实际研究中，车的因素往往由车辆类型决定。

影响通行行为的车辆既包括驾驶人驾驶的车辆(类型)，也包括其驾驶“情境”中周围车辆(类型)。研究表明，在跟车过程中，小型车与货车保持的车头时距要比小型车与小型车的车头时距平均小 0.25s[13]。国内研究也表明，小型车倾向于与前车保持较小的车头时距，大型车则倾向于与前车保持较大的车头时距(表 4-3)。

表 4-3　饱和车头时距统计情况　(单位：s)

交叉口编号	跟车车头时距			
	$h_{小小}$	$h_{小大}$	$h_{大小}$	$h_{大大}$
1	2.082	2.098	3.715	3.734
2	2.119	2.140	3.813	3.868
3	2.000	2.035	3.739	3.777

车的因素对交通影响可以从微观和宏观两个层次来分析。例如，分析交通控制设施对交通的影响时，可针对不同车辆类型进行分析；分析车辆类型对通行能力或交通安全的影响时，可从交通组成进行分析。

3. 路的因素

路的因素主要包括道路等级、断面形式(中央分隔)、车道数、车道宽度、路侧净空、坡度、曲率、路面(干燥情况、平整性)、是否封闭等。交叉口类型(有无信号控制、交叉车道数、有无专用车道、左转车道数、有无左转等待区等)、交叉口密度、立交类型、立交密度(立交间距)、分/合流等几何条件也是影响驾驶人通行行为的因素。

此外,道路交通安全设施完善情况(标志、标线)和路侧干扰也会影响通行行为。研究表明,驾驶人在干扰大的道路上的警惕性要比在干扰较小的道路上警惕性高,平均反应时间要短,往往保持较大的车头时距,从而通行能力下降。而从交通安全的角度考虑,干扰性大的道路,由于驾驶人的警惕性高,发生恶性交通事故的概率较低。

4. 环境、情境因素

环境影响因素主要是指天气、(周边)土地利用、照明、景观等。实际上,社会环境的影响也是非常重要的。从观测数据发现,不同地区(城市)的驾驶人行为是存在一定差异的(如间隙接受大小、对安全带的使用)。在一般行为的研究中,往往把这一现象看成习惯作用,但其原因可以归结为不同的社会环境影响。

环境和人、车、路一起构成了通行行为研究的重要影响因素。而事实上,即使相同的环境、相同的时间段、同一个驾驶人驾驶同一辆车在同一条道路上行驶,当驾驶人的态度、交通条件等不同时,驾驶人的行为是不完全相同的。例如,一个通勤的驾驶人(当其忽然接到有重要会议要参加时),其心态有可能发生变化,其行为会有所不同。因此,环境的影响机理是复杂的,往往也很难解释。而用通行情境更能说明环境、人、车、路等的综合影响作用。

除了道路条件,还可从以下几个方面来分析通行情境的影响:

(1) 交通信息(包括交通信号、可变情报板、交通管制等)。交通信息的影响主要体现在驾驶人对交通信息的反应特性,包括驾驶人对不同情境(信号、限速标志、分合流标志、行人标志)的信息反应、路线选择(换车道)、加减速等行为。

(2) 交通拥挤状况。不同的交通拥挤程度下,驾驶人的行为是不一样的。在拥挤条件下,驾驶人倾向于保持较小的间距,甚至以牺牲安全作为代价。研究表明,在拥挤条件下,合流的车辆往往能接受更小的车头间距。从图 4-6 中可以发现,强制合流和正常合流状态下,车头时距(车头间距)存在明显不同。在强制合流状态下,车头时距相对稳定,而在正常合流状态下,车头时距相对分散。

(3) 气象和光线条件(包括雨、雪、雾等异常天气),如黄昏或白天、光线强弱等。

(4) 前车和侧向车。前车的影响包括车辆类型、速度选择、加减速、换车道、转向、与前车的间距;侧向车的影响包括侧向车的车辆类型、速度选择、换车道、偏离车道中线等。

(5) 出行目的。出行目的反映了驾驶任务的紧迫性,当出行比较紧迫时,驾驶人精神相对集中,会倾向于保持小的车头时距;反之,驾驶人则倾向于保持较大的车头时距。

(6) 路侧干扰。路侧干扰是影响通行能力的重要因素，但路侧干扰较大时，驾驶人更容易保持高的警惕性。研究表明，开放的道路环境下，驾驶人的感觉-反应时间比封闭的环境条件下的感觉-反应时间长约 0.08s。

4.3　通行行为与通行能力

4.3.1　通行行为对通行能力的影响

通行能力是指在通常的道路、交通和管制条件下，道路的一条车道、一均匀段上或一交叉点，合理地期望能通过人或车辆的最大小时流率。道路设施的通行能力不仅与设施的几何条件有关，还受交通主体(驾驶人、行人)通行行为的影响。例如，具有冒险性的驾驶人趋向于保持小的车头时距(对应的通行能力就大)，而保守的驾驶人则趋向于保持大的车头时距(对应的通行能力就小)；此外，道路交通环境通过对驾驶人行为的影响间接地影响道路的通行能力。例如，在道路转弯半径较小或路面有积水的情况下，驾驶人趋向于降低行驶速度，并保持较大的车头间距，通行能力有所降低。

通行行为对通行能力的影响是显而易见的，但由于通行行为与道路环境、交通条件关系更为密切，所以分析通行行为对通行能力的影响离不开道路、交通条件。通行能力影响因素主要有以下几个方面：

(1) 驾驶人因素，主要包括驾驶人的态度、对道路的熟悉程度、驾驶人的反应特性等。

(2) 道路的几何条件，主要包括几何条件、视距等。当驾驶人利用转向港湾转弯时，会采用较小的车头间距；而当视距不充分时，则倾向于保持较大的车头间距，并降低行驶速度。

(3) 交通条件，主要包括大型车、行人干扰、交通冲突等。一般地，大型车辆由于受几何尺寸和车辆性能的影响，其运行速度较低，趋向于保持大的车头时距；当有行人或冲突干扰交通时，驾驶人也会提高警惕，降低运行速度。

(4) 交通环境条件，包括天气。对于小的城镇和偏远地区，驾驶人由于习惯慢的生活节奏，显得相对松弛，会保持较大的车头间距以及较低的速度；当天气或道路环境变得不利于驾驶时，驾驶人也会降低运行速度，增大车头间距。例如，雨天或有雾天气，驾驶人为了安全，会增大车辆间距和降低行车速度。

上述因素对驾驶人行为的影响导致通行行为的多样性和随机性。驾驶人在通行过程中表现出的多样性和随机性不仅是交通运行特性研究的基础，也是通行能力研究不可忽视的问题。表 4-4 给出了通行行为与通行能力的关系。

表 4-4 通行行为与通行能力的关系

项目	通行能力	通行行为
研究对象	设施的容量和效率	交通实体的行为过程
研究重点	交通实体宏观特性	交通实体微观特性
交通参数	流量、密度、速度、车头间距、车头时距	速度、车头间距、车头时距、加减速度、反应时间、操作时间
研究方法	理论、观测、仿真	理论、实验、问卷调查、仿真
应用	设施规划、运营评价	应用基础

4.3.2 通行行为与通行能力随机性

《美国通行能力手册》[1]在给出通行能力定义的同时，还特别强调了“合理的期望”是定义通行能力的基础，以及“驾驶员特性因地而异，绝对的最大流率在每一天、每一个地方都各不相同”。由于交通流本身具有随机性，在不同的时间段内通过道路某一点的最大流率并不是恒定的，而是具有一定的随机性。因此，《美国通行能力手册》关于通行能力的定义本身就说明通行能力具有一定的随机性。

处理不确定性问题最常用的方法是数理统计学方法，常用的指标有概率分布和分位数、样本标准差以及置信区间。因此，可以借鉴统计学上的概念和定义来描述通行能力的不确定性。

1) 概率分布和分位数

概率分布可以全面反映通行能力的分布情况。例如，在给定的道路和交通条件下，连续流设施的通行能力分布是近似对称的，可用正态分布或伽马分布来刻画[6,8]。

为了便于工程人员更好地理解通行能力的不确定性，通行能力分位数也是一个很好的选择。常用的分位数主要有 25％分位数、50％分位数、75％分位数等。当通行能力为对称分布时，50％分位数和平均值意义一样。

2) 样本标准差

为了描述通行能力的不确定性，也可以计算实测（或模拟）通行能力的样本标准差。样本标准差的计算公式如下：

$$\mathrm{sd}=\sqrt{\frac{1}{n-1}\sum_{i=1}^{n}(c_i-\bar{c})^2} \tag{4-12}$$

式中，sd 为实测通行能力标准差；c_i 为实测通行能力值；$\bar{c}$ 为实测通行能力平均值；n 为观测样本数。

实测通行能力标准差度量了实测通行能力关于平均值离散的程度，标准差越大，说明分散程度越大。

3) 置信区间

调查表明[2]，对于通行能力不确定性的描述最容易被使用者接受的是置信区间。置信区间不仅描述了通行能力实际取值的范围，还描述了通行能力值落在该区间的可靠程度。

置信区间定义如下：如果 C_l、C_u($C_l<C_u$)，对于给定值 α($0<\alpha<1$)，满足：

$$P\{C_l < C < C_u\} = 1 - \alpha \tag{4-13}$$

则称区间(C_l,C_u)是通行能力的置信度为 $1-\alpha$ 的置信区间。C_l 和 C_u 分别为置信度为 $1-\alpha$ 的下限和上限，$1-\alpha$ 称为置信水平或置信度。

当实测通行能力均值 $\bar{c}$ 和标准差 sd 已知时，有以下关系成立：

$$\begin{aligned} &P\{\bar{c} - \mathrm{sd} < C < \bar{c} + \mathrm{sd}\} = 0.682 \\ &P\{\bar{c} - 2\mathrm{sd} < C < \bar{c} + 2\mathrm{sd}\} = 0.954 \\ &P\{\bar{c} - 3\mathrm{sd} < C < \bar{c} + 3\mathrm{sd}\} = 0.997 \end{aligned} \tag{4-14}$$

因此，在实际应用时，可根据式(4-14)给出通行能力相应的置信区间。

4.3.3　信号交叉口通行能力随机性分析与饱和流率估计

1. 排队车头时距随机性分析

图 4-7 为信号交叉口专用车道上车辆排队通过交叉口停车线的示意图。根据车头时距的定义，第 i 周期排在第 j 位置的车辆通过交叉口时的车头时距可表示为

$$h_{ij} = t_{rij} + L_{ij}/v_{ij} \tag{4-15}$$

式中，h_{ij} 为第 i 周期排在第 j 位置的排队车头时距，s；t_{rij} 为第 i 周期排在第 j 位置的驾驶人的反应时间，s；L_{ij} 为第 i 周期排在第 j 位置的车辆与排在第 $j-1$ 位置车辆的车头间距，m；v_{ij} 为第 i 周期排在第 j 位置的车辆通过交叉口的速度，m/s。

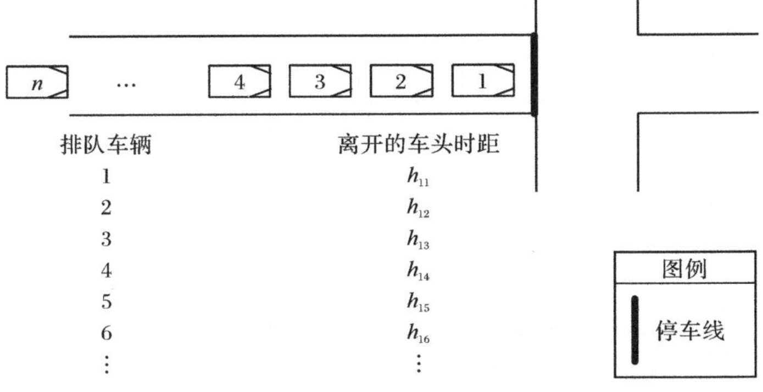

图 4-7　信号交叉口专用车道上车辆排队通过交叉口停车线的示意图[14]

驾驶人的通行行为对信号交叉口通行能力的影响反映在饱和车头时距上。饱和车头时距是通行能力的计算基础，反映了驾驶人在交叉口的跟驰行为。因此，通过分析饱和车头时距可以了解通行行为对信号交叉口通行能力的影响。

图 4-8 给出了北京市 11 个信号交叉口直行车道上饱和车头时距的箱形图（统计结果见表 4-5）。从统计分析结果中可以发现，不同的信号交叉口，直行车道的饱和车头时距存在明显的差异；同一个信号交叉口，饱和车头时距的随机特征也是非常显著的。此外，饱和车头时距的均值比中值大，这意味着更多的驾驶人在排队通过信号交叉口时会选择较小的车头时距。

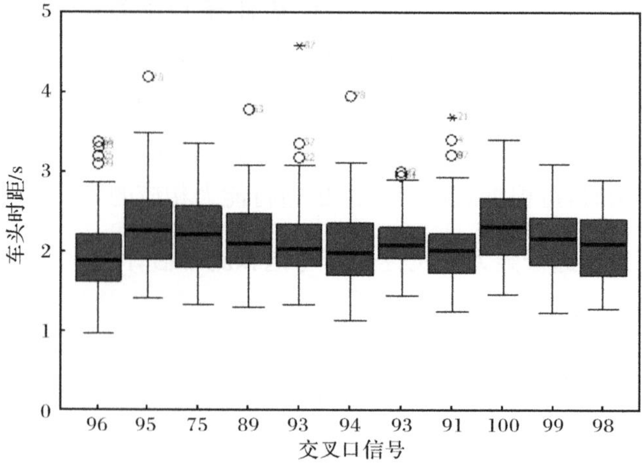

图 4-8　信号交叉口饱和车头时距箱形图

表 4-5　饱和车头时距统计分析结果

交叉口编号	样本量	车头时距均值/s	车头时距中值/s	标准误差/s	偏度	峰度
1	96	1.95	1.88	0.52	0.66	0.88
2	95	2.36	2.28	0.55	0.61	1.22
3	75	2.30	2.23	0.49	0.43	−0.10
4	89	2.22	2.14	0.37	0.88	1.09
5	93	2.19	2.03	0.43	0.97	1.21
6	94	2.08	1.98	0.47	0.43	−0.34
7	93	2.21	2.09	0.44	0.35	−0.39
8	91	2.04	2.00	0.43	0.81	1.11
9	100	2.31	2.30	0.45	0.02	−0.75
10	99	2.18	2.16	0.46	0.07	−0.73
11	98	2.11	2.07	0.42	0.02	−0.20

调查数据还发现，确实有部分驾驶人由于驾驶习惯或其他原因，与前车保持的车头时距较大，导致了通行能力下降。

由于驾驶人的多样性，不同的驾驶人在通过信号交叉口时会选择不同的速度、车头间距、车头时距。这些特性反映到饱和车头时距上就是车头时距的随机分布特性。表 4-6 给出了饱和车头时距正态性检验结果。在 11 个调查的信号交叉口中，有 8 个信号交叉口的饱和车头时距通过了对数正态分布检验，另外 3 个信号交叉口排队离开车头时距通过了正态分布检验[15]。

表 4-6 饱和车头时距的正态性检验结果

信号交叉口编号	1	2	3	4	5	6	7	8	9	10	11
w	0.952	0.953	0.968	0.952	0.941	0.955	0.969	0.947	0.968	0.965	0.974
$P(W\leqslant w)$	0.005	0.007	0.100	0.006	0.0006	0.012	0.069	0.003	0.116	0.064	0.239
w^*	0.981	0.972	0.976	0.982	0.979	0.971	0.978	0.976	0.911	0.955	0.960
$P(W^*\leqslant w^*)$	0.601	0.209	0.448	0.655	0.499	0.177	0.147	0.342	0.025	0.007	0.021

注：w 和 w^* 为 Shapiro-Wilk 统计量，w^* 是对数变换后的统计值。

饱和车头分布是非对称的（车头时距均值大于车头时距中值）。用观测样本均值会过高估计总体均值，从而导致过低地估计通行能力。鉴于上述饱和车头时距的特性，提出用饱和车头时距观测样本的中值来估计饱和车头时距，即

$$\hat{h}_{\text{sat}} = h_{\text{med}} \tag{4-16}$$

根据饱和车头时距统计分布特征，可用对数正态分布刻画车头时距分布：

$$f_H(h) = \frac{1}{\sqrt{2\pi}\,\sigma h}\exp\left[-\frac{(\ln h - u)^2}{2\sigma^2}\right],\quad h \geqslant 0 \tag{4-17}$$

由上述公式可求得饱和车头时距的中值估计：

$$\hat{\text{M}}\text{ed}(H) = \exp(\hat{u}) = \frac{\bar{h}}{\sqrt{1+\hat{\sigma}^2/\bar{h}^2}} \tag{4-18}$$

式中，$\bar{h}$ 为饱和车头时距的观测值的算术平均，$\bar{h} = \frac{1}{n}\sum_{i=1}^{n} h_i$；$\hat{\sigma}^2$ 为饱和车头时距的样本方差，$\hat{\sigma}^2 = \frac{1}{n}\sum_{i=1}^{n}(h_i - \bar{h})^2$。

此外，驾驶人在信号交叉口等待通行时的排队位置也影响驾驶人通行行为和通行能力。表 4-7 给出了北京市某信号交叉口直行车道上停车线前不同排队位置的车辆通过停车线时的饱和车头时距统计结果。排在前面的第 1～3 辆车通过停车线需要的时间较长，这可能是由于车辆用于加速空间有限；其后的车头时距开始变小，但是，直到第 6、7 辆车以后，车头时距才趋于稳定。从观测的结果来看，第一辆车的车头时距变化较大，这可能受驾驶人的反应时间和停车位置的影

响。从第 5 辆车后(有的在第 6、7 辆车)排队车辆车头时距趋于一个稳定的值,并且其方差也趋于稳定。这与一般的文献中提到的"车头时距从第 5 辆车开始趋于稳定"有一定的差别。

表 4-7 某交叉口直行车道上排队离开车头时距统计结果

排队位置	样本量	最小值	最大值	极差	均值	方差	变异系数
1	66	1.04	4.83	3.8	1.96	0.75	0.16
2	66	1.87	5.66	3.8	3.01	0.71	0.06
3	66	1.81	5.88	4.1	2.85	0.84	0.09
4	66	1.92	4.72	2.8	2.65	0.4	0.05
5	66	1.7	6.26	4.6	2.49	0.54	0.07
6	64	1.21	5.15	3.9	2.43	0.51	0.07
7	60	1.60	6.33	4.7	2.36	0.42	0.06
8	50	1.43	6.92	5.5	2.24	0.39	0.06
9	40	1.65	7.51	5.9	2.13	0.17	0.03
10	32	1.10	8.10	7.0	2.24	0.56	0.09

2. 信号交叉口通行能力估计

根据上述几种饱和车头时距计算方法,可以得到相应的饱和流率计算结果(表 4-8)。

表 4-8 饱和流率计算结果

信号交叉口编号	平均排队车头时距/s	车头时距中值/s		饱和流率/(辆/h)		
		样本中值	中值估计值	车头时距均值计算	样本中值计算	中值估计值计算
1	1.95	1.88	1.88	1846	1914	1911
2	2.36	2.28	2.25	1525	1578	1656
3	2.30	2.23	2.18	1565	1614	1600
4	2.22	2.14	2.11	1621	1682	1644
5	2.19	2.03	2.06	1643	1773	1675
6	2.08	1.98	1.99	1730	1818	1774
7	2.21	2.09	2.12	1558	1723	1660
8	2.04	2.00	2.00	1764	1800	1803
9	2.31	2.30	2.27	1558	1565	—
10	2.18	2.16	2.05	1651	1666	—
11	2.11	2.07	2.06	1706	1739	—

由表 4-8 给出的饱和流率估计结果可以发现，不同交叉口的绿灯小时通行能力(饱和流率)是不一样的。尽管其主要原因为道路环境因素，但主要还是驾驶人通过交叉口时的通行行为。表 4-7 给出的饱和车头时距离散程度较大，很好地说明驾驶人的通行行为对通行能力有一定影响。

4.3.4 路段通行能力随机性分析方法

1. 路段交通运行退化方程

观测表明，同一个观测点发生交通拥堵时的交通流量是不相同的。图 4-9 给出了北京市三环路上某个观测点一天内某个时段内的流量-速度随时间变化的情况。表 4-9 为高峰时段发生交通拥堵时的流率变化情况。

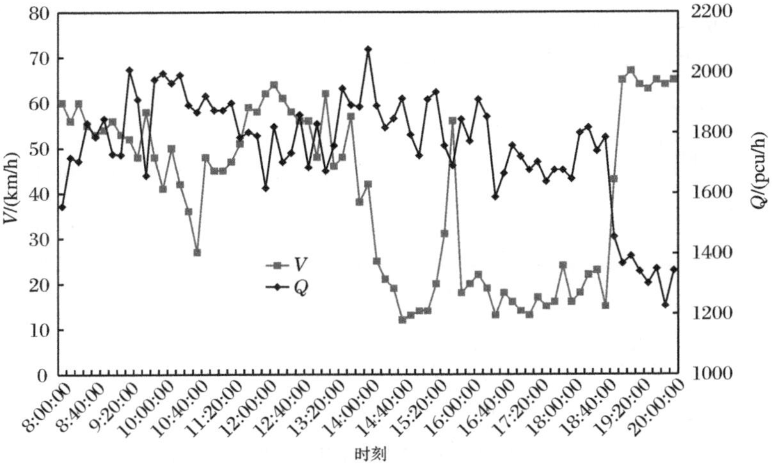

图 4-9 交通运行状态时间序列图

表 4-9 排队前、排队中及过渡间隔内流量统计分析结果

交通状态	25%分位数	中值	平均值	75%分位数	最大值	标准差
队前	1743	1812	1814	1880	1992	93.6
过渡	1868	1908	1904	1935	2025	66.3
排队	1707	1767	1760	1824	1977	101.1

通过分析交通拥堵发生过程可以发现，不同的流量条件下，交通流呈现出不同的宏观特征，主要是随机性或波动性。该波动主要表现在两个方面：一方面是不同时刻观测到的交通拥堵发生过程不同(由于交通流内部随机影响因素不同，如驾驶人的加减速等行为特性)，导致发生拥堵时的流量不同[16]；另一方面是同一次交通流拥堵演化过程中，不同驾驶人对交通流状态反应不同。考虑上述两个方

面，建立流量-速度模型：

$$V = D(q, \beta_1, \cdots, \beta_k) + \varepsilon_q \tag{4-19}$$

式中，V 为运行速度（交通流运行指标）；$D(q, \beta_1, \cdots, \beta_k)$ 为速度变化轨迹曲线；$\beta_1, \cdots, \beta_k$ 为参数；ε_q 为随机项。

模型(4-19)中，参数 $\beta_1, \cdots, \beta_k$ 有些是随机的，有些是固定的。随机参数表示交通流演化过程的差异性（如交通拥堵在不同的流率水平下发生）。图 4-10 为一周内工作日观测到的某瓶颈早高峰时段交通运行的情况，从图 4-10 中可以发现，不同时间内观测到的速度“退化率”是不同的，呈现出随机特性。固定参数描述了所有观测到的交通流演化过程具有的属性（如交通流内部车辆之间相互影响时的流量）。从上述描述中可以发现，ε_q 只度量了测量的随机误差，可假设其分布服从正态分布，即 $\varepsilon_q \sim N(0, \sigma^2)$[17]，并且 ε_q 与 $\beta_1, \cdots, \beta_k$ 相互独立。因此，估计速度退化轨迹曲线 $D(q, \beta_1, \cdots, \beta_k)$ 是问题的核心，而参数 $\beta_1, \cdots, \beta_k$ 的分布及其参数估计则是分析交通流运行退化轨迹的关键所在。

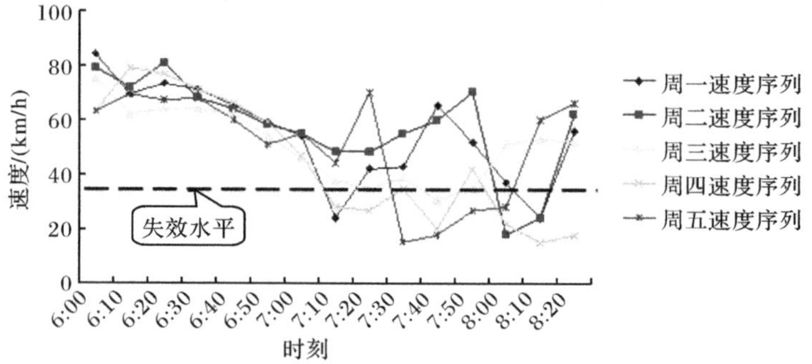

图 4-10　一周内早高峰时间内的速度“退化”轨迹

图 4-11 为著名的《美国通行能力手册》中给出的基本路段速度-流量关系示意图[14]。从图 4-11 中可以发现，只有当流量达到一定水平后，随着交通需求的增加，交通流运行特性（速度）才会出现明显降低（退化）。此外，根据速度-流量关系曲线可以发现，速度随流量退化的轨迹基本上可用线性模型来描述。

基于上述分析，假设行车速度随流量增加的退化轨迹方程为

$$D(q, \beta_1, \beta_2) = \begin{cases} \beta_1, & q < q_d \\ \beta_1 - \beta_2(q - q_d), & q \geqslant q_d \end{cases} \tag{4-20}$$

式中，β_1 为固定参数，表示在 $q = q_d$ 时的退化量，q_d 表示随交通需求的增加，交通流运行速度开始退化时的交通流量；$\beta_2 = -\dfrac{dD(q)}{dq} \geqslant 0$ 为退化率，在实际交通流中，由于驾驶人随机行为的影响以及交通流的波动，退化率 β_2 并不是固定的，而是随机变化的。

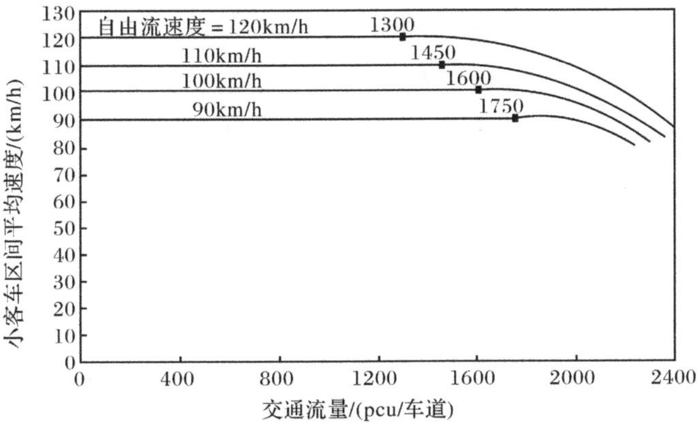

图 4-11　基本路段速度-流量关系示意图

模型(4-20)就是交通流运行特性退化函数。依据模型(4-20)可以推导出发生交通拥堵时的概率及通行能力分布函数。

2. 路段通行能力分布

由于交通拥堵可用事件"$V<v_0$"来描述,其等价于"$D(q,\beta_1,\cdots,\beta_k)+\varepsilon_q\leqslant v_0$"。因此,交通拥堵发生概率为

$$P(V<v_0)=\int_{-\infty}^{+\infty}P\{D(q,\beta_1,\cdots,\beta_k)+\varepsilon_q\leqslant v_0\}\mathrm{d}\varepsilon_q$$
$$=P\{D(q,\beta_1,\cdots,\beta_k)\leqslant v_0\} \tag{4-21}$$

因此,对给定的交通拥堵发生的速度判断阈值 v_0,交通拥堵发生的概率可由式(4-20)来估计。特别地,把式(4-19)和式(4-20)代入式(4-21),可得

$$P_{\mathrm{b}}=P\{\beta_2\geqslant(\beta_1-v_0)/(q-q_{\mathrm{d}})\} \tag{4-22}$$

式中,P_{b} 为交通拥堵发生概率;其他参数同上。由于式(4-22)中,β_1、v_0 和 q_{d} 是固定的,所以交通拥堵发生概率与交通需求 q 和退化率 β_2 有关。其中,q 反映了交通需求对交通拥堵发生的影响,β_2 反映了交通流内部的各种干扰因素对交通拥堵发生的影响。

基于 β_2 的分布选择,可以给出不同的概率模型。与许多电子元器件与设备等产品的失效分布都服从韦布尔分布一样,假设交通流的失效分布也服从韦布尔分布,则失效率 β_2 服从逆韦布尔分布 IWei(α,η)不失为一个较好的选择:

$$F_{\beta_2}(b)=1-\exp\left[-\left(\frac{1}{\eta b}\right)^{\alpha}\right] \tag{4-23}$$

式中,α 为形状参数;η 为尺度参数。由式(4-22)和式(4-23)容易求得交通拥堵发生概率:

$$P_{\mathrm{b}} = 1 - \exp\left\{-\left[\frac{q - q_{\mathrm{d}}}{\eta(\beta_1 - v_0)}\right]^{\alpha}\right\} \tag{4-24}$$

另外，从交通拥堵发生实质来看，交通拥堵是由于交通需求超过了通行能力。事件“$V<v_0$”等价于通行能力小于交通需求，即“$C<q$”，因此，式(4-23)又可表示为

$$P(C < q) = 1 - \exp\left\{-\left[\frac{q - q_{\mathrm{d}}}{\eta(\beta_1 - v_0)}\right]^{\alpha}\right\} \tag{4-25}$$

即

$$F_C(q) = 1 - \exp\left\{-\left[\frac{q - q_{\mathrm{d}}}{\eta(\beta_1 - v_0)}\right]^{\alpha}\right\} \tag{4-26}$$

式中，$P(C<q)$为通行能力 C 小于交通流量 q 的概率；$F_C(q)$为通行能力分布函数，其是形状参数为 α、尺度参数为 $\eta(v_0-\beta_1)$的韦布尔分布。

此外，当假设 β_2 服从对数正态分布 $\mathrm{LN}(u,\sigma^2)$时，有

$$P(\beta_2 < b) = \Phi\left(\frac{\ln b - u}{\sigma}\right) \tag{4-27}$$

式中，$\Phi(\cdot)$为标准正态分布函数，u 为分布均值，σ^2 为分布方差。由式(4-22)和式(4-27)容易求得

$$F_C(q) = \Phi\left(\frac{\ln(q - q_{\mathrm{d}}) - \ln(v_0 - \beta_1) - u}{\sigma}\right), \quad q > q_{\mathrm{d}} \tag{4-28}$$

类似地，对退化率 β_2 的不同选择可以推导出不同交通拥堵发生概率和通行能力的分布函数。

应用上述模型分析北京市快速路(三环)某瓶颈路段上采集到的内侧 1 车道交通流数据和交通拥堵数据。该路段车辆限速值为 80km/h，根据速度-流量散点图，确定 $q_{\mathrm{d}}=900$ 小客车/h，交通拥堵速度阈值为 $v_0=40$km/h。应用上述数据可以对退化率、通行能力分布模型进行估计和验证。

由上述论述可知，应用模型(4-20)～模型(4-22)分析交通流退化现象和基于交通拥堵现象估计通行能力，其核心问题是给出退化率 β_2 的分布。而实际应用中，其分布往往是未知的。本书采用 Bootstrap[18]方法，基于实测数据给出其分布估计。基本思想如下：

(1) 从$(1,\cdots,n)$有放回地抽取 n 个随机数，记为 $i_1^*,\cdots,i_n^*$；

(2) $j=1,\cdots,n$，令 $q_j^*=q_{ij}^*, v_j^*=v_{ij}^*$；

(3) 对$(q_1^*,v_1^*),\cdots,(q_n^*,v_n^*)$拟合式(4-20)，求参数估计值 $\beta_{1r}^*,\beta_{2r}^*$；

(4) 重复(1)～(3)，$r=1,\cdots,R(R\geqslant 500)$；

(5) 应用 $\beta_{2r}^*(r=1,\cdots,R)$估计退化率 β_2 的分布，可通过对 β_2 不同的分布假设，进行拟合优度检验获取其分布估计。

表 4-10 是分别假设退化率 β_2 分布为逆韦布尔分布、对数正态分布、正态分布

应用卡方拟合优度的检验结果。从检验结果可以发现,退化率 β_2 的分布可用韦布尔分布拟合,即通行能力服从韦布尔分布拟合。把上述参数估计结果代入式(4-25),可得到该路段通行能力分布为

$$F_C(q) = 1 - \exp\left\{-\left[\frac{(q-900)}{1629}\right]^{21.57}\right\} \tag{4-29}$$

表 4-10　退化率 β_2 分布拟合结果

分布	参数估计值		拟合优度检验		
	尺度参数	形状参数	卡方值	自由度	P 值
逆韦布尔分布	40.74	21.57	113.46	7	0.000
对数正态分布	−3.68	0.046	10.61	6	0.101
正态分布	39.86	1.83	10.61	7	0.294

注:逆韦布尔分布检验是检验其倒数服从韦布尔分布;对数正态分布检验是检验其对数服从正态分布;正态分布是假设退化率倒数服从正态分布。

4.4　本章小结

本章叙述了通行行为的定义,并结合相关研究内容梳理了通行行为研究的框架体系。

早期的通行行为研究内容主要包括跟驰、超车、换车道、间隙接受(无信号交叉口理论)、路径选择等行为。

随着经济的发展,交通拥堵、交通安全、交通环境成为现代交通的主要热点问题。应用现代智能技术干预交通行为,提高交通系统的整体效果成为未来交通发展的趋势。相应地,竞争/协作通行行为、信息干预下的通行行为、网络尺度上的通行行为(包括速度、流量时空特性)、通行行为与社会(经济、环境)等方面的研究成为新的研究内容。

参考文献

[1] American Association of State Highway and Transportation Officials Executive Committee [EB/OL]. https://en.wikipedia.org/wiki/American_Association_of_State_Highway_and_Transportation_Officials[2001-10-11].

[2] Gartner N, Messer C J, Rathi A K. Monograph on traffic flow theory[R]. The Federal Highway Administration (FHWA), 1996.

[3] John L, Monica G, James L, et al. Human factors guidelines for road systems[J]. National Cooperative Highway Research Program, 2012.

[4] Ohta H. Individual differences in driving distance headway[C]. The Fourth International Conference on Vision in Vehicle, 1993:360.

[5] van Aerde M. A single regime speed-flow-density relationship for congested and uncongested highways[C]. The 74th Transportation Research Board Annul Meeting, Washington, DC, 1995.

[6] van Aerde M, Rakha H. Multivariate calibration of single regime speed-flow-density relationships[J]. Vehicle Navigation and Information Systems Conference, 1995:334-341.

[7] Shao C Q, Liu X M, Zhang Z Y. Calibrating car-following model considering measurement errors[J]. Advances in Mechanical Engineering, 2013, 5(4):890741.

[8] Bando M, Hasebe K, Nakayama A, et al. Dynamical model of traffic congestion and numerical simulation[J]. Physical Review E, 1995, 51(2):1035-1042.

[9] Helbing D, Tilch B. Generalized force model of traffic dynamic[J]. Physical Review E, 1998, 58:133-138.

[10] Mehmood A, Easa S M. Modeling reaction time in car-following behavior based on human factors[J]. International Journal of Engineering and Applied Sciences, 2009, 5(2):93-101.

[11] Newell G F. A simplified car-following theory: A lower order model[J]. Transportation Research Part B, 2002, 36(3):195-205.

[12] 邵长桥,刘江,荣建. 双车道公路上驾驶员超车行为研究[J]. 北京工业大学学报, 2007, 33(3):302-305.

[13] Brackstone M, Mcdonald M. Driver headway: How close is too close on a motorway? [J]. Ergonomics, 2007, 50(8):1183-1195.

[14] Transportation Research Board. Highway Capacity Manual[M]. Washington DC: National Research Council, 2000.

[15] Shao C, Liu X. Estimation of saturation flow rates at signalized intersections[J]. Discrete Dynamics in Nature and Society, 2012, 2012(1802):348-349.

[16] Hall F L, Agyemang-Duah K. Freeway capacity drop and the definition of capacity [J]. Transportation Research Record, 1991, 1320:91-97.

[17] Polus A, Pollatschek M A. Stochastic nature of freeway capacity and its estimation[J]. Journal of Canada Civil Engineering, 2002, 29:842-852.

[18] Davison A C, Hinkley D V. Bootstrap Methods and Their Application[M]. New York: Cambridge University Press, 1997.

第 5 章　慢行交通行为

慢行交通是城市居民出行方式中一种极为重要的交通出行方式，根据 2013 年《北京交通发展年报》统计，2012 年自行车出行量平均达 422 万人次/日，占总出行量的 13.9%。对于慢行交通中出行个体行为特性的研究，考虑交通出行中弱势群体的出行特点，分析个体和群体行为的产生原因，构建行人出行行为的量化评价及仿真模型，可以为城市交通管理者进行交通政策及组织方案的制订提供可靠的理论依据，更好地保障交通出行个体中弱势群体的利益，进一步提升城市交通运营的快捷性及安全性，为城市交通出行者提供更好的出行服务。本章首先介绍慢行交通的定义和分类；其次介绍理性行为下行人和非机动车行为的特点，并对非理性行为下行人和非机动车的行为特性及影响因素进行分析，构建行人和非机动车的不安全行为模型；再次介绍密集慢行交通中行人的行为特点及影响因素，阐述几种典型的行人行为；最后对异常事态和突发事态下行人行为特性及行为特性的影响因素进行分析。

5.1　慢行交通的定义和分类

5.1.1　慢行交通的定义

相对于快速和高速交通，慢行交通（slow mode transportation）是以步行和自行车为主体的、速度不大于 20km/h 的交通出行方式。电动自行车、助力车、电动轮椅等由于交通主体的特性不同，不包括在此范围内。慢行交通通常是指行人交通和自行车交通，轮椅、婴儿车与步行者的交通特性类似，因此也属于行人交通。

慢行交通是城市交通系统的重要组成部分，在出行链中，有两种交通方式：一种是全部依靠慢行交通的出行方式；另一种是混合出行方式，即首末端采取慢行交通，中间采用其他交通方式。慢行交通方式可解决“最后一公里”末端交通问题，它是机动化交通的有效补充。慢行交通绿色环保、出行成本低、占用资源少，是短距离出行的最佳方式。

5.1.2　慢行交通的分类

慢行交通按照交通状态可分为普通慢行交通、密集慢行交通和非常态慢行交通，其中普通慢行交通又可分为行人交通和自行车交通；按照路径可分为过街行为、路段行为和枢纽场站行为等。

1. 普通慢行交通

1）行人交通

行人交通是人类最基本的出行方式，具有较强的灵活性和便捷性。行人在步行时通达性高，几乎可以到达任何地方。同时，行人根据自己的喜好，可以自由地选择行走速度和行走路线。相对于机动车，行人从静止到全速的反应时间很短，可以迅速改变自身的运动状态。

受体力限制，行人出行的距离有限，步速也相对较慢。一般地，适宜的步行距离为500m左右，步行速度通常为1.0～1.3m/s。对于儿童和老年人，合理的步行距离相对较短。

为保证慢行者的交通安全、不受其他交通的干扰，需要提供必要的物理设施，如人行道、人行横道、人行隧道、人行天桥等。行人的交通特征表现在行人的速度、对个人空间的要求、步行时的注意力等方面，这些与行人的年龄、性别、出行目的等因素有关，也与行人生活的区域、街景和交通状况等相关。

2）自行车交通

自行车是社会推崇的绿色交通出行工具，具有机动灵活、准时方便、节能环保、强身健体、费用少等优点，是中、短距离出行中一种高效的交通方式，能提供门到门服务。

自行车最适宜的出行距离在5km以内，骑行速度一般为11～14km/h。此外，自行车出行成本较低，与机动车相比，自行车运行和停靠时所占用的道路面积较小。

自行车流具有群体性、离散性、不易控制等特性，自行车违章是导致道路交通混乱的一个重要因素，管理难度也较大。在道路交通事故中自行车处于弱势地位，且其出行具有不稳定性，容易受天气、地形条件等外界因素的影响。

2. 密集慢行交通

在密集人流下，由于行人间的相互干扰及集群作用的影响，行人往往展现出与稀疏客流下不一样的行为特性。受封闭行人设施的影响，在封闭的行人枢纽设施中，常常出现人流密集的情况。对人流密集情况下的行人行为进行研究，可以帮助交通运营管理者发现密集情况下行人的行为规律，更好地进行人流组织工作，保障行人设施的安全运营。

3. 非常态慢行交通

非常态慢行交通是指异常事态和突发事态下的交通行为，异常事态是指行人异常行为导致的影响周边行人行为的事件，突发事态是指超常规的、突然发生的、需要立即处理的、不寻常的大事。

5.2　普通慢行交通行为

普通慢行交通包括行人交通和非机动车交通。本节主要探讨行人和非机动车的理性行为和非理性行为，即行人和非机动车正常情况下的行为特性和违章情况下的行为特性。

5.2.1　理性行为

行人和非机动车的理性行为即其在正常情况下的行为。正常情况下，无论是行人还是机动车，都具有一定的特性。

1. 行人正常情况下的行为特性

行人正常情况下的行为特性体现在行人的步幅、步行速度及行人的过街安全心理距离等方面。

1) 行人的步幅和步行速度

行人步幅是指行人移动时跨出一步的距离，其大小不仅受性别、年龄的影响，而且常因人群密度、周围环境而异。老人、小孩步幅较小，大多数为 0.5～0.6m；女性步幅稍大，为 0.5～0.8m；男性步幅最大，95%的男性步幅为 0.7～0.8m。美国 ITE 经过数据分析得到行人步幅的平均值为 0.673m，同时指出，步幅大小与步行速度快慢几乎无关，但与行人的运动空间有关。

行人步行速度分布范围较广，与行人性别、年龄、出行目的有关，且受沿街建筑用地性质的影响。步行速度以中青年男性最快，然后是中青年女性、老年男性、老年女性，儿童的步行速度最不稳定。

有明确目的的行人速度要比漫无目的逛大街的人的高得多，单独行人的步行速度要比结伴行人的高。沿街建筑的用地性质对行人的吸引力也影响行人的步行速度，吸引力最强的是百货商店、服装店，其次是饮食店、副食品店等。在吸引力强的路段，行人步行速度略低于银行等吸引力弱的路段的步行速度。

行人步行速度一般采用 m/min、m/s 或 km/h 表示，又称分速度、秒速度或时速度。目前，我国大城市行人的步行速度特性与国外的情况略有差别，国外提出的行人速度为 45～105m/min，平均步幅为 0.7m。调查显示：无论是速度还是步幅，都是中、青年男性最高(速度平均值为 77m/min，步幅平均值为 0.665m)，其次为中、青年女性(速度平均值为 72.6m/min，步幅平均值为 0.624m)，再次为老年男性(速度平均值为 61.0m/min；步幅平均值为 0.571m)，最低为老年女性(速度平均值为 58.6m/min，步幅平均值为 0.53m)。所得平均步行速度为 72.5m/min，平均步幅为0.637m。对于过街步行者，前半幅速度较慢，后半幅速度较快，因为在前半幅行走时，对于安全还有些不放心，怕撞上车，进入后半幅则希望尽快离开危险之地，所以速度要快一些。

2) 行人过街安全心理距离

行人过街安全心理距离是指行人穿越某个车道前，该车道上距行人最近的机动车在到达人行横道时，其能够安全穿越的距离。根据车辆运行与行人过街的速度和距离关系可知，这一距离和机动车车速、车辆距离人行横道的距离、行人步行速度有直接的关系，可以表达为

$$L_s = V_i\left(\frac{nL_c}{V_p} + t\right) + C \tag{5-1}$$

式中，L_s 为路段行人过街安全心理距离；V_i 为第 i 车道机动车车速，m/s；L_c 为单条车道宽度，m；n 为车道数；V_p 为行人过街步行速度，m/s；C 为行人通过该车道时距离最近车辆的安全距离，可以取5m。

从式(5-1)中可以看出，决定路段行人安全距离判断的参数有两个，即速度和距离，个体之间的反应时间在正常情况下（无酗酒、无疾病）相差不大。因此，行人在过街决策中，对于速度和距离的判断就起到了根本性的作用，又因为行人的视野有限，对于特定路段，行人观察到来车时，车辆与行人的距离可看成一个固定的参数，因此，车速的估计是路段行人过街风险认知水平的关键因素。

2. 非机动车正常情况下的行为特性

非机动车的行为特性有如下特点：

(1) 摇摆性。非机动车自身平衡性仅能够维持动态的平衡，没有如同机动车那样固定的划车道线来限制其前进路线，非机动车在前进过程中经常偏离原有前进方向而呈左右摇摆的“蛇形”前进。同时非机动车转向灵活、反应敏捷，在行驶中也常因为超车、让车等情况出现横向摆动。

(2) 群体性。非机动车在骑行过程中没有固定的线路，车辆在非机动车道宽度方向随意行驶，同时非机动车体积小、转向灵活，在路段上不是严格按照有规律的纵向行列前进的，而是经常出现成群前进。造成非机动车成群前进的原因有两个，一是交叉口的截流、聚集、释放使得在某一时间断面的非机动车流强度明显高于其他时间的非机动车流强度，非机动车在路段上也出现群体的情况；二是共同出行的非机动车喜欢在道路上并排骑行，从而会影响后面骑行较快的车辆超越，形成非机动车群体前进的现象。根据实际观测，非机动车“群”是一个动态的过程，当后面期望车速较快的非机动车寻找到空当超越后，非机动车“群”会消失，但在下一个较慢的车辆集中处，还是会形成新的非机动车“群”。

(3) 离散性。与群体性相反，有些人不愿在陌生人群中骑行，也不愿紧紧尾随

他人，他们往往冲到前面单行，或滞后一段单行。

(4) 多变性。非机动车机动灵活易于转向、加速和减速，因此非机动车的速度与方向经常发生变化。骑行速度较快者经常穿插空当，因此非机动车的速度与方向呈现多变的特点。车速和方向的变化与非机动车流量有关。当流量很低时，非机动车能够自由骑行，这时非机动车的速度不会发生太大的变化，而方向则呈现自由摆动。当流量上升到一定程度后，非机动车的速度变化增加，方向变化则更加剧烈，主要方向变化在于寻找前方的空当超车穿行，流量继续上升以后，非机动车行驶受到限制，基本没有空当可以穿插，这个车队的速度将较为均一，方向变化也将减少。

5.2.2 非理性行为

普通慢行交通状态下的非理性行为是指行人和非机动车的违章行为，本节在对违章行为分析、违章影响因素分析的基础上，建立行人和非机动车的不安全行为模型。

1. 行人非理性行为

1) 行人违章行为分析

行人违章行为的心理因素主要有从众心理、侥幸心理、认知缺失、省能心理和集团心理。行人违章的心理需要包括安全的需要、自我实现的需要、独立的需要、尊重的需要、省时省力的需要和习惯的需要。此外还有时间和空间的需要、环境和其他需要。

基于计划行为理论对行人违反交通规则的行为进行研究，按照行人违章时不同的心理状态，将行人违章的行为分为故意违反交通规则(violation)、过失疏忽(lapse)和犯错误(error)三种。这三种行为与违规意愿有关，而违规意愿主要是由行人态度决定的。

(1) 故意违反交通规则行为。这是明知自己的做法是违规的却有意去从事的行为，例如，行人闯红灯，包括没有直行车辆只有转弯车辆时插空过街、有直行车辆和转弯车辆时也抢道过街，在有人行横道、过街天桥或者地下通道时不走这些设施而随意过街、乱穿马路、横穿道路翻越隔离带，一个车道一个车道地逐车道过街，跟随行人人流过街等。钱宇彬对二次设施附近行人过街违法现象进行调查，提出了车道数对行人违法率有较大影响，且车道数越多，行人违法率越低。行人等待时间在 90s 内时，违法率随时间的延长而下降；当等待时间超过 90s 以后，行人违法率则没有一定的规律。车头时距是影响行人过街的关键因素。为了探究行人穿越过街与车头时距的关系，余鑫等根据调查数据绘制了车头时距与行人穿行比例图，得出结论：行人穿越某一车道所需要的车头时距在 2.7s 以上(开始出现行人穿越)，而平均车头时距为 4.15s。另外调查显示，当等待合适的穿越时距超过 20s 时，行人就不再原地等待，甚至会发生违章过街现象。

(2) 过失疏忽行为，分为疏忽大意和过于自信两种。例如，在无信号交叉口感到车辆比较远(其实不安全)就冒险过街，在马路上嬉戏奔跑、打电话、与同伴交谈不注意来往车辆等。

(3) 犯错误行为，是指发生交通行为时的一些错误的习惯，如不注意对面的红绿灯就过街，在黄灯闪烁甚至红灯时过街，在没有人行道时不靠边行走，走在斑马线之外的溢出行为，过街前站在人行道边缘线之前等。图 5-1 是犯错误行为理论基本模型。此外，行人对风险感知的能力也会对违规行为产生影响。

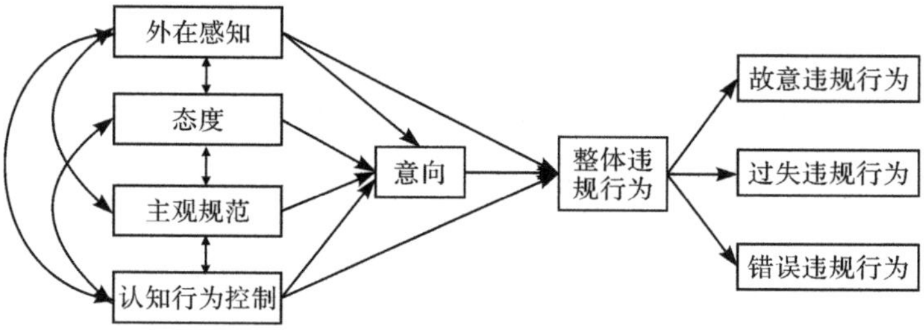

图 5-1　犯错误行为理论基本模型

2) 行人违章影响因素分析

行人在过街过程中受多种因素的影响，这些因素主要分为主观因素和客观因素两类。违章行为的产生是复杂的主观因素和客观因素共同作用的结果。

(1) 主观因素。主观因素包括个人对外在风险的感知、态度、主观规范和对认知行为的控制等。

(2) 客观因素。客观因素包括静态影响因素和动态影响因素两大类。

静态影响因素是指在较长时间段内，设置和属性等不发生变化的因素。这类影响因素一般不会受外界条件变化的干扰，它的存在是由城市规划需要、城市道路建设、交通设施设计的法规及规范决定的。

道路等级、是否有过街信号、过街信号时间、信号灯提示方式、人行横道宽度和长度、行人是一次过街还是二次过街、是否有安全岛、是否有中央隔离带、交叉口附近建筑物属性、是否有过街天桥或者地下通道、是否有隔离护栏等，这些因素中存在对行人产生过街吸引的物体，如交叉口附近的商业区、居住区或医院学校等，这样才能够产生一定量的行人过街需求。同时也存在对行人产生阻滞的物体，如中央隔离带等，这些物体由于所处位置不同，对行人产生的虚拟能量也不同，所以很大程度上会影响行人轨迹的变化。

动态影响因素是指在单位时间内不断发生变化的因素。这类因素由于其属性的变化而导致对行人的虚拟引力或斥力随之变化，如信号灯设置情况、可穿越车头时距、通过人行横道的机动车的干扰、对向行人流量、是否有人闯红灯等。以信号灯设置为例，当交叉口未设置行人信号灯时，信号灯对行人不存在任何干扰，即无任何来自信号的力或能量作用于行人；当交叉口设置行人信号灯时，信号灯对行人的作用可分为两个时间阶段进行考虑，一是行人绿灯信号期间，二是行人红灯信号期间。在行人绿灯信号期间，信号对行人产生一个较大的引力，相反，在红灯信号期间，信号对行人产生一个较大的斥力。

3）风险认知分析

行为安全与否和当事人对风险认知紧密相关。统计分析和归纳整理 2004～2005 年北京发生的行人路段过街历史事故中关于损失的描述数据，得出行人路段过街决策可能给行人带来的各种损失项目，据此设计采访提纲，并组织了一次小规模的访谈，根据访谈结果对调查项目进行了调整，将采访提纲中的部分调查项目删除。在访谈基础上形成了问卷初稿，选择在北京市区的一个居民小区内进行一次小规模的调查测试，检验调查项目是否能够被行人完全理解。根据小规模测试的反馈意见，对问卷初稿进行文字修改，最终形成了正式问卷。

问卷设计成李克特五点量表形式，备选答案从非常同意(5)排列到非常不同意(1)。问卷第二部分是被调查者的人口统计特征，包括性别、年龄、文化程度、收入水平等个人信息。表 5-1 为各类损失项目的列表、解释以及对应问卷的题目。

表 5-1　行人路段过街决策维度(损失)

测量项目	解释	对应问卷题目
致残	事故可能会导致伤残	4
健康影响	事故会对健康产生影响	3
工作学习影响	事故会影响工作和学习的进度和效果	14
经济损失	事故会造成额外的费用	1
出行可靠度影响	事故对期望出行目的产生的影响	11
医疗费	事故会产生医疗费用	2
驾驶员影响	驾驶员的行为会对我的安全产生影响	6
无法判断安全风险	对于过街安全无法准确判断导致事故	7
亲友看法	发生事故后亲友对事故的看法	13
过街时间	判断安全状况所花费的时间	9
无意识违章	过街过程中可能会有无意识的违章造成事故	8
其他行人影响	其他行人的行为会对我的安全产生影响	5
陌生人看法	其他人对我发生事故产生的看法	12
家人抱怨	发生事故后家人对我的抱怨	10

调查按性别和年龄进行配额抽样，随机选取人流较大的路段进行调查问卷的发放，选择不同的地点、不同的日期和时间段进行调查，以改善样本的代表性。为了更好地获得行人过街行为的真实信息，现场调查仅对刚完成过街行为的行人进行。

对行人过街决策风险认知四个维度的平均得分数据进行组均值对比分析，结果见表5-2。

表5-2 不同损失的风险认知比较

对比组一		对比组二		均值差
损失类别	组均值	损失类别	组均值	
身体损失	3.54	心理损失	3.13	0.41
		时间费用损失	3.33	0.21
		性能损失	3.48	0.06
		社会损失	3.17	0.36
心理损失	3.12	时间费用损失	3.33	−0.20
		性能损失	3.48	−0.35
		社会损失	3.18	−0.06
时间费用损失	3.33	性能损失	3.48	−0.15
		社会损失	3.17	0.16
性能损失	3.48	社会损失	3.17	0.31

从数据中可以看出，过街安全(身体损失)是行人过街决策中最关注的风险类别，但其绝对值水平不高。从表5-2可以得出，在过街风险认知的四个维度中，行人对身体损失的风险认知水平(3.54)显著高于其他损失类别。但行人对身体损失的风险认知水平仅达到同意(4)和无意见(3)的中间值水平，行人过街决策的过街安全风险认知也处于较低水平，这和现实交通中观测到的情况一致。

行人的过街决策可能带来损失的风险认知大致可分为三个档次。除了行人对身体损失的风险认知水平显著高于其他损失类别外，行人对心理损失的认知水平显著低于对时间费用损失(3.33)和性能损失(3.48)的认知水平。行人对社会损失、心理损失以及时间费用损失的风险认知水平之间无显著差异。研究结果表明，行人对过街可能产生损失的风险认知水平可分为三个档次，第一档次是身体损失，行人的风险认知水平最高；第二档次包括社会损失及时间费用损失、性能损失；第三档次是心理损失。

行人对过街决策可能带来的各类损失的重视程度与实际感知到的风险水平可能不一致。行人对风险的认知程度和安全性之间存在偏差，这种偏差导致行人过街违章行为的发生。常见的行人过街潜在风险行为如表5-3所示。

表 5-3　常见行人过街潜在风险行为

项目	安全性排序	样本数	均值	标准差
跟大家一起闯红灯	1	497	3.14	0.79
边带耳塞听音乐边过街	2	499	2.98	0.85
未完全完成过街的情况下斜穿追公交车	3	493	2.73	0.80
在绿灯闪烁最后几秒跑步过街	4	494	2.65	0.93
在视野内没有来车的情况下闯红灯过街	5	498	2.36	0.78
在认为安全的情况下不使用人行横道过街	6	499	2.32	0.82
在机动车道上等待红灯	7	489	2.21	0.87

对行人风险认知及其影响因子数据作独立样本 T 检验，主要处理结果见表 5-4。除无能为力因子，检验结果表明其他应变量男女组都符合方差齐性假设。

表 5-4　男女安全风险认知差异

检验项目	描述统计			
	性别	样本数	均值	标准差
风险认知	男	247	3.7094	0.8413
	女	253	3.985	0.7856
严重后果	男	247	3.68	0.84351
	女	253	3.9419	0.77126
无能为力	男	247	3.52	0.76155
	女	253	3.6829	0.85869
政府责任	男	247	3.4744	0.87747
	女	253	3.6216	0.98108

性别对路段行人过街安全风险认知水平会产生显著影响。女性安全风险认知水平中，风险认知、严重后果、无能为力、政府责任四个变量的均值均显著高于男性。女性的安全总体风险认知水平显著高于男性，其主要原因是：与男性相比，女性感知到问题引起的后果会更严重，同时，对安全问题也更加无能为力。

年龄对行人过街安全风险认知水平会产生显著影响，不同年龄组的行人过街安全风险认知水平及风险认知的影响因素存在显著的差异。其中，25 岁以下组行人的安全风险认知水平及对严重后果、无能为力因子的认知水平都显著高于 65 岁以上行人。对安全问题严重后果及无能为力因子的高认知水平导致 25 岁以下行人的风险认知水平超过了 65 岁以上组的行人。其他年龄组的行人对路段行人过街风险认知水平及严重后果因子的认知水平不存在显著差异。65 岁以上组行人对无能为力因子的认知水平显著低于其他组行人，但并没有影响其与 25～44

岁，以及 45～64 岁行人的总体风险认知水平。另外，不同年龄组行人对政府责任因子的看法不存在显著差异。风险认知水平差异最大的是 25 岁以下的年轻行人与 65 岁以上的老年行人，见表 5-5。

表 5-5 不同年龄风险认知差异

检验项目	描述统计				多重比较	
	年龄组	样本数	均值	标准差	对比组	差异值
风险认知	25 岁以下	136	4.03	0.62	65 岁以上	0.309
	25～44	115	3.87	0.77	—	—
	45～64	146	3.79	0.92	—	—
	65 岁以上	103	3.72	0.95	—	—
	平均	—	3.85	0.82	—	
严重后果	25 岁以下	136	3.98	0.62	65 岁以上	0.3552
	25～44	115	3.85	0.79	—	—
	45～64	146	3.80	0.90	—	—
	65 岁以上	103	3.63	0.91	—	—
	平均	—	3.82	0.81	—	—
无能为力	25 岁以下	136	3.7	0.69	65 岁以上	0.395
	25～44	115	3.69	0.77	65 岁以上	0.3913
	45～64	146	3.71	0.81	65 岁以上	0.4088
	65 岁以上	103	3.31	0.94	—	—
	平均	—	3.60	0.80	—	—
政府责任	25 岁以下	136	3.69	0.80	—	—
	25～44	115	3.59	0.91	—	—
	45～64	146	3.51	1.01	—	—
	65 岁以上	103	3.39	0.99	—	—
	平均	—	3.55	0.93	—	—

不同文化程度的行人的过街安全风险认知不存在显著差异。以文化程度为自变量，对行人风险认知及其影响因子数据作独立样本 T 检验，主要结果见表 5-6。Levene 检验表明，除无能为力因子，其他应变量都符合方差齐性假设。不同行人群体对过街风险认知及影响风险认知各因子的认知水平均不存在显著差异。

基于调查数据的实证研究发现，行人的路段过街安全风险认知具有三个特点：①行人忽视和夸大过街安全风险的现象同时存在，主要表现为忽视有路权情况下的过街行为安全风险以及夸大无路权情况下的过街风险水平；②行人过街安全风险认知与实际安全风险存在一定程度的一致性，这与外界信息的获取影响有关;③行人对过街安全风险存在矛盾认知,对同一过街行为,夸大与忽视其安全风险的现象同时存在,这可能是接收外部信息的同时,自身的实践结果对安全风险认知结果也产生了影响。

表 5-6　不同文化程度的风险认知差异

检验项目	描述统计				多重比较	
	文化程度	样本数	均值	标准差	对比组	差异值
风险认知	大学以下	284	3.77	0.82	−1.938	0.053
	大学及以上	216	3.92	0.83		
严重后果	大学以下	284	3.75	0.81	−1.588	0.113
	大学及以上	216	3.87	0.81		
无能为力	大学以下	284	3.58	0.76	−0.516	0.606
	大学及以上	216	3.62	0.86		
政府责任	大学以下	284	3.52	0.93	−0.464	0.643

4) 行人不安全行为模型

行人的个人属性、人格等参数对行人行为有着很大的影响,决定着行人的行为。以计划行为理论为基础,加入人格、个人属性以及风险感知构造扩展的计划行为理论,为行人不安全行为模型的构建提供支持。

模型共分三层:第一层为个人属性和人格因素,为外部因素;第二层为影响意向的因素,主要包括风险感知、态度、主观规范和认知行为控制,并且这四个变量互相影响;第三层为行为意向。模型架构见图 5-2,模型见图 5-3。其中:

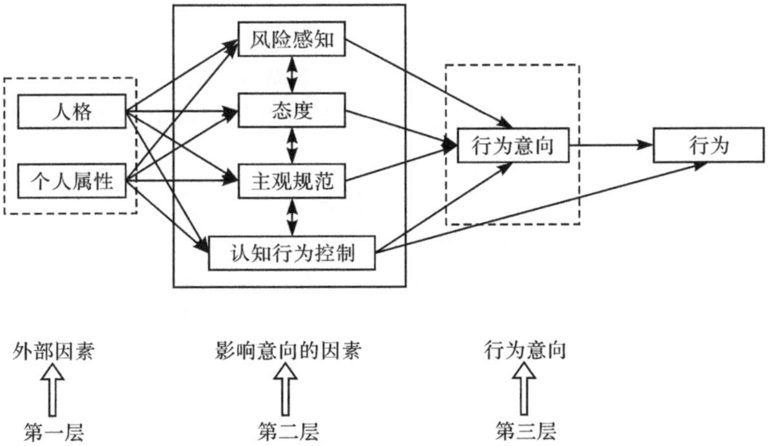

图 5-2　行人不安全行为模型架构

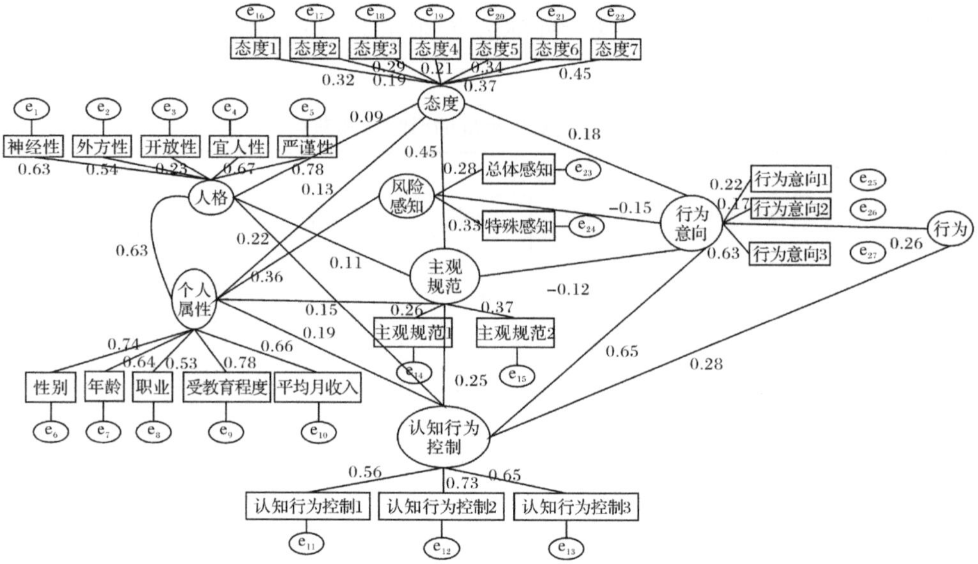

图 5-3　行人不安全行为模型

(1) 主观规范是指个体在决策中执行某特定行为时感知到的社会压力。

(2) 认知行为控制是指感知到的控制能力及困难程度。

(3) 态度是个体对执行某特定行为喜爱程度的评估。

(4) 风险感知是指具有某类人格特征的个体在对风险情境的预测上更为积极或消极,从而导致的不同的行为反应方式。

(5) 行为主要是指行人的违章行为,如闯红灯、乱穿马路等。

通过图 5-3 可以得到如下结论:

(1) 风险感知、态度、认知行为控制以及主观规范都会对行为意向产生影响,且风险感知对行为意向有显著的负影响,因为当出行者感知风险越强时,越不会采取违章行为,这与理论是相符的。

(2) 认知行为控制对行为意向的影响最显著,达到了 0.65,这说明行人周围环境会在一定程度上限制违章行为的产生。

(3) 认知行为控制和行为意向对违章行为有正向的显著影响。

以上结论可以用下面两组公式表示:

$$违章意向 =(-0.15)\ 风险感知 +(0.18)\ 态度 +(0.65)\ 认知行为控制 +(-0.12)\ 主观规范$$

$$违章行为=(0.28)认知行为控制+(0.26)行为意向$$

2. 非机动车非理性行为

1) 非机动车违章行为分析

非机动车的违章行为主要有骑攀扶车辆、单手掌把或双手离把、逆向行驶、醉酒驾车、超速行驶、占用机动车道行驶、违章载人等。类似地，基于计划行为理论对非机动车违反交通规则的行为研究，将非机动车的违章行为分为故意违反交通规则、过失疏忽和犯错误三种。这三种行为与违规意愿有关，而违规意愿主要是由非机动车骑行者态度决定的。

(1) 故意违反交通规则行为，即明知自己的做法是违规的却有意去从事的行为，如非机动车逆行、在机动车道行驶、在人行道行驶、醉酒行驶等。

(2) 过失疏忽行为，分疏忽大意和过于自信两种。例如，在信号交叉口感觉到车辆比较远(其实不安全)就冒险过街、骑车打电话、与同伴交谈不注意来往车辆等。

(3) 犯错误行为，是指发生交通行为时的一些错误的习惯，例如，不注意对面的非机动车红绿灯就过街，在行人黄灯闪烁及红灯时过街，走在非机动车道之外的溢出行为等。

2) 非机动车违章影响因素分析

非机动车在行驶过程中受多种因素的影响，主要分为主观因素和客观因素两类。

(1) 主观因素。同样借鉴计划行为理论，主观因素包括非机动车使用者态度、主观规范、知觉行为控制和行为经验等。

(2) 客观因素。客观因素是指在使用非机动车出行过程中，非出行者自身行为的因素，这类因素一般不会受到外界条件的变化的干扰，如城市道路交通设施设计、道路交通组织情况、道路交通流量、机动车行驶情况等。

3) 非机动车不安全行为模型

非机动车个体对于不安全行为的态度、主观规范、知觉行为控制、行为经验影响着骑行者参与不安全行为的意向，并由行为意向最终导致骑行者的不安全行为。非机动车不安全行为模型架构见图 5-4，非机动车不安全行为模型见图 5-5。

从模型中可得到的结论如下：

(1) 态度、知觉行为控制和行为经验对不安全行为意向有着显著影响且正相关。

(2) 在态度方面，态度对不安全行为意向影响路径系数为 0.21，说明非机动车使用者的态度对不安全行为意向有正向影响。当受访者在态度上倾向于参与不安全行为时，会导致产生不安全行为意向，进而产生不安全行为。由此说明交通安全部门应该加强非机动车骑行者自身违法行为教育，端正态度。

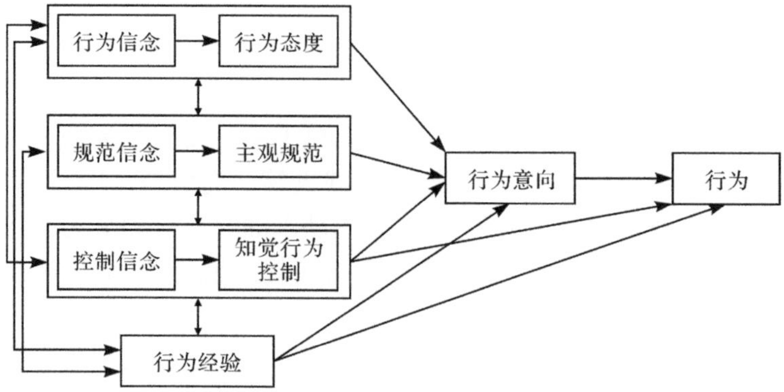

图 5-4　非机动车不安全行为模型架构

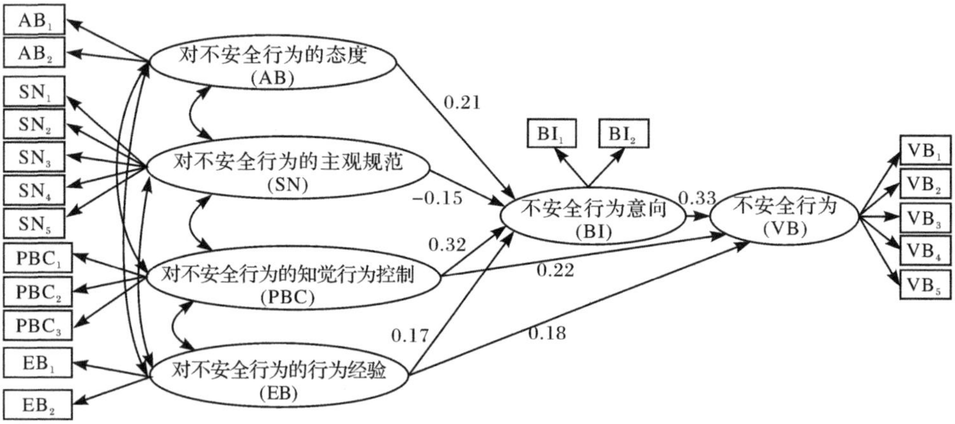

图 5-5　非机动车不安全行为模型

(3) 主观规范与不安全行为意向为负相关，是唯一能降低不安全行为意向的价值观。调查表明，不安全行为在大众的行为规范中是不被认可的。同时，人的主观规范受其社会关系的劝导可以制约其参与不安全行为。在这些社会关系中以家人劝导(4.1)的影响最深。出乎意料的是交通安全专家(3.45)的影响最低，说明专家在参与交通安全宣传时应注重宣传的方式与方法。

(4) 从结构路径图可以发现，知觉行为控制为影响不安全行为意向的最重要因子，其路径系数为 0.32，说明人们对于不安全行为意向很大程度上取决于其自我控制能力，在无人监督的情况下，受访者倾向参与不安全行为，而在交警的监督下，受访者控制能力增强。这说明我国政府在交通安全方面的宣传教育还比较欠缺，公民的交通意识比较淡薄，同时对于非机动骑行者的不安全行为缺乏有效的管制。

(5) 对于新增变量行为经验，其正相关于不安全行为意向表示行为经验的积累会促使不安全行为的再次发生。

(6) 知觉行为控制(路径系数为 0.22)和行为经验(路径系数为 0.18)与不安全行为有直接关系，表明随着不安全行为的增多及不断重复，自我控制能力不断减弱，进而形成习惯，从而跳过行为意向直接作用于行为。

(7) 不安全行为意向对不安全行为的产生有着显著影响且为正相关(路径系数为 0.33)，是直接影响行为的最重要因素。抑制不安全行为意向可以有效地减少不安全行为，这也是交通安全工作的重点。

以上结论可以用下面两组公式表示：

$$\begin{aligned}\text{不安全行为意向} = & (0.21)\text{态度} + (-0.15)\text{主观规范} \\ & + (0.32)\text{知觉行为控制} + (0.17)\text{行为经验}\end{aligned}$$

$$\begin{aligned}\text{不安全行为} = & (0.33)\text{不安全行为意向} + (0.22)\text{知觉行为控制} \\ & + (0.18)\text{行为经验}\end{aligned}$$

5.3　密集慢行交通行为

密集慢行交通下行人流展现出许多集群性特征，对客流组织运营和行人安全保障将产生重大影响，本节主要对密集人流情况下的行人行为进行深入剖析。

5.3.1　行人交通行为的特点

一般来说，行人交通行为具有以下特性：

(1) 目标性。向前方或最终目的地前进，同时行人个体会按照效用最大化原则完成运动轨迹。

(2) 机动性。倾向于保持个体最优的速度。

(3) 个体性。行人个体是运动的指挥者，行人行走过程主要根据自身判断，不会为了达到整体特征而行走；而且人群(不是队伍)中没有核心人物进行指挥；受到外界刺激，人员反应绝大部分受个性影响，结伴组成影响较少，群体行为来自于个体之间的互动影响。

(4) 约束性。人群受场地条件及周边行人个体制约，产生个体交通变化，造成整体形态、交通特征发生变化。

(5) 协调性。多个行人个体构成人群，具有一定的目的性和时空协调性，对环境变化能做出有效反应。

(6) 结伴组团性。行人会有结伴的情况(认识或者不认识)，在人群中形成次一级团组；结伴队伍以及人群中行人在相互作用下，会影响独立个体的运动轨迹或者行为。

(7) 自组织性。在高密度条件下,人群有自组织现象。

5.3.2 行人交通行为的影响因素

行人在场所内的活动、移动目的、建筑与设施环境、拥挤程度、车辆运营及行人个人属性均对行人行为产生影响[2,3]。典型的影响因素如下:

(1) 步行以外的活动。人群在枢纽内的活动不仅是行走,还包括购票、检票、购物等行为,这些活动会阻碍其他行人的移动,如售票机前的排队现象。

(2) 时间压力。时间紧迫的行人多高速行走,并常强行通过人群。相反地,放松的行人多慢速行走,甚至处于闲荡状态,在一段时间内没有具体的目的地。

(3) 拥挤程度及拥挤感受。不同的拥挤程度及不同人对拥挤感受的差异对行人行为都会产生影响,如路径选择行为。

(4) 到达和离开时间。对交通枢纽、地铁站等公共交通设施乘客到达和离开的时间分布基本上是由公共交通的时刻表来决定的。其中的一个特性是非连续的到发时间使得人流量的变化幅度很大,而流量变化带来的拥挤程度变化会对行人行为造成较大影响,如高峰时段的自组织行为形成。图 5-6 为东直门枢纽 2～13 号线换乘通道的早高峰 7:00～9:00 乘客流量变化情况。从图中可以看出,换乘通道的乘客流量与车辆的到达紧密相关,时间分布峰值明显。

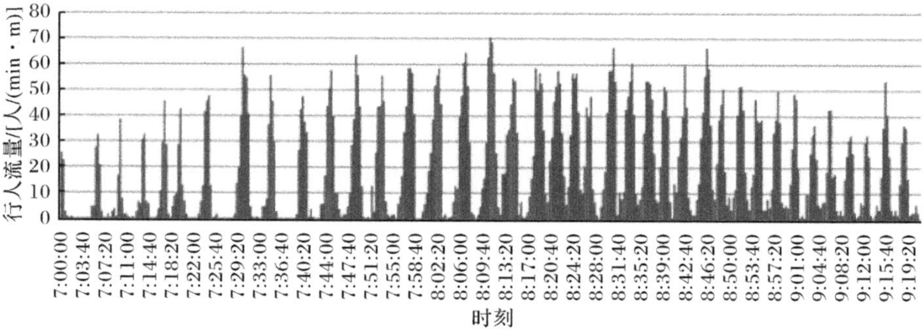

图 5-6 早高峰东直门枢纽换乘通道流量时间分布图

(5) 建筑及周边行人环境。行人运动中对环境的反馈有相应的逻辑规则,如避免冲撞、选择最小费用、条件判断、习惯行为、无意识(不注意)行为、遵守法则约束、遵循信息引导等。

(6) 环境观察能力。行人往往通过潜意识的"扫描"过程对环境进行观察,以避开地面的一些小的障碍物,女性会比男性有更多的时间进行环境扫描。高度的合作关系是一种固有的行人行为,行人期望与他人协作,而不是在完成步行任务中成为他人的障碍。

(7) 与行人对建筑或设施环境的观察类似,行人也会对周边的行人进行观察,观察范围并非一个圆圈，而是一个椭圆形，两边狭窄，前方最长，而且该椭圆形的观察范围随交通密度的变化而变化。

(8) 个人属性。乘客的个人属性对行为也会产生重要的影响，这些个人属性包括年龄、性别、个体大小、健康状况、体力、出行目的、情绪和意志等，当然，行人携带的物品也会对行人的行为产生影响。

5.3.3 典型行人行为

行人交通流中，可观测到几种典型的交通行为，包括行人路径选择行为、自组织行为、行人拥挤反应行为等，这些行为对枢纽的正常运行有重要影响，也是枢纽运行监控中需要重点关注的内容。

1. 路径选择行为

1) 路径选择定义

路径选择是行人在各种内、外因素的综合影响下，从起点经过一系列中间节点到达目的地的过程，是行人理性决策与习惯性行为交互作用的结果。密集行人场所设施的布局组合构成了行人的可选路径的集合。通过研究行人的路径选择行为，可对密集场所内的人流进行交通分配，为深入研究人流步行行为提供理论支持。在上述背景下，基于行人路径选择影响机理的分析，根据效用最大化理论，对行人路径选择行为进行调查，建立行人路径选择模型——场所拓扑模型。

行人密集场所是行人活动的连续空间，为了方便研究路径选择行为，枢纽或车站可抽象为节点和步行链路构成的点线拓扑结构[3]。

2) 行人路径选择影响机理分析

行人行走路径的选择是宏观选择和微观选择相结合的过程。行人会根据目的地，首先确定行进方向，在相同的指向比较可选路径时，根据沿途阻抗的判断、习惯做出决定，依次确定每一个目标点，同步形成选择路径，最终形成从起点到终点的行走路线。

从交通条件和出行者特性的角度分析，行人路径选择的影响因素包括内部因素和外部因素。

(1) 外部因素。主要包括步行网络特性和线路特性。前者是指可供行人选择的线路数量及各线路之间的重复性，后者主要包括步行距离、步行时间和拥挤程度。一般情况下，行人倾向于选择距离最短的路径，这样步行时间通常也最短。

(2) 内部因素。①决策方式：行人一般基于一种决策方式做出路径选择，不同的决策方式可能产生不同的选择。决策方式分为单阶段决策和动态决策两种，前者指在出行之初出行者只进行一次出行路线的决策，后者则指整个出行过程中出行者要进行多次出行路线的选择，即根据具体的交通状况进行动态决策。②行为习惯：指行人具有就近选择、冲突避免、排队跟随等习惯。③体力消耗：是乘客垂直方向路径选择的主要影响因素，在合理延迟时间内，极少数行人会选择走楼梯而不是自动扶梯，体现了对设施的偏好。④对环境的熟悉程度：乘客对环境的熟悉程度在某种程度上决定了其决策方式。⑤出行目的：不同的出行目的也会对行人路径选择造成一定的影响。

行人路径选择是外部影响因素和内部影响因素相互作用直至均衡的过程。密集人群场所布局决定了步行网络特征与步行距离，行人初始的路径选择形成了各步行链路(一条路径中的各个步行区段)的拥挤度，拥挤度和步行距离共同作用导致步行时间发生改变(初始为自由流步行时间)，从而影响出行者的效率，进而各条可选路径的选择概率发生变化。经过多次反馈迭代，最终达到行人路径选择的均衡状态。

3) 行人路径选择模型的构建

(1) 效用最大化理论及多项 Logit 模型。离散选择模型是近年来在交通领域应用较广的一类数学模型，适用于对个体选择行为做出定量的描述分析，其基本假设是效用最大化。行人的路径选择就是行人对路径上的各种设施与自身行为相互作用产生的效用进行估计与预测，从而选择最优路径以达到总体效用最大化的过程。效用函数的基本表达形式如下：

$$U_r = V_r + \varepsilon_r \tag{5-2}$$

式中，U_r 为路径 r 的效用；V_r 为效用的可观测部分，包含影响路径选择行为的参数；ε_r 为效用的不可观测部分，即随机项。

多项 Logit 模型是应用最为广泛的离散选择模型，出行者 n 选择路径 r 的概率为

$$\mathrm{Pn}(r) = \frac{\exp(V_r)}{\sum_{j \in R_n} \exp(V_j)} \tag{5-3}$$

(2) 模型假设。本节对路径选择模型做出以下两点假设：①行人出行目的单一，一般选择相似的路径，受行为习惯的影响较小，他们不仅对场所的静态环境十分熟悉，同时也很了解场所的动态环境(如可能发生拥堵的位置和路径)，因此，进行路径选择时行人采用的是单阶段决策方式。从这一角度对影响因素进行简化，即行人主要受步行网络特征、线路特征和体力消耗因素的影响。②假设行人个体的路径选择具有相似性。假定出行者所有的决定都是理性的，是依据客观信息(如步行时间和拥挤程度等)产生的，即假设这些行人进行路径选择时考虑的主要因素没有实质性的差别。

(3) 模型建立。基于对乘客路径选择影响机理的分析，结合实际观测和国外

学者的研究成果，选取步行距离、步行时间、垂直步行设施类型、路径重复系数作为主要影响因素，效用函数的表达形式如下：

$$U_r = \alpha \sum L_r^{\mathrm{l}} + \beta \sum L_r^{\mathrm{v}} + \gamma \sum T_r^{\mathrm{l}} + \theta \sum T_r^{\mathrm{s}} + \lambda \sum T_r^{\theta} + \delta A_i + \xi \mathrm{PS}_r + \varepsilon_r \tag{5-4}$$

式中，L_r^{l} 和 L_r^{v} 分别为水平设施长度和垂直设施长度，m；T_r^{l}、T_r^{s}、T_r^{θ} 分别为水平设施步行时间、楼梯步行时间、自动扶梯步行时间，s；α、β、γ、θ、λ、δ、ξ 为待定系数；PS_r 为路径 r 的重复系数，是反映每条路径与可选路径集中其他路径之间重复情况的变量。

2. 自组织行为

1) 瓶颈行为

当上游行人到达流率大于下游设施通行能力时，就会形成瓶颈。按设施匹配情况，可以把枢纽可能形成瓶颈的地点分为三大类：

(1) 同类设施，因几何尺寸不同而导致的通行能力不匹配。

(2) 不同种类设施，因设施本身通行能力的差异而导致的通行能力不匹配。

(3) 上述两种情况共同形成的组合瓶颈，如站台与楼梯的衔接处、枢纽的出入口等。在瓶颈处，到达流率大于瓶颈通行能力会导致行人的堆积，在瓶颈处形成扇形高密度区，如图 5-7 所示。

图 5-7　枢纽瓶颈行为

观察发现，瓶颈设施在最大通行能力或接近通行能力时的使用情况与自由流状态下的使用情况很不相同。自由流状态下，行人多在瓶颈通道的中间部位行走，尽可能地拉大行人之间的距离。当行人流率到达或超过瓶颈通行能力时，后面的行人往往会跟随前面的行人，被迫缩短行人之间的间隔，瓶颈的空间利用率达到最高。

瓶颈的存在改变了行人的步行状态，破坏了行人行走的连续性。特别是在紧急情况下，由于人们都有提前进入的心理，改变了平常状态下自我调节的步态，产生越急越慢的效应，容易导致行人在瓶颈处大量积聚，安全隐患较大。因此，在设计行人设施时，要充分考虑上、下游设施通行能力的匹配问题，尽量减少瓶颈的存在。

2）自动渠化

众所周知，在拥挤人群，前进方向相反的两组行人流在移动过程中往往会趋向分开并自动形成类似“车道”的连续人流。在每个“车道”中行人移动的方向是一致的，这种常见的现象称为自动渠化（或称队列形成、成流）现象。

人流的空间结构与右手规则下的交通流的形成类似，在中等宽度的人行通道，一般在道路右侧形成人流。在发生交织的交通流，也会出现类似的结果，即沿同一方向形成行人带或移动集群，如图 5-8 所示。

图 5-8　自动渠化现象

自动渠化形成也是双向交通流情况下相比单向交通流下通道通行能力下降的主要原因（据调查，影响范围为 4%～14.5%）。当双向行人流量都比较大时，中间两条“车道”的行人交织在一起，通行能力锐减。当双向行人流量差异较大时，中间“车道”的交织对行人流量较低方向的通行能力的影响更为明显。

在有多向行人流的交织处，可利用自动渠化原理，类似机动车环形交叉口的做法，在相交处设置圆形障碍物形成绕行，可以减少步行效率的损失。

3) 徘徊行为

密集行人场所的行人行走环境多为封闭的空间，大多数行人没有方向感，对环境不熟悉的行人在进行路径选择时基本依赖于枢纽内部的引导标志与标线，当标志、标线设置不合理时，容易导致行人在路径节点减速甚至驻足停留以做出判断，在这种情况下，就会产生徘徊行为，如图5-9所示。

图5-9　交通枢纽内的徘徊现象

大型综合枢纽的环境复杂，如果出行者无法及时得到准确的指路信息，不熟悉环境的行人将会放慢步速，甚至停下来寻找所需的指路信息，在客流密度较大时，必然会影响人流的连续移动，造成人流阻塞，进而影响行人设施的通过能力。

本质上，大多数徘徊行为的产生是由标志、标线的不合理设置造成的。因此，在设施布局不能改变的情况下，合理的标志、标线设置，对拥挤行人疏散能力的提高也是有显著作用的。

4) 行人应急行为

正常情况下，枢纽行人表现出愉悦、平坦的心理。突发事件的发生，易导致整个群体尤其是未经历过灾难的人们的心理负担突然加重，心理危机通常会以突发的、爆发的姿态呈现，表现在以下几个方面：

(1) 恐慌。行人对突发事件最直接的反应即恐慌，常出现肌肉紧张、过度警觉、过度自律性反射(如心悸、气促、口干、恶心)等征兆，导致反应迟钝、不知所措，甚至盲目拥挤。

(2) 疲劳烦躁。突发事件通常伴有巨大的噪声，如车声、喊话声、作业声等。噪声会使人的生理机能发生变化，产生听觉障碍，导致心理疲劳、烦躁和易怒等。

(3) 从众心理。由于认识和掌握知识的局限性，大多数人对突发事件的应对表现为束手无策，且极易产生从众心理。

以上心理均容易使出行者做出错误的判断，甚至做出错误的行为，从而难以保持正常出行状态。但是，通过工作人员的统一指挥和正确的信息诱导，这些应急状态下的不良心理会转化为集体理性行为。

3. 行人拥挤反应行为

不同拥挤程度的交通条件及行人对拥挤的感受直接影响行人的行为。为掌握我国行人在高峰拥挤状态下的拥挤感受及行为，结合对多个城市的行人拥挤感受问卷调查成果，采用有序回归分析方法，构建拥挤状态下的反应选择模型。

1）各类型场所下的心理感受

调查对比相同拥挤条件的场景下，人们对不同类型场所的感受，共得到有效样本 3612 组。

行人行为受心理感受的影响，进而影响其交通特性。感觉危险的地方，行人的行为会更保守一些。这类场所，需要更多的配套设施，以满足行人的服务要求；或者采用更为严格的设计通行能力，保证活动进行的状态良好。针对同等拥挤状态，行人倾向于选择安全感最高的场地类型，有关选项统计如图 5-10 所示。根据行人的感受，进行不同类型场地的规划和组织时，对地下空间（地下通道）、空中建筑（人行天桥）等场地，应加派引导人员，或者采取更严格的指标控制行人流量。

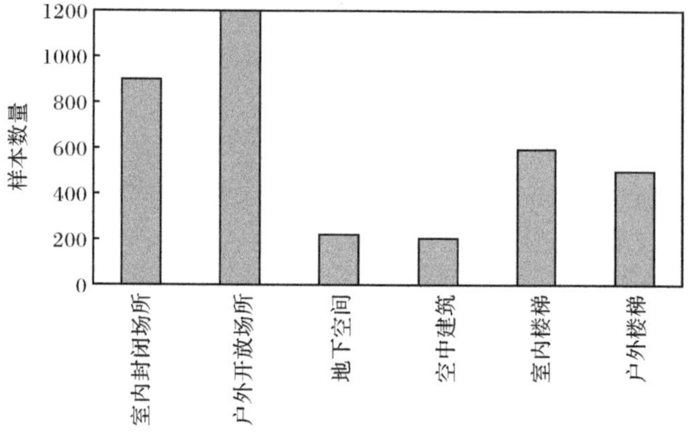

图 5-10 行人的安全感最高的场地类型选择

2）拥挤状态下的反应选择模型

拥挤状态下的反应选项包括：①在队伍中挤别人；②没什么，随大流走；③刻意观察出口标识；④随意观察旁边的情况。在 3571 个有效样本中，拥挤状态下的反应选择情况见图 5-11。柱状图为每个选项所占比例，折线图为累积百分比。

对拥挤状态下的反应，通过有序回归分析，得到效用函数的参数估计指标，见表 5-7。

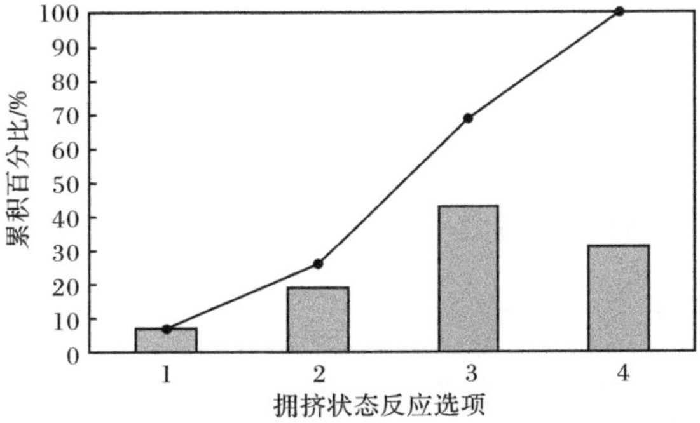

图 5-11 行人拥挤状态反应选择

表 5-7 拥挤状态反应效用函数参数估计

变量名称	参数估计值	标准差	Wald 统计量	自由度	显著性水平	95%置信区间	
						下界	上界
阈值[y=1]	−2.916	0.236	152.108	1	0.000	−3.380	−2.453
阈值[y=2]	−1.262	0.229	30.521	1	0.000	−1.710	−0.815
阈值[y=3]	0.618	0.228	7.361	1	0.007	0.171	1.064
x_1	-3.227×10^{-2}	0.038	0.739	1	0.390	−0.106	4.130×10^{-2}
x_2	-2.373×10^{-3}	0.018	0.017	1	0.896	-3.787×10^{-2}	3.312×10^{-2}
x_3	-2.267×10^{-2}	0.086	0.070	1	0.792	−0.191	0.146

根据参数估计，得到 $\hat{\beta}_0^1=-2.916$，$\hat{\beta}_0^2=-1.262$，$\hat{\beta}_0^3=0.618$，$\hat{\beta}_1=-0.032$，$\hat{\beta}_2=-0.002$，$\hat{\beta}_3=-0.027$，确定相应选项效用模型，函数关系如下：

$$\begin{cases} y_1=-2.916-0.032x_1-0.002x_2-0.027x_3 \\ y_2=-1.262-0.032x_1-0.002x_2-0.027x_3 \\ y_3=0.618-0.032x_1-0.002x_2-0.027x_3 \end{cases} \tag{5-5}$$

通过效用函数，计算得到行人拥挤反应的 Logit 模型如下：

$$\begin{cases} P_1=\dfrac{1}{1+e^{2.916+0.032x_1+0.002x_2+0.027x_3}} \\ P_2=\dfrac{1}{1+e^{1.262+0.032x_1+0.002x_2+0.027x_3}}-P_1 \\ P_3=\dfrac{1}{1+e^{-0.618+0.032x_1+0.002x_2+0.027x_3}}-(P_1+P_2) \\ P_4=1-(P_1+P_2+P_3) \end{cases} \tag{5-6}$$

式中，P_i 为选择第 i 个选项（发生相应的行为）的概率，$i=1,2,3,4$；x_1 为年龄类别，$x_1=1,2,3,\cdots,6$；x_2 为身高类别，$x_2=1,2,3,\cdots,8$；x_3 为性别，男用 1 表示，女

用 0 表示。

5.4 非常态慢行交通行为

5.4.1 异常事件下的行人行为

1. 行人异常事件的定义和类型

目前对于行人异常事件的定义并无统一的规定，这是因为在不同场合对于异常事件的定义也不相同，例如，个体在录音室大声歌唱并不属于异常事件，但若在图书馆内大声歌唱就属于异常事件。客运枢纽内的异常事件[4]定义为区别于绝大多数行人的行为，会使周边行人感到反常或奇特，会对周边行人产生吸引或排斥作用，其大致可以分为摆卖货品、杂耍卖艺、吵闹打架、伤病跌倒、行人逆行、暴力恐怖、应急避难。本节所指的异常事件是指对周边行人具有一定吸引作用、使其向异常事件处聚集的异常事件，称为集聚型异常事件。集聚型异常事件主要包括异常事件分类中的前四种类型，即摆卖货品、杂耍卖艺、吵闹打架和伤病跌倒。

2. 异常事件情况下的个体行为

当发生异常事件时，异常事件周边行人会对异常事件做出相应的反应[5]。行人的反应过程为：当异常事件源或异常事件吸引的围观人群聚集圈出现在行人视野中时，行人会对异常事件进行判断，在对异常事件判断后，不同特性的行人对异常事件产生不同的反应（如漠视、驻足、围观），行人反应过程如图 5-12 所示。

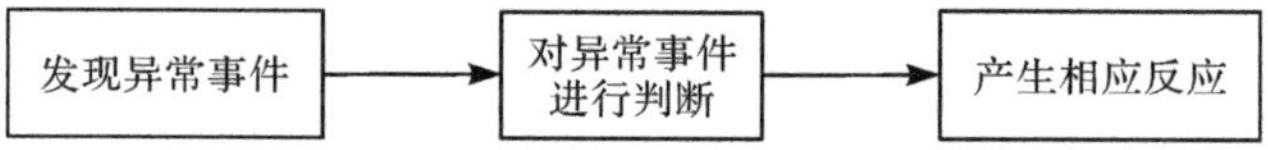

图 5-12 行人对异常事件的反应过程

行人对异常事件的反应大体可以分为三种类型：漠视类型、驻足类型和围观类型。

(1) 漠视类型。漠视类型是指对异常事件毫无兴趣，像正常情况一样行走的行人。

(2) 驻足类型。驻足类型是指对异常事件较感兴趣，驻足观望的行人。驻足类型的行人在发现异常事件后，采取的行为为在原地观望，当了解到自己希望获取的信息或彻底对异常事件丧失兴趣后，再离开异常事件的吸引区域，向目的地行进。

（3）围观类型。围观类型是指对异常事件极感兴趣，向异常事件靠近围观的行人。围观类型的行人在发现异常事件后，采取的行为为接近异常事件的发生位置，了解异常事件的详细信息，在对信息失去兴趣或处置完异常事件后，再离开异常事件的吸引区域，向目的地行进。

针对不同类型的异常事件，行人类型的比例及相关参数也不尽相同，为了解行人对不同类型异常事件的反应效果，本书设计了《通道内行人受异常事件吸引调查问卷》，调研共收集了有效问卷 102 份，所调研人员中性别与年龄比例见图 5-13。调研的事件类型包括摆卖货品、杂耍卖艺、吵闹打架、伤病跌倒及不明原因五种，调研结果如表 5-8 所示。

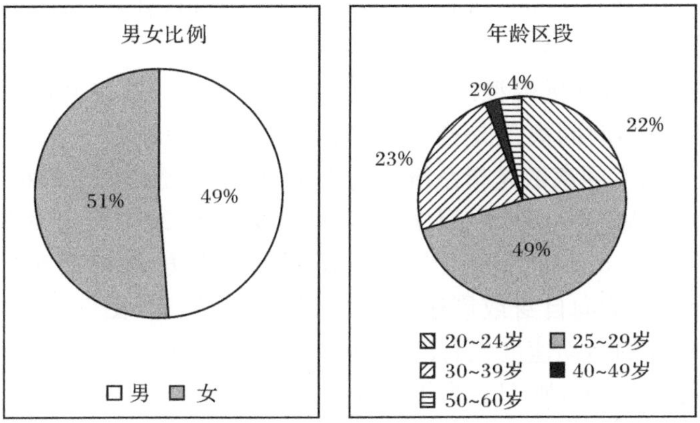

(a) 男女比例　　　　　　(b) 年龄区段

图 5-13　行人受异常事件吸引调研结果

表 5-8　行人受异常事件吸引调研参数统计表

事件类型＼参数	漠视比例/%	驻足比例/%	围观比例/%	驻足时间/s	围观时间/s
摆卖货品	57	37	6	7.26	30
杂耍卖艺	55	35	10	8.70	49
吵闹打架	61	21	18	9.09	80
伤病跌倒	21	63	16	18.75	150
不明原因	39	51	10	8.72	160

3. 异常事件情况下的枢纽行人仿真模型

本节建立的模型以行人元胞自动机模型为基础，提出的模型建立在一个 $W\times$

H 的平面二维离散系统中，即该系统由 $W \times H$ 个大小相等的元胞组成，系统的长度为 W 个元胞边长之和，代表通道的长度，系统的宽度为 H 个元胞边长，代表通道的宽度。

该系统中共有三种元胞类型：墙元胞、空元胞和行人元胞。墙元胞代表人行通道的墙壁，其不可被行人元胞占用；空元胞代表人行通道中的空旷区域，其可以被行人元胞占用；行人元胞代表人行通道中的行人，其可以占用周围邻域的空元胞，但不可以占用墙元胞。系统共有上、下、左、右四个边界，上边界和下边界分别由 W 个墙元胞组成，左边界和右边界分别由 $H-2$ 个空元胞和 2 个墙元胞组成，左边界的空元胞会以一定概率变为行人元胞，代表行人进入通道，当行人元胞到达右边界时，会重新变为空心元胞，代表行人离开通道，在该系统中，行人的运动方向为从左边界到右边界[6]。

按照经典元胞自动机模型的规定，系统具有时间离散、空间离散及状态离散的特征。本系统中，时间离散是指每一时间步长系统只刷新一次，系统中规定的时间步长为 0.4s；空间离散是指系统由若干个离散的元胞组成，根据《美国道路通行能力手册》(HCM2000)中对行人行走空间的规定，系统中设定系统中的元胞大小为一个 0.5m×0.5m，即总面积为 0.25m^2 的正方形方格；状态离散是指每个时间步长行人元胞仅能向自身或周边的八个邻域元胞运动(图 5-14)0 个或 1 个元胞的距离，即行人的运动速度只有两个数值，即 0 或者 V_{max}，系统中元胞的边长为 0.5m，时间步长为 0.4s，则 V_{max} 为 1.25m/s。

$P_{-1,-1}$	$P_{0,-1}$	$P_{1,-1}$
$P_{-1,0}$	$P_{0,0}$	$P_{1,0}$
$P_{-1,1}$	$P_{0,1}$	$P_{1,1}$

图 5-14　行人元胞的邻域元胞

该模型中行人元胞都只能向自身和周围邻域的八个元胞运动，具体的运动方向由效用值决定。

1) 行人视距

如前文所述，当行人发现异常事件时，会对异常事件进行判断，进而产生相应的反应。行人能否发现异常事件主要取决于行人的视野范围，行人的视野主要由视距、视角和周边视力决定。本书模型中设定行人的视距为 7m，视角为 90°，周边视力沿中心线方向逐步递减，见图 5-15。考虑到行人在行走过程中视距可能被围观行人遮挡，式(5-7)给出了行人实时视距的计算方法：

$$l_i = l_{\text{init}} - \tau N_i \tag{5-7}$$

式中，l_i 为某一行人在第 i 帧的视距；l_{init} 为视距初始值(本模型中为 7m)；τ 为衰减因子；N_i 为围观人群人数。

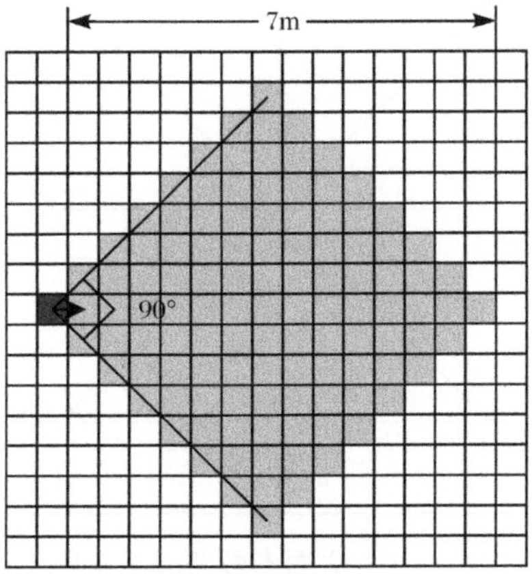

图 5-15　行人视野范围

当行人发现异常事件时，会根据自身的特性对异常事件进行判断。发生异常事件后，行人可分为围观、驻足和漠视三种类型。当异常事件对行人产生的吸引力较大时(即行人对异常事件较为关心时)，会吸引行人接近异常事件发生点并进行围观；当异常事件对行人产生的吸引力一般时(即行人对异常事件的兴趣一般时)，会使行人驻足观望，但不会接近异常事件发生点；当异常事件几乎不对行人产生影响时(即行人对异常事件没有兴趣时)，则行人仍按正常情况行进。本书模型中，当行人视野元胞中首次出现异常事件元胞或围观人群元胞时，行人元胞会以一定概率被标记为围观类型、驻足类型和漠视类型，分别代表行人对异常事件的围观、驻足和漠视。

行人元胞仅能向自身及周边邻域的八个元胞运动，具体的运动方向取决于异常情况下场效值的计算，行人被标记为漠视、驻足与围观类型时场效值的计算方法如下所述。

2) 漠视

行人元胞与其邻域的 8 个元胞组成一个 3×3 的运动场元胞矩阵，矩阵中 9 个元胞对行人元胞均有一定的吸引程度，吸引程度的大小由效用值决定，效用值越大，吸引程度越大，正常情况下，元胞效用值的计算采用岳昊等设计的元胞效用值计算方法，即元胞效用值是方向参数效用、空格参数效用和前进参数效用之和。

方向参数代表行人向目的地运动的意向，如图 5-16 及式(5-8)所示。

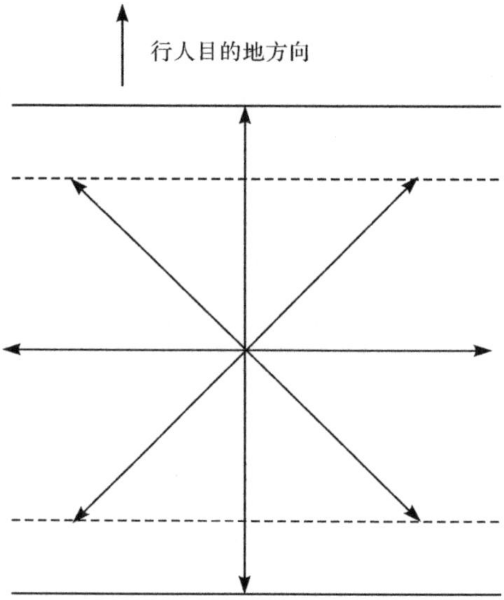

图 5-16　方向参数获取示意图

$$D_{ij}=\begin{cases}1, & P_{0,-1}\text{ 位置元胞}\\ 0.7, & P_{-1,-1}、P_{1,-1}\text{ 位置元胞}\\ 0, & P_{-1,0}、P_{0,0}、P_{1,0}\text{ 位置元胞}\\ -0.7, & P_{-1,1}、P_{1,1}\text{ 位置元胞}\\ -1, & P_{0,1}\text{ 位置元胞}\end{cases} \tag{5-8}$$

式中，D_{ij} 为横坐标为 i、纵坐标为 j 的元胞的方向参数效用值；$P_{0,-1}$、…、$P_{0,1}$ 为 D_{ij} 相对于行人元胞的位置(图 5-14)。

空格参数代表行人向不被占用的元胞运动的意向，如式(5-9)所示：

$$E_{ij}=\begin{cases}1, & \text{周边空元胞}\\ 0, & \text{中心行人元胞}\\ -1, & \text{周边被占用元胞}\end{cases} \tag{5-9}$$

式中，E_{ij} 为横坐标为 i、纵坐标为 j 的元胞的空格参数效用值。

前进参数代表行人向空旷区域运动的意向，如式(5-10)所示：

$$F_{ij}=\begin{cases}(S_1-S_2)/15, & \text{元胞不与边界元胞相邻}\\ (S_1-S_2)/10, & \text{元胞与边界元胞相邻}\end{cases} \tag{5-10}$$

式中，F_{ij} 为横坐标为 i、纵坐标为 j 的元胞的前进参数效用值；S_1 为视野感知区域的空元胞数；S_2 为视野感知区域被占用的元胞数。前进参数视野感知区域见图 5-17，其中图 5-17(a)为元胞不与边界元胞相邻时行人的视野感知区域，图 5-17(b)为元胞与边界元胞相邻时行人的视野感知区域。

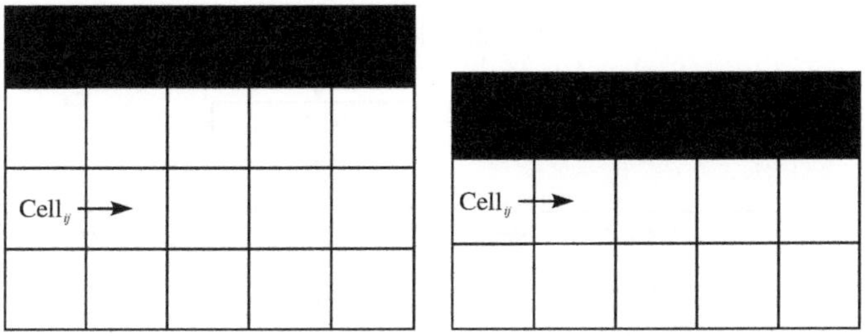

(a) 元胞不与边界元胞相邻　　(b) 元胞与边界元胞相邻

图 5-17　前进参数视野感知区域示意图

3) 驻足

标记为驻足类型的行人元胞代表对异常事件有一定兴趣的行人，其在发现异常事件后，采取的行为为原地观望，当了解到自己希望获取的信息或彻底对异常事件丧失兴趣后，再离开异常事件的吸引区域，继续向目的地行进。在本书模型中，当行人元胞被标记为驻足类型时，行人的驻足属性被赋予一个随机数值 SR，代表行人的停驻时间，在每个时间步长，SR 值减 1，当 SR 值小于 0 时，行人元胞被取消标记驻足类型，恢复为正常情况。在行人元胞被标记为驻足类型期间，运动场中元胞的效用值由驻足效用值 S_{ij} 决定，为使被标记为驻足类型的行人元胞停留在原地，处于运动场中心位置元胞的驻足效用被赋予一个奖励值 SA，其他元胞的驻足效用值为 0。驻足效用的计算流程和计算公式分别如图 5-18 和式(5-11)所示：

$$S'_{ij}=\begin{cases}\mathrm{SA}, & P_{0,0}\text{ 位置}\\ 0, & \text{其他位置}\end{cases}\tag{5-11}$$

式中，S'_{ij} 为驻足效用值；SA 为驻足奖励值(SA＞0)。为统一量纲，需对驻足效用值进行归一化处理：运动场矩阵中 9 个元胞的驻足效用值按从大到小排序，最大赋值 9，最小赋值 1，由此得归一化效用值 S_{ij}。

4) 围观

标记为围观类型的行人元胞代表对异常事件具有强烈兴趣的行人，其在发现异常事件后，再采取的行为为接近异常事件发生的位置，了解异常事件的详细信息，在对信息失去兴趣或处置完异常事件后，再离开异常事件的吸引区域，继续向目的地行进。在本书模型中，当行人被标记为围观类型时，行人的围观属性被赋予一个随机数值 CR，代表行人的围观时间，在每个时间步长，CR 值减 1，当 CR 值小于 0 时，行人元胞被取消标记围观类型，恢复为正常情况或被标记为围观离开类型。在行人元胞被标记为围观类型期间，运动场中元胞的效用值由围观效用 C_{ij} 决定，C_{ij} 是异常事件吸引效用 $C(\mathrm{Ab})_{ij}$、围观人群外圈最近空隙吸引效用 $C(\mathrm{Out})_{ij}$

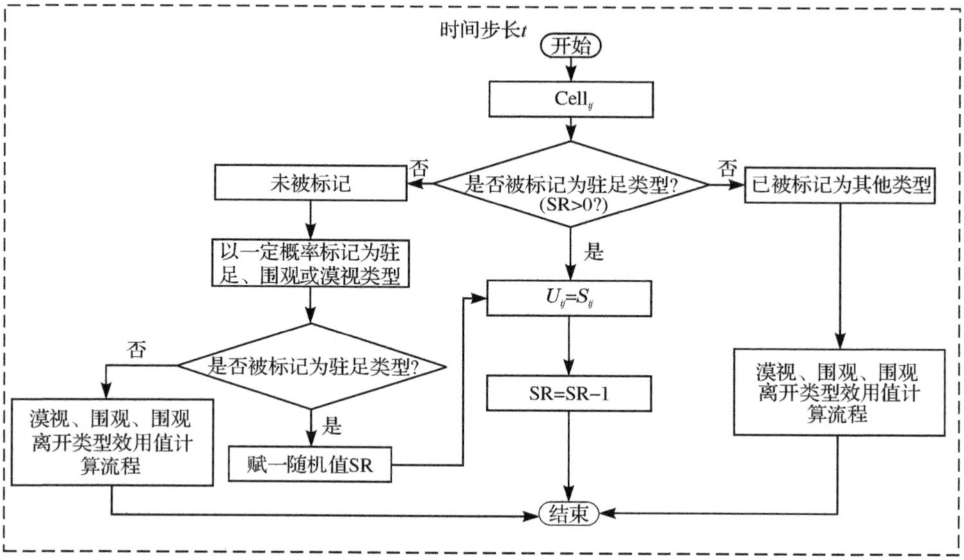

图 5-18　驻足效用计算流程图

和空格参数效用 E_{ij} 三者之和，如式(5-12)所示。异常事件吸引效用 $C(\mathrm{Ab})'_{ij}$ 的大小与元胞距异常事件的距离成反比，代表异常事件对行人的吸引作用，但当元胞的距离小于$\sqrt{2}$倍的元胞边长时，$C(\mathrm{Ab})'_{ij}$ 被置 0，代表异常事件与行人间的最小安全距离，异常事件吸引效用值计算公式如式(5-13)所示，归一化后得 $C(\mathrm{Ab})_{ij}$；围观人群外圈最近空隙吸引效用 $C(\mathrm{Out})'_{ij}$ 的大小与元胞距围观人群外圈最近元胞的距离成反比(图 5-19)，运动场中越靠近围观人群外圈最近元胞的元胞，其效用值越大，代表围观人群外围空隙与行人的吸引作用成正比，围观人群外圈最近空隙吸引效用计算公式如式(5-14)所示，归一化后得 $C(\mathrm{Out})_{ij}$；空格参数效用 E_{ij} 代表行人向不被占用元胞行走的意愿，计算公式如式(5-14)所示。

$$C_{ij} = C(\mathrm{Ab})_{ij} + C(\mathrm{Out})_{ij} + E_{ij} \tag{5-12}$$

式中，C_{ij} 为围观效用值；$C(\mathrm{Ab})_{ij}$ 为归一化的异常事件吸引效用值；$C(\mathrm{Out})_{ij}$ 为归一化的围观人群外圈最近空隙吸引效用值。

$$C(\mathrm{Ab})'_{ij} = \begin{cases} \max/\sqrt{(x_{ij}-x_{\mathrm{Ab}})^2+(y_{ij}-y_{\mathrm{Ab}})^2}, & \sqrt{(x_{ij}-x_{\mathrm{Ab}})^2+(y_{ij}-y_{\mathrm{Ab}})^2} > \sqrt{2}l_{\mathrm{cell}} \\ 0, & \sqrt{(x_{ij}-x_{\mathrm{Ab}})^2+(y_{ij}-y_{\mathrm{Ab}})^2} \leqslant \sqrt{2}l_{\mathrm{cell}} \end{cases} \tag{5-13}$$

式中，$C(\mathrm{Ab})'_{ij}$ 为异常事件吸引效用值；x_{ij} 和 y_{ij} 分别为 Cell$_{ij}$ 元胞的 x 坐标和 y 坐标；x_{Ab} 和 y_{Ab} 分别为异常事件元胞的 x 坐标和 y 坐标。

$$C(\mathrm{Out})'_{ij} = \max/\sqrt{(x_{ij}-x_{\mathrm{Out}})^2+(y_{ij}-y_{\mathrm{Out}})^2} \tag{5-14}$$

式中，$C(\mathrm{Out})'_{ij}$为围观人群外圈最近空隙吸引效用值；max 为一极大值；x_{Out}和 y_{Out}分别为围观人群外圈最近元胞的 x 坐标和 y 坐标。

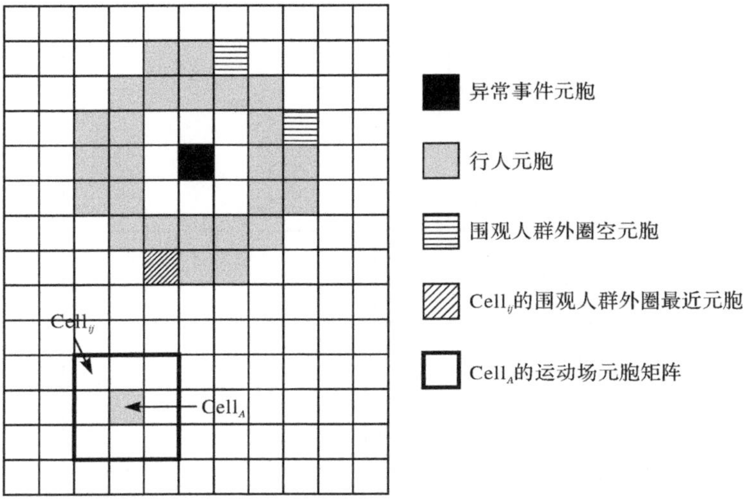

图 5-19 围观人群外圈最近元胞

当围观行人对异常事件失去兴趣后，其将离开异常事件吸引区域，继续向原始目的地行进。在本书模型中，当 CR 值小于 0 时，行人元胞将由围观类型变为围观离开类型或漠视类型。当行人元胞的邻域均为围观类型行人元胞或异常事件元胞时，其变为围观离开类型，当行人元胞的邻域并非均为围观类型行人元胞或异常事件元胞时，其变为漠视类型，如图 5-20 所示。围观离开类型行人元胞效用值受异常事件排斥力影响，代表其在失去兴趣后期望离开异常事件影响区域，同时，在其运动场矩阵中，其可与已被占用的元胞交换位置，代表其离开围观人群的过程。

围观离开类型行人效用值 $C(\mathrm{repel})_{ij}$ 由离开距离效用值和离开直线效用值加和求得，如式(5-15)所示。离开距离效用与元胞距异常事件中心的距离成正比，距离越大，效用值也越大，如式(5-16)所示；离开直线效用与行人元胞、异常事件元胞以及运动场内目标元胞的夹角成反比，夹角越小，效用值越大，如式(5-17)所示，围观离开效用使行人以最快速度离开围观人群。

$$C(\mathrm{repel})_{ij} = C(\mathrm{RD})_{ij} + 2C(\mathrm{RS})_{ij} \tag{5-15}$$

式中，$C(\mathrm{repel})_{ij}$为围观离开效用；$C(\mathrm{RD})_{ij}$为归一化的离开距离效用；$C(\mathrm{RS})_{ij}$为归一化的离开直线效用。

$$C(\mathrm{RD})'_{ij} = \sqrt{(x_{ij} - x_{\mathrm{Ab}})^2 + (y_{ij} - y_{\mathrm{Ab}})^2} \tag{5-16}$$

式中，$C(\mathrm{RD})'_{ij}$为离开距离效用；x_{ij}和 y_{ij} 分别为 Cell_{ij} 的 x 坐标和 y 坐标，x_{Ab}和 y_{Ab}分别为异常事件元胞的 x 坐标和 y 坐标。

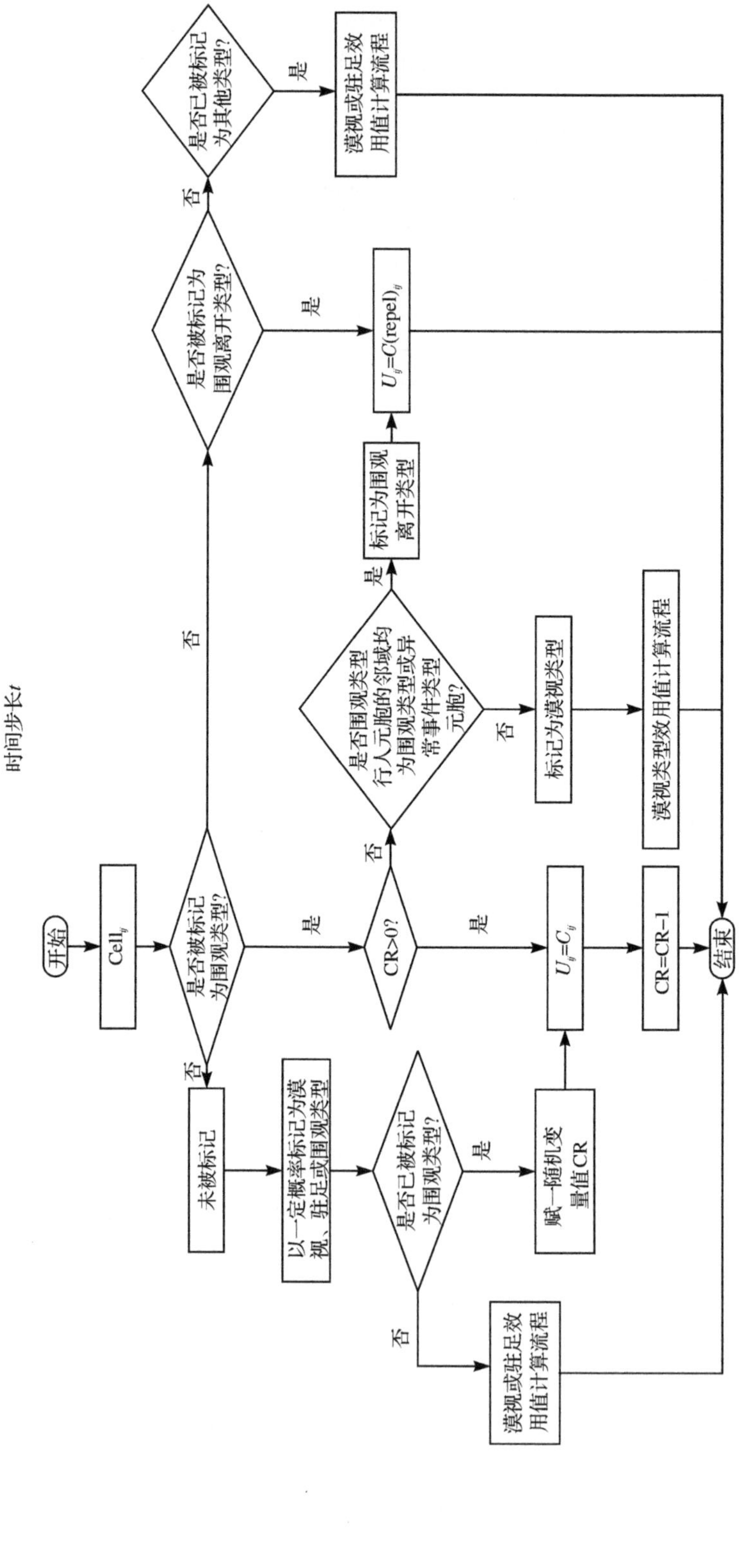

图 5-20　围观效用计算流程

$$C(\mathrm{RS})'_{ij} = \pi - A\cos\frac{l_{\mathrm{O2A}}^2 + l_{\mathrm{P2A}}^2 - l_{\mathrm{O2P}}^2}{2 l_{\mathrm{O2A}} l_{\mathrm{P2A}}} \tag{5-17}$$

式中，$C(\mathrm{RS})'_{ij}$为离开直线效用；l_{O2A}为运动场目标元胞与异常事件元胞的距离；l_{P2A}为行人元胞与异常事件元胞的距离；l_{O2P}为运动场目标元胞与行人元胞的距离。

围观类型行人的动力性受异常事件吸引的影响，表现为受到吸引、接近异常事件位置、围观、离开异常事件位置和继续向目的地行进等一系列过程，其具体流程如图 5-20 所示。

4. 异常事件情况下的枢纽行人行为特性分析

如前文所述，当异常事件发生时，枢纽行人会对异常事件产生三种反应，即漠视、驻足和围观。根据 102 份调查问卷统计的结果显示，当异常事件发生时，三种类型行人的比例不尽相同。本次异常事件仿真实验选用的异常事件类型为吵闹打架型异常事件，其仿真效果见图 5-21。

图 5-21　异常事件情况下仿真效果图(第 1～800 帧)

从图 5-21 可以看出，在异常事件发生 210 帧(即 80s 后)，行人聚集围观形成一个以异常事件为圆心、中心真空、外围人群环绕的形似甜甜圈形状的人群聚集圈。该人群聚集圈有三个特征：

(1) 集聚人群的中央为吸引型异常事件源，是吸引周围行人围观的原动力；

(2) 紧邻事件源的周边为一空白区域，受异常事件的影响，集聚人群不会进入这片区域；

(3) 集聚人群最外圈是对异常事件具有较强兴趣而围观的人群。

为研究枢纽内聚集行人的内部特征，设计一个系统规模为 21m×21m、输入率为 5%～35%的实验环境(图 5-22)，并研究了最大聚集人数和系统输入率(图 5-23)及不同输入率情况下聚集人数与系统时间之间的关系(图 5-24)。

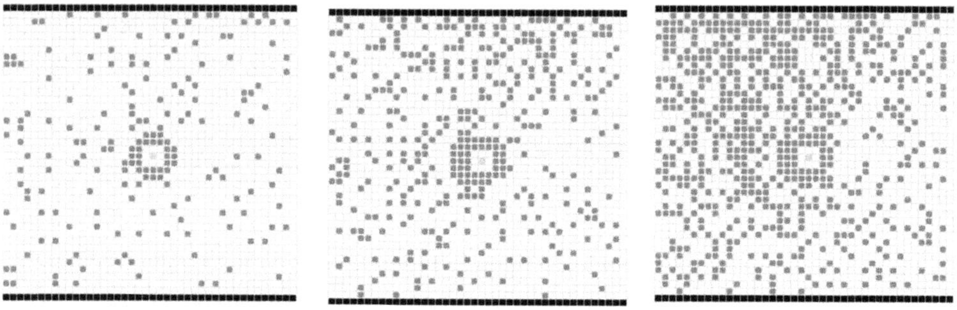

(a) 入口元胞行人产生概率 10%　(b) 入口元胞行人产生概率 20%　(c) 入口元胞行人产生概率 30%

图 5-22　21m×21m 仿真系统示意图

如图 5-23 所示，仿真系统中，最大聚集人数达到平衡点(约 60 人)前，最大聚集人数随系统输入率的增加而增加，当达到平衡点后，最大聚集人数不再随系统输入率的增加而变化，即当系统输入率超过 20%后，最大聚集人数稳定维持在 60 人左右的水平。

如图 5-24 所示，仿真系统中，达到最大聚集人数的时间与系统输入率相关，最大聚集人数达到平衡点前，最大聚集人数的时间随系统输入率的增加而增加，如系统输入率为 15%时，其达到最大聚集人数的时间(第 245 帧)要小于系统输入率为 10%时达到最大聚集人数的时间(308 帧)。当达到最大聚集人数平衡点(约 60 人)后，达到最大聚集人数的时间不再随系统输入率的增加而变化，稳定维持在 211 帧左右的水平。

综上所述，当枢纽内发生行人聚集异常事件时，行人的聚集交通特性从表观上将形成一个以异常事件为圆心、中心真空、外围人群环绕的形似甜甜圈形状的人群聚集圈；从内部特性而言，该人群聚集圈的交通行为特性具有两大特征：①在最大聚集人数达到平衡点前，最大聚集人数随着系统行人输入率的增加而增加，当达到平衡点后，最大聚集人数基本保持不变(图 5-25(a))；②在最大聚集人数达到平衡点前，系统输入率越高，达到最大聚集规模的时间越短(图 5-25(b))。

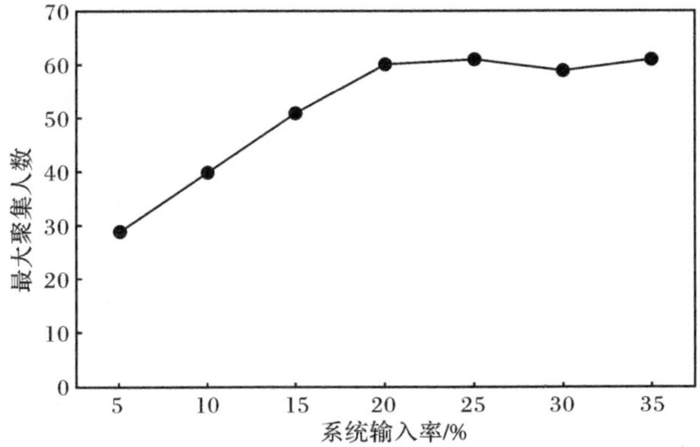

图 5-23 最大聚集人数和系统输入率关系图

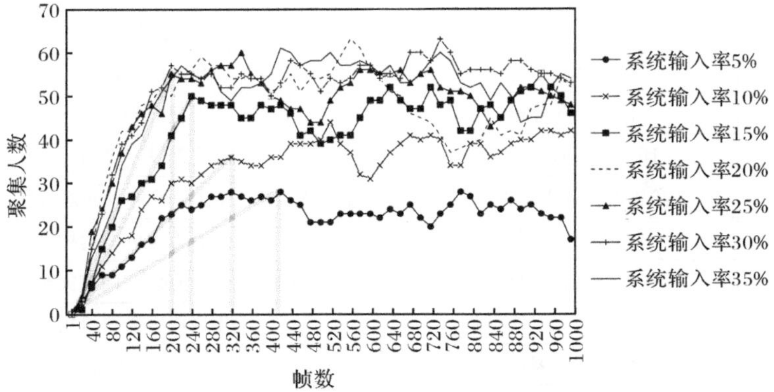

图 5-24 不同输入率情况下聚集人数与系统时间的关系图

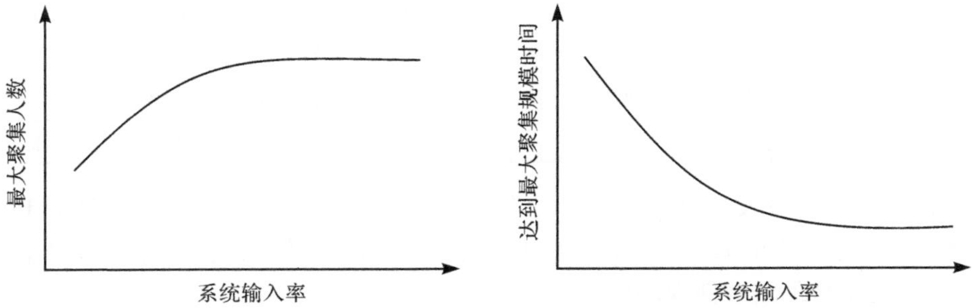

(a) 最大聚集人数与系统输入率关系图 (b) 达到最大聚集规模时间与系统输入率关系图

图 5-25 人群聚集圈的交通行为特性的特征图

5.4.2 突发事件下的行人行为

1. 突发事件的定义和特性

1) 突发事件定义

突发事件即超常规的、突然发生的、需要立即处理的、不寻常的大事情。

2) 突发事件特性

在不同国家，突发事件名称不一，突发事件主要具有突发性、群体性、危害性、连带性等特性。

(1) 突发性。突发事件发生的时间、地点通常不可预测，甚至没有征兆和预警的可能，发生后留给应急处置的时间也极其短暂。正因为如此，突发事件已成为理解和解释当今世界的一个关键词。表 5-9 为进入 21 世纪以来世界范围内危害较大的突发事件。

表 5-9 危害较大突发事件统计结果

年份	突发事件名称	危害或损失情况
2001	"9·11 事件"	3000 余人遇难
2002	印尼巴厘岛爆炸	200 余人遇难
2003	美国大面积停电	百亿元损失
2004	印度洋海啸事件	超过 25 万人遇难
2005	美国飓风袭击事件	出现人员伤亡，重灾区 90%的建筑完全消失
2006	日本大雪灾事件	日本上百万家庭电力中断
2006	"榴莲"强台风事件	菲律宾政府宣布进入"国家灾难状态"
2007	洛杉矶机场海关系统瘫痪	上千名旅客滞留机场
2008	缅甸强热带风暴事件	数百万人失去家园
2008	中国汶川大地震事件	数百万人失去家园
2009	中国新疆乌鲁木齐动乱	150 多人遇难，近 900 人受伤
2010	俄罗斯地铁恐怖袭击	数十人遇难，近百人受伤，城市交通和铁路运输瘫痪
2010	中国玉树大地震	数万人伤亡
2011	日本西太平洋大地震	数万人遇难，数十万人失去家园
2011	日本福岛核泄漏事件	核辐射长达数万年，危害东亚乃至全世界人民健康

(2) 群体性。突发事件多数属于社会性突发事件，有大量的人参与其中；自然突发性事件也往往危及多数群众的生命财产安全，事件具有鲜明的群体性。图 5-26为柬埔寨踩踏事件现场图。

(3) 危害性。突发事件的发生极易造成预料之外、令人触目惊心的灾难性后果。以发生比例较高的火灾为例，其人员伤亡和经济损失统计如图 5-27 和图 5-28

图 5-26　柬埔寨踩踏事件现场图

所示。

(4) 连带性。行人密集的公共场所，通常是突发事件的高发区，在突发事件发生后，因为人群拥挤和骚乱造成事故扩大化的案例屡见不鲜，群死群伤的悲剧不断重演。表 5-10 为 1964～1994 年国内外公共场所由于人群拥挤造成事故扩大化的典型事例。

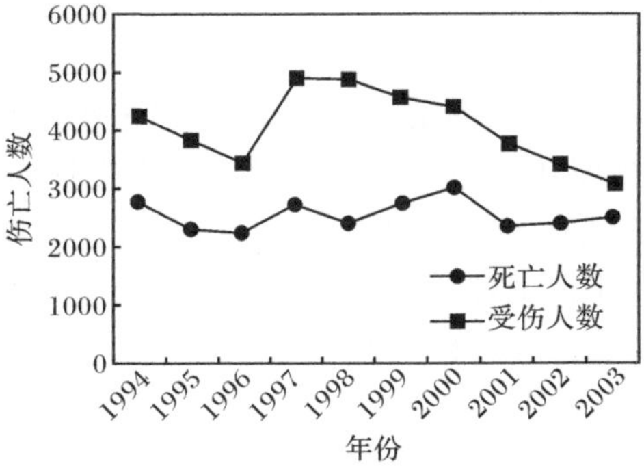

图 5-27　人员伤亡统计

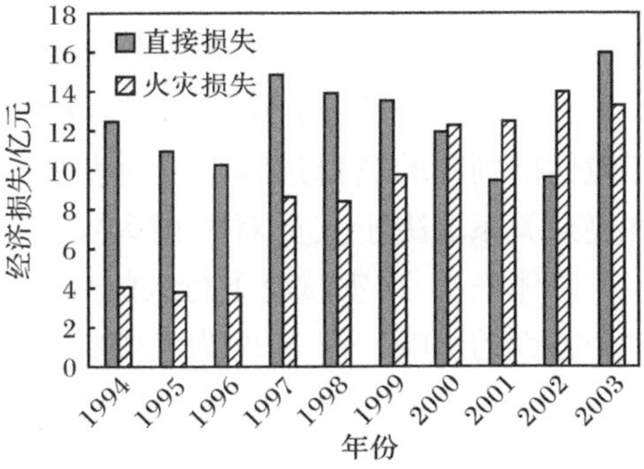

图 5-28　经济损失统计

表 5-10　连带事件统计

年份	地点	场所	遇难人数	原因
1964	秘鲁-利马	体育馆	318	人群骚乱
1967	土耳其-凯撒利	体育馆	40	人群骚乱
1968	阿根廷-布宜诺斯艾利斯	体育馆	73	出口拥挤
1971	英国-伊伯克利斯	体育馆	66	出口拥挤
1974	埃及-开罗	体育馆	48	突发事件

续表

年份	地点	场所	遇难人数	原因
1979	美国-辛辛那提	音乐会	11	人群骚乱
1981	印度-新德里	博物馆	45	突然断电
1981	比利时-布鲁塞尔	体育馆	38	人群骚乱
1982	苏联-莫斯科	体育馆	340	出口拥挤
1985	英国-布拉德福德	体育场	56	看台倒塌起火
1986	印度-哈德沃	桥	46	人群拥挤
1988	尼泊尔-加德满都	体育场	1006	突降冰雹
1989	英国-谢菲尔德	体育场	108	突发事件
1990	沙特阿拉伯-麦加	人行通道	1425	人群拥挤
1991	美国-纽约	音乐会	9	人群拥挤
1994	中国-克拉玛依	礼堂	323	起火

2. 火灾状况下的行人心理与行为特性分析

鉴于火灾对行人行为影响的典型性和严重性，本节以火灾突发事件为例，研究突发事件对行人行为及群体交通特性的影响[7]。

火场中人员的行为可以理解为在掌握少量信息的情况下对复杂、快速变化的环境做出判断的逻辑过程。行为发生时，物理和社会环境间有着复杂的关系，这种复杂关系取决于人员对模糊火灾信号的观察、人员平时接受的训练和先前经验。总体来讲，火灾状况下行人的人员行为主要受建筑系统、疏散流程、火灾环境三个方面的影响。图 5-29 为火灾状况下人员行为影响因素图。

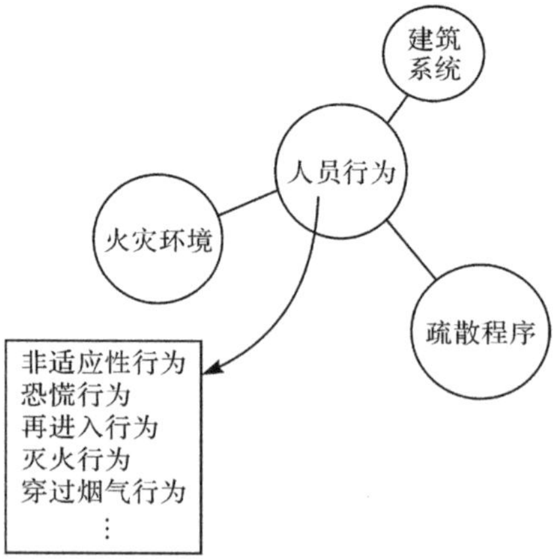

图 5-29　火灾状况下人员行为影响因素图

建筑因素:建筑布局、通道宽度、通道畅通程度、照明条件和安全疏散引导系统等方面的影响。

火灾因素:火灾产生的热、烟等所造成的高温、能见度降低、毒性等对人员行动造成的影响。

人员因素:包括性别、年龄、身体状况、心理素质、受教育程度、对环境的熟悉程度、疏散人员之间的社会关系以及特殊人群(如残障人士)的活动能力等。

1) 疏散开始前人的心理和行为

通常认为火灾情况下,人员会产生恐慌心理。但是,研究发现,在火灾初期,这种情况并不多见。人员在察觉、定义、构建和评估火灾事故信号过程中通常会有以下心理和行为反应:识别、证实、定义、评价、行动、重新评估。影响这一过程的因素主要有对环境的熟悉程度、火灾经验、消防培训经验、角色、年龄、性别等。

(1) 识别过程。人员察觉到火灾威胁的存在,最初察觉到的火灾迹象也许是非常模糊的,不能十分肯定火灾的发生和存在。随着火焰、热量和烟气等物理特性的增强,火灾信号变得明确。

(2) 证实过程。证实过程包括人员对最初察觉的火灾信息的证实,主要是对不明显的火灾特点的口头确认。人员是否经历过类似信息环境对这一过程影响很大。

(3) 定义过程。人员把察觉到的信息和相关因素结合起来作出判断。这些信息及因素包括火灾发生的地理位置及性质、火灾暗含的破坏程度。在这一过程之前,人的压力感和焦虑情绪是最为严重的。相对于火灾对人本身的危险性,人员自身的想法以及火灾形成的物理环境都是影响当前过程的重要因素。而其中最重要的物理因素是烟气、火焰和热量的强度及传播方向。

(4) 评价过程。制定适应性行为,选择逃生或者防御。影响这一过程的因素包括人员相对于出口的位置、自身与其他成员位置的相关性、其他人员的行为反应等。因为人员自身能强烈感知人群中其他人员的行为和交流,所以人员作出的反应也许是模仿他人的、跟随大众的适应性行为或者是精心选择的区别于他人的非适应性行为。由此,人员可能会采取的行为有撤离建筑物、拿取灭火器灭火或者启动手动报警按钮。

(5) 行动过程。行动过程是执行评价阶段得出的行动策略。这种行为反应分为完成、部分完成、没有完成三种结果。如果没有完成,人员会立刻意识到要进行重新评估和行动。

(6) 重新评估过程。因为之前对于火灾事故的错误判断而作出了不正确的行动反应,所以这是一个最有压力的过程。此时,人员有更强烈的心理和行动能量,同时行为选择的余地将变得更小。

以上 6 个认识过程在程度、速度和强度上常常会产生明显或者不明显的修正及变化。面对模糊的火灾信息，人员的行为反应将比正常状态慢一些。在证实和定义危险过程中，人员通常会与同样在危险当中的其他人员进行交流。以上正常活动通常发生在行动开始之前，而在重新评价和行动过程中，人员的行为变得更加激烈和活跃。

2) 疏散过程中个人和群体的行为

人员一旦确认了火灾危险程度及采取逃生行动后，就会表现出与之前完全不同的心理和行为。在紧急情况下，人员和群体行为可以归纳为三个层次：个人、人与人之间相互作用、群体。在火灾现场常见的人员行为包括竞争行为、排队行为、群集行为、利他行为、非适应性行为、恐慌行为、再进入行为、人员在烟气中运动、从众行为、趋光行为等。

(1) 竞争行为。人员对出口的竞争，不利于疏散甚至会使非适应性行为发生。许多场景会导致竞争行为的产生。例如，人员观察到不确定情形时，会跟随其他人的行为而行动；在疏散过程中，当他人有竞争行为产生时，自己也会做出竞争的行为；当精神压力加大，恐惧在人群中传播时，也会加剧竞争。

(2) 排队行为。当人群聚集到出口处并且允许人流按顺序运动时，人员会自发地排队通过。排队行为的形成是一种自组织的表现，这种行为有利于疏散的进行。

(3) 群集行为。拥有两个出口的房间，在疏散过程中，一个出口阻塞，而另一个出口没有被充分利用，这就是群集行为。

(4) 利他行为。紧急情况下，经常可以观察到利他行为的存在。利他行为的产生是优良社会公德的具体体现。观察的不确定性以及社会身份是影响这一行为的重要因素。

(5) 非适应性行为。广义概念上的非适应性行为包括人员逃离火灾事故现场而不通知其他人，从而对自身和他人造成物理伤害。采取灭火或者减少恐惧的行为属于适应性行为，有时这种行为最后会变成非适应性行为。非适应性行为会导致非建设性的结果，如疏散时间延迟、出口阻塞等。

(6) 恐慌行为。恐慌行为是一种非适应性行为的反应。恐慌通常被理解为逃离行为，其中包括过度的、不明智的努力。恐慌不仅指个体行为，也包括其他人员的效仿行为。

(7) 再进入行为。在出口单元(门、楼梯、走廊)处，可以很明显地观察到人员双向运动。在住宅类火灾中，更容易观察到人员安全离开建筑物后又返回的行为。再进入行为不能算作非适应性行为，因为这种行为经常是为了协助或者营救被困在建筑物中的人员而产生的。

(8) 人员在烟气中运动。该行为有时和灭火行为有关，有时是为了通知他人撤离。对这一行为的首要影响因素是出口位置和到达出口的距离;其次是对烟气严重程度的估计。

(9) 从众行为。大部分人员在火灾慌乱的情况下会失去清晰的主观能动性意识,并会自发地选择跟着大部分人员的行为去逃生。

(10) 趋光行为。人员在逃生过程中,会选择距出入口最近的地方疏散,而有光源的地方会让人误以为出入口,从而产生向有光的地方逃生的行为。

3) 火灾产物对行人交通特性量化影响

火灾发生后,人群逃生的最终目标是走向出口位置。也就是说,火灾发生后,人群中的个体会根据周围环境的具体状况,主动克服遇到的各种障碍(墙、柱、其他人员等),选取最佳路径,并及时调整自己的逃生路线,以最快的个人期望速度从最初位置到达目标位置。因此,火灾中人员行为的量化研究主要集中在人员疏散预动作时间、火灾产物对行人行动能力的影响、火灾产物对行人移动速度的影响和火灾产物对人生命的影响四个方面。

(1) 人员疏散预动作时间。

从起火时刻起,到人员疏散至安全区域时终止,人员疏散时间包括火灾探测时间、预动作时间和人员疏散运动时间,其中预动作时间包括人员察觉火灾时间和人员的行为反应时间。人员疏散预动作时间受建筑物用途、火源位置、报警设备性能以及人员状态等的影响。表 5-11 为英国 *Fire Safety Engineering in Buildings*(《建筑火灾安全工程》)中根据统计数据和经验推荐的各种用途建筑内采用不同火灾广播系统时的人员预动作时间。

表 5-11　各种类型的建筑物采取不同的火警报警系统时的人员预动作时间

建筑物用途	建筑物特性	预动作时间/min		
		报警系统类型		
		w1	w2	w3
公共楼、商业、学校和厂房	建筑物的人员处于清醒状态,熟悉建筑物及报警系统和疏散措施	<1	3	>4
商店、展览馆、博物馆	建筑物的人员处于清醒状态,不熟悉建筑物及报警系统和疏散措施	<2	3	>6
住宅或寄宿学校	建筑物的人员可能处于睡眠状态,熟悉建筑物及报警系统和疏散措施	<2	4	>5
旅馆或公寓	建筑物的人员处于睡眠状态,不熟悉建筑物及报警系统和疏散措施	<2	4	>6
医院、疗养院	有相当量的人需要帮助	<3	5	>6

表 5-11 中,火灾报警系统类型如下:w1 为现场广播,来自闭路电视系统的消防控制室;w2 为事先录制好的声音广播系统;w3 为采用警铃、警笛或其他类型警

报装置的报警系统。

(2) 火灾产物对行人行动能力的影响。

本节所指的火灾产物主要包括烟气、有害气体、高温、缺氧、能见度等对行人产生较大影响的产物。火灾产物对行人行为的影响主要包括以下两个方面:①火灾产物会降低环境的能见度和因吸入烟气颗粒引起中毒,从而使人的疏散能力减弱。高温会使人的口鼻、食道和身体产生不适;缺氧会使人产生幻觉,并伴随头昏、身体无力和失去知觉等症状,烟气也会使部分人员改变疏散路径,造成楼梯口处人员拥挤,降低行走速度,延长疏散时间。②火灾产物中烟气等毒物的刺激会使行人的生命体征出现异常。超过 FED 模型计算的烟气浓度,人员的行为就会发生改变,超过某一阈值时则会出现人员伤亡。图 5-30 为火灾产物对行人行动能力的影响。

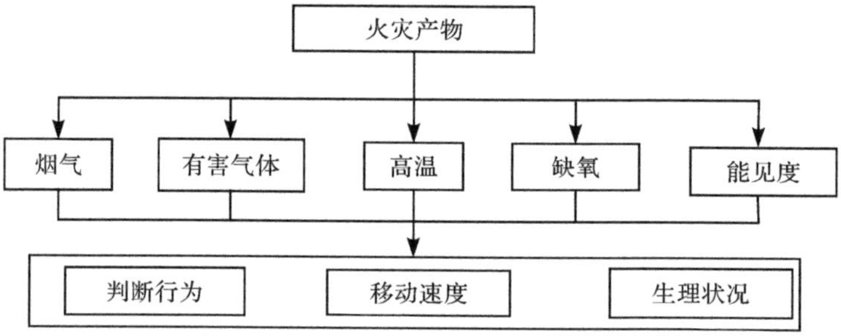

图 5-30 火灾产物对行人行动能力的影响

(3) 火灾产物对行人移动速度的影响。

火灾发展过程和人员疏散过程是两个相互关联的复杂动态过程,为了反映火灾及其产物对人员疏散行为造成的影响,此处引入当量速度的概念。当量速度是将火灾对行为的影响量化后得到的人员在火灾环境下的移动速度。火灾发展过程中将释放大量的热、烟气(包括一般热烟气和有毒有害气体),而火灾产物中的温度、烟气层以及有毒气体会对火场中的人员的生理和心理产生极大的影响,从而影响疏散行动速度。简单起见,这里认为火灾中人员移动速度主要受可见度、有害气体浓度和烟气温度的影响。首先,单独考虑它们对人员疏散行动的影响,引入可见度影响系数 $f_1(K_s)$、有害气体浓度影响系数 $f_1(\rho)$、烟气温度影响系数 $f_1(T)$。然后再将以上系数相乘得到烟气对人员行动速度的影响系数,即当量速度系数,用公式表示如下:

$$v = v_0 f(K_s, \rho, T) = v_0 f_1(K_s) f_1(\rho) f_1(T) \tag{5-18}$$

式中,v 为人员转换过后的速度;v_0 为人员初始速度;$f_1(K_s)$为可见度影响系数;$f_1(\rho)$为有毒气体浓度影响系数;$f_1(T)$为烟气温度影响系数;$f(K_s,\rho,T)$为可见度影响系数、有毒气体浓度影响系数及烟气温度影响系数的乘积。

① 烟气对行人速度的影响。在火灾中，由于浓烟，疏散通道内的能见度降低，给人员疏散造成心理威胁，特别是不熟悉环境的人员会产生恐慌心理，这大大地拖延了疏散时间，扩大了火灾伤亡事故。在火灾中允许的最大烟气浓度及可能疏散的最小能见度见表 5-12。

表 5-12　火灾中允许的烟气浓度临界值

对建筑物的熟悉程度	烟气浓度(减光系数)/m^{-1}	能见度/m
不熟悉	0.15	13
熟悉	0.5	4

高温烟气温度高，使受困者的心理烦躁、出汗过多、身体虚脱，这些都会影响人的行为活动。

不熟悉环境的人员，一看到浓烟滚滚、烈火熊熊，难免产生紧张、害怕，甚至惊恐万状、手足无措等心理，若再有人员拥挤疏散通道，或是楼梯被烟火封锁，势必会造成混乱，有人甚至会失去理智，辨别方向的能力将进一步减弱。烟气对人眼、中枢神经系统都会产生不同程度的损伤，烟气对人的心理具有动摇作用，如情绪不稳定，记忆力和思考力降低等。

人在浓烟中的步行速度基本上与烟的浓度成反比。烟气中有些气体对人眼有着极大的刺激性，使人睁不开眼睛从而降低能见度，因此在火灾中将会延长人的疏散时间。图 5-31 为实验得出的人暴露在刺激性和非刺激性烟气情况下的行走速度与烟气减光系数的关系。

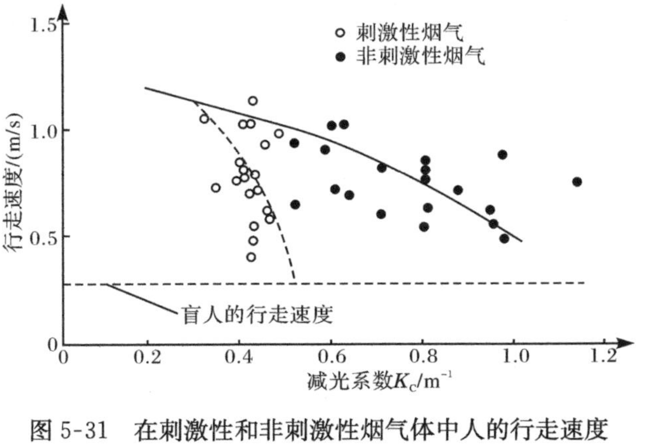

图 5-31　在刺激性和非刺激性烟气体中人的行走速度

随着减光系数的增大，人的行走速度逐渐减慢，在刺激性烟气环境中减慢得更快。在消防上，按减光系数的大小对发烟程度进行分级，$0<K_C<0.1$ 时，发烟程度为极少；$0.1<K_C<0.5$ 时，发烟程度为少；$0.5<K_C<1.0$ 时，发烟程度为较

多；K_C＞1.0 时，发烟程度为多。在火灾情况下，对建筑内对疏散通道熟悉的人，其减光系数允许的临界值为 1.0；对建筑内对疏散通道不熟悉的人，其减光系数应在 0.2 以下。

火灾附近区域由于烟气作用，能见度低，对疏散造成很大影响，但在其他区域，由于排烟风机的正常开启，在人员安全高度处，温度、CO 浓度、可见度均未达到危险值，对人员疏散影响不大，楼梯口风速能够达到合理值，有助于控制烟气在垂直方向的蔓延。本节主要考虑烟气对人员生理作用导致的速度的折减变化，但着火时，人员心理恐慌导致的行为变化仍未被考虑，希望将来在此领域有所突破，从而更好地为综合客运交通枢纽规划建设和疏散组织服务。

② 烟气中有毒气体对人员行动速度的影响。烟气中有毒气体对疏散人员的影响不仅与气体浓度有关，而且与在烟气中的暴露时间有关。有毒气体浓度越高，接触时间越长，人体内累积的毒性物质就越多，危害就越大。火灾烟气中的毒性物质种类较多，影响也较复杂，其中最主要的是 CO，因此一般用 CO 的毒性来描述有害气体对人员的影响。

Milke 测得了不同浓度下的 CO 对火灾中人员影响的数据（表 5-13），并认为 CO 对疏散人员的影响体现在它降低了疏散人员的行动速度上。

通常认为，当烟气中 CO 浓度小于 0.08％时，对人员疏散速度的影响可以忽略不计；当浓度达到 0.25％时，就会对人员造成严重伤害，也认为该浓度是使人员失去行动能力的临界值，这时人员行动速度降为 0。

表 5-13　不同浓度下的 CO 对火灾中人员影响

CO 浓度/％	暴露时间/min	累积剂量/(％/min)	降低人员速度值/(m/s)
＞0.1	1	＞0.1	0.05
	2	＞0.2	0.1
	n	＞0.1n	0.05n
＞0.15	1	＞0.15	0.1
	2	＞0.3	0.2
	n	＞0.15n	0.1n
＞0.2	1	＞0.2	0.15
	2	＞0.4	0.3
	n	＞0.2n	0.15n
＞0.25	人员晕倒或者死亡、无法移动		

③ 烟气温度对人员移动速度的影响。在火场中，烟气温度对人员造成伤害之前，由于它的刺激作用，正好形成与 CO 相反的效应：当火灾中的人员感觉到一定的烟气温度而感到不适时，他们一般会加快疏散的步伐，而如果温度持续升高，高

温烟气则将对人员造成烧伤从而影响人员的疏散速度。根据前人的研究数据，得出烟气温度对人员移动速度的影响系数为

$$f_3(T)=\begin{cases}1, & T_0<T_s\leqslant T_{\sigma1}\\ \dfrac{(v_{\max}-1.2)\left(\dfrac{T_s-T_{\sigma1}}{T_{\sigma2}-T_{\sigma1}}\right)^2}{v_0}+1, & T_{\sigma1}<T_s\leqslant T_{\sigma2}\\ \dfrac{v_{\max}}{1.2}\left[1-\left(\dfrac{T_s-T_{\sigma2}}{T_{\mathrm{deal}}-T_{\sigma2}}\right)^2\right], & T_{\sigma2}<T_s\leqslant T_{\mathrm{deal}}\end{cases} \tag{5-19}$$

式中，T_s 为火场温度；v_0 为人员初始速度；$v_{\max}$ 为人员最大逃生速度，一般取 5m/s；$T_{\sigma1}$ 为人员感到不适的温度，可取为 30℃；$T_{\sigma2}$ 为对人员造成伤害的温度，可取 60℃；T_{deal} 为致死温度，可取为 120℃。

4）火灾产物对行人生命的影响

对于火灾过程中产生的各种有害产物，如 CO、高温、缺氧、CO_2 等对行人生命的影响，采用英国 Purser 建立的 FED 模型。该模型的原理为：先测量某些燃烧释放的气体剂量，然后把测量结果转换成在各气体杀死某种生命所需总剂量中所占的比例：

$$\mathrm{FED}=\sum_i \frac{C_i}{\mathrm{LC}_{50}(i)} \tag{5-20}$$

式中，C_i 为第 i 种气体的浓度；$\mathrm{LC}_{50}(i)$ 为第 i 种气体 50％致死率的烟气浓度；当 FDE 值超过一定的阈值时，表征该生命体死亡。同时，《中国消防手册》第三版同样对火灾中的热辐射、烟气、能见度、烟气毒性等对人体的生命的伤害给出了描述，分别给出了各因素人体能够忍耐的极限值，见表 5-14。

表 5-14　火灾状况下各因素人体能够忍耐的极限值

项目	人体耐受极限
热辐射通量	普通人为 2.5kW/m²，消防队员为 4.55kW/m²
烟气温度	当烟气层高度>2m 时，烟气温度 180℃
	当烟气层高度<2m 时，持续 30min，烟气温度 60℃
能见度	当烟气层高度<2m 时，10m
烟气毒性	CO 浓度达到 0.25％

5.4.3　应急避险行为常识和作用

在非常态慢行行为事态下，尤其是在突发事态下，行人往往由于拥挤踩踏、火灾、地震等异常或突发事件而受到人身财产方面的伤害，掌握基本的应急避险行为常识，有助于帮助自己在紧急情况下进行自救，保障自己的人身和财产安全。

1. 应急避险行为常识

1) 拥挤踩踏事件应急避险行为常识

(1) 在拥挤的人群中,要时刻保持警惕,当发现有人情绪不对或人群开始骚动时,就要做好保护自己和他人的准备。

(2) 发觉拥挤的人群向着自己行走的方向拥来时,应该马上避到一旁,但是不要奔跑;此时脚下要敏感些,千万不能被绊倒,避免自己成为拥挤踩踏事件的诱发因素。

(3) 如果有商店、咖啡馆等可以暂时躲避的地方,可以暂时躲避一下。切记不要逆着人流前进,因为那样非常容易被推倒在地。

(4) 遭遇拥挤的人流时,一定不要采用体位前倾或者低重心的姿势,即使鞋子被踩掉,也不要贸然弯腰提鞋或系鞋带。

(5) 当发现自己前面有人突然摔倒时,应马上停下脚步,同时大声呼救,告知后面的人不要向前靠近。

(6) 若身不由己陷入人群之中,一定要先稳住双脚。切记远离店铺的玻璃窗,以免因玻璃破碎而被扎伤。

(7) 当带着孩子遭遇拥挤的人群时,最好把孩子抱起来,避免其在混乱中被踩伤。

(8) 若被推倒,要设法靠近墙壁。面向墙壁,身体蜷成球状,双手在颈后紧扣,以保护身体最脆弱的部位。

(9) 如有可能,抓住一件坚固牢靠的东西,待人群过去后,迅速而镇静地离开现场。

2) 火灾事件应急避险行为常识

(1) 当发现楼内失火时,切忌慌张、乱跑,要冷静地探实着火方位。如果火势较小,可以扑灭,要积极抢救;如果火势太猛,靠自己力量无法挽回,就要确定风向、迅速逃生。在火势蔓延之前,朝逆风方向快速离开火灾区域,绝对不能贪恋财物,延误逃生时间,并在确定安全位置后迅速报警。

(2) 逃生时切忌乘普通电梯。因为着火后一般都会停电,且电梯随时可能发生故障或被火烧坏,极易在电梯里被卡住无法逃出;应沿防火安全疏散楼梯朝底楼跑,如果中途防火楼梯被堵死,应立即返回安全区域呼救并等待求援,也可以将楼梯间的窗户玻璃打破,向外高声呼救,让救援人员知道你的确切位置,以便营救。

(3) 如果楼道中只有少量的烟雾,可用湿毛巾堵住口鼻(记住:一定是口和鼻子都要捂住),并采用弯腰的姿势,将身体尽量贴近地面,顺墙逃向远离烟火的太平门和安全出口,这样做是因为接近地面有新鲜空气;如果楼道被烟火封死,烟味很浓,房门已经烫手,说明大火已经封门,应该立即用湿棉被堵住门缝,防止进烟,在阳台、窗台挥舞显著性标志等待救援。

(4) 如果逃生时身上不慎着火,应先把衣服脱掉,浸入水中或用脚踩灭,如果来不及脱衣服,可就地打滚,或用厚重衣物覆盖压灭火苗,千万不要乱跑,因为乱跑会增大火与空气的接触面积,火会越来越大,切忌用灭火器直接向着火人身上喷射,因为多数灭火器的药剂会引起烧伤的创口产生感染。

(5) 火灾发生时不能盲目跳楼,跳楼往往凶多吉少,是最不可取的逃生方式,可以到未着火的房间内躲避并呼救等待消防队救援;如果被困在二层以下的楼层内,被烟火威胁,时间紧迫无条件采取任何自救办法时,也可以跳楼逃生,在跳楼前,应先向地面抛一些棉被、床垫等柔软物品,然后用手扒住窗台或阳台,保护好头部等关键身体部位,身体下垂,自然下滑,使双脚落在柔软物上。

(6) 被困人员要听工作人员的指挥,有序疏散,切忌互相拥挤、乱跑乱窜,堵塞疏散通道,影响疏散速度。疏散时,人员要尽量靠近承重墙或承重构件部位行走,以防坠物砸伤。在逃生的过程中,一旦人们蜂拥而出,极易造成安全出口堵塞,使人员无法顺利通过而滞留火场。这时要克服盲目从众心理,如发现出口堵塞应果断放弃从安全出口逃生的想法,选择破窗而出等其他逃生措施。

3) 地震事件应急避险行为常识

(1) 大地震时不要急。破坏性地震从人感觉振动到建筑物被破坏平均只有12s,在这短短的时间内千万不要惊慌,应根据所处环境迅速作出保障安全的抉择。如果居住的是平房,那么可以迅速跑到门外。如果居住的是楼房,千万不要跳楼,应立即切断电闸,关掉煤气,暂避到洗手间等跨度小的地方,或是桌子、床铺等下面,震后迅速撤离,以防强余震。

(2) 人多先找藏身处。学校、商店、影剧院等人群聚集的场所如遇到地震,最忌慌乱,应立即躲在课桌、椅子或坚固物品下面,待地震过后再有序地撤离。教师等现场工作人员必须冷静地指挥人们就地避震,绝不可带头乱跑。

(3) 远离危险区。如在街道上遇到地震,应用手护住头部,迅速远离楼房,到街心一带。如在郊外遇到地震,要注意远离山崖、陡坡、河岸及高压线等。正在行驶的汽车和火车要立即停车。

(4) 被埋要保存体力。如果震后不幸被废墟埋压,要尽量保持冷静,设法自救。无法脱险时,要保存体力,尽力寻找水和食物,创造生存条件,耐心等待救援人员。

4) 应急避险标志

掌握辨识基本的应急避险标志,可以帮助人们在紧急情况下发现应急设备和场所,实现自救和对他人的救助,主要有如图 5-32 所示的一些常用应急避险标志。

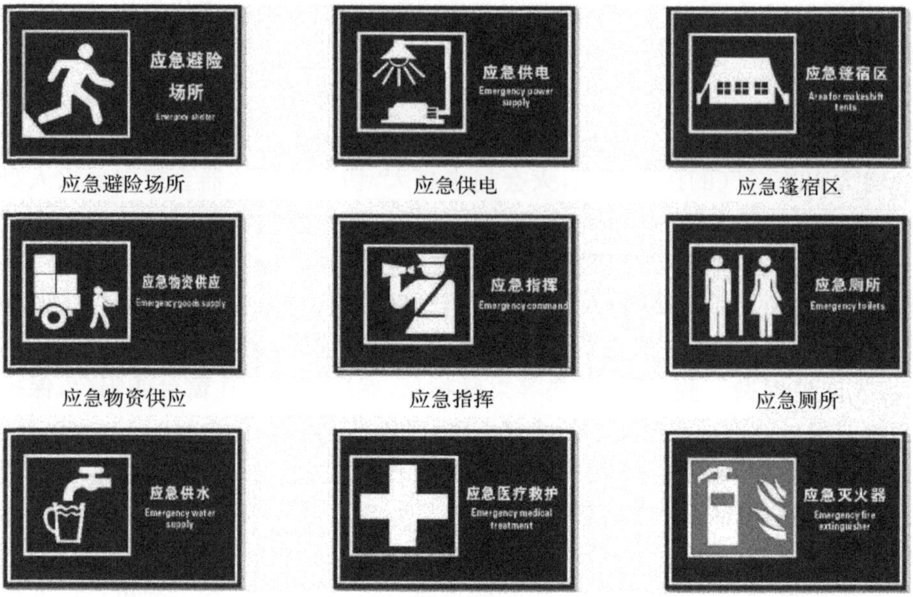

应急避险场所　应急供电　应急篷宿区

应急物资供应　应急指挥　应急厕所

应急供水　应急医疗救护　应急灭火器

图 5-32　应急避险标志示意图

2. 应急避险行为的作用

按照应急避险行为常识进行紧急情况下的应急自救，往往可以降低异常或突发事件对人们自身所造成的人身和财产伤害。

1）疏散秩序对行人疏散时间的影响

根据 Helbing 的研究发现，紧急疏散时，加快运动速度并不一定会产生较高的出口通行率，反而可能会降低疏散效率，这就是快即是慢效应（faster-is-slower effect），又称欲速则不达现象。这主要是因为加快速度使得人员间的相互作用增强，由此产生相互之间的摩擦阻碍，对出口的竞争变得强烈，从而降低出口的通行率，尤其是在疏散人数远远超过通道疏散能力的情况下，这种现象就更为明显；同时，疏散过程中，群体运动中因为紧张不安或急躁引起的频繁改变运动方向对整体运动水平也是非常不利的，如频繁的超越现象反而会降低群体的运动水平。因此，良好的疏散秩序对于疏散时间的提高是极为重要的，遵守疏散常识，按照工作人员的指挥有序地进行疏散行为，对于提高疏散效率具有重要的意义。

2）火灾应急避险行为对成功自救的影响

熟悉火灾应急避险常识对于火灾情况下进行自救具有重要的意义，以下分别是火灾情况下人们在熟悉和不熟悉火灾应急避险常识情况下进行自救的案例。

2013 年 8 月 19 日深夜 11 点，江东潜龙巷一幢 8 层的居民楼起火。接到报警后，江东消防中队出动了 11 辆消防车，在 15min 内赶到火场，终于扑灭了大火。60 名消防员逐个房间搜寻，救出 20 多名被困的市民。这其中，住在 3 楼的姜女士母女受伤最严重。当消防队员在 6 楼的过道上找到她们的时候，母女俩已经因为吸入过多浓烟昏迷了。事后医生诊断，母女俩均为重度呼吸道烧伤，脑部缺氧中毒。一名消防队员分析称从发现母女的地点来看，母女俩应该是想沿着楼道一路往楼上逃。她们不知道烟是往上走的，也没有用湿布捂住口鼻，所以才会受伤。这是个典型的逃生错误范例。

同样是该幢楼的 606 室，由于懂得火灾应急避险常识，孙师傅一家幸运地躲过了这场灾难。当晚，52 岁孙师傅的老婆在睡梦中最先发现了异常气味，孙师傅爬起来，开灯、打开门一看，楼道里已经全是烟了。孙师傅跟老婆第一反应就是要逃命。可是烟雾太大，出不了门。孙师傅平常勤于学习，有点自救知识。眼看着浓烟不断往家里熏，他从卧室拉了床棉被将其打湿，两只手用它死死地封住门。但是烟越来越大，湿棉被也扛不住了。孙师傅就拉着老婆跑到洗手间，打开窗户，朝楼下喊救命。消防人员听到呼喊声，派出四名消防队员，成功地将孙师傅和老婆救下了楼。这是个典型的逃生成功范例。

可以看出，熟悉火灾应急避险常识，并在紧急情况下冷静自救对于保护自身的生命和财产安全具有重要的意义。

3）地震应急避险行为对成功自救的影响

熟悉地震应急避险常识对于地震情况下进行自救也具有重要的意义，以下分别是在地震情况下人们在熟悉和不熟悉地震应急避险常识情况下进行自救的案例。

在一次地震中，老师正在上几何课，一个女生大着胆子突然喊，“老师，电灯晃了，是不是地震了?”老师愣了一下，说:“别慌，我看看。”说完走下讲台，拉开门，十几秒钟后，好像没有发现什么异常，又走向讲台。突然教室剧烈摇晃起来，老师才如梦方醒，大喊:“快跑。”孩子们这才一窝蜂往前门涌来(后门因为怕学生进出影响上课而插死了)，一个女生不幸被门槛绊倒，很快被踩踏到地上，并且学生在门口挤压一团，幸而老师当机立断挡住了后边的学生，拉起倒地的学生，因为不是地震中心区，房子并没有倒下，孩子却被踩伤住院了。这是个典型的自救错误范例，由于缺乏常识，学生和老师错过了地震前宝贵的十几秒钟时间，并且采用了错误的逃生方式(应该寻找三角区和遮蔽物而不是逃离楼房)。

唐山大地震中，某马家沟矿工作的工人讲述了自己自救的情况:“地震后我全身被废墟掩埋，开始因为不知自己的埋压情况，不敢盲目乱动，怕越动压得越实。我考虑，众多的人都被埋在等待扒救，短时间可能不会有人来救我，在有条件的情况下，还是应主动自救，起码要保护自己，不要只是等待。我开始小心地活动肩膀，抽出手臂，上肢可以活动了，我觉得没什么危险，胆子也大点了，试着将周围的石块向四周空隙推移,扩大了我的生存空间,呼吸也畅通多了,为延长生命创造了条件。待听到来人时,我就呼喊。由于开始没消耗太大的体力,喊声也较大,叫来了两个人,他们立即搬开废墟,我在下面积极配合,把石块向外传递,我的下肢逐渐可以活动了,终于从缝隙中爬出了废墟。"这是个典型的自救成功范例,被埋时,积极自救,保存体力,扩大生存空间,等待救援,最终实现了自救。

可以看出,熟悉地震应急避险常识,并在紧急情况下冷静自救对于保护自身的生命和财产安全具有重要的意义。

5.5 本章小结

本章首先介绍了慢行交通的定义和分类;其次介绍了理性行为下行人和非机动行为的特点,并对非理性行为下行人和非机动车的行为特性及影响因素进行了分析,构建了行人和非机动车的不安全行为模型;再次介绍了密集慢行交通中行人的行为特点及影响因素,阐述了几种典型的行人行为;最后,对异常事态和突发事态下行人行为特性及行为特性的影响因素进行了分析,阐述了应急避险的行为常识及其所起到的重要作用。

参考文献

[1] 张广厚,赵光华,陈艳艳,等.大型主题活动客流组织仿真评价及优化研究[J].城市交通,2012,(3):61-67.

[2] 张广厚.综合交通枢纽行人监控关键技术研究[D].北京:北京工业大学,2012.

[3] 陈艳艳,李平谱,张广厚,等.综合交通枢纽客流拥挤实时评价方法[J].公路交通科技,2012,(S1):75-80.

[4] 张广厚,陈艳艳,李平谱.综合交通枢纽运营水平评价指标体系研究[J].武汉理工大学学报(交通科学与工程版),2012,(1):25-28.

[5] Chen Y, Chen N, Wang Y, et al. Modeling pedestrian behaviors under attracting incidents using cellular automata[J]. Physica A Statistical Mechanics and Its Applications, 2015, 432: 287-300.

[6] 陈艳艳,陈宁,王杨,等.一种考虑吸引型异常事件的行人元胞自动机模型[J].交通运输系统工程与信息,2015,15(3):56-63.

[7] 李平谱.地铁车站火灾状况下行人疏散评价方法研究[D].北京:北京工业大学,2013.

第6章　驾驶人行为

道路交通系统是由人、车、路及其环境构成的动态交通系统，其各个组成要素又自成一个子系统。这些子系统既相互独立又相互制约，它们自身的可靠程度及其相互作用，决定了各个复杂系统及交通系统的运行状况和安全水平。交通系统各个组成要素及其相互间的不协调，是导致交通事故发生的根本原因，驾驶人是交通系统中导致交通事故发生的重要因素。据统计，我国有80%～90%的道路交通事故是由驾驶人因素造成的。驾驶人是一个有思维、能总结经验并能不断改善自己主观性的复杂个体，是交通系统的核心因素。驾驶人作为车辆的操纵者、道路的使用者、环境条件的感受者，对于保证道路交通系统的稳定性有着较大的能动性，在协调和控制交通要素中起着主导作用。

交通系统驾驶环境中的一切信息，包括车辆信息、路况信息、交通信息、交通标志标线、诱导和约束干预信息、驾驶人自身感觉变化等，都是依靠驾驶人的驾驶经验、安全态度和个体的生理心理特性进行综合处理的。要对交通系统安全性进行分析与研究，就需要研究驾驶人处理信息的复杂过程。道路、交通和环境限定了驾驶人的信息来源和车辆的行驶轨迹；驾驶人在动态驾驶过程中，通过感觉器官不断感知道路、交通和环境信息，并按照驾驶期望经过大脑的加工处理，支配运动器官操控车辆，使车辆适应不断变化的道路、交通和环境信息；同时感觉器官不断感知车辆对道路及环境的适应情况信息，并对车辆做进一步的微调。这样周而复始实现驾驶人与道路、交通和环境的互动，形成驾驶行为。如果在信息的感知、处理、判断和操作上某一环节发生失误，就会形成不良驾驶行为，带来交通安全风险。因此，驾驶人的驾驶行为特性对交通安全有决定性的影响。

6.1　驾驶人驾驶工作过程

6.1.1　驾驶人驾驶流程

任何人的心理和行为，无论简单或复杂，都可以归结为神经系统的整合活动。即人每时每刻无不通过脑和神经系统以及内分泌系统的活动，调节着自己的心理、生理和行为，驾驶人驾驶车辆的过程也不例外。

驾驶的整个过程是在一连串的生理心理活动中发生的，见图6-1。首先，道路交通环境以视觉、声音以及运动刺激的形式分别通过驾驶人的眼睛、耳朵和身体关节等感觉器官转化为神经信号。其中来自道路交通环境的声音刺激(如刹车声、鸣笛声、轮胎与路面产生的噪声、环境噪声)和运动刺激(如道路线形、路面平整状况、交通诱导标志标线)通过驾驶人驾驶的车辆这一中介间接传递给驾驶人。首先由刺激转化的神经信号经过驾驶人的低级神经中枢传向大脑感觉区,大脑对这些信号代表的意义进行解释。然后经过大脑的分析整合,驾驶人对目前的工作状况进行判断并做出决策。最后大脑运动区发出神经信号,信号经过神经向外传导,支配驾驶人手脚的骨骼肌发生运动反应,从而操纵汽车[1]。随着大脑运动区与肢体运动和感觉器官之间的内外神经传导不断协调,驾驶人不断改变着头部、眼睛和手脚的运动,以操纵汽车,安全、顺利地到达目的地。由于道路交通条件变化复杂,可能会诱发驾驶人的紧张或疲劳,从而激活一些腺体、心血管系统和代谢过程,为驾驶人提供或保存能量。

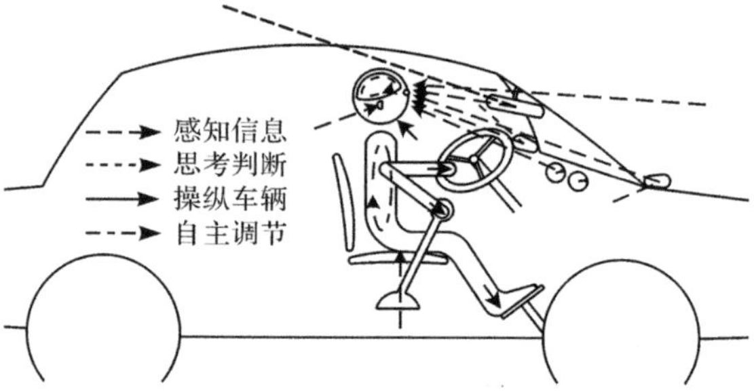

图 6-1　驾驶人驾驶过程示意图

6.1.2　驾驶工作中的信息传递

根据人机工程学的分析方法,如果将“驾驶人-汽车-道路交通环境”视为一个大系统,那么在驾驶工作中涉及许多信息传递过程:驾驶人的感觉器官从汽车和道路交通环境中不断获取信息;无数神经细胞之间连续的信息传递和中枢神经系统(特别是大脑)的整合活动;中枢神经系统与外周神经之间多次输入、输出的联系;内分泌系统和自主神经系统的参与;驾驶人通过运动器官对汽车进行操纵。驾驶工作中的信息、传递见图 6-2[2]。

驾驶过程中一次完整的信息传递过程如下:驾驶人通过感觉器官将从道路交通环境和车辆中获得的刺激转换为神经能量;神经能量通过外周神经系统进入中枢神经系统;中枢神经系统对感知到的信息进行思考判断并发出命令;包含命令的神经冲动通过外周神经系统传到运动器官或感觉器官;驾驶人通过运动器官的活动完成对车辆的控制。驾驶人在驾车过程中,可能会由于突发事件产生紧张或由于驾车时间偏长发生疲劳,这都会引起自主神经系统的活动,将信息传递给体内组织和感觉器官。

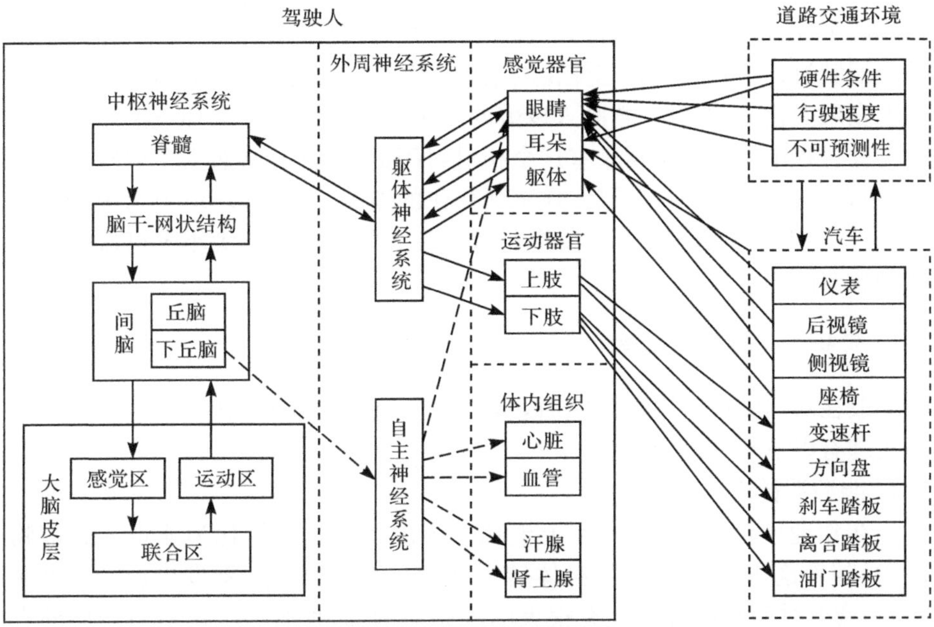

图 6-2　驾驶工作中的信息传递

6.1.3　驾驶疲劳生理心理分析

驾驶人疲劳是指在驾驶人这一特殊群体中发生的疲劳。在道路上驾驶车辆是一项比较危险的工作，一旦发生事故，不仅会对驾驶人本人造成伤害，也会对车辆上的其他人员和道路的其他使用者造成危害。因此，驾驶人疲劳驾驶产生的危害比一般人疲劳产生的危害更加严重，社会影响更大。驾驶人疲劳的产生与很多因素有关，见图 6-3。不良因素往往导致驾驶人的疲劳耐受性降低，促使驾驶过程中疲劳的产生[3]。

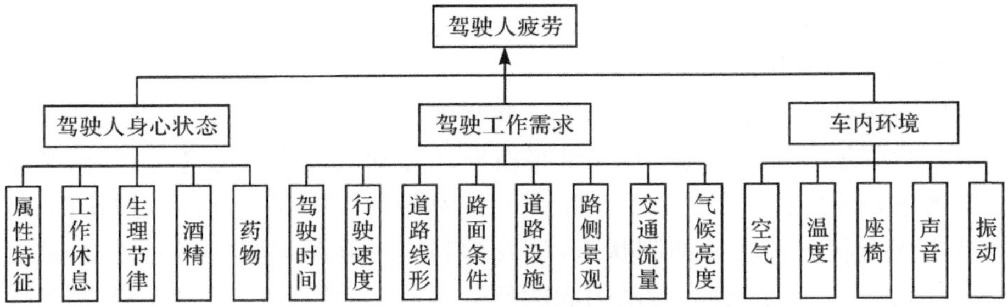

图 6-3　驾驶人疲劳的影响因素

首先，驾驶人疲劳的产生受驾驶人身心状态的制约，包括驾驶人的年龄、性别、经验、个性、情绪等属性特征，以及工作休息、生理节律、酒精或药物刺激等，这是整个驾驶过程中驾驶人状态变化的基础，驾驶人在驾车过程中的状态都是在此基础上发展变化的。其次，驾驶人疲劳的产生还受驾驶中车内环境的影响。驾驶人在驾驶过程中处在汽车驾驶室这个相对封闭的环境中，必然受车内空气、温度、座椅、声音和振动的影响。最后，在不断变化的道路、交通和环境中驾驶汽车是一项耗费体力、脑力的作业，因此该作业对驾驶人能量需求的大小不可避免地会影响驾驶疲劳的产生。

1. 驾驶疲劳的生成机理

一般在对驾驶疲劳进行研究时，常常参考疲劳的生成机理，目前对于疲劳产生的机理有以下几种理论[4]。

1) 能源消耗论

人在作业中消耗能量，实际上消耗了体内积存的可转化为能量的高能物质(ATP)，随着这些物质的耗尽，身体转入缺少 ATP 的状态，就发生疲劳。许多研究表明，疲劳过程与能源消耗有很大的关系。例如，长时间工作后肌糖原储存量下降，当储存量低于原储存量的 20%时，工作能力明显下降；同时血糖水平降低，大脑和肌肉中糖的供应减少，影响大脑正常的能量供应，从而使神经系统的功能下降。

2) 疲劳物质积累论

作业过程中进行的新陈代谢的废物来不及分解，积聚在体内，使人体产生类似于中毒的效果，就造成疲劳。提出此学说的学者一般倾向于把乳酸看成造成疲劳的主要代谢物质。虽然乳酸浓度和肌肉疲劳之间的关系还没有获得证实，但已经证明乳酸的积累以及由此导致的组织 pH 下降会产生三个效应：阻止神经肌肉节点处兴奋的传递，影响神经冲动顺利地传递到肌肉组织中去；限制有关酶的活性，从而抑制无氧酵解，使三磷腺苷合成速度减慢；使钙离子浓度降低，从而影响肌凝蛋白和肌纤蛋白的相互作用，使肌肉收缩与放松能力下降。

3) 中枢系统变化论

人体活动是中枢神经作用的结果。此学说认为，当长时间进行重复活动或短时间进行大强度运动时，往往有大量兴奋冲动传到大脑皮层的有关区域，频繁地使这些区域处于兴奋状态。当活动持续一定时间后会引起抑制性保护作用，使这些区域由兴奋状态转变为抑制状态，随着抑制作用逐渐扩散到其他部位，从而表现出疲劳现象。无论是脑力劳动引起的疲劳还是体力劳动引起的疲劳，都是大脑皮质的保护性反应，这种保护性反应可使机体的主要机能免于过度衰竭。

总之，人体运动时产生的疲劳是一种综合性的生理心理过程，它以大脑中枢的作用为主导，在大脑中枢和周围组织相互影响下发生，既与神经细胞的变化有关，也与周围组织的反射性和体液性影响有关。疲劳时的生理变化带有全身性的特点，它是有机体内环境的变化和不同生理机能的失调。

2. 驾驶疲劳的生理症状

驾驶疲劳会引起生理机能下降，出现各种生理症状。

(1) 视觉系统：活动紊乱，表现为视觉模糊、视敏度下降、眼睑下垂、眼睛发涩、眼眶下陷发黑、眼球颤动、眨眼次数增多、目光呆滞等。

(2) 听觉系统：听力下降、辨不清声音方位和大小、出现耳鸣。

(3) 呼吸系统：气喘、胸闷，呼吸困难，呼吸道、咽喉干燥。

(4) 消化系统：唾液分泌减少，食欲减退，消化不良，腹胀、腹泻或便秘。

(5) 循环系统：心率加快，血压改变。

(6) 中枢神经系统代谢及功能水平下降，导致心智活动水平下降。

3. 驾驶疲劳的表现

(1) 感知机能弱化。一般只需要 4h 的连续驾驶，驾驶人的中枢神经系统就会产生疲劳，开始出现感觉迟钝、知觉能力降低。在疲劳状态下，驾驶人辨认交通标志的能力大大下降，与正常状态相比要遗漏 30%；识别距离的能力也只有正常情况的一半。

(2) 注意功能失调。驾驶疲劳导致与驾驶行为相关的焦点意识弱化，而与驾驶行为不相关的其他意识活动增强，出现分心的精神涣散现象。由于疲劳，驾驶人往往把能够看清的东西遗漏或看错。再加上视力下降、注意力分散、反应迟缓、判断力降低，驾驶人处理各种情况的能力下降。

(3) 驾驶操作的动作失调。由于长时间驾驶，驾驶人的肌肉收缩调节能力也随之降低，驾驶操作的动作准确性下降，协调性受到破坏，出现动作迟缓、生硬、不合时宜，特别是在制动和转向时表现得更为明显。

(4) 反应时间长。不同年龄的驾驶人疲劳后比疲劳前的反应时间平均增长 0.1s，有的甚至增大 2 倍以上。

(5) 判断错误和操作失误增多。疲劳时，驾驶人的判断错误和驾驶操作错误都会比平时多。

(6) 困倦瞌睡。疲劳发展到最严重的情况，就容易导致驾驶人在行车时瞌睡，在这种情况下，驾驶人对车内外的一切信息均茫然无知，必将引发事故。

(7) 记忆功能衰退。疲劳驾驶有损人的记忆思维，造成头脑不清、思维混乱。一旦驾驶人过度疲劳，就容易忘记操作规程，违反交通法规，甚至可能走错路线。

不同驾驶情况下的驾驶行为如表 6-1 所示。

表 6-1 不同驾驶情况下的驾驶行为

驾驶操作	驾驶行为		
	正常状态	疲劳状态	瞌睡状态
车速控制	加速、减速敏捷	加速、减速时间较长，速度较慢	速度变换较慢或干脆不变
行车方向控制	迅速、正确地做出判断，并不断调节操作动作	不能及时迅速地做出调节性操作动作，甚至产生错误动作	停止动作
身体动作	操作姿势正常、无多余动作	较多的身体动作，如揉搓头、颈，伸懒腰，吸烟，眨眼	睡眠，身体摇晃

6.2 驾驶人驾驶车辆过程行为需求

驾驶人的行为是指由信息感知、判断决策和反应操作组成的一个不断往复进行的信息处理过程，即感知作用于判断决策后影响操作。在实际驾驶工作过程中，感知、判断、操作是有机地结合在一起的。感知是判断的前提，为判断提供材料，是分析判断的源泉。分析判断又为反应操作提供指令。操作是感知、判断的结果，又反馈到感觉器官，对操作进行修正、调整。如果没有这一反馈，驾驶人就不知道操作的结果，难以保证动作的准确性。因此，驾驶行为不仅是驾驶人信息感知、判断决策和反应操作完成驾驶任务的总称，也是三者共同反应的综合。驾驶行为过程如图 6-4 所示。

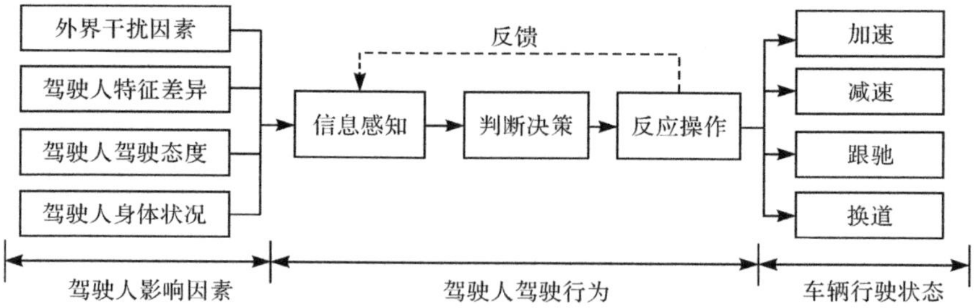

图 6-4 驾驶行为过程

6.2.1 驾驶人驾驶行为影响因素

驾驶人的驾驶行为受很多因素的影响，包括外界干扰因素、驾驶人特征差异、驾驶人驾驶态度、驾驶人身体状况等。

1. 外界干扰因素

驾驶人驾驶车辆过程中不断受外界各种因素的干扰，会影响驾驶人的认知行为、车辆控制、动态决策、突发情况应急处理等的反应时间和能力。除了驾驶人驾驶车辆时使用通信设备、饮食、谈话等因素，外界干扰因素主要包括道路环境、天气状况、交通状况、标志标线等因素。

2. 驾驶人特征差异

驾驶人特征差异是指驾驶人在驾龄、年龄、性别等群体差别以及驾驶人的身体状况、特殊职业、生活、工作习惯等个体的差异。与熟练的驾驶人相比，新手驾驶人的心理承受能力、驾驶操作能力、对危险情况的感知判断能力都比较欠缺。另外，年龄和性别也使驾驶操作具有一定差异。年龄对驾驶人的认知、车辆操作、危险情况感知等方面都有影响。性别的不同，在应急反应时间上有明显的差异。女性比男性驾驶专注、遵守交通规则、谨慎，而男性驾驶人比女性驾驶人反应时间短、车速快、危险情况处理好、不易产生疲劳。

3. 驾驶人驾驶态度

驾驶人驾驶态度是指驾驶人对路权、车速、拥挤、可插间隙等的认知，除了与驾驶人自身性格有关，与愤怒、激动、伤心、抑郁等不良的情绪也有关。目前研究较多的是攻击性驾驶行为和谨慎型驾驶行为。攻击性驾驶行为与驾驶人对安全的判断和倾向有关，驾驶人大都对自己的驾驶技术过分自信，攻击性驾驶行为对交通安全有危害，谨慎型驾驶行为则会影响道路实际通行能力；此外，驾驶人驾驶时的情绪也会对驾驶人驾驶行为产生影响。

4. 驾驶人身体状况

驾驶人身体状况包括身体的损伤和身体的病理。驾驶人身体损伤是指驾驶人的大脑认知系统、视觉、听觉、触觉等生理机能受外物刺激后损伤的情况，包括酒后驾驶、药物刺激后驾驶、视力矫正、视野盲区、听力损失等。身体损伤，尤其是酒后驾驶和药物刺激后的驾驶，会对驾驶人在认知能力、驾驶操作、危险情况的应对处理能力等方面造成影响。另外，像大麻、利他灵等中枢兴奋药物能提高中枢神经系统机能的活动，也会对驾驶人身体和驾驶行为产生影响。驾驶人身体病理影响是指研究驾驶人在疾病状态下和康复过程中对驾驶行为的影响。通过测量生病的驾驶人在认知行为、车辆操作、遇到危险情况的应对处理能力等方面的变化，分析与正常驾驶人驾驶行为的差别，判断患者是否适合驾驶，并将这种变化作为反映患者病情的指标，连续性的指标测量能反映患者治疗效果和康复情况，驾驶模拟器还能作为特定疾病的康复手段。

6.2.2 驾驶人驾驶行为特征

道路交通系统是一个开放的、动态的、瞬息万变的大型系统，其功能多样、目标复杂，交通事故和交通违法随时可能发生。交通系统的特点决定了驾驶行为具有以下特征：

(1) 信息处理的即时性。驾驶人在驾驶途中要对各种瞬息万变的信息快速地做出反应和处理，要求驾驶人必须具有能迅速接收和处理各种信息的能力，以及随机应变的能力。

(2) 高度的协调性。驾驶人在行车途中要迅速、准确地对各种信息做出反应，同时还要迅速、正确地进行操作，这就要求驾驶人的各项生理器官积极而协调地配合，特别是驾驶人要有极好的感知能力水平和操作的协调性。

(3) 警觉性。驾驶人在行车途中，要迅速、及时地处理各种信息，就要有良好的觉察力，既能发现和处理常见的信息，也要能机敏的觉察和处理信息，经常保持警觉状态。

(4) 风险性。机动车在道路上行驶过程中，随时随地都有发生交通事故的可能性，瞬间就可能导致人员伤亡，一旦事故发生，其后果是无法挽回的，因此，驾驶作业是一项风险性极高的行为。驾驶人要有一定抗风险的心理承受力和应急能力。

(5) 独立性。驾驶人必须独立操作机动车，所以在处理各种信息时驾驶人要坚决果断，独立自主。

驾驶行为特性对人的生理、心理品质提出了一定的要求，有些人的生理、心理特质在从事驾驶作业时，存在这样或那样的缺陷，使其不能胜任驾驶工作。个体的这些缺陷主要表现在反应时间、感知特性、注意品质、记忆能力、思维品质、性格、情绪、道德品质等方面。

6.3 驾驶人认知行为

认知是指人们获得知识或应用的过程，或信息加工的过程。这是人的最基本的生理心理过程，包括感觉、知觉、记忆、想象、思维和语言等。人脑接收外界输入的信息，经过头脑的加工处理，转换成内在的心理活动，进而支配人的行为，这个过程就是信息加工的过程，也就是认知过程。

人们获得知识或应用知识的过程开始于感觉和知觉。感觉是对事物个别属性和特性的认识，如感觉到颜色、明暗、声调等。而知觉是对事物整体、相互关系的认识，如看到一面红旗、听到一阵嘈杂的声音等，这时人们认识到的已经不再是事物的个别属性和特性，而是事物的联系和关系。知觉是在感觉的基础上产生的，但不是感觉的简单相加。在知觉中，人的知识经验起着重要的作用。

人通过感觉和知觉获得的知识经验，在刺激物停止作用以后，并没有马上消失，还保留在人脑中，并在需要的时候再现出来。这种积累和保存个体经验的心理过程称为记忆。

人不仅能直接感知个别、具体的事物，认识事物的表面联系和关系，还能运用头脑中已有的知识和经验间接、概括地认识事物，揭露事物的本质及其内在联系和规律，形成对事物的概念，进行推理和判断，解决面临的各种各样的问题，这就是思维。

驾驶人在驾驶车辆的过程中，驾驶人、车辆、道路和环境构成了典型的人-机-环境系统。在该系统中，驾驶人是最活跃的因素，对行车安全起着主导控制作用。研究驾驶人驾驶行为首先要从驾驶人如何获取信息和使用信息，即驾驶人的认知过程开始。

在驾驶过程中，驾驶人认知过程一般分为三个阶段，分别为信息感知阶段、判断决策阶段和反应操作阶段[5]。

1）信息感知阶段

驾驶人通过视觉、听觉和触觉感知汽车的运行环境，这一阶段主要由感觉器官完成。

行车时驾驶人通过视觉、听觉、触觉等感觉器官接收来自车内外的各种信息，包括道路信息、车辆信息、交通环境信息（如交通信号、行人的位置、路面状况以及汽车的运行状况等信息）等。驾驶人在行车过程中最重要的感官是眼睛，它是驾驶人获取信息及识别信息的主要手段，提供给驾驶人约 80%的信息。听觉提供驾驶人交通指令和车辆运行情况等信息，触觉提供驾驶人身体位置运动方向和速度变化等信息。

2）判断决策阶段

在信息感知的基础上，结合驾驶人驾驶经验、技能和安全态度，驾驶人经过分析，做出判断决策，确定有利于汽车安全行驶的措施。这一阶段主要由中枢神经系统来完成。

驾驶汽车是动态的过程，而且时间紧迫，如果想成功完成驾驶任务，必须借助驾驶人自身存储的关于交通系统的信息，即感知语言，主要包括驾驶经验和驾驶人安全态度等。这些信息被认为是内化在头脑中的内生模型，在特定环境中可以有效指导驾驶任务的完成。

驾驶人感官对外界信息的刺激以信息输入的方式传递给中枢神经系统进行

加工，产生短暂的记忆，记忆会把刺激信息按基本样式记录下来。

驾驶人根据自身条件和驾驶任务的要求，把感知到的信息与自己的知识经验进行结合、分析，在头脑中选择性地注意有效信息，然后进行判断。在驾驶人的判断中，预先建立预期道路的一个安全舒适的内生模型，即产生驾驶预期。一旦形成预期，驾驶人头脑中的道路表象就有了相对的确定性，再与道路环境提供的实时信息进行对比，决策相应的反应操作。这些判断项目中，任何一项判断不准，都容易导致行车事故。

3）反应操作阶段

在反应操作阶段，驾驶人依据判断决策做出实际反应和操作，这一阶段主要由运动器官来完成。

被选取的信息经思考、判断和决策后，驾驶人产生相应的生理心理反应和行为反应，然后通过手、脚等运动器官发出调整方向、调整速度和制动等指令，并采取适当的反应动作来驾驶操作决策，从而改变汽车的运动状态。

操作完成后，驾驶人同时会根据道路交通、环境和车辆的运行状况不断接收信息，调节自身驾驶行为以适应新的道路交通环境信息，确保汽车的操纵稳定性、可靠性和安全性。

驾驶人的认知过程实质上是一个多源信息融合的过程，即驾驶人经过观察、感知、知觉、记忆和思维相对应的信息收集、融合、处理等一系列心理活动的不断反复，最终才能达到行为操作的目的。

“信息感知—判断决策—反应操作”这一活动过程包含了驾驶人全部的反应过程。通过对驾驶人的认知规律研究，得出驾驶人在驾驶过程中的认知过程如图 6-5所示[6]。

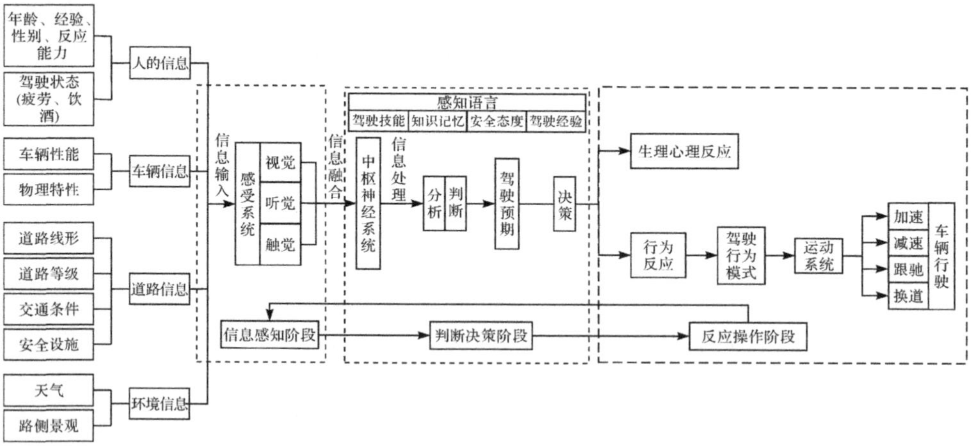

图 6-5 驾驶人驾驶认知过程

6.4　驾驶人感知行为

人的感知分为感觉和知觉两个方面。感觉是人脑对直接作用于它的客观事物的个别属性的反应；知觉是人脑对直接作用于感觉器官的客观事物的各个部分和属性的整体反应，知觉是在感觉的基础上产生的，是对感觉信息的整合和解释。

6.4.1　驾驶人感觉特性

驾驶人认知周围环境是从最简单的生理、心理活动——感觉开始的。与驾驶行为有关的重要的感觉有视觉、听觉、平衡觉、运动觉等。其中视觉和听觉是驾驶人眼睛和耳朵的功能；平衡觉是由驾驶人所处位置的变化和车辆运行速度的变化引起的，驾驶人在进行直线或曲线驾驶过程中，其运行速度的加快或减慢，以及体位的变化都会引起前庭器官的兴奋而产生平衡觉；运动觉是驾驶人在操纵车辆的过程中由于机械力作用于上、下肢及身体肌肉、筋腱和关节中的感觉器官而产生兴奋的结果。

1. 驾驶人的视觉

驾驶人在驾驶过程中需要不断观察了解前方道路条件、路侧标志、环境信息。图 6-6 为不同驾驶人在相同或不同路段的兴趣点（图中黑点为不同驾驶人的兴趣点），在观察目标物或兴趣点时，其主要采取注视（fixations）、眼跳（saccades）和追随（smooth pursuit）等三种眼动形式[7]。

图 6-6　不同驾驶人在相同或不同路段的兴趣点

1) 注视

在驾驶中为了看清前方某一物体，驾驶人两只眼睛必须保持一定的方位，才能使物体在一定的距离内在视网膜上成像[8]。这种将眼睛在一定距离内对准对象的活动称为视力注视。驾驶人在注视时眼球有一种极其细微的不随意的运动，但是它不会影响视敏度和视觉深度。当对物体上某一点的注视超过一定的时间(一般为 0.3～0.5s)，或当注视点在视网膜上的成像由于漂移而离中央凹过远时，就会出现小的随意眼跳。在注视时，眼球并不是绝对静止的，而是为了看清物体总是不停地轻微抖动，其幅度一般小于 1°。绝大多数信息只有在注视时才能获得并传输给大脑进行加工。

2) 眼跳

驾驶人眼睛在搜索目标物或驾驶人根据驾驶需要将注视点由一个物体转移到另一个物体或由于周边视野上出现驾驶人所关注的兴趣物时，视网膜周边部位会做出反应，促使眼球视线先在目标的一部分上停留一下，完成注视后，又跳到另一部分进行注视观察。

在驾驶过程由于道路、交通和环境条件的动态变化，驾驶人的注视点也不断改变，这种改变就是通过眼跳来实现的，以使下一步要注视的内容落在视网膜最敏感的区域——中央凹附近，进行充分的信息加工，形成清晰映像。通常人们感觉不到眼睛的跳动，而是认为眼睛在平滑地运动，事实上人们的眼睛总是先在对象的一部分停留一段时间，注视以后又跳到另一部分上，再对新的部分进行注视。随着驾驶速度的提高，注视点的改变更加频繁，眼跳更快。注视点间的飞速跳跃是一种联合眼动(即双眼同时移动)行为，其视角一般为 1°～40°，持续时间为 30～120ms，最高速度为 400°～600°/s。眼跳动期间，如果图像在视网膜上移动过快或视觉阈限升高，那么眼睛就几乎获得不了任何信息。所以，从眼跳角度来说，驾驶人的驾驶速度不能过快。

3) 追随

追随是眼球的一种较为平稳的运动方式。眼球在以下两种情况下做追随运动：一是在头部保持不动的状态下，为了注视一个运动的物体，眼球随之移动，而且移动的速度和方向随物体运动的情况而定；另一种情况是当头部和身体同时运动时，如驾驶人在驾驶过程中，为了使视线停留在一个固定物体上，眼球做与头部、身体运动相反方向的运动。在追随运动中，眼球运动的速度和方向主要与所注视的物体的速度和方向有关。但是当注视对象走得过远时，眼球追随到一定程度，就跳动一次，把视线转回起点，再注视新的对象并继续追随。眼睛能平滑地追踪运动速度为 1°～30°/s 的目标，这种缓慢、联合追踪眼动通常称为平滑尾随跟踪。平滑尾随跟踪必须有一个缓慢移动的目标，在没有目标的情况下，一般不能执行此动作。

驾驶人在驾驶过程中观察道路、交通和环境条件是在动态情况下进行的，即驾驶人观察的物体是按一定的速度运动的[9]。驾驶人在动态的驾驶操作过程中进行视觉认知要比静态下的驾驶操作视觉认知有明显的衰减，其主要表现在以下几个方面：

(1) 动视力下降。动视力是指驾驶人在运动状态下通过视觉器官辨别视野中空间距离非常小的两个物体的能力,动视力会随着运动速度的增加而下降[10]。例如,车辆以 60km/h 的速度运行时,驾驶人可以看清车前 240m 处的交通标志,而以 80km/h 的速度运行,则在接近 160m 处才能看清车前 240m 处的交通标志。根据运动视觉心理学的分析,动视力比静视力低 10%～20%,特殊情况下低 30%～40%。因此,在车辆高速行驶时,动视力的降低会使驾驶人的视认距离缩短,影响驾驶人的认知、操作和决策[11]。

(2) 视野变窄。通常人的双眼视野范围水平方向为 160°～180°,垂直方向为 100°～130°。为了保证驾驶安全,驾驶人需要有一定的视野。驾驶人的视野与运行速度有密切联系,随着车辆运行速度的提高,驾驶人的注视点前移,视野变窄,周界感减小。图 6-7 为不同速度下驾驶人视野和注视点的关系图[12]。

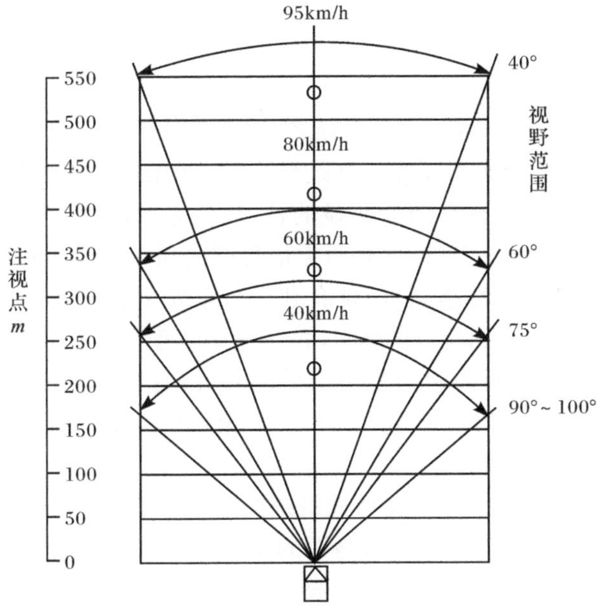

图 6-7　不同速度下视野和注视点的关系

运行速度越高,驾驶人越注视远方,视野越窄,注意力随之引向前方道路交通环境的中心,而对两侧的信息感知能力下降,结果形成隧洞视,容易丢失路侧信息,产生交通事故隐患。因此,在道路设计时,限制直线段的长度,采取一些强制措施,如道路环境和景观的改变、限速标志等促使驾驶人变换注视点的范围,避免发生危险[13]。

(3) 空间分辨能力降低。驾驶人空间分辨能力是指驾驶人对事物的大小、运动状态以及空间距离的辨认能力。在车辆行驶中,驾驶人很难分辨清楚距离车辆周围较近的物体;车辆运行速度较高时,驾驶人的视力会有下降趋势;而运行速度越高、距行驶车辆越近的物体,其相对运动角速度就越快,在驾驶人视野内作用的时间也越短。而驾驶人的动视觉反映需要一个更长的时间,若持续时间过短,则驾驶人根本无法在极短的时间(一般低于 0.15s)内发现和识别前方物体。有研究认为,当车速为 97km/h 时,车辆前方 34～427m 这一段距离和视角 40°所决定的空间范围,才是驾驶人期望的视力范围。随着运行速度的逐步提高,该空间范围变小。这就会使驾驶人在高速行驶时,对近距离或远距离的观察更为困难,一旦在很近或很远的距离上出现异常情况,驾驶人就难以辨认和判别。

(4) 视觉刺激量增大,反应错误增加。在运动状态下,驾驶人对兴趣点的观察时间受到限制,车辆运行速度较高,给驾驶人的观察时间就越短,而单位时间内对驾驶人眼睛的刺激信息量越多。这使驾驶人很难对车外异常信息做出准确的感知判断,从而导致驾驶错误风险增大。

2. 驾驶人的听觉

听觉是驾驶人获得信息的重要途径之一,靠它获得的信息量仅次于视觉。约有 14%的道路、车辆、交通和环境信息是靠听觉获得的,听觉能弥补视觉的不足。与视觉信息相比,听觉信息有两个明显的特点:一是反应快,听觉信息为 0.12～0.16s,视觉信息为 0.15～2.0s;二是听觉信息刺激强。驾驶人对声响的精细分辨能力越强,即听觉的感受性越高,就越有利于行车安全。声音会造成驾驶人听力的暂时性下降,当人体得到充分的休息时,听觉敏感度又会恢复,这是一种生理上的“适应”。驾驶人出现听力暂时性下降后,如果没有充分的休息,会造成听力下降。驾驶人长时间在有噪声的环境中驾驶,或噪声超过了一定的阈值,就会烦躁、注意力不集中,出现驾驶疲劳等。

在行车过程中作用于驾驶人听觉系统的主要因素包括:自然环境因素如风声、雨声等;道路环境声音如轮胎与路面的摩擦声、喇叭声等;车载设备和零部件的声音如收音机、车辆零部件振动和咬合声音等;车辆运行声音如发动机、车轮转动的声音等。

驾驶人的听觉对安全行车非常重要,通常在驾驶人视线看不到的地方,如陡坡、弯道、雾天、房屋遮挡视线,或后车要超车时,驾驶人可通过听觉来辨别和判断情况;尤其在行车速度判断中,听觉起着重要的辅助作用。所以,驾驶人有时是以听觉为先导去发现交通信息,而后由视觉加以细微、具体地确认。

驾驶人可根据声音判断车辆的运行状况,有用的声音信息可以提高驾驶人的警戒性。然而,长时间的驾驶、特别是夜间驾驶,车辆噪声、道路交通噪声等会引起驾驶人的烦躁情绪,加速驾驶疲劳的形成。

3. 驾驶人的其他感觉

驾驶人驾驶过程中的其他感觉包括平衡觉和运动觉。

平衡觉是人对自己头部位置的各种变化及身体平衡状态的感觉。平衡觉感受器位于耳内的前庭器官——半规管和耳石中。例如，乘车时，不用看就能够知道车辆是转弯还是进退。在行车过程中，当汽车制动、超车、侧滑和转弯时，平衡觉能准确地感知和传递这些信息，使驾驶人可以感知肢体在空间中的位置、姿势及运动情况，进而使驾驶人的反应动作精确化、自动化。

驾驶人驾驶车辆过程中，运动觉虽然不像视觉、听觉那样重要，但是对驾驶人对车辆的操控也是必不可少的，主要作用如下：

(1) 直接影响方向盘的操作。正确的转向行为是保证车辆在道路上沿正确路线行驶的主要因素。

(2) 直接影响脚踏板的操作。汽车行驶过程中，驾驶人是通过加速踏板和制动踏板控制车辆运动的。正确的制动行为对安全极其重要，紧急刹车时，迅速地用力塌下制动踏板，可使汽车在最短距离内停下来。

6.4.2　驾驶人知觉特性

知觉是对驾驶过程中道路、交通和环境信息的认识。知觉的过程是可以理解物体和现象之间联系的过程，在知觉的基础上，形成“深度知觉”，如目测距离、估计时间等。驾驶人凭借这种特性正确地判断道路、交通和环境条件。与安全驾驶相关的知觉形式有空间知觉、时间知觉、速度知觉等。

1. 空间知觉

空间知觉是三维知觉，是对问题形状、大小、距离、方向等的知觉。人眼的网膜是一个二维空间的表面，但在二维空间网膜上能看出一个三维的视觉空间。也就是说，人眼能够在只有高和宽的二维空间景象的基础上看出深度。这是因为人在空间知觉中依靠客观条件和内部条件来判断物体的位置。驾驶人的空间知觉是非常重要的一种知觉，行车、超车等都要依靠空间知觉，没有空间知觉驾驶人将无法驾驶车辆，正确的空间知觉是驾驶人在驾驶实践中逐渐形成的。

2. 时间知觉

时间知觉是对客观事物运动和变化的延续和顺序性的反应，通过某种衡量时间的标准来反映时间，由于受心理状态的影响，人们的时间知觉具有相对性，驾驶人的时间知觉受心理和情绪的影响，时间知觉又影响驾驶人的情绪，甚至影响驾驶人驾驶的安全性。

3. 速度知觉

速度知觉是人对物体在空间移动时位移的知觉。当物体在空间中改变位置时,人可以察觉到这种变化,进而产生速度知觉。速度知觉是对车速的感知能力,驾驶人在估计车速时,是根据先前运行的速度来估算当前的速度的。

6.4.3 驾驶人感知特性对交通安全的影响

驾驶人在道路上驾驶时,易出现判断能力减退、平衡感觉降低甚至失调的现象。驾驶人驾驶车辆时,开始伴随着紧张,对速度有充分的感觉,但是习惯了这种道路交通环境条件的行驶后,紧张感消失,对速度的感觉也变得迟钝,注意力下降,意识水平逐渐降低。同时,由于高速行车过程中动态视力下降,视野变窄,判断力减退[14,15]。

驾驶人的平衡感觉随着速度的提高会逐渐降低,甚至会失调。人的平衡感觉最为明显的实验是人站着快速原地转圈时,会很快产生心里难受、站不稳等现象,这种现象是由掌握人体平衡感觉的内耳三半规管失控引起的。三半规管是极不稳定的,所以不能过分依靠它。在山区高速公路弯道上快速行驶时交通事故多发,主要原因是三半规管在高速下失控,会使驾驶人产生错觉而引起驾驶不安全[16]。

6.5 驾驶人判断决策行为

驾驶人安全行车判断行为内容及特性,包括驾驶人对道路、交通和环境判断过程的生理、心理过程、特性及其感知技术。

驾驶人驾驶工作是一种不断感知信息,做出判断决策的过程。而保证正确通畅的传递信息,消化处理各种信息并迅速做出判断决策是保证驾驶人行驶安全、迅速的前提。在行车中,驾驶人不断接收各种行驶条件的信息和车辆行驶状况的信息,在头脑中进行判断和决策,并发出指令,传向运动器官,从而对方向盘、操纵杆等操纵装置进行操作,使车辆正常运行。

驾驶人判断决策能力的高低取决于驾驶人的智力、驾驶经验以及驾驶人的生理和心理条件。一般来说,驾驶人智力越高、驾驶经验越多、生理和心理条件越好,则决策判断能力越高,反之则越低。

在复杂而瞬息万变的交通环境中,为保证驾驶人自己和他人的安全,应该具有对周围车辆、行人的位置和运动速度等进行判断的能力。概括来说,驾驶人在驾驶车辆过程中判断行为主要有对距离的判断、对速度的判断和对道路条件的判断[16]。

1. 对距离的判断

驾驶人在驾驶过程中很难准确地估计距离，这也是诱发交通事故的主要原因之一。驾驶人对距离的判断主要包括对迎面来车距离和相遇点距离的判断以及对同向行驶前车的距离的判断。实验研究表明，驾驶人在对迎面来车距离和相遇点距离的判断过程中，总是把相遇点估计在两车距离的中点位置，同时驾驶人还容易把迎面来车的车速估计得与自己车速相同。在这种情况下，如果迎面来车车速高于自己车速，车辆实际相遇点要比驾驶人估计的相遇点距离自己更近，容易导致刹车不足，最终导致交通事故的发生。

2. 对速度的判断

对速度进行正确的判断，也是驾驶人应该掌握的一项基本技能。如果对速度判断错误，将导致驾驶人对车辆间隔距离错误判断，易引发交通事故。

当驾驶人在长时间以某一固定速度驾驶车辆后，会感觉车速并没有开始时那样快，这就是驾驶人对速度的适应性。另外，速度适应性还表现为驾驶人保持高速行驶一定时间后，如果车辆突然停止，驾驶人常常会觉得自己的车子在向后倒退。速度适应性会影响驾驶人对速度的判断，非常不利于驾驶安全性。

3. 对道路线形的判断

对道路线形的正确感知，有助于驾驶人对行车过程中有关信息的判断。但是，由于视错觉的作用，驾驶人容易对弯道和坡度判断错误。

(1) 弯道错觉。研究表明，驾驶人对不超过半圆的平曲线，会觉得其弯曲度要比实际的小，而且同样曲率半径的平曲线，前方视野越宽阔越容易产生弯度越小的错觉。在连续 S 形平曲线行驶时，由于视线需要向相反方向改变，当驾驶人注视相反弯道时，容易产生平曲线更为弯曲的错觉。

(2) 坡道错觉。驾驶人驾驶车辆在坡道上行驶时，如果坡度发生变化，则容易产生坡道错觉。当车辆在下坡行驶到坡度变缓的阶段时，由于路侧景观及路面倾斜度降低，驾驶人可能会产生下坡路段已经结束并开始上坡的错觉，进而采取加速前进，增加行车安全性。与此相反，汽车在上坡路段行驶过程中，当坡段变缓时，驾驶人会产生上坡已经结束并开始下坡的错觉。

6.6　驾驶人反应操作行为

6.6.1　驾驶人反应行为

反应是回应某种刺激所产生的动作，反应有简单反应与复杂反应之分。简单反应是以某一种动作对应单一信号的反应，这种反应驾驶人的注意力只需要集中于某一刺激物上，刺激物呈现出驾驶人预先知道的信号时即做出反应，不需要经过分析和选择。复杂反应的特点是驾驶人的注意力除了集中于刺激信号外，还被其他目标占据，需要根据当前的情况，经分析判断选择最佳方案后才能做出反应。

在交通环境中，由一个刺激引起一个反应的情况极为罕见，而往往是由很多刺激的复杂组合引起许多反应的复杂组合。目前国内的道路交通情况复杂，干扰因素多且杂，驾驶人需要随时保持警惕，集中注意力。遇到危险状况时，需要考虑周围交通状况，及时准确地选择、判断、采取措施，因此驾驶人在行驶过程中的应激反应基本上都属于复杂反应[17]。

衡量反应的一种指标是反应时间，这并不是反应延续的时间，而是引起反应对应的动作所需要的时间，即从机体接收刺激到做出反应所需要的时间。驾驶人从感知信号到采取行动这一过程所需要的时间就是驾驶人的反应时间，这一反应时间不仅要考虑驾驶人的外围环境，还要考虑驾驶人的生理心理过程，以便驾驶人能够迅速地执行任务。驾驶人生理心理过程主要包括：

(1) 生理过程[18]。感觉器官接收刺激—通过感觉神经及大脑传授引起的感觉传递—大脑皮层对传递的信息进行处理形成脑冲动—通过运动神经传递脑冲动—肌肉受到刺激并开始运动。

(2) 心理过程[12]。识别或辨认障碍物—分析并判断障碍物—为避开障碍物而进行决策。按照刺激反应的复杂程度，反应时间分为简单反应时间和复杂反应时间。简单反应由于刺激单一，反应单一，反应与刺激是一一对应的，所以简单反应的时间比较短。而复杂反应，由于刺激条件和反应条件都是复杂的，需要经过对刺激的消化、吸收并进行决策判断以后才能做出合适的反应，因此，复杂反应时间比简单反应时间要长。同时，复杂反应时间与选择刺激的数目和反应的复杂程度有关，刺激的数目越多，反应越复杂，则反应的时间就越长。因此，要求在道路交通管理中，为驾驶人提供的交通标志、交通标线、灯光信号等交通安全设施的设置要求简单、明了、意义明确，这样可以减少驾驶人思考、判断的时间，使反应时间缩短。

6.6.2 驾驶人操作行为

驾驶人驾驶车辆是通过一系列的操作动作来完成的。这些操作动作主要包括：用手控制车辆运行方向，用手和脚变换车速，根据需要操纵灯光、喇叭、刮雨器等车辆附属装置。为保证车辆安全行驶，驾驶人必须掌握各种操作动作并使各种操作动作按照交通情况的变化，相互配合与协调。驾驶人操作主要表现在驾驶操作的形式、操作的速度和操作的力量三个方面[19]。驾驶操作的形式包括操作方向和操作幅度，操作方向是指肢体移动的轨迹，操作幅度是指操作动作量的大小。

驾驶人操作的速度是指单位时间内的位移，肢体运动速度的变化很大，可以从每秒移动几毫米到每秒 800mm。驾驶操作的力量是指运动遇到阻力时所表现出来的力量。驾驶操作的三方面要协调活动，才能达到操作的准确性要求，进而才能保证车辆行驶的安全性。

驾驶人操作动作的准确性与交通安全有着非常密切的关系。由于车辆运行速度改变，道路交通环境变化莫测，任何一个不准确的操作动作都可能造成事故。造成驾驶人操作不准确的因素有很多，除了感知错误、判断错误等因素之外，还有以下因素会对驾驶人操作的准确性产生影响。

(1) 客观刺激的强度。如果刺激的强度低于引起反应操作的水平，那么操作动作发生错误的概率就越高。

(2) 技术熟练程度。驾驶人驾驶技术越不熟练，操作的准确性就越差；而随着练习次数的增加，操作错误就会明显减少。

(3) 交通情况越复杂，车速越快，操作错误就越多。

(4) 驾驶人驾驶操作行为越复杂，操作错误也越多。

因此，为了保证驾驶操作的准确性，需要驾驶人自觉地加强学习和训练，有效地提高驾驶操作技术和操作动作的熟练程度，从而提高驾驶操作行为的准确性，以达到安全行车的目的。

6.7　驾驶人行为诱导及干预

驾驶人在驾驶过程中采取的行为受安全、稳定和舒适驾驶感知和判断决策的约束，也就是驾驶人行为可以通过道路条件、交通工程设施及车辆和环境的设置与配置，对驾驶人行为进行诱导甚至约束干预[20]。

6.7.1　驾驶人行为诱导

驾驶人行为诱导在主动安全措施中具有重要作用。驾驶人在道路中行驶，容易受道路线形条件的诱导，包括长直线路段容易超速、长大纵坡路段容易刹车、小半径路段和行车道窄的路段容易减速，行车道过宽的路段容易超车和加速等驾驶行为；在不平整路面上车辆行驶速度较平整路面上慢；在越岭桥梁护栏不能遮挡驾驶人视野时，“空中”的驾驶感会使驾驶人产生恐惧，减速慢行；隧道进出口人工照明不合理会使驾驶人视认出现“白洞”或“黑洞”效应，引起驾驶不稳定，急刹车；路面上的标线、路侧标志和护栏会告知诱导驾驶人行驶方向和速度，特别是在夜间的行为诱导效果更好。因此，除了标志和标线以外，道路线形、路面、环境、标线、路侧标志和护栏等都能诱导驾驶人行为，其中道路线形、路面和环境条件是基础，标线、路侧标志和护栏是基础设施缺陷的补充和完善措施。

6.7.2 驾驶人行为干预

当驾驶人在驾驶过程中偏离行车道、出现驾驶疲劳、超速、车辆间距小于安全距离等不良驾驶行为时，采取一些主动干预的措施，对行车安全具有重要意义。现代车辆技术的发展，一些车辆生产厂家的车辆向人性化、智能化发展，车上安装有车辆偏离行车道检测报警及控制器、驾驶疲劳检测报警器、车辆超速检测报警及控制器、车辆安全间距检测报警及控制器等，对不良驾驶行为进行主动干预；在路边沿线采用振动标线、路肩设置振动路面，提示已偏离行车道驾驶人，对不良驾驶行为进行被动干预。

6.8 驾驶人培训

对驾驶人在取得驾照前进行认真、严谨的驾驶培训，学习安全驾驶知识和技能，具备安全驾驶态度，养成良好的驾驶习惯，对安全行车具有特别重要的意义。对驾驶人进行交通安全教育时，首先需要对其进行驾驶人人格、社会公众道德教育，培养驾驶人在驾驶工作中的社会安全责任感；其次驾驶人需要学习驾驶过程中自身和他人通常可能遇到的异常事件下的救援技能和方法；最后才是驾驶的基本知识和驾驶技能培训。通过对驾驶人进行全面系统的驾驶培训与安全教育，使驾驶人具有安全的驾驶态度，遵守道路交通条件对驾驶人行为的诱导和干预，确保驾驶人行为的安全性[21]。

6.9 本 章 小 结

本章将道路交通和环境条件融入驾驶人驾驶行为需求、认知、感知、判断决策和反应操作中，应用交通生理心理学、交通工程学、道路工程学和环境工程学等相关理论和技术，进行多学科的融合，通过室内外实验，理解和分析了驾驶人在不同的道路、交通和环境条件下驾驶行为的形成过程、行为需求以及行为诱导、干预及培训。

参 考 文 献

[1] 龙伟峰，胡江碧. 不同工作负荷下驾驶员的心生理特征研究[J]. 交通标准化，2009，(21)：59-63.

[2] 曹新涛，泮俊，胡江碧. 基于驾驶工作负荷的心生理指标研究[J]. 公路交通科技(应用技术版)，2011，(6)：264-267.

[3] 谢晓莉. 驾驶疲劳生成机理研究[D]. 北京:北京工业大学,2010.
[4] National Transport Commission (Australia). Road Transport Legislation-Driving Hours Regulations[R]. 2006.
[5] 胡江碧. 基于驾驶员驾驶工作负荷的路线安全评价理论与方法[R]. 北京:北京工业大学,2009.
[6] Hu J. Research on information processing model based on driver's cognition[A]//Intelligent Information Technology Application Association—Applied Computing, Computer Science, and Computer Engineering(ACC 2011 V3). Intelligent Information Technology Application Association,2011:4.
[7] 吴华金,胡江碧. 山区高速公路安全工程[M]. 北京:人民交通出版社,2014.
[8] 胡江碧,王维利,张寿然. 高速公路小客车驾驶员安全注视特性分析[J]. 西南交通大学学报,2012,(2):299-305.
[9] 李德慧,谢晓莉,胡江碧. 基于驾驶员眼动分析的事故多发点改造方案评价方法研究[J]. 科学技术与工程,2013,(2):379-382.
[10] 王繁己,牛思胜,胡江碧,等. 高速公路隧道运行管理指南[M]. 北京:人民交通出版社,2012.
[11] 张建峰. 汽车驾驶员动态视觉对感知—决策—校正模式的影响研究[D]. 西安:长安大学,2004.
[12] 任福田. 交通工程学[M]. 北京:人民交通出版社,2003.
[13] 翟润平. 高速公路限速控制研究[J]. 长安大学学报(自然科学版),2001,(6):34-38.
[14] 胡江碧. 事故多发地点形成机理及分析方法的研究[D]. 北京:北京工业大学,2004.
[15] 陶立. 机动车驾驶员不当驾驶行为特征与判别指标分析[D]. 北京:清华大学,2012.
[16] 胡江碧,曹新涛. 道路交通事故肇事驾驶员特征分析[J]. 中国公路学报,2009,(6):106-110.
[17] Patten C J D, Kircher A, Ostlund J, et al. Driver experience and cognitive workload in different traffic environments[J]. Accident Analysis and Prevention,2006,38(5):887-894.
[18] 陈炎,胡江碧,荣建,等. 脑电技术在驾驶行为分析中的应用[J]. 道路交通与安全,2006,(6):15-17,28.
[19] The European Parliament and the Council of the European Union. Regulation (EC) No 561/2006[S]. 2006.
[20] Federal Motor Carrier Safety Administration(USA). Part 395: Hours of Service of Drivers [S]. 2009.
[21] Transport Canada. Motor Vehicle Transport[S]. Commercial Vehicle Drivers Hours of Service Regulations. 2005.

第 7 章　交通安全行为

7.1　交通行为与安全

7.1.1　交通安全行为定义

1. 交通安全定义

交通安全是指交通参与者在参与交通活动过程中，为达到出行目而选择不同的出行方式、路径及出行时间，在多种交通行为交互作用的过程中使道路交通有序地运行，确保自身和他人的生命安全及财产安全。

2. 交通行为与安全的相关性

在道路交通系统中涉及的人、车、路、环境四大要素中，人是交通参与者，是道路交通系统中最积极、最活跃的因素。交通参与者有主观能动性，在交通活动过程中有的能够遵章守法，安全出行，有的交通参与者因不安全的交通行为，成为交通安全的隐患或肇事者[1]。

根据道路交通事故统计年报，我国 2014 年机动车违法行为、非机动车违法行为、行人乘车人违法行为造成的交通事故占总事故数的 95.5%（表 7-1）。机动车违法行为包括超速行驶、酒后驾驶、未按规定让行等；非机动车违法行为包括逆向行驶、违法装载、违反交通信号灯等；行人乘车人违法行为包括行人违反交通信号等。

表 7-1　事故信息统计[2]

合计	事故数		死亡人数		受伤人数		直接财产损失	
	数量	占总数/%	数量	占总数/%	数量	占总数/%	损失/元	占总数/%
机动车违法	173122	87.96	52813	90.25	187024	88.27	9562830911	88.92
非机动车违法	12750	6.48	2101	3.59	14103	6.66	24569167	2.28
行人乘车人违法	2073	1.05	1196	2.04	1043	0.49	13960761	1.30

3. 交通安全行为定义

交通安全行为在有关法律法规上有明确的规定。交通安全行为是指行人、机动车驾驶员等遵守《中华人民共和国道路交通安全法》和各种地方性道路交通安全法律、法规中有关对交通参与者规定的行为，并且要求交通参与者在参与交通活动中实施的行为不对自身及他人的生命及财产安全构成危险或威胁。

交通安全行为与不安全行为是一个相对的概念，安全行为不是绝对的安全，只是发生事故的概率比较小；不安全行为也不是绝对的不安全，只是发生事故的概率比较大。

7.1.2　交通行为安全的主观感受及客观程度

1. 交通安全感的定义

交通参与者认识周围环境是从简单的心理活动，即感觉开始的。感觉包括视觉、听觉、嗅觉、动觉、平衡觉等。根据这些感觉，交通参与者可以判断周围环境的安全程度。这种对安全程度的主观感受称为安全感，它包括交通参与者合法交通权益受到或可能受到侵害的评价以及受到保护程度评价两方面的内容。

2. 安全程度的定义

交通安全程度是指客观的安全判断及可接受的风险程度。通过反映道路交通的分析指标量化行车环境的安全程度，即满足车辆安全行驶所能提供的设施保证能力（如道路几何线形、车辆各项安全设施等）。

3. 安全感的影响因素

交通安全感的影响因素主要分为个体因素和交通环境因素两类。

1）个体因素

具体地讲，影响交通安全感的个体因素是指交通参与者具有的对交通安全感产生影响的自身条件，包括交通参与者的生理因素、心理因素和个人状况三个方面的内容。

（1）生理因素。生理因素是指对交通安全感产生影响的交通参与者自身的生理条件，如性别、年龄等。例如，行人在车速较快的路边行走时，老年人的安全感比年轻人差。

（2）心理因素。心理因素是指对交通安全感产生影响的交通参与者的心理条件，主要包括个体直觉、情绪反应和承受能力三个方面。个体直觉是指未经充分逻辑推理的直觉，即感性认识；情绪反应是指人们在遇到某种刺激时表现出的兴奋心理状态，通常分为高涨、愉快、平静、厌烦、抵触五类；承受能力是指面对外来威胁侵害及影响时具有的承担、接受和容忍的心理条件和本领。

（3）个人状况。个人状况是指交通参与者个体受自身健康状况或外部事件的影响，其生理和心理条件出现异于正常水平的情况。例如，经历了交通伤害的行人，其交通安全感会在相当一段时间内出现显著降低的情况。

2) 交通环境因素

交通环境包括交通安全状况、交通管理水平、交通秩序、基础设施状况和交通安全感等。

(1) 交通安全状况是对道路通行能力、道路交通设施、交通事故率、交通法规的执行等各方面情况的综合反映。此外，重特大交通事故的伤亡及财产损失大，其不但影响范围广泛，而且对于公众的交通安全感也会产生巨大作用。

(2) 交通管理水平是指道路交通管理部门指挥、疏导、快速反应以及道路交通组织、交通执法的水平。

(3) 交通秩序主要是指交通流是否有序，包括流量大小、车速及交通组成、交通参与者的守法意识等。

(4) 基础设施状况包括道路几何线形、路面条件、道路视野状况等道路条件，交通标志、交通标线、安全防护、夜间照明灯等道路交通管理安全、服务设施。例如，在山区道路上或在陡边坡高填土道路上行车，驾驶人看不到坡脚，产生害怕心理。如果在这种路段的路肩上设置护栏或放缓边坡，会减轻驾驶人和乘座人员的不安全心理压力。

(5) 交通安全感是交通参与者的综合心态反应，其影响因素具有广泛性、关联性、相对独立性、复杂性等特点。因此，在分析交通安全感时要注意将以上因素综合考虑，整合各因素之间的关系并进行全面分析。

4. 安全程度的影响因素

机动车保有量及道路交通量的迅速增加，带来了道路交通事故频发、交通秩序混乱等问题。我国交通安全管理体制机制尚不够健全，交通违章现象比较普遍，部分道路设计不合理、安全设施不健全也是影响交通行为安全的重要因素。

1) 人的交通安全意识

心理学家认为，人的行为受意识支配，即意识决定行为，行为源于意识。就交通行为而言，其服从意识指导行为这一心理学基本规律，即交通行为受交通安全意识的支配。

交通安全意识是指交通参与者对交通安全知识及其重要性的认知程度，以及对保证自身及他人交通安全需要掌握的基本技能，包括遵纪守法意识、大众意识、自我保护意识等。遵纪守法意识是指交通参与者本人的自觉性程度，依赖于交通参与者本人的自我控制力，它位居安全意识的第一位，是维护交通秩序、保障交通安全的基础。大众意识是指交通参与者自觉地把自身的行为和社会、大众融为一体的认识，而不是把自己的行为单纯地认为是一个人的行为。自我保护意识是指交通参与者对生命保护重要性的认识程度。一个人只有懂得珍惜自己的生命才会珍惜他人的生命。

对于任何一个交通参与者，其交通安全意识的形成和完善并非与生俱来的，而是在生活中通过不断的学习和积累获得的，且受年龄、性别、受教育程度等多因素的影响。

2）交通法规建设

交通法规是依法治理交通、保证交通安全、正确处理交通参与者之间关系的重要依据，我国 2003 年 10 月 28 日第十届全国人民代表大会常务委员会第五次会议通过《中华人民共和国道路交通安全法》，之后又进行了两次修订。安全法中明确指出为了维护道路交通秩序，预防和减少交通事故，保护人身安全，保护公民、法人和其他组织的财产安全及其他合法权益，提高通行效率，制定本法。其中我国境内的车辆驾驶人、行人、乘车人以及与道路交通活动有关的单位和个人，都应当遵守该法。

在国际上交通法规包括：以交通安全系统为主的交通安全法；以道路管理为主的道路法；以停车场管理为主的停车法；以车辆检验与管理为主的车辆轮胎法；以交通运输为主的道路运输法等。

交通法规是交通参与者的行为遵循，它体现了国家和地区的交通规划和意志。

3）基础设施建设

基础设施建设对于交通安全的影响主要表现为三个方面：一是道路的建设，包括几何线形、视距、道路结构、道路功能、交叉口、道路安全净空等；二是道路管理设施的建设，包括交通信号灯、交通标志、交通标线等；三是道路安全设施的建设，包括安全护栏、防眩目设施、安全岛、照明设施等。

道路的建设是影响交通行为安全的重要因素，其中几何线形的设计最为重要。驾驶员在驾车过程中所选的实际行驶速度，是根据道路三维立体线形做出的判断，如果道路线形设计不合理，除了对道路使用者造成时间和经济上的损失外，还会诱发交通事故。

道路管理设施对保障交通安全、减轻交通事故的严重程度、排除横向和纵向干扰、提高道路服务水平、提供视线诱导、增强道路景观效果等都起着重要的作用。

道路安全设施的建设是交通法律、法规在道路上的反映，良好的交通安全设施像“无声的语言”时刻提醒道路使用者遵守交通法规和注意交通安全。交通环境会给交通参与者特别是驾驶人生理和心理产生影响，在无形中提高驾驶人的交通安全意识。

5. 安全感与安全程度之间的关系

任何交通行为均存在客观的安全程度。交通安全感是对安全度的主观反映。如果安全感的水平远高出安全度的水平，即交通参与者过高估计了自己交通行为的安全水平，则很可能发生事故。例如，有些司机在高速公路上驾驶时自恃技术高、经验足，强行赶超，结果酿成大祸。相反，如果安全感的水平低于安全度的水平，参与者的恐惧感就会增加，时时处处小心谨慎同样不利于交通安全。这种情况在初学者身上表现得比较明显，有些初学者驾驶时紧张得甚至误把油门当成刹车。

图 7-1 所示两幅漫画是在相同的地方，左图路面人行道画的是斑马线，右图路面人行道画的是悬崖上的木板桥。对这两幅图进行对比分析，两条路的安全度是相同的，但是右图中人的安全感很低，可能会出现畏缩不前的现象。因此，只有在交通安全感的水平基本适应于交通安全度的水平时，从交通安全感的角度，交通参与者的交通行为才是安全的。

图 7-1 安全感与安全度对比漫画[3]

7.1.3 交通行为安全程度的客观判定

交通行为安全程度的客观判定主要包括冲突法和事故法。

1. 冲突法

两个或两个以上的交通参与者在道路上运行或静止的过程中，当双方感知到危险的存在，若不采取任何措施则必然会有事故发生，而采取适当的措施就能避免事故的发生。交通冲突是指这种从交通参与者感知危险到实施避险措施的过程。交通冲突发生与否如图 7-2 所示。

交通冲突技术(traffic conflict technique)自 20 世纪 50 年代在美国开始应用，它于 1967 年由 Perkins 和 Harris 最早进行系统开发与应用，最初目的是调查通用汽车公司的车辆在驾驶时是否与其他车辆一样。该技术很快被一些交通安全组织应用于预测评价交叉口潜在事故数和鉴别系统缺陷。1970 年以后，该技术逐渐

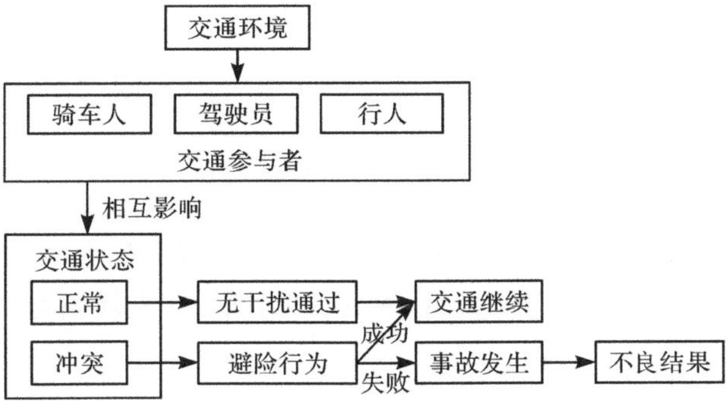

图 7-2　交通冲突发生与不发生示意图

被加拿大和一些欧洲国家使用。1977 年在挪威的奥斯陆举行了第一届国际交通冲突技术会议，1979 年在法国巴黎举办了第二届国际交通冲突技术会议，之后陆续在瑞典、联邦德国、比利时等国家也举办了几届国际会议，并出版了国际交通冲突会议论文集。Krassy 于 1983 年在其著作中列出了关于交通冲突技术应用的 200 多种文献。目前，交通冲突技术在世界许多国家得到广泛应用，成为国际上用于定量研究多种交通安全(特别是地点安全)问题及其对策的方法，被誉为 20 世纪交通安全评价领域的一次革命。

交通冲突技术广泛应用于交通工程实践的许多领域，其研究内容多样，研究方法没有一定的标准，故对交通冲突的分类有很多种，其中主要分类如下：

1) 按严重程度分类

冲突严重程度是指导致交通事故发生的可能性程度。

(1) 根据事故间接衡量冲突严重程度。交通冲突严重程度的定量关系可用单位时间内事故发生概率的数学期望表示。大量研究结果表明，事故与严重冲突之间存在线性关系，即冲突程度越严重，冲突频率就越高，导致事故发生的可能性就越高[4]。

(2) 根据冲突本身表现出来的特征来界定冲突的严重程度。冲突严重程度下限为冲突发生的临界点，上限为冲突与事故发生之间的临界点。可以根据需求将冲突的严重程度分成不同级别，据此对冲突严重程度进行划分同样与事故之间有着密切的关系，冲突严重程度越高，导致事故发生的可能性就越大，反之，事故发生的可能性就越小。

2) 按移动方向分类

车辆移动分类是根据车辆移动的方向和违章情况进行分类，对于信号交叉口，交通冲突可分为以下类型。

(1) 机动车与机动车冲突。在不考虑信号灯控制的情况下，机动车按照交通规则直行、右转、左转自由通过交叉路口，不同车辆通行行驶轨迹在交叉口区域形成了多个冲突点，这些冲突点包括交叉点、分流点和合流点，如图 7-3 所示。机动车通过不同交叉口形成交叉点、分流点、合流点的数目如表 7-2 所示。

(2) 机动车与自行车冲突。这类冲突包括：①直行自行车与同口右转机动车；②直行自行车与右口（右转、直行、左转）机动车；③直行自行车与对向左转机动车；④直行自行车与左口（右转、直行）机动车；⑤左转自行车与同口（右转、直行）机动车；⑥左转自行车与同口左转机动车；⑦左转自行车与右口（直行、左转）机动车；⑧左转自行车与对向（右转、直行、左转）机动车；⑨左转自行车与左口（直行、左转）机动车。

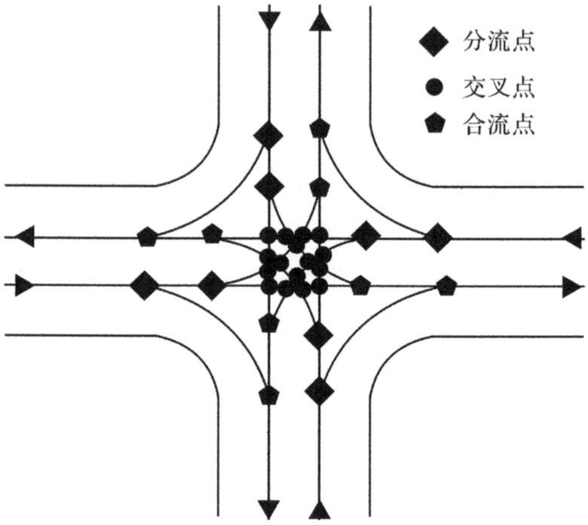

图 7-3　交叉口机动车交叉点、分流点、合流点示意图

表 7-2　机动车通过不同交叉口形成交叉点、分流点、合流点数目

交叉口形式	交叉点	合流点	分流点	合计
三岔路口	3	3	3	9
十字交叉口	16	8	8	32
五岔路口	50	15	15	80

(3) 机动车与行人冲突。按冲突发生的地点分类，即东进口机动车与行人冲突、西进口机动车与行人冲突、南进口机动车与行人冲突、北进口机动车与行人冲突。

综上，除上述机动车与机动车冲突、机动车与自行车冲突、机动车与行人冲突外，还存在非机动车与非机动车；非机动车与行人的交通冲突。以上冲突点的统计结果见表 7-3。

表 7-3　十字交叉口混合交通自由通行形成各类冲突点统计

冲突类型	交叉点	合流点	分流点	小计	冲突点合计
机-机	16	8	8	32	冲突点 144,其中： 交叉点 104 个 合流点 20 个 分流点 20 个
机-非	56	8	8	72	
机-行	8	—	—	8	
非-非	16	4	4	24	
非-行	8	—	—	8	

注：机为机动车；非为非机动车；行为行人。

3）按初始影响分类

该方法是根据影响冲突的形式分类的，主要有突然停车、交织、追尾、减速、红灯违章。

2. 事故法

1）事故的分类[5]

根据 1992 年年初公安部发出的《关于修订道路交通事故等级划分标准的通知》，按死伤亡人数、经济损失等造成的后果的严重程度，将事故分为四个等级，该具体标准在事故处理和事故统计中均统一使用。具体标准如下：

轻微事故，指一次造成轻伤 1～2 人，或财产损失机动车事故不足 1000 元，非机动车事故不足 200 元的事故。

一般事故，指一次造成重伤 1～2 人，或者轻伤 3 人以上，或者财产损失不足 3 万元的事故。

重大事故，指一次造成死亡 1～2 人，或者重伤 3 人以上 10 人以下，或者财产损失 3 万元以上不足 6 万元的事故。

特大事故，指一次造成死亡 3 人以上，或者重伤 11 人以上，或者死亡 1 人同时重伤 8 人以上，或者死亡 2 人同时重伤 5 人以上，或者财产损失 6 万元以上的事故。

2）事故的评价指标

事故的评价指标包括绝对指标和相对指标。

（1）绝对指标。

绝对指标有事故次数、死亡人数、受伤人数和经济损失。其中安全程度客观判定的指标，多以事故次数、死亡人数计算。交通事故死亡人数的统计对各国是一样的，具有可比性。对于同是死亡一人，各国因社会制度和经济条件的差异而计算得出的经济损失并不相同，甚至相差悬殊，或没有可比性。

（2）相对指标。

① 按人口计算的死亡率：在某地区，交通对人民生命的危险，可以每 10 万人

口的交通死亡事故数来表示，即

$$R=\frac{B\times 100000}{P} \tag{7-1}$$

式中，R 为每 10 万人口的死亡率；B 为一年内交通事故死亡总数；P 为地区的人口。

按车辆登记数计算死亡率：该指标与按人口计算相似，能反映某地区的交通事故的真实面貌，公式为

$$R=\frac{B\times 10000}{M} \tag{7-2}$$

式中，R 为每一万辆车的死亡率；B 为一年内交通事故死亡总人数；M 为在该地区内登记的车辆总数。

在实践中，常用该项指标计算交叉口的事故率，这时 M 为一年内进入交叉口的车辆数量，等于 24 小时进入交叉口的车辆数乘以全年天数。

② 按车-公里计算的事故率：事故的危险性以每一亿车·公里行程的事故率来表示。用这一指标比用人口或用车辆计算更接近真实情况。

$$R=\frac{B\times 10^8}{V} \tag{7-3}$$

式中，R 为每一亿车·公里的死亡率；B 为一年内交通事故死亡总数；V 为一年内行驶的车·公里。

车·公里数可以通过一年内消耗的燃料总数乘以每升燃料的平均行驶公里数求得，或在公路上可以这样计算：24 小时内在本区间行驶机动车辆的平均交通量乘以本区间公路长度，再乘以 365 天。考虑到交通量季节性变化，应取比较切合实际的平均值。

7.2 风险交通行为与交通事故

7.2.1 交通事故定义

对于交通事故的定义，各个国家有各自不同的理解。

美国国家安全委员会认为：交通事故是“在道路上所发生的意料不到的有害或危险事件”。这些有害或危险事件妨碍着交通行为的完成，其原因常常是不安全的行动或不安全的因素，或者是两者的结合。

日本对交通事故的定义是：由于车辆在交通中所引起的人的伤亡或物品的损坏，在道路法中称为交通事故。

2011 年 4 月 22 日最新颁布的《中华人民共和国道路交通安全法》中第 119 条第 5 项规定：交通事故是指车辆在道路上因过错或者意外造成的人身伤亡或者财

产损失的事件。表 7-4 为我国 2006～2014 年的交通事故统计。

表 7-4　我国交通事故统计

年份	事故起数	死亡人数	受伤人数	万车死亡率	10 万人口死亡率
2006	378781	89455	431139	6.16	6.84
2007	327209	81649	380442	5.1	6.21
2008	265204	73484	304919	4.33	5.56
2009	238351	67759	275125	3.63	5.1
2010	219521	65225	254075	3.15	4.89
2011	210812	62387	237421	2.78	4.65
2012	204196	59997	224327	2.5	4.45
2013	198394	58539	213724	2.34	4.32
2014	196812	58523	2118821	2.22	4.28

7.2.2　交通事故影响因素

交通参与者的高风险交通行为受主观因素和客观因素中的影响，以个人意识为主导，与交通安全法相违背的交通行为。

1. 主观因素

(1) 交通安全意识薄弱，对危险的感知存在局限性。交通参与者常常存有侥幸心理，认为一些高风险交通行为不存在危险，而忽略安全的重要性；甚至有些交通参与者明知一些行为会导致交通事故，但为了省时省力而仍然故意违章。

(2) 部分交通参与者道路安全知识缺乏。一些交通参与者对道路交通安全的重要性认识不够深刻，因而在参与交通活动过程中经常以自我为中心，导致违法行为的产生。

(3) 从众心理。一些交通参与者明知违法行为，但看到他人违章未造成交通事故或受罚而效仿他人的违法行为。

(4) 自负心理。部分交通参与者认为自己技术高超，可以避免可能的危险发生，这种情况在初学者身上比较明显。2010 年澳大利亚 Queensland 交通中心对不同驾龄的驾驶员产生的事故数进行统计，如图 7-4 所示。

交通参与者在学习机动车驾驶阶段发生的事故很少，在获得驾驶执照后发生的事故数量明显增加。但随着驾龄的增长，事故数随之降低，驾龄超过三年后发生的事故趋于平稳。

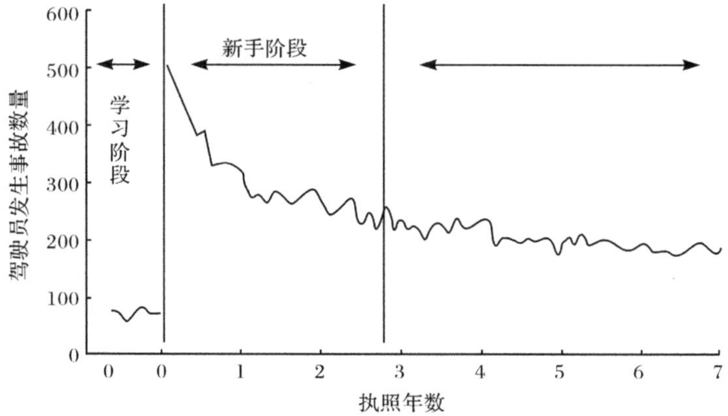

图 7-4 驾驶员执照年数与发生事故数量关系

2. 客观因素

交通参与者的生理因素、交通环境因素等与交通风险行为的发生有着密切的关系。

1) 生理因素

生理因素是指交通参与者具有的自身生理条件,如性别、年龄等。

如图 7-5 所示,男性驾驶员造成的事故比女性驾驶员造成的事故多,年龄在 35～64 岁间的驾驶员产生的事故要比其他年龄段的驾驶员产生的事故少。

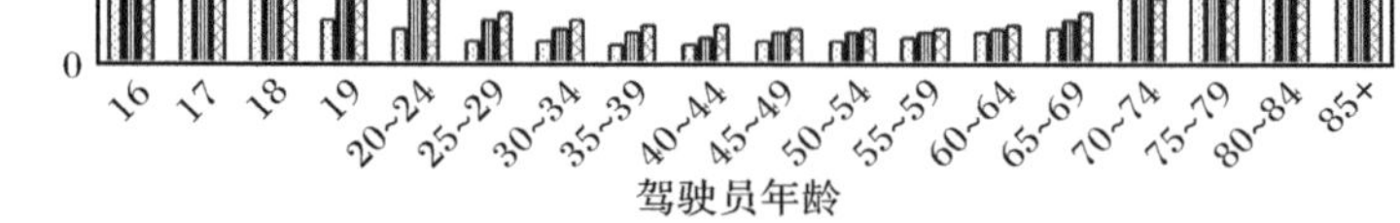

图 7-5 驾驶员性别、年龄与亿车公里死亡率的关系

不同年龄段的驾驶员在一天中容易疲劳的时间不同。1995 年 Pack 等对不同年龄段驾驶员发生事故的时间进行了统计分析[6],如图 7-6 所示。

对于多数年龄组,事故发生时间出现两个波谷。年轻驾驶员的事故主要发生在晚上,而高龄驾驶员则倾向于下午易于疲劳的时段。

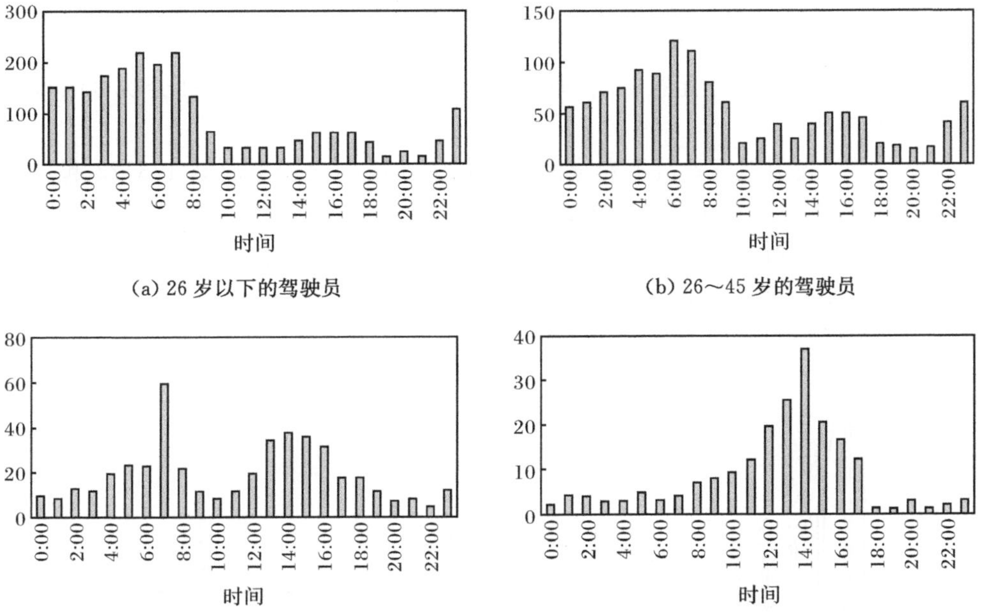

(a) 26 岁以下的驾驶员　(b) 26～45 岁的驾驶员

(c) 45～65 岁的驾驶员　(d) 65 岁以上的驾驶员

图 7-6　不同年龄段驾驶员由于疲劳驾驶发生事故时间

2) 交通环境因素

交通环境因素主要包括:交通管理法律法规与执法的力度、不同功能的交通基础设施和恶劣气候条件对交通安全水平产生的影响。

交通管理的法律法规:一方面交通法规、制度不健全,部分交通参与者没有足够的心理压力而无视交管部门相关规章制度;另一方面是由于管理部门对交通参与者的行为管理不够,措施不当。

交通基础设施的功能与特点:交通设施不齐全或者设施不符合交通参与者的心理需求,使得交通参与者不愿意按照规定的方式出行。

恶劣气候条件:雨雪天气,道路附着系数低;雾天能见度低,驾驶员视线受限制,对距离的判断能力降低并且不能确定车道边缘的准确位置,无法及时观察到前方车辆转向灯或刹车灯,从而造成追尾事故。

7.2.3　风险交通行为与交通事故的关系

1. 机动车驾驶行为与交通事故的关系

2014 年《中华人民共和国道路交通事故统计年报》中,根据事故产生的主要原因将机动车风险驾驶行为分为两类:一类为包括超速行驶、未按规定让行、无证驾驶等在内的违法驾驶行为;另一类为包含制动不当、转向不当等在内的驾驶错误行为。Reason将不安全驾驶行为分为错误(error)和违章(violation)两类,其中错误是对正确行为路径的无意偏离,而违法则是故意对交通规则或社会认可的行为规范的违反[7]。

2014年,我国因驾驶员不安全的交通行为造成的交通事故共173122起。如图7-7所示,驾驶员违法驾驶行为造成的事故数远远超过因驾驶错误行为造成的事故数。违法驾驶行为中未按规定让行、无证驾驶、逆向行驶、超速行驶等行为造成的事故起数占交通事故总数的27.77%。

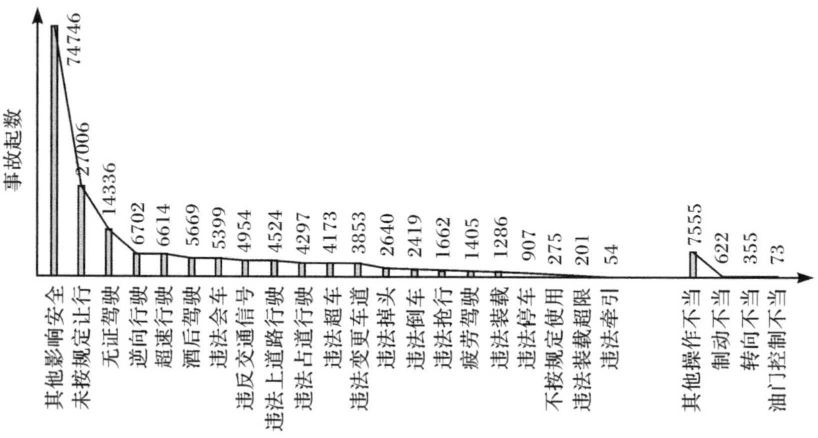

图7-7 2014年我国违法驾驶行为与驾驶错误行为造成的事故起数[2]

2. 非机动车交通行为与交通事故的关系

非机动车(包括自行车、三轮车以及电动车)在我国具有重要的地位。以北京市为例,其中自行车出行比例占全市总出行方式的20.3%[8]。据统计,自行车驾驶人负主要责任的事故占全国道路交通事故总数的30%,其中死亡人数占全国交通事故死亡人数的25%左右[9]。

由图7-8可知,非机动车造成的事故起数中,由于非机动车驾驶员违法逆向行驶、占道行驶、未按规定让行及违反信号灯等行为造成的事故数占非机动车事故总数的67%。

3. 行人交通行为与交通事故的关系

据统计,全世界1/3的交通事故都与行人有关。行人是一个弱势群体,完全暴露在外面,没有保护措施,虽然行人违法行为引发的事故率较低,但一旦发生交通事故其死亡率则较高。

2004年世界卫生组织统计,欧盟国家的交通事故中,行人死亡率是机动车驾

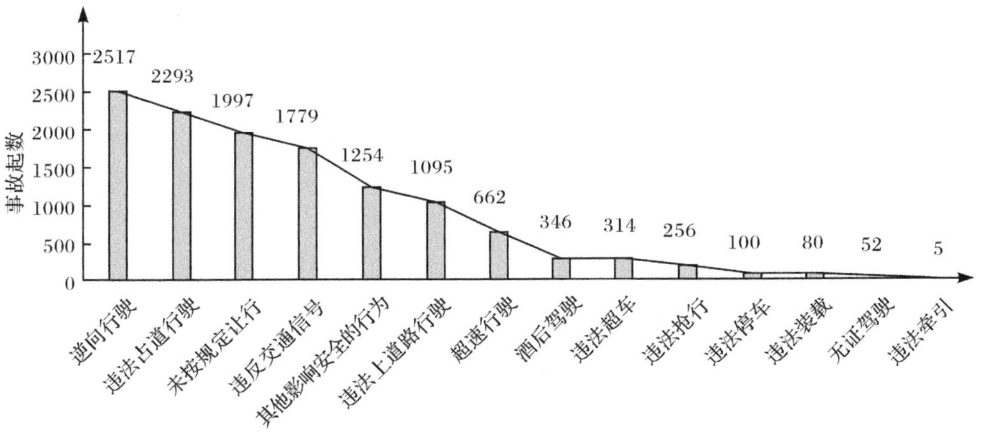

图 7-8　2014 年全国非机动车造成的事故起数[2]

驶员死亡率的 6.7 倍。

早期美国 Snyder[10]在分析 2100 例行人的事故原因的基础上，将行人事故分为如下几个类型：

(1) 非交叉口处，行人突然从路边出现。

(2) 多种威胁。行人被机动车撞击后，其他车辆停下来挡住该机动车的视线。

(3) 车辆转弯或合流使注意力分散。驾驶员转弯或合流时，过多的注意力放在寻找间隙进入交通流，有可能会撞到横穿马路的行人。

(4) 公交车站。公交车挡住同向行驶的驾驶员视线，看不到从公交车前穿越道路的行人。

在我国交通事故中，步行交通方式死亡人数比例较高。据统计，我国道路交通事故中与行人直接有关的约占总数的 1/3。《中华人民共和国道路交通事故统计年报》根据行人交通事故的主要原因，将行人交通行为分为违法上道路行驶、违法占道、违反交通信号三种，其中致人死亡风险最高的为违法上道路行驶。

由图 7-9 可知，其中违法占道行为造成的死亡人数要远少于违法上道路行驶与违反交通信号造成的死亡人数。尽管在 2007 年违法上道路行驶与违反交通信号造成的死亡人数几乎相同，但随着我国交通信号灯、标志、标线的不断完善，违反交通信号造成的死亡人数呈逐年下降趋势，而违法上道路行驶每年造成的死亡人数却逐年攀升，在 2014 年其造成的死亡人数超过了 600 人，占到所有由行人行为造成死亡人数比例的 50%以上。

图 7-10 对比分析了 2005 年与 2014 年行人风险交通行为导致死亡的数据，虽然相隔时间较长、统计口径不尽相同，但是可以看出违法上道路行驶是行人高风险的交通行为。

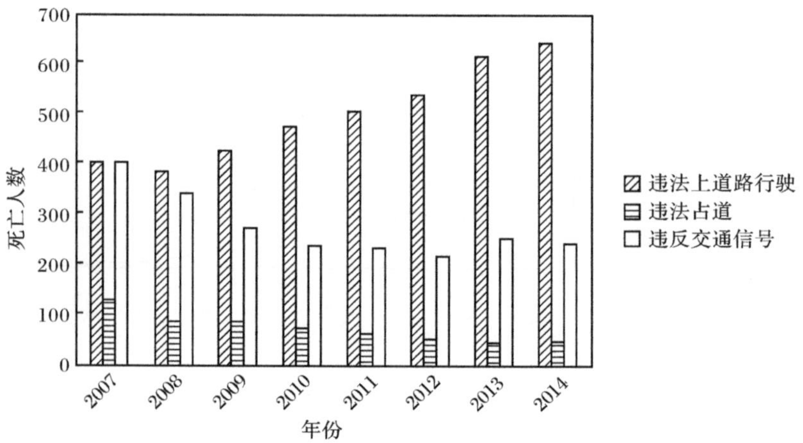

图 7-9　2007～2014 年我国行人风险交通行为导致死亡人数对比图

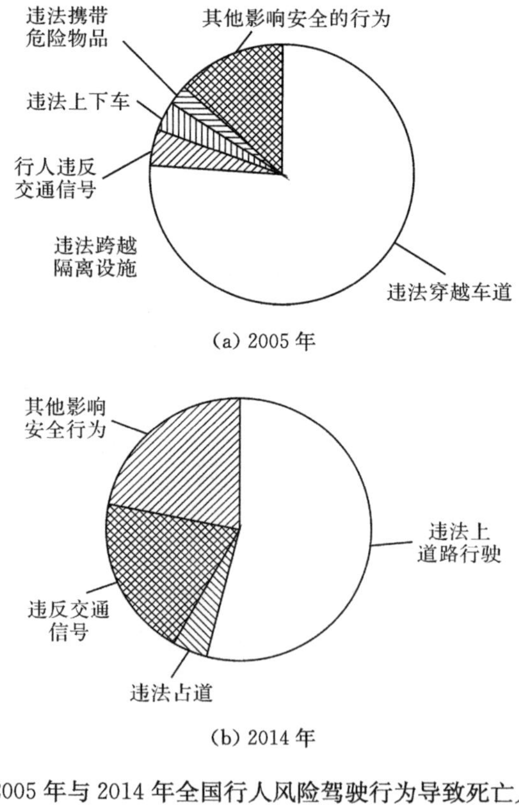

(a) 2005 年

(b) 2014 年

图 7-10　2005 年与 2014 年全国行人风险驾驶行为导致死亡人数比例图

资料来源：公安部交通管理局 2005 年与 2014 年《中华人民共和国道路交通事故统计年报》

美国国家公路交通安全管理局(NHTSA)2005年行人事故的统计,如表7-5所示。行人事故主要是由行人不恰当地过马路及交叉口造成的,其造成行人事故的比例为19.0%。

表7-5 美国行人死亡事故造成的原因及比例

因素	数量	比例/%
不恰当的过马路或交叉口	1148	19.0
在马路上玩耍、行走、工作等	1119	18.5
不知道通行权	727	12
视觉障碍	521	8.6
冲进道路	500	8.3
注意力不集中(讲话、吃东西)	122	2.0
未遵守交通信号或规则	78	1.3
身体受伤	48	0.8
情绪问题(如生气、沮丧、烦恼)	25	0.4
生病或意识丧失	22	0.4
上/下车	20	0.3
非驾驶员推车	7	0.1
其他因素	156	2.6
未报道	1416	23.4
未知因素	141	2.3
所有行人	6050	100

7.3 风险交通行为的典型行为——攻击性驾驶行为

美国国家公路交通安全管理局和美国汽车协会(AAA)在1997年调查后发现,美国平均每年有1500人由于攻击性驾驶行为受伤或死亡;30%~40%的人曾经有过攻击性驾驶行为。目前,我国攻击性驾驶行为造成的事故尚未统计[11]。

7.3.1 攻击性驾驶行为的定义

加拿大LaMarsh暴力与冲突对策研究中心将攻击性驾驶行为定义为:有意识地对驾驶环境中其他人员进行身体、心理或情感伤害的驾驶行为[12]。

本书将攻击性驾驶行为定义为有目的、有意图地对驾驶环境中他人的身体、心理或情感进行伤害的驾驶行为,如鸣笛、有意追尾、手势攻击、言语攻击等。

7.3.2　攻击性驾驶行为的形成过程

攻击性驾驶行为产生诱因包括：交通拥堵、红灯等待、道路施工或交通事故造成交通堵塞、前方慢行车辆等。

攻击性驾驶行为的形成是由具有攻击倾向的驾驶员个体受上述诱因的影响，在缺乏现场交通执法的情况下，因受情绪影响而失去对自身行为道德、文化习俗的约束力，当涉事一方或对方出现敌意行为，涉事对方对受阻情况或敌意行为予以实际行动的反馈时，就引发了攻击性驾驶行为，详见图 7-11。

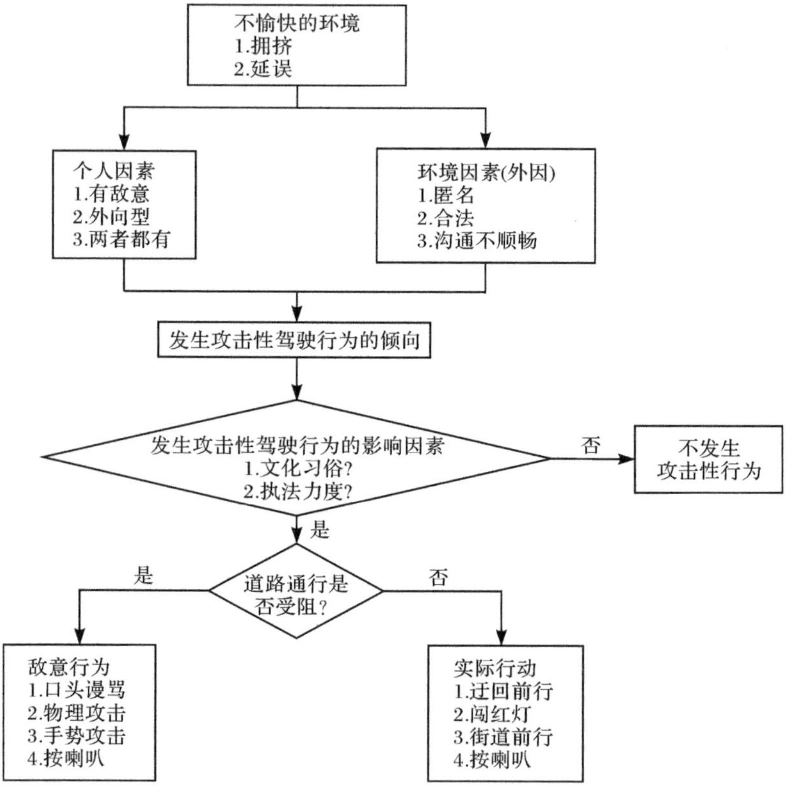

图 7-11　攻击性驾驶行为发生与否关系图

7.3.3　攻击性驾驶行为的影响因素

1. 驾驶员的个体特征

驾驶员的个体特征包括：个性特点、行为倾向性和性别因素。

1) 个性特点

驾驶员个性特点的不同，会影响攻击性行为的发生，其中有较强时间紧迫感、敌意、竞争、冲动，对他人的行为容易做出敌意归因，过于自卑、易与人发生冲突的驾驶员发生驾驶攻击行为的可能性很高。Bianchi 等[13]研究发现，在暴力犯罪（抢劫、谋杀）较多的区域，驾驶攻击行为的发生率较高，并且有暴力犯罪前科的人员的攻击性驾驶行为的发生率明显高于普通人群。

2) 行为倾向性

行为倾向性表示个体在进行活动中内在的动力及基本原因。对攻击性驾驶员的研究发现，攻击性驾驶行为或危险驾驶行为与驾驶员的兴趣、信念和动机有关，大致分为以下几种情形[14]。

(1) 行程目标：驾驶员想尽快到达目的地或时间安排比较紧张。

(2) 自我满足：认为超车能力或驾驶速度是评判驾驶技术的标准。

(3) 冒险：为了达到刺激，冒险进行的攻击性驾驶行为，认为冒险能使人产生成就感。

3) 性别因素

Turner 调查驾驶员自述的危险驾驶经历时发现，男性发生一次危险性驾驶的概率是女性的 2 倍，发生 2 次以上危险性驾驶行为的概率接近女性的 3 倍[15]。但是女性更倾向于语言攻击或间接攻击，研究表明男女在轻微的攻击性驾驶行为方面没有明显的差异，但在驾驶暴力行为上男性比例高于女性[16]。

2. 环境因素或心理驱动因素

交通拥堵、路况不佳、时间紧迫、驾驶过程中矛盾冲突等，会刺激驾驶员产生生理心理的改变，如愤怒、焦虑等负面情绪增加、注意力不集中等。驾驶员失业、工作紧张、家庭不和睦等因素也可能引起攻击性驾驶行为。

2001 年，Sarkar 等注意到驾驶员通常在交通拥堵的道路上向警察抱怨攻击性驾驶行为，研究日平均交通量对攻击性驾驶行为的影响，结果表明，随着日平均交通量的增加，攻击性驾驶行为发生的数量也随之增加[17]，如图 7-12 所示。

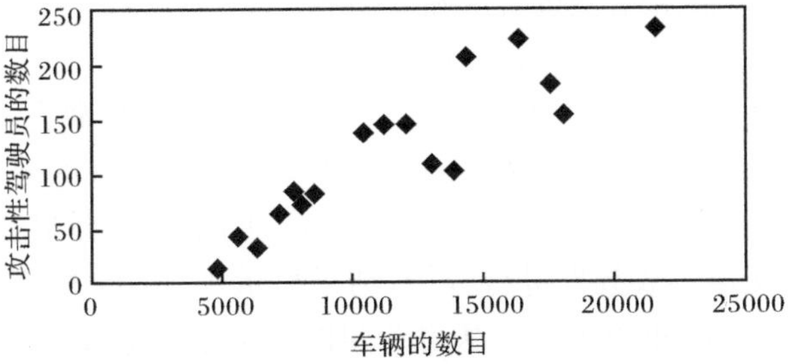

图 7-12　日平均交通量与攻击性驾驶行为的关系

7.4 风险交通行为特征分析

7.4.1 风险交通行为特征

1. 风险性

通俗地讲，风险就是发生不幸事件的概率。换句话说，风险是指一个事件产生人们不希望的后果的可能性，是某一特定危险情况发生的可能性和后果的组合。从广义上讲，只要某一事件的发生存在着两种或两种以上的可能性，那么就认为该事件存在风险。

风险交通行为是造成事故风险的交通行为，如酒后驾驶、违法翻越隔离设施等行为，其事故后果是人们不希望产生的结果。

2. 危害性

交通参与者不遵守交通规则的风险交通行为会扰乱和谐的交通秩序，影响交通安全，往往会导致交通事故的发生。风险交通行为不仅会对驾驶员自身的生命财产安全造成威胁，而且也会对他人造成影响。一旦发生事故，就会造成不可逆转的结果。

7.4.2 风险交通行为心理特征

1. 机动车风险交通行为心理特征：分心驾驶

2004 年国际标准化组织(ISO)将分心驾驶定义为：将注意力用于与驾驶不相关的活动，不利于驾驶行为。

分心驾驶行为通常表现为：

(1) 驾驶员控制车辆平稳的能力减弱，并且对交通信息的辨认延迟；

(2) 由车内或车外的事件、活动对象或人引起；

(3) 影响驾驶员的听觉、视觉、认知能力等；

(4) 诱导或强迫驾驶员的注意力远离基本的驾驶任务。

印第安纳大学 Treat 等在 1979 年一项关于事故起因的研究中发现，注意力分配不当造成的事故约占事故总数的 50%，其中车内事物引起的分心造成的事故占 9%[18]。随着手机日益普遍，由于手机分心造成的事故突显出来。针对美国 1995～1999 年的交通事故数据进行分析，结果显示 1.5%的事故与手机的使用有关。对 1999 年和 2000 年美国宾夕法尼亚州的交通事故数据进行分析，结果表明宾夕法尼亚州 5.2%的交通事故与手机的使用有关[19]。

2. 非机动车风险交通行为心理特征

1) 求快心理

虽然人们的出行目的各不相同,但无论为何种目的选择骑自行车出行,省时、省力地到达目的地,是一种普遍的心理需要。特别是在时间受限的出行情况下,骑行求快的心理更加明显。在求快心理的支配下,骑车人常有冲抢、猛拐、疾驶等盲目求快的行为表现。

2) 畏惧心理

由于自行车的稳定性差和无防护设备,骑行者当遇到快速驶过的机动车、来往的自行车或拥挤人群,往往会产生畏惧心理。特别是初学骑车者,儿童、老人和妇女,由于他们或是骑行技术不佳,或是力不从心,或是体格、肌力、敏捷性等不及一般人强,这种畏惧心理会更加明显。

3) 离散心理

自行车是个人交通工具,每个人都有自己的行为特点和骑行目的,都希望选择一个相对自己安全、宽敞、方便的出行空间。通常,人们总是有一种行为倾向,就是喜欢选择比较平坦宽敞的路面和人、车稀少的地方骑行,这主要是由自行车的无防护性和行驶的不稳定性决定的。自行车的平衡要依靠一定的速度来维持,自行车的行驶又是蛇形轨迹,所以自行车在道路上的分布呈现离散的特点。特别是在没有交通指挥管理的情况下,更是表现出离散状态,甚至几辆自行车会占据整个街道。骑车者各自独行,互相避让,这些都是离散心理的作用。离散心理作用的结果,会扰乱正常的交通秩序,影响行人和机动车辆的正常行驶,容易引发交通事故。

4) 从众心理

在交通活动中,人们一般认为,只有自己的行为与多数人一致时,心理上才感到安全踏实。另外,由于自行车相对于机动车处于弱势,骑行者具有畏惧心理,这种畏惧心理会刺激骑行者的合群倾向。骑车人在从众心理作用下的合群行为,能够有效减少其畏惧心理,甚至改变其在交通行为中的传统弱势心理。这样,自行车个体和群体表现出来的交通特性就会有很大的差异。一般来说,个体的自行车骑行者相对于机动车表现出来的是弱势心理,而自行车群体中的骑行者这种弱势心理会减弱。特别是人群中间的人,感觉周围的人是一种屏障,产生一种盲目的安全感。根据研究,从众心理一般受群体数量、意见一致性和是否符合规范的影响。因此,加强管理纠正为首的违反交通法规的行为,可以有效地减少后续者的从众行为。

5) 其他心理

(1) 注意力易分散。由于骑车人出行目的千差万别,骑车技术又相对简单单调，一般来说，骑车人很难将注意力集中在骑行安全方面，所以骑车人的注意力极容易被周围事物吸引。骑行表现比较自如、从容、精神不太紧张、警觉性低，经常东张西望，注意点不断变化，随意转弯，任意改道，甚至逆行，遇热闹就停下来围观，遇障碍就绕行。而结伴并行的骑行者常常边走边聊，精神高度集中在彼此身上和所聊话题上面，忽视周围事物。同时，骑车人自身的工作紧张程度、事业进展情况、婚姻家庭状况等因素都对其精神有刺激作用，使其在心理上受到干扰和困惑，导致心神不定，注意力不能集中到交通安全方面，对周围和一切交通情况听而不闻，视而不见，只是机械地、无意识地骑行，甚至神情恍惚。此时，若遇险情，则来不及避让，也就会发生事故。

(2) 不良心态。并不是所有的自行车骑行者都认为自己处于交通弱势，也不是在所有的道路条件下自行车都处于交通的劣势。自行车灵活、轻便，可以实现门对门交通的特点使骑行者在一些窄路、急弯路、连续转弯路、下坡路等特殊路段容易产生消极的优越心态。同时，自行车行驶距离短的特点也造成部分骑行者在心理上产生强烈的优势心态，容易忽视交通法规甚至故意触犯交通法规，而且违法后还很难矫正。

3. 风险行人交通行为心理特征

1) 侥幸心理

行人认为即使自己违章行走也不会有危险，因为机动车不敢撞人。这是我国大多数行人违章的普遍心理特点，这种心理过高地依赖机动车驾驶员遵章行驶。

许多人之所以敢步行违章，是因为其认为交警主要是对机动车违章进行执法，一般无暇顾及行人，所以违章行走也不会产生心理压力，因为不会受到严厉的处罚，也不会有其他影响。很长一段时间，人们总是认为只要机动车撞行人，由机动车主承担责任，而不应由行人承担责任，我国侧重于保护行人，交通执法的重点也大多放在机动车违章上。

2) 图个人方便

有的行人明知应当遵守有关的交通规则，但常常为了满足个人一时需要、为了缩短自己的行走距离、为了减少行走疲劳，或为了迅速到达目的地，故意违规抄近路穿行。

3) 从众心理

当许多人同时横穿道路时，如果有一人带头闯红灯或抄近路穿越，其他人经常纷纷效仿，造成法不责众的局面。而且许多行人认为随行的行人似乎是一道屏障，在心理上产生一种盲目的安全感，既不顾及交警的指挥，也不避让机动车或与机动车抢行。

7.5　风险交通行为的干预措施

交通行为的干预措施就是为了预防交通事故，使道路交通运行更高效、安全而采取的交通管理和交通控制措施。干预措施分为工程干预措施、人为干预措施、执法干预措施和基于智能车辆的安全保障系统。

7.5.1　工程干预措施

工程干预措施是指针对风险交通行为而采取增加或者改善交通设施的干预措施。

1. 机动车风险行为的工程干预措施

1）道路"宽容性"设计

宽容设计就是要建立平坦、无或少障碍物的路侧净区，将路侧障碍物对车辆构成的危险降到最低程度，减少驾驶员犯错造成重大损失的概率，即使驾驶员犯了错误也为其提供纠正错误的机会。

其方法特点是改变出行者被动地承受道路条件变化的状况，让道路更好地为用路者服务，减轻驾驶员的劳动量和心理负担，珍视人生命的权利，落实以人为本的道路设计理念。

2）科学设定限速标志

增加高速公路限速标志的设置密度，除了现有的在入口匝道进入主线后设置限速标志外，每隔 5km 左右增设一块限速标志；一级公路每隔 3km 左右增设一块限速标志；较大幅度地增加其他各等级公路上的限速标志；在道路线形出现明显变化，或临近村庄、学校时增设限速标志；城市快速路在每个出入口设置一组限速标志，每隔 3～5km 设置一块限速标志；增加城市普通道路上的限速标志。

在路况较为危险的高速公路出口匝道、高速公路终点与一般道路结合部、高速公路主线路况出现变化的路段，以及其他公路的危险路段，采用设置连续递减的限速标志，可达到降低车速的效果。

在事故多发路段可以采用安装塑料交通警察和雷达测速区提示标志牌，当驾驶人看到这两种标志时，会产生一种惧怕心理，担心有交通警察或有固定的雷达测速仪，于是本能地降低车速。

3）科学施划减速标线

路面上施划减速标线，或者形似障碍物如划鱼骨刺形条纹线的立体图案，能使驾驶人产生降低车速的心理效应。

也可设置振动标线，在标线上等距离设置高出路面的突起，车辆压过时会发出振动的声响，提醒驾驶人减速。

4）科学铺设路面

在道路交叉口、急弯处、下坡处采用彩色路面，用以提醒驾驶人降低车速，会有良好的减速效果。

在限制车辆行驶的步行区域即公路的交叉口，将原来平整路面改为凹凸的粗糙路面，以强制限制车辆的速度。

(1) 设置减速垄。减速垄在我国许多城市道路和高速公路的出入口、普通公路靠近村庄路段都有了一定程度的使用。目前，需要集中有关技术人员对减速垄的安装地点、路段要求，以及对不同使用环境、不同限速要求的减速垄的高度、宽度、宽高比等进行详细的研究和规定，从而使减速垄得到更科学的应用，取得更好的实际效果。

(2) 使车道变窄。采用不同类型的障碍物使车道变窄，达到使车辆减速的目的，这种方法特别适用于居民区道路。

(3) 安装监测设备。提高监测水平，在事故高发、违法率高的地点(如交叉口、餐饮场所等)安装监测设备，可以提高对事故的反应能力和应急救援水平。

5）电子测速系统的应用

在道路上架设完备的电子警察监控系统网络，同时可以实施多点区间测速、雷达定时测速，形成一张遍布道路网的监控系统，让驾驶员一旦超速驾驶便无所遁形。

2. 非机动车风险行为的工程干预措施

非机动车风险交通行为的工程干预措施主要是从施划非机动车道入手。非机动车道与机动车道之间可以通过划标线、设置隔离或者设置绿化带的形式进行分隔。

1）设置标志、标线

机动车道和非机动车道用白色标线分隔，在与机动车混行的地方(如交叉口、公交停靠站)用虚线将其区分，并在非机动车道上画上自行车的示意图，机动车和行人均不具有此区域的使用权。在合理的位置设上非机动车标志，引导自行车等非机动车在非机动车道上行驶。

2）设置隔离护栏

目前，护栏是将非机动车道与机动车辆分隔开的最常用工程措施。在车流量大的道路上，常见非机动车非法占用机动车道，以及机动车占用非机动车道行驶或停车的情况出现，所以当机非分隔线不足以保证道路安全时，设置防护栏是将非机动车道和机动车道分离的强有力措施。

3) 设置绿化分隔带

在道路宽度足够的情况下，非机动车道与机动车辆之间可以设置绿色分隔带。为了确保自行车专用道的规划宽度与交通功能，绿化分隔带宽度可酌情减少，但不宜小于 1m。

4) 使用反光性的标志或材料

自行车座撑上、踏板上和车轮上安装反光器或灯，容易被其他交通参与者识别。踏板和车轮上的反光标志更容易反映自行车的传动。

3. 行人风险行为的工程干预措施

改善人行过街设施应遵循时间分离原则和空间分离原则，增加针对行人的交通基础设施以及合理设置行人过街信号灯。

1) 增加针对行人的交通基础设施

在针对行人的交通基础设施上要加大投资力度。例如，在人流量特别大的交叉口建设行人过街安全岛、人行天桥、地下通道和行人触发式信号控制等装置，并应在路边增设防护栏等隔离设施，杜绝行人随意过马路、闯红灯。

人行横道、防护栏等设施的设置应尽可能地方便行人，避免由于设计原因导致行人违章。人行横道的走向应与行人的自由流向一致，并尽量与车行道垂直；在学校、医院、影院等大型公共建筑的行人出入口处，如果综合考虑需要设置平面人行横道时，人行横道的进口尽量与行人出入口接近，避免行人的绕行增加与非机动交通和机动交通冲突造成安全隐患。

2) 合理设置行人过街信号

交叉口行人过街信号应尽可能保证行人在规定时间内，以正常的步行速度通过人行横道，增加行人过街机会，避免行人等待时间过长或因车道较宽在信号灯通行时间内未能通过人行横道而引起的违法行为。

倒计时显示牌(或者设置特殊的语音提示，方便盲人过街)，明确告诉行人还有几秒绿灯时间，便于行人决定是否过街。

7.5.2　人为干预措施

人为干预措施是通过人为管理方式减少或转化交通参与者的不安全行为，以达到预防交通事故目的的措施的统称。

1. 加强交通安全文化教育

调查发现，许多行人对交通法规的理解和认识并不全面，一知半解，或者只是对交通法规有模糊的印象，认识并不深刻。而且许多行人对交通法规的理解存在以下误区：①交通法规主要是针对驾驶人员，而非行人；②即使行人违章，受到的惩罚也比较轻。所以，针对目前行人对交通法规了解不多的现实，要加大宣传交通安全文化。

加强交通安全文化教育，让交通参与者了解违法行为的危害并遵守交通规则。保证交通安全需要全社会的共同努力，坚持交通安全知识教育、安全道德教育和安全法律教育相结合。在单位如机关、学校集体进行交通安全教育，同时通过公共媒体进行交通安全宣传。倡导交通公德，树立“安全第一，预防为主”、“珍惜生命，关注安全”的全民安全观，树立强烈的路权观念，进一步提高公众的交通安全意识和公共交通道德。

2. 安排交通协管员

1) 监督

在人流量大(如交叉口附近有地铁站、交通枢纽、大型商场等)的交叉口安排交通协管人员，监督机动车驾驶行为和行人与非机动车过街行为。交通协管员对出现的风险交通行为进行劝阻、纠正；情节严重的，可以由交警人员处理，采取对机动车、非机动车扣分或罚款等措施。

2) 安全教育

通过各种途径加大对行人闯红灯、翻越护栏等违法行为的影响范围和严重后果的宣传，加大交通安全宣传教育的力度，提高道路交通参与者对行人交通安全问题的认识，增强道路交通参与者的防范意识。交通安全宣传教育是解决交通安全问题的首要环节，也是顺利开展交通管理工作的前提和保证，只有提高交通参与者的交通安全意识和法律意识，才能从根本上改变行人的交通“陋习”。

7.5.3 执法干预措施

《中华人民共和国道路交通安全法》(以下简称《道路交通安全法》)和《中华人民共和国道路交通安全法实施条例》对违法行为如酒后驾驶行为、超速驾驶行为、疲劳驾驶行为、闯红灯行为、强行超车行为以及超员、超载行为的表现及处罚措施进行了详细的规定。例如，《道路交通安全法》第九十一条规定：饮酒后驾驶机动车的，处暂扣六个月机动车驾驶证，并处一千元以上二千元以下罚款。因饮酒后驾驶机动车被处罚，再次饮酒后驾驶机动车的，处十日以下拘留，并处一千元以上二千元以下罚款，吊销机动车驾驶证等。

1. 加强执法，加大查处力度

虽然《道路交通安全法》对违法交通行为规定了明确的处罚办法，但是还有部分交通参与者存在侥幸心理，明知故犯，所以在事故多发路段及交叉口要加大警力配置、交通勤务、执法装备等。

例如，在高速公路收费站等易实施管理的地点，安排警力对过度疲劳的驾驶人强制将车辆扣押，并督促其休息。针对长途客车、货车普遍存在的疲劳驾驶的安全隐患，对长途行驶车辆必须要求配备双驾驶员轮换驾驶。对昼间长途运营车辆、夜间中长途运营车辆、山区道路中长途运营车辆，必须强制实行双驾驶员制，并根据实际情况制定轮换驾驶规范要求；对不执行双驾驶员制的，进行严厉处罚。

2. 完善交通方面的法律

《道路交通安全法》规定行人不得跨越、倚坐道路隔离设施，不得扒车、强行拦车或者实施妨碍道路交通安全的其他行为；学龄前儿童以及不能辨认或者不能控制自己行为的精神疾病患者、智力障碍者在道路上通行，应当由其监护人、监护人委托的人或者对其负有管理、保护职责的人带领；行人通过铁路道口时，应当按照交通信号或者管理人员的指挥通行等。

对于不遵守交通安全法的行人，应从立法方面加大对违章行人的执法力度、处罚程度，增加行人违章成本，建立起外在约束机制，约束行人的行为。

7.5.4 基于智能车辆的安全保障系统

1. 疲劳预警系统

疲劳预警系统(fatigue warning system)是基于驾驶员生理图像反应，利用驾驶员的面部特征、眼部信号、头部运动性等推断驾驶员的疲劳状态，并进行报警提示和采取相应措施的装置。对驾乘者给予主动智能的安全保障。

工作原理：从驾驶开始时便对驾驶员的操作行为进行记录，通过识别长途旅行中驾驶操作的变化对驾驶员的疲劳程度进行判断。驾驶员转向操作频率变低，并伴随轻微但急骤的转向动作以保持行驶方向是驾驶精力不集中的典型表现。根据以上动作的出现频率，并综合旅途长度、转向灯使用情况、驾驶时间等其他参数，系统地对驾驶员的疲劳程度进行计算和鉴别，如果计算结果超过某一定值，仪表盘上就会闪烁一个咖啡杯的图案，提示驾驶员休息。驾驶员疲劳预警系统将驾驶员注意力集中程度作为衡量驾驶员驾驶状态的重要考虑因素，以致力于道路安全的提高。此外，只要打开疲劳预警系统，无论系统是否进行监测，系统每隔 4h 都会提醒驾驶员休息。

2. 车道偏离预警系统

车道偏离预警系统(lane departure warning system)提供智能的车道偏离预警，在驾驶人无意识(驾驶人未打转向灯)偏离原车道时，能在偏离车道 0.5s 之内发出警报，或方向盘开始振动以提醒驾驶员目前车辆偏离的状况，为驾驶员提供及时的提醒，从而减少因车道偏离引发的交通事故。

工作原理：车道偏离预警系统主要由抬头显示器、摄像头、控制器以及传感器组成。当车道偏预警离系统开启时，摄像头（一般安置在车身侧面或后视镜位置）会实时采集行驶车道的标识线，通过图像处理获得汽车在当前车道中的位置参数，当检测到汽车偏离车道时，传感器会及时收集车辆数据和驾驶员的操作状态，之后由控制器发出警报信号，整个过程约在 0.5s 内完成，为驾驶员提供更多的反应时间。而如果驾驶人打开转向灯，正常进行变线行驶，那么车道偏离预警系统不会做出任何提示。

3. 盲点信息系统

盲点信息系统（blind sport information system）由位于驾驶员侧部和后部的检测传感器组成，并为驾驶员提供警告。警告可以是视觉或听觉的方式，并通过增加警示强度水平表明变更车道潜在的危险程度。

盲点信息系统应被看成一个补充的安全系统。如果驾驶员长期应用，可能会对该系统产生依赖，并以此代替后视镜观察，一旦该系统出现故障，驾驶员不能很好地利用后视镜，会增加驾驶危险程度。

工作原理：将两台响应速度极高的摄像头分别放置在每个车门的后视镜上，当另一辆汽车进入监视区内时，放置在车门后视镜附近的警示灯就会闪亮。驾驶者就可以知道另外一辆车正在靠近，从而采取规避措施。

4. 自适应巡航系统

自适应巡航系统（adaptive cruise control system）是一个允许车辆巡航控制系统通过调整速度以适应交通状况的功能系统。

与盲点信息系统相同，其应该被看成一个补充的安全系统。2004 年，Rudin-Brown 和 Parker 研究发现，使用自适应巡航系统时驾驶员对安全隐患的反应时间会延长。2011 年，Vollrath 等在研究无辅助驾驶行为时发现：当遇到能见度突然变低的情况，在使用自适应巡航系统的情况下，司机易出现延迟驾驶操作，延迟时间约为 5s。

工作原理：使用雷达或激光技术，为驾驶员提供车辆的速度信息及与前方车辆的距离。当巡航设置的控制速度超过安全车速时，自适应巡航系统将采取控制措施并适当调整车速。当车辆接近其他车辆时，该系统可以让车辆减速，当前面车辆加速或已经离去时，该系统将使车辆加速到驾驶员预先设定的速度。自适应巡航系统在速度超过 30km/h 才发挥功能。

5. 前方碰撞预警系统

前方碰撞预警系统(forward collision warning system)监测车辆前方的道路，判断本车与前车之间的距离、方位及相对速度，当存在碰撞危险时向驾驶员发出警告。前方碰撞预警系统本身不会采取任何制动措施去避免碰撞或控制车辆。

前方碰撞预警系统通过提前警告驾驶员前方的危险状况，促使其及时进行避险操作，降低事故发生的风险。

6. 倒车辅助系统及停车辅助系统

倒车辅助系统是低速驾驶辅助系统，目的是减少由于视野导致的倒车车辆与行人、其他车辆和其他固定物的碰撞。当驾驶员倒车时，这些系统通常使用短距离雷达、音频和/或视频反馈装置、驾驶员在座位上能看见的视频显示屏，为驾驶员提供视觉(有时带有音频)反馈。不安装警告媒介(音频或视频)的转向装置也能减少碰撞，但安装视频系统会更有效。

停车辅助系统(parking assist system)以图像、声音的直观形式告知驾驶者车辆与障碍物的相对位置，解除因后视镜存在盲区带来的困扰，从而为驾驶者倒车泊车提供方便，消除安全隐患。

工作原理：通过安装在车身上的摄像头、超声波传感器，以及红外传感器，探测停车位置，绘制停车地图，并实时动态规划泊车路径，帮助驾驶员将车辆安全驶入停车位。安装倒车辅助系统后，挂入倒挡，屏幕会自动切入倒车后视画面，实时动态监控车后环境，可使驾驶员准确把握后方路况。

7. 汽车超速报警系统

超速报警系统主要由速度测量判断识别装置、速度传感器、显示器及报警提示器等几部分组成，目的是及时提醒驾驶员超速，避免因超速造成交通事故。

工作原理：当车辆处于行驶状态时，该系统通过速度传感器时刻监测机动车，并通过 LED 显示车辆的实际速度和用户安全参数。当发现车辆速度超过驾驶员预设的速度或车辆速度超过利用 GPS 卫星定位及雷达信号检索到的限速值时，该系统会通过蜂鸣声、仪表盘中间信息显示、方向盘振动等途径，提醒驾驶员减速；而当行驶速度低于报警速度时，报警信号将自动停止。

8. 车辆卫星定位监控系统

卫星导航定位是指利用卫星导航定位系统提供的位置、速度及时间等信息来完成对各种目标的定位、导航、监测和管理。卫星导航定位应用于智能交通行业，主要应用于车辆定位、导航和交通管理，是智能交通的重要组成部分。

车辆卫星定位监控系统的基本用途有车辆实时定位、车辆监视控制、车辆调度管理、车辆报警处置、网上查车服务、短信语音通信。

欧盟、日本等国家早在20世纪70年代就开始以立法的形式在部分客运车辆及货车上强制安装使用记录仪，现在已经形成了一套较完善的车辆监控、调度制度体系，并广泛应用于全国范围内的车辆行驶监控中心，大大减少了由于汽车行驶安全带来的人员和财产的损失。

工作原理：在任一时刻、任一目标能通过车辆定位系统得知汽车的经纬度、速度和准确时间，然后把这些信息通过无线通信网络提供给监控中心，监控中心负责在电子地图上显示出车辆运行轨迹；同时，监控中心可根据路况信息，发出调度指令，来完成对车辆的集中监控。

7.6 风险交通行为干预措施对交通安全的影响

风险交通行为干预措施对交通安全的影响是指对道路交通管理中采用的安全措施产生的影响效果的评价，是对干预措施影响效果的客观描述。风险交通行为干预措施的最终目标是减小风险行为发生的频率，降低人员伤亡事故，保证交通参与者的安全。为了提高道路交通安全水平，更好地治理交通，风险交通行为干预措施对交通安全的影响效果评价成为交通安全工作者面临的首要任务。

1. 安全带使用的效果评价

2004年世界卫生组织（WHO）对安全带效果进行了多个独立性分析，应用不同国家、不同统计方法的事故数据都取得了非常相似的结果，安全带的使用降低了40％～50％的交通事故死亡率和受伤率[20]，见表7-6。

表7-6 安全带在预防死亡事故发生和减少受伤中的作用[20]

年份	引用	伤害减少的影响/％		
		致命碰撞	中度和重度伤害	所有严重程度
1976	Griffith等	41		
1984	Hobbs和Mills		65	
1986	美国运输部			40～50
1987	Malliaris和Digges	50（驾驶员） 40（前排乘客）		
1987	Evans	41		
1987	Campbell	65（驾驶员） 54（前排乘客）	51～52（驾驶员） 43～44（前排乘客）	

续表

年份	引用	伤害减少的影响/%		
		致命碰撞	中度和重度伤害	所有严重程度
1996	国家公路交通安全管理，美国		48	
1996	合作事故损伤研究，英国(未出版)		53	
2003	Cummings 等	61		
效果范围		40～65	43～65	40～50

2005 年 Shimamura 等针对安全带使用对后排乘客保护效果的研究表明：与不使用后排安全带相比，后排乘客使用安全带可以有效减少交通事故中前排驾驶员、前排乘客和后排乘客死亡和重伤人数，降低率分别为 25%、28%和 45%[21]。同年，Starnes 等对分析小轿车、多功能车、厢式货车、小卡车的单车死亡事故中系安全带与不系安全带死亡的相对风险[22]进行了分析，如图 7-13 所示。

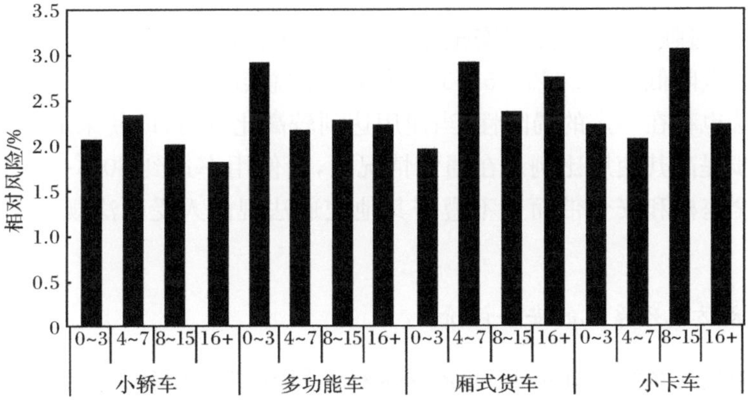

图 7-13　不同的车体类型、乘客年龄组成在单车死亡事故中是否系安全带的死亡相对风险

2. 执法干预措施的效果评价

1971 年 1 月 1 日，芬兰法律规定在新车里强制安装安全带，但是只有不到 2%的驾驶员和前排乘客使用安全带。1975 年 1 月 7 日法律规定驾驶员必须使用安全带，安全带使用率从当初的不到 10%，上升了 50%以上。1982 年 1 月 4 日开始对未使用安全带的人开具罚单，1983 年开始对未使用安全带的驾驶员实施现场执法并开具罚单。随着执法活动的开展，1984 年安全带的使用率出现了显著提高，为 80%以上。然而，图 7-14 表明：强制执法仍具有一定的局限性，安全带使用率达到一定比例后，再通过强制措施也很难使安全带使用率获得进一步的提升。

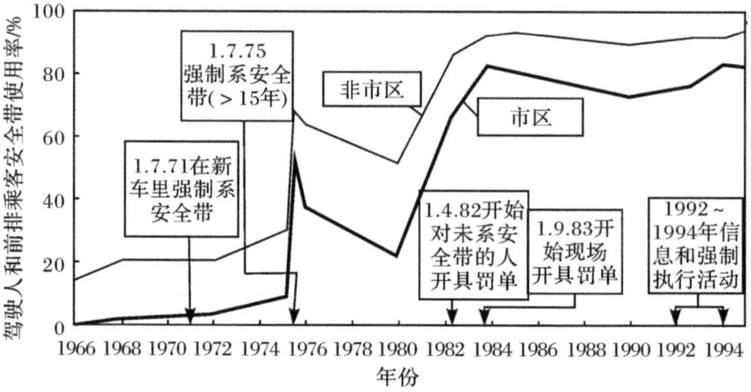

图 7-14　芬兰 1966～1994 年安全带使用情况

2001 年，Zaza 等对儿童安全座椅和安全带推广使用效果的 15 项研究成果进行了回顾[23]。强制使用儿童安全座椅和安全带可以有效降低交通事故中死亡和受伤人数：通过强制执法，儿童安全座椅和安全带使用率增加了 5.0％～35.0％，死亡事故总数降低了 25.0％～57.3％，伤亡事故总数降低了 10.5％～35.9％。然而强制执法也存在一定的局限性：当使用达到较高比例时，即使采取强制措施，也很难进一步提高其使用比例。在通常情况下，当使用率达到 80％～90％时，不使用儿童安全座椅和安全带而且不遵守其他交通法规的人受到法规约束的可能性大大降低。

3. 制动防抱死系统的安全评价

制动防抱死系统(antilock brake system，ABS)的作用就是在汽车制动时，自动控制制动器制动力的大小，使车轮不被抱死，处于边滚边滑(滑移率在 20％左右)的状态，以保证车轮与地面的附着力为最大值。1987 年，Rompe 的研究发现，安装了 ABS 的车辆可以降低驾驶操作错误、避免交通冲突，并降低了 10％～15％的事故；1992 年，Aschenbrenner 对比分析了安装 ABS 及未安装 ABS 的出租车的事故率与驾驶行为，发现是否安装 ABS 对出租车事故率没有区别。通过以乘客的身份对出租车驾驶员进行观察发现，安装 ABS 比未安装 ABS 的出租车驾驶员更具有冒进性，而且更危险。1993 年，GrantandSmiley 研究发现，与不了解 ABS 的驾驶员相比，了解 ABS 作用的驾驶员行驶速度更快，并且踩刹车的力度大。1997 年，Sagberg 研究发现，安装 ABS 出租车的跟车距离比未安装 ABS 的跟车距离小。2001 年，Lee-Gosselin 研究发现，75％驾驶员错误地认为在不平坦的路面上 ABS 会帮助他们更好地控制车辆，并且比传统制动系统相比能更快达到制动效果。

7.7 本章小结

本章介绍了交通行为与安全的相互影响关系，结合交通行为对安全的影响，剖析了交通行为者对交通安全的主观感知与客观判定之间的辩证关系。基于我国交通事故中交通行为对交通事故主要影响因素的统计，通过对典型的风险行为-攻击性驾驶行为的形成与影响因素的探讨，结合风险交通行为的特征和心理特征，提出了风险交通行为的四种干预/保障措施。

参考文献

[1] 郑安文，苑红伟. 道路交通安全概论[M]. 北京：机械工业出版社，2010.

[2] 公安部交通管理局. 中华人民共和国道路交通事故统计年报(2013)[R]. 北京：公安部交通管理局，2014.

[3] Tingvall C. Some Aspects of the Safety of Children as Car Passengers in Road Traffic Accidents[M]. Stockholm：Acta Paediatrica，1987：1-35.

[4] Tiwari G，Mohan D，Fazio J. Conflict analysis for prediction of fatal crash locations in mixed traffic streams[J]. Accident Analysis and Prevention，1998，30(2)：207-215.

[5] 任福田，刘小明，荣建. 交通工程学[M]. 2 版. 北京：人民交通出版社，2008.

[6] Pack A I，Pack A M，Rodgman E，et al. Characteristics of crashes attributed to the driver having fallen asleep[J]. Accident Analysis and Prevention，1995，27(6)：769-775.

[7] 蒋丽，李永娟，马峻峰. 不安全驾驶行为及其影响因素[J]. 人类工效学，2011，17(2)：85-88.

[8] 北京交通发展研究中心. 2009 北京市交通发展年度报告[R]. 北京：北京交通发展研究中心，2009.

[9] 任刚，任刚. 非机动化交通参与者交通行为安全性：建模、评价及决策系统[M]. 北京：科学出版社，2012.

[10] Snyder M B. Traffic engineering for pedestrian safety：Some new data and solutions[J]. Highway Research Record，1972，(1406)：21-27.

[11] 李凤芝. 攻击性驾驶行为与交通事故的关系研究[D]. 成都：四川大学，2004.

[12] Hennessy D A，Wiesenthal D L. The relationship between driver aggression，violence，and vengeance[J]. Violence and Victims，2002，17(6)：707-718.

[13] Bianchi A，Summala H. Moral judgment and drivers' behavior among Brazilian students[J]. Psychological Reports，2003，91(3 Pt 1)：759-766.

[14] Näätänen R，Summala H. A model for the role of motivational factors in drivers' decision-making[J]. Accident Analysis and Prevention，1974，6(3-4)：243-261.

[15] Cathy T，Rod M. Age and gender differences in risk-taking behaviour as an explanation for high incidence of motor vehicle crashes as a driver in young males[J]. International Journal

of Injury Control and Safety Promotion,2003,10(3):123.

[16] Hennessy D A, Wiesenthal D L. Gender, driver aggression, and driver violence: An applied evaluation[J]. Sex Roles, 2001, 44(11): 661-676.

[17] Sarkar S, Martineau A, Emami M, et al. Aggressive driving and road rage behaviors on freeways in San Diego, California: Spatial and temporal analyses of observed and reported variations [J]. Transportation Research Record Journal of the Transportation Research Board, 2000, 1724(1): 7-13.

[18] Treat J R, Mcdonald N S T, Shinar D, et al. Tri-level study of the causes of traffic accidents: Final report. Volume I: Causal factor tabulation and assessments. National Highway Traffic Safety Administation Report No. DOT HS805 085 [R]. Washington DC: U. S. Department of Transportation, 1979.

[19] Stutts J, Feaganes J, Rodgman E, et al. Distractions in Everyday Driving[R]. Washington DC: AAA Foundation for Traffic Safety, 2003.

[20] Peden M, Scurfield R, Sleet D, et al. World report on road traffic injury prevention[J]. Injury Prevention, 2004, 10(4): 270-275.

[21] Shimamura M, Yamazaki M, Fujita G. Method to evaluate the effect of safety belt use by rear seat passengers on the injury severity of front seat occupants [J]. Accident: Analysis and Prevention, 2005, 37(1): 5-17.

[22] Sander M S, McCormick E J. Human Factors in Engineering and Design [M]. 7th ed. New York: McGraw-Hill, 1993.

[23] Zaza S, Sleet D A, Thompson R S, et al. Reviews of evidence regarding interventions to increase use of child safety seats[J]. American Journal of Preventive Medicine, 2001, 21(4): 48-65.

第 8 章 信息交通行为

8.1 信息与交通行为

一方面,信息决定了交通行为的表现。道路交通环境、交通法规、交通设施管理指令、交通控制信号灯、可变交通标志、车辆导航等电子装置发布实时路网交通状态控制、导航指令等,无不借助人的视觉、听觉和感觉(颠簸、倾斜、摇晃、漂移)等感官向人传递交通信息,这些信息是交通行为决策的依据,决定了交通行为的发生、发展和变化。甚至连交通行为决策本质也是信息过程。

另一方面,交通行为需要各种类型的信息。交通行为进程中对信息的需求和应用无处不在,以致信息融入交通行为进程中,形成事实上的信息需求型交通行为。显然,闭目塞听根本无法进行交通行为,高效的交通行为对信息的需求更大。从行为角度看,对信息的需求分为两类:一类是对外部的交通环境信息的需求;另一类是出行者行为决策对基本知识经验信息的需求,包括道路交通法规、出行通行知识信息和交通行为意识等大脑内部积累、运作、处理的信息。

所有服务于出行目标、适应道路交通环境的交通行为表现都是信息作用的结果,都可以称为信息交通行为。突出"信息"两字主要是为了研究信息作用于交通行为的机理和交通行为对信息的需求与依赖关系。本章从信息的一般概念和基本特性总结归纳入手,从信息效用和信息过程角度研究交通行为,分析交通环境信息、交通控制信息作用于交通行为的过程。

8.2 信息概念及特性

8.2.1 信息概念

信息作为一个科学术语被通信领域提出和使用可追溯到 1928 年 Hartly 在《信息传输》一文中的描述,他认为信息是指有新内容、新知识的消息。但时至今日,关于信息的定义仍然没有统一,不同的信息定义源自不同的研究信息的科学技术领域(如通信领域、系统科学、心理与行为学,乃至哲学领域),服务于其特定的学术研究或应用技术开发,各有侧重,都是对信息概念的揭示。

通信学科是最早把信息作为科学研究对象的学科。信息论的创立者 Shannon

最早提出了完整的信息的概念，他把信息定义为用来消除不确定性的东西，具体地说就是在信息宿中用来消除对于信息源不确定性的东西。1948 年，Shannon 在《通信的数学理论》中给出信息的数学定义，认为信息是用以消除随机不确定性的东西，并提出信息量的概念和信息熵的计算方法，从而奠定了信息论的基础；Wiener 在专著《控制论——关于在动物和机器中的控制和通信的科学》中阐述，信息是“我们在适应外部世界、控制外部世界的过程中，同外部世界交换内容的名称”；1956 年，英国学者 Ashby 提出“信息是集合的变异度”，即认为信息的本性在于事物本身具有变异度；1971 年，Tribes 等在《科学的美国人》杂志上发表了题为《能量与信息》的论文，认为信息是使概率分布发生变动的东西；1975 年，意大利学者 Longo 在《信息论：新的趋势与未决问题》中指出信息是反映事物构成、关系和差别的东西，它包含在事物的差异之中，而不在事物的本身；2011 年又出现了“信息是反映事件(现象、确定性、属性、构成、关系和差别)的内容(东西)的说法”。

随着电子技术的广泛开发和深入应用，围绕人类活动，信息技术的应用逐步成为社会经济生活中的重要产业，在这里信息被看成数据、经验、知识和资料等资源。然而，信息概念是一个不断发展的概念，信息研究应用在发展过程中形成了一个信息概念体系，围绕这些概念又形成了一系列相关学科体系。信息的具体概念是十分复杂的，引入不同的约束条件，将会得到不同的信息概念和定义。事实上，人们讨论的有关信息的概念和定义都是从不同的角度、在不同的条件下、面向不同载体和能量形式对信息的认识和理解。有些学者认为信息既非物质能量又非精神，是客观存在且独立的第三态，是物质与意识沟通的桥梁。也有学者认为信息是物质的普遍属性，是物质的存在方式，是物质运动的表达。这些都是从不同角度、不同层面对信息的表达和解释，至于究竟什么是信息，却没有公认的定义[1]。不同的研究根据客观的需要和理解，对信息概念给出的定义也多种多样，下面摘抄一些信息的概念：

信息是作用于人类感觉器官的东西；

信息是组织好的、能传递的资料；

信息是作为存储、传递和转换的对象的知识；

信息是物质和能量在时间和空间中分布的不均匀性；

信息是人与外界相互作用过程中交换的内容的名称等。

据有关资料统计，信息概念可以有几十种。

一般认为，经典信息论的诞生有三个来源。一是来源于物理学的熵理论。Boltzmann 在讨论熵问题时就说过：熵是对失去的信息的度量。信息论中的熵 $H(X)$ 和 Boltzmann 熵 S 存在某种等价关系，这说明两者有血缘关系。二是来源于早期人们对电报通信的研究。1837 年，一种信息编码方法被发明并用于电报编码，这一研究的著名产物是摩斯(Morse)电码，使用该电码可以用较少的电报符号传递较长的电文。而 Shannon 熵正是反映使用最优方式编码时，平均每个文字需要的最短码长。三是来源于生物信息。随着生物学理论的发展，人类研究发现生物体本身发出的声音、气味、颜色以及生物的行为都含有大量的信息，都对生物的个体和群体产生各种影响，包括行为。生物信息包含的范围很广，一般可分为遗传信息、大脑信息、感觉认知信息以及化学信息。

显然，本章对信息概念的探讨侧重于交通信息对交通行为的作用规律。针对这一研究，可以认为交通信息是交通系统内部各要素之间交换的、一些要素自身处理加工的对于服务、影响、干预、引导、指挥、控制交通行为和交通系统运行具有效用的所有非物质、能量的软资源。

8.2.2　面向效用的信息概念

尽管从科学角度看，信息本身是一个复杂的概念，不同的研究角度可以给出不同的定义，但本章讨论信息与交通行为的关系，因而从信息作用于行为的效应角度出发来观察研究信息。

图 8-1 描述了面向效用的信息概念。从现象观察，信息来自信息源系统 A，借助物质与能量传送并被感知(或检测、认知)，在信息宿系统 B 中形成对信息源系统的映射。这个映射在一定程度上消除了系统 B 对系统 A 的认知的不确定性，或具有其他效用，是系统 B 掌握的关于系统 A 的信息，是一种取决于系统 B 形态的非物质能量资源。一个系统的属性、运动状态和有意发布信息在另一个系统中产生特定的映射过程，是一个复杂的形式、内容和效用的过程。抽象来看，如果不关心物质和能量的本身，那么信息源向信息宿传递的能够产生效用的资源就是信息。

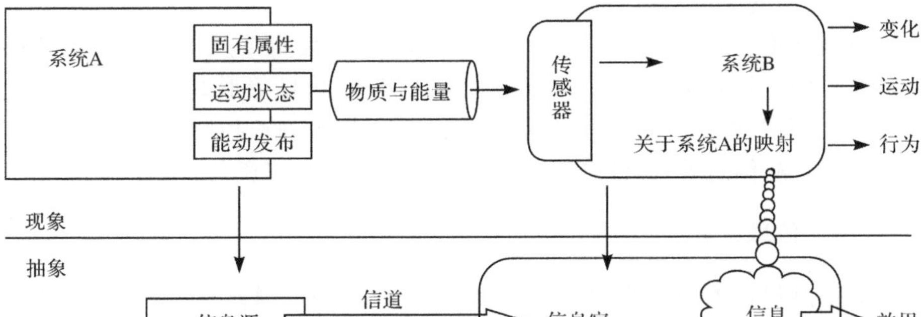

图 8-1　面向效用的信息概念示意图

进一步说明：

(1) 信息来自信息源。图 8-1 中，系统 A 的固有属性、运动状态是系统 A 的客观实在，系统 A 的能动发布则是指当系统 A 是某种信息系统时，它所计算、制造、主动发布的消息。显然这些消息不表达系统 A 本身的特性和运动，只是系统 A 自主的展现、表达计算出来的消息。系统 A 的固有属性、运动状态和能动发布集合构成了源信息本身。

(2) 信息源的固有属性、运动状态和能动发布只能借助物质与能量才能实现传播扩散，或被信息宿检测到。被传播、扩散或检测的信息只是源信息的一部分，不是全部，同时这个过程不消耗、损害“源信息”本身。

(3) 信息宿是信息到达和作用的目的地。信息宿通过传感器获得来自系统 A 的数据、消息等，并在系统 B 中按照一定方式(模型)建立关于系统 A 的映射。这个映射以物质与能量作为载体，具有系统 B 自身的认知和模式特性，是系统 B 获得的关于系统 A 的信息。

(4) 从信息作用角度理解，对于系统 B，信息是系统 A 处于其运动空间的某个位置、属性空间的某个取值的表达，以及主动发布的某个指令。对于系统 B，信息是减少描述系统 A 存在状态、属性取值和发布消息的不确定性的资源。掌握这种资源不是目的，系统 B 主动或被动应用这些资源，产生特定的效用。

在图 8-1 中，如果系统 B 是人，信息就是一个其在适应自然与社会环境实、现生存的过程中，同外部世界进行相互交换的非物质能量内容的表示。事实是，人与外界的交流不仅是物质与能量，人具有更为复杂的信息交互能力、信息处理和决策执行能力，这种信息能力是人显著区分于机器或低等级动物的关键特性。当人有目的的追求信息、利用信息指导或改变行为(行为控制[2~4])并获得更好的收获时，信息行为就成为科学研究的内容[5]。

信息概念不但要以其形式、内容和效用来描述，而且要从信息的流动转换进程来理解。信息具有文字信息、视觉语音信息、电子信息等形式，包含数据、消息、知识、逻辑、模型、规律、指令等内容，追求记录、诱导、影响、控制等效用，通过信息获取、信息传输、信息处理、信息施效等进程形成具有研究意义的信息概念。

8.2.3 交通信息共性

交通信息包含的内容非常广泛。从系统的角度看，道路标志标线、指路牌信息、信号灯色变换、车载导航设备提示、收音机交通广播的拥堵预报等都是交通信息；从“交通人”[6]角度看，小学老师的教导“过马路要走人行横道”、交通违法后收到的法院通知、交通警察现场指挥手势、对交通事故现场的回忆也是交通信息；从交通管理与控制电子系统的角度看，道路交通量、平均车速、路口车辆排队长度，交通事故及其影响、计算机系统中交通数据库的内容，交通控制系统及通信系统中处理和传送的内容都是交通信息。交通信息、形式各式各样，内容丰富多彩，效用千差万别。这些信息最终都要作用于出行者，调整其改变交通行为，以达到优化交通系统的运行、提升交通效率与安全的目的。

“交通信息”正在成为交通科学研究的主要对象之一。根据信息科学的基本原理，广义地讲，交通信息是指：道路交通系统与外界环境交换的，交通系统内部人、车、路信息装置等要素之间交换的，人或计算机信息系统自身处理加工的服务于交通系统运行所有非物质能量形态的效用资源。

交通信息覆盖面很广，从信息载体角度看，涉及机器（计算机、网络等信息系统中的）信息、交通工程装置（信号灯、交通标志表达的）信息、人（感官认知、大脑中的）信息等不同的信息，如表 8-1 所示。

表 8-1　交通信息载体角度分类表

载体与信息	描述对象	描述内容
机器：计算机及通信系统电子信息	统计数据信息	检测点的日、周报表；支持导入人工交通调查的各类交通数据等交通系统运行监测的历史数据、流量数据、统计分析数据和决策数据
	视频、音频、图像信息	交通运行检测视频、交通事故现场影像资料等来自交通数据采集系统的记录
	地理信息	基础地理信息、交通地理信息、GPS 信息
	其他信息	记录系统运行如容错处理、过滤、格式化、打包传输等报告的信息
装置：交通信息装置图文声光信息	交通标志数字、文字信息	出入口编号、道路名称等信息
	图片信息	交通警示类图片信息
	声音信息	道路交通广播信息、汽车喇叭提示信息
	灯光信息	信号灯、车辆转向灯信息
人：出行者的信息	需要的交通信息	管理、引导、提示等交通信息
	接收到的交通信息	被认知的交通信息
	发挥作用的交通信息	对交通行为产生影响的信息
	发出的交通信息	对外发出的信息

根据对交通行为作用的时机不同，可将交通信息分为出行前交通信息、出行中交通信息和出行后交通信息。根据对交通行为作用的强度不同，可将交通信息分为交通知识信息、交通警告信息、交通诱导信息和交通控制信息。根据交通信息变换快慢可将交通信息划分为静态交通信息和动态交通信息（表 8-2）。

无论交通信息如何分类，不考虑交通信息的载体和驱动形式，交通信息具有如下一般信息具有的基本性质：

表 8-2 交通信息应用角度分类表

信息分类	描述对象	描述内容
静态交通信息	道路信息	施工、维护信息等
	出行交通信息	换乘信息、服务时间、发车间隔、费用等
	通行限制信息	限高、限宽、限重、限车型等
	辅助服务及其他信息	停车场、加油站、旅游信息等
动态交通信息	事件信息	事故地点、严重程度等
	路况信息	通行条件等
	应对措施信息	出行路径、出行模式等
	气象信息	大雨、雾、雪等影响出行的天气等
	其他信息(消息)	预测通行条件、换乘地、停车场状况等

(1) 交通信息的普遍存在性。信息是交通系统和交通行为状态及状态变化的方式表示,因此只要有交通存在、交通系统在运行,就会有它们运动的状态和状态变化的表现,也就存在交通信息。在交通系统中,各种交通要素都是在或快或慢变化着,如道路上的实时路网状况、道路拥挤情况、最优通行路径等,这也就决定了交通信息的普遍存在性。

(2) 交通信息的无限性。在整个宇宙中,信息是无限的,即使是在有限的交通系统中,信息也是无限的。一切事物运动的状态和方式都产生信息,交通系统中的各种组成要素是无限的,因而关于它们的信息也必然是无限的。交通系统中各要素之间相互作用的方式是多种多样的,人的交通行为表现千变万化,从结构层次来说,交通组成要素都被包含在一定层次的交通系统内,它们的行为与运动总是表现为各层次交通系统的运动。这种各层次组成要素的运动和相互作用以及交通系统各层次间的相互作用产生了无限丰富的交通信息。

(3) 交通信息的相对性。对于同一个事物,不同的信息宿所能获得的信息内容和信息量是不同的。对于交通信息,由于不同的观察者有着不同的观察能力、不同的理解能力、不同的目的性和不同的不确定性背景,所以,由同一个事物获得的交通信息量肯定各不相同。例如,对于同一块交通标志、同一条交通指示信息,不同的驾驶员在看到标志、听到信息后,从中获得的信息量是因人而异的,信息产生的效用各不相同。

(4) 交通信息的转移性。交通信息可以在时间上或在空间中从一点传递到另一点。由于信息具有脱离信息源系统而相对独立的能力,所以可以通过一定的方法使之在时间上或在空间中进行传递。在时间上的传递称为存储,在空间中的传递称为通信。交通系统中时刻都在发生着交通信息的转移,例如,交通管理部门不断将检测设备检测的交通信息保存下来,以满足科学研究和预测未来交通状况等需要，实现时间上的转移，同时在这一过程中，将检测得到的数据传输到交通管理部门，又是实现交通信息空间转移的过程。信息通过传递转移才能作用于交通行为。

(5) 交通信息的变换性。交通信息可以在不同信息的载体之间传送，这个过程发生了信息变换。交通信息是交通运动状态和方式的表达，而不是交通本身，它可以借助电子信息系统、光电通信装置、出行者大脑等物质和能量作为载体，并在这些载体上转换、交换、交流。例如，在高速公路上设立出口标志时，可以采用文字命名的方法表示不同的出口，也可以采用数字的方式编号，但传递的都是相同的交通信息。信息变换使交通状态能够进入人脑，作用于交通行为。

(6) 交通信息的有序性。交通信息可以用于消除交通系统的不定性，增加交通系统的有序性。当出行者、交通管理者得到比较全面的交通系统信息时，就对交通系统有比较全面的了解和把握，使自己的出行行为或管理的交通系统更加有序、高效。当信息不够时，人对交通系统的了解不确定性增大，行为自由度较高，在复杂情况下容易造成系统运行的混乱。

(7) 交通信息的动态性。信息描述与交通相关的运动和活动具有动态性质，一切信息随时间而变化。因此，交通信息也是有时效、有寿命的。脱离了信息宿的信息因为不能反映信息宿的新的运动状态和状态变化方式，它的效用就会逐渐降低，以至于完全失去效用，描述交通运动与行为的交通信息也是如此。例如，可变交通标志上提示出行者交通拥堵情况的信息，如果不及时更新，交通信息很快就失去其效用价值，有时甚至带来负面作用。

(8) 交通信息的可创造性。交通信息可以有目的地被创造出来，并且可发挥效用影响交通行为。从潜在的意义上讲，信息对交通的表达既可以是记录、反映、映射，也可以是信息工具(大脑、计算机系统)联想、决策、演化、仿真等形式创造、制造的信息。信息的可创造特性是信息最为神奇的特性。

8.2.4 交通全信息

在不同的物质载体、不同能量的驱动下，交通信息表现差异很大。能够对交通产生影响的信息，通常经历了检测、传送、处理、发布、接受、执行、表现等过程，并且在交通实体、传感器、通信网络、计算机系统、交通信息装置、人的感官、大脑、肢体等差异巨大的不同物态要素中交流、作用。

交通信息对于交通行为的效用实现，不仅取决于信息作用于交通行为的方式，而且取决于交通信息的各个方面，包括形式、内容和效用价值。因此，需要全面分析和表达信息，包括：各种物质能量作为载体的交通信息形式、转换、作用，载体涉及交通标志、电子装置、人(生物体)等；全面了解交通信息全过程，涉及交通信息的存在、检测、传送、处理、控制等；全面研究信息效用机制，涉及信息需求、模型(模式、经验)形成、决策(计算、仿真、优化)反应、施展效用、反馈循环等。

人作为交通信息的信息宿,所获取和使用了的描述、反映、表达信息源(交通系统)的运动状态、其变化方式和能动发布的外在形式、内在含义和效用价值的信息可以称为"交通全信息"。而把其中仅聚焦于表达交通信息形式因素的信息部分称为"语法信息",把聚焦于交通信息的含义因素的信息称为"语义信息",把聚焦于信息效用因素的信息部分称为"语用信息"。这样可以抽象地研究交通信息形式、内容和效用,掌握基本规律,而不过多考虑交通信息所处的过程、载体形式和效用对象等现实形式。

人作为信息宿,从认知论的过程角度考虑,在信息的形式、内容和效用三要素之间,形式是最先被观察或感受到的要素;内容是要透过形式的分析才能进一步感受到的要素;效用则需要在特定的形式、内容基础上,取决于人及其行为才能表现出来的要素。

借用语言学中对信息的表述方法,信息的形式、内容和效用分别以语法信息、语义信息和语用信息表达,并将这三种信息的总体称为全信息。这样表达有利于深入研究交通信息的形式、内容和对交通行为的效用。全信息示意图如图 8-2 所示。

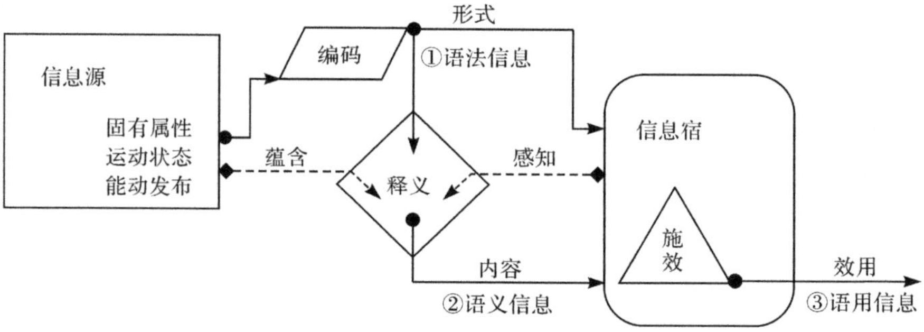

图 8-2 全信息示意图

1. 语法信息

语法信息是信息的最基本层次,又称句法信息,是信息源(行为学将其称为客观世界)向信息宿(行为学将其称为认知主体)表述事物属性、运动状态和能动发布采用的格式化记述或句法描述,是对信息进行编码后表现出来的形式。语法信息不是对某一种具体信息的称谓,而是服务最终信息的效用,按照信息的性质给信息划分的一个层次。例如,Morse 电码构成的信息,数字 0、1 排列构成的信息,交通信号灯颜色表达的控制信息,图形、字母、文字和实物组合构成的交通信息等。当人们只考察这些信息内部的符号或符号关系时,它们就作为一种语法信息而存在。又如，交通广播电台播音员在播报交通信息时，更关心交通信息广播稿的语法关系，而不关心交通信息所表达的意义，毕竟他在播音传递信息，不是在驾驶车辆或控制交通流量。电子计算机处理的信息绝大多数都是语法信息，遵循二进制数字语法。交通语法信息不仅包括单纯的表示符号或符号关系（符号的数目、符号持续的时间以及符号的结构等）的信息，还包括交通信息源的统计性质、交通信息传输的信道等。

2. 语义信息

语义信息用来表达语法信息中的含义信息。例如，在道路白底红字符交通信息表达禁止的内容、黄色交通标志表达警告的内容；在交叉路口的交通信号中，红灯点亮表示停止通行，绿灯点亮表示放行，黄灯点亮则表示通行警告的信息内容。这些按照语法规则（规范、标准）设置标志牌文字、图案或信号灯颜色所表达信息的含义内容就是语义信息。此外，道路旁的行车标志，危险品运输车上表示剧毒物品的图形——骷髅，以及交通科学研究发表的文章、论著等内容也都属于语义信息或具有语义信息的特征。由于信息的意义往往具有多样性（如一词多义、仁者见仁智者见智），所以感知和处理语义信息要比传送处理语法信息困难得多。现在只有少数高级智能计算机能按规则或约定来感知语法信息中蕴含的某些语义信息，如识别人的语言并按人的简单话语动作等。

3. 语用信息

语用信息是用来表达语义信息对信息宿的有用性信息。有用性往往取决于信息宿对信息的需求状况，也就是有用性由信息宿的信息状态与信息源发出的信息间的相关性决定。交通语用信息就是具备一定价值或发挥了效用的交通信息。例如，实时交通信息可以给驾驶员提供路径选择信息，当驾驶员按照提供的路径行驶时，导航的语用信息最大。当只是强调某一信息的价值或效用时，该信息就是语用信息或具有语用信息的意义。

在语法、语义和语用信息三者之间，语法信息是相对简单、最基本的信息层次，语用信息则是最复杂但最有价值的信息层次。在信息理论发展的初期，人们先从语法信息入手认识信息，解决通信中遇到的问题，为更深刻认识信息打下基础。所有对交通信息的研究都是服务于信息产生对交通系统运行的效用这一目标，仅研究通信相关的信息理论是不够的，应当继续深入研究语义信息和语用信息。语法信息只能解决通信工程这样一类传递信息的问题，而具有智能、有目标的行为系统，都必然涉及语义信息和语用信息。交通全信息释义如表 8-3 所示。

表 8-3　交通全信息释义

交通全信息	形成和强化	说明	示例
交通语法信息	主要由多领域技术规范规定	在交通电子设施、计算机系统、通信网络中，信息以数字电信号表达、存储、计算、传送，有严格的语法格式定义，不能出差错。同样，指路交通标志使用的汉字语法稳定、明确。例如，出口车道指路文字的顺序，“永定门”和“门定永”依据不同语法，都是指向永定门出口的。竖写“永定门”具有中国汉字通用语法信息，竖写“门定永”具有通行可读性语法信息	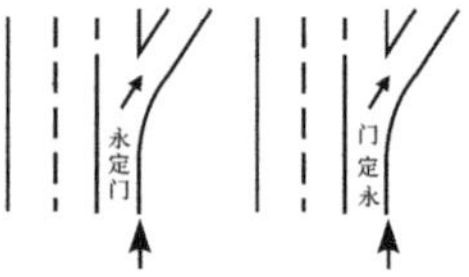 指路文字是语法信息
交通语义信息	由交通法规、技术规范和认知能力产生	道路交通标志包括警告标志、禁令标志、指示标志、指路标志、旅游区标志、作业区标志、告示标志等。这些交通标志由各种图形、颜色、符号和文字构成，是语法信息，其所表达的信息含义需要有明确的定义和解释，否则无法发挥信息的作用。限速标志显示 40，图形、颜色、形状形成严格的语法信息，相关法规、规范、教育、考试确立了其限速 40km 语义信息的产生	 限速 40km 语义信息
交通语用信息	由行为收益、交通执法、处罚、奖励等实现强化与施效	交通控制指令信息、道路路况信息、交通出行信息、通行限制信息、交通事件信息、交通气象信息等，发布的目的在于发挥信息效用。交通信号灯通过灯色变化发布控制指令，控制驾驶员驾驶车辆通行路口，发挥信息作用	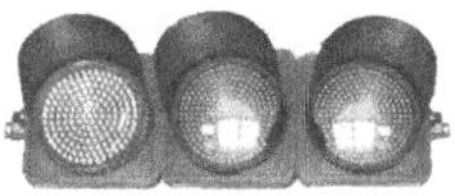 红色交通信号灯点亮具有对驾驶员具有“停止通行”语用信息

8.3　交通行为的信息特性

交通行为是典型的信息主导下的人类社会活动，交通行为过程是信息作用的过程，交通行为的表现是信息效用的表现。

8.3.1　行为的基本信息过程

信息过程是指信息实现效用所经历的各个阶段。具有效用价值的信息过程不是封闭的，也不是单调减损的。在外部的有目标、高水平辅助干预下，信息过程可大幅度提高信息的效用价值，甚至可以创造现实并不存在的高效用信息。通常认为，信息过程是信息的历程和生命周期的表达，优质的信息历程可放大信息效用，延长生命周期，发挥更大的信息效用价值。

面向信息实现效用价值的信息过程通常分为获取、传输、处理和施效四个主要阶段。这四个阶段没有严格区分或者过程的排序,不同过程经常混合交织。在控制系统自动调节过程中,信息过程的四个阶段以检测、通信、计算和控制等技术形式实现。在这四个过程中,信息的效用价值发生着变化,并最终实现其效用价值——有效调节控制系统,达到控制目标的要求。系统自动调节的信息过程如图 8-3所示。

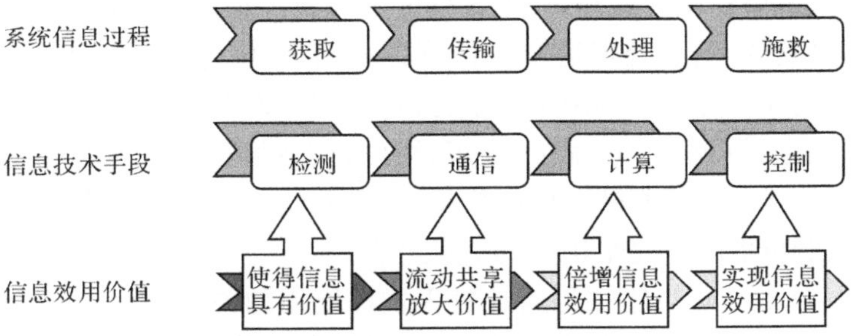

图 8-3　系统自动调节的信息过程

同样,对作用于人的行为,信息过程同样可描述为四个阶段,即认知、交流、决策和行动,并表现为观察、表达、思考和实施等行为或活动,在这样的过程中,信息的效用价值逐步增加,并使行为取得成功,实现行为的目标。行为所经历的信息一般过程如图 8-4 所示。

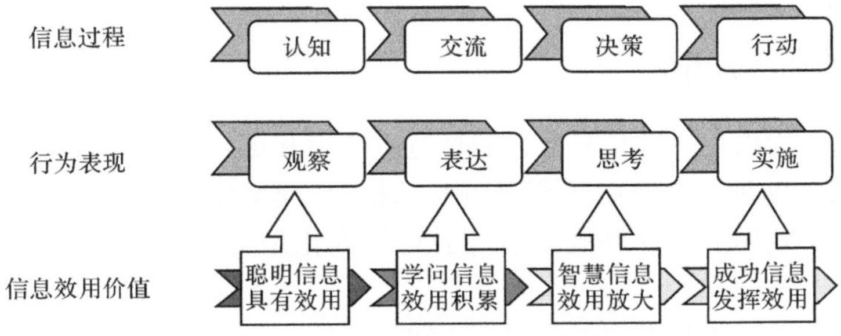

图 8-4　行为的信息一般过程

对比功能系统的调节过程和人的行为过程中的信息过程,可以发现两者十分相似。忽略形式上的不同,信息过程各个阶段一般具有以下特点:

(1) 信息获取。信息宿获取信息的过程,是信息形成效用价值的开始。依靠传感器对信息进行检测,使信息按照信息宿需要的格式进行转换,实现信息获取过程。对于人,信息获取过程就是观察、认知等行为过程,检测装置就是人的感官,人还可以借助各种仪器、装置等扩大获取外界信息的能力。信息获取能力是行为的基本能力。

(2) 信息传输。信息传输使信息能够跨越时间和空间流动,或有目的地汇集,以实现更大的价值。信息在空间上的传输就是通信,在时间上的传输就是存储记忆。信息传输借助特定物质和能量进行。人与人之间的信息传输以交流方式实现。行为个体信息传输主要依靠记忆、学习实现在时间上的信息传输。信息传输离不开信息转换。

(3) 信息处理。信息处理是信息过程的核心,也是最为复杂的过程。信息处理可使信息价值得到质的提升,在很大程度上决定了信息的效用水平。观察电子信息系统可以发现,信息处理通常以计算方式出现,由电子计算机来完成。现代计算技术,可消除信息中的噪声干扰信息,提取多层次有效信息,并能以提高信息效用价值来优化、预测、仿真、虚拟、决策、衍生、创造信息。对于人,信息处理由大脑完成,经历记忆、思考、判断、推理、想象、决定和学习等智力过程,形成高水平信息,是目前人造机器无法完全仿造的信息过程。

(4) 信息施效。信息施效是信息过程发挥作用的关键,是信息处理的成果运用干预系统运行或行为、表现信息效用、兑现信息价值的过程。信息施效过程以系统控制或行为控制过程表现出来。

交通行为形式上用肢体动作或躯体运动表现,如驾驶车辆或徒步行走。这种行为动作表现,如果不考虑目的、需求和动机等指向信息,也不考虑环境作用信息的效用,仅从外表观察,则是复杂、多变、杂乱无章、几乎无法预测的。研究信息与动作融合形成的交通行为,从信息效用的角度看,可分为信息的行为内化和信息的行为外化两个方面。

8.3.2 信息的行为内化

信息的行为内化通常是指为了能够适应环境和更好地面对问题,接收的外部信息在人的大脑神经系统中积累、处理、结构化、模型化等过程,是信息能够对行为产生高水平效用的内在基础。信息的行为内化是交通行为所具有的重要信息特质。

信息内化的过程是人知识积累及认知结构改变的过程,同时也是信息需求产生与满足的过程。高效率的学习促使外界信息内化成为个体的经验或知识。人们接受交通安全教育或者交通出行自我教育,从对交通知识的一无所知到能够安全出行,是通过不断产生信息需求、满足信息需求、吸收出行经验形成知识、内化建构交通意识而实现的。信息的行为内化过程是一个从接收新信息到将其纳入认知结构中的过程。同时,信息需求从产生到满足,新信息内化形成本身是一种信息收集与认知行为结构改变的过程,它改善或重建了人的认知行为结构。人在行为内化的过程中会产生信息需求,反过来行为内化的推进伴随着其信息需求的满足。

信息的行为内化建立在收集信息、处理信息、使用信息、评价信息等信息过程反复循环的基础上。任何信息的内化必须经过人对外界输入的信息进行不同层次的转化实现，在这个转化的过程中，人的意识行为会发生相应的变化，如产生经验思维、逻辑思维、辩证思维或者创造性思维等。交通信息的行为内化作用可以看成将交通信息的内容、内涵作为“营养”提取吸收（存储、记忆），融入人的交通行为意识（交通安全意识、交通守法意识和交通秩序意识）中，从而改变人的交通行为内在品质，并最终体现在交通行为方式上。图 8-5 显示了信息的行为内化过程。

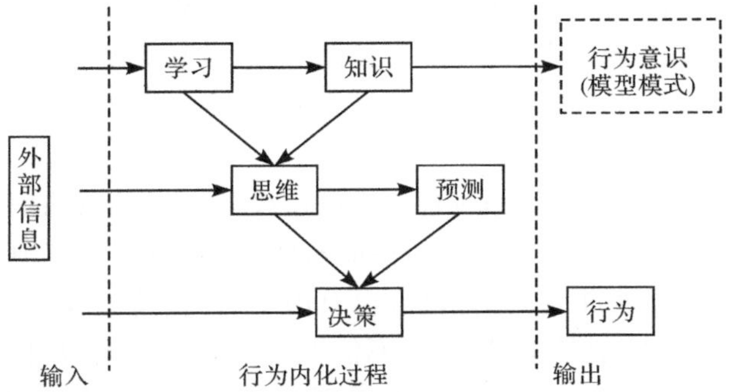

图 8-5　信息的行为内化过程

学习是内化的行为方式，是高级信息获取活动。狭义上讲，学习是指个体通过阅读、听讲、思考、理解、观察、验证等手段获得信息、知识或技能的过程，是一种使个体可以得到持续变化（知识与技能、方法与过程、情感与价值的改善和升华）的行为方式。广义上讲，学习则是指人在生活过程中，通过信息获得经验而产生的行为或行为潜能的相对持久的行为方式。无论学习的狭义定义还是广义定义都可以看出学习过程是围绕信息的行为过程，阅读、听讲、研究、观察等行为的目标对象都是信息，离开信息的学习过程是不存在的。也就是说，学习过程同时也是收集信息、处理信息和使用信息的过程。个体通过各种方式在外界环境中收集对自己有利的信息，将信息在大脑中处理、存储，然后形成新的意识思维，导致不同的行为。

知识是指人们对某个事物的熟悉程度，是信息结构化的表达，也是信息内化成果的表达，包括关于事物的基本规律、描述事实的信息、描述行为技能的信息。它可能是关于理论和事实的，也可能是关于实践的。知识更多的是学术权威达成共识的一些概念、判断和推论，以及熟练技能者对实践操作方法步骤技巧的记述。经验是个人化的，具有特定背景的，尚未被概括、总结和普遍化的知识。无论是知识还是经验都是学习的成果，也是信息的一种形式。

思维是信息处理的最高形式，是内化提升的关键信息过程。概念、判断、推理、证明等均是不同的思维形式。在具体思维中，思维形式和思维内容（信息的一种形式)总是结合在一起的,既不存在没有思维形式的思维内容,也不存在没有思维内容的思维形式。概念、判断、推理、证明都是信息行为内化的不同形式。主体将收集到的信息转化为大脑内的思维内容,通过不同的思维形式处理信息,清洗信息,验证信息,融合信息,提取信息,既掌握一般规律形成模型化信息表达,又量化个性特征,从更高水平认识行为所处的环境和面临的问题。

预测是信息提前或超越现实的过程,是信息效用前置于行为的表现。决策是在形式上根据各类信息的环境对各种可能出现的结果的概率进行估量,形成推测、虚拟、仿真的信息操作。人从环境获得信息,通过思考应用模型化的知识进行加工处理,形成对事物未来发展的估计、预测,为后续行为提供信息导引。可以看出,信息收集、知识应用和思维推理是该过程的基础和关键,决定预测的准确性和可靠性。

决策是复合信息的综合应用过程。决策过程面临着复杂的信息问题,因为所收集到的有定量的信息,也有定性信息;既有明晰的信息,也有模糊的信息;既有在有限的时间内可以处理完成的信息,也有由于时间、精力等各方面的限制不可能在限定的时间处理完成的信息,或者不值得花费更多的人力、物力、时间处理的信息,加上预测信息、优化比对等二次信息等。特别是自身知识水平及其应用能力,都将会影响决策结果。因此,在实际决策行为中,人常常在运用规范知识的同时,也应用直觉进行信息的处理与加工,从而得到较优的决策。

信息内化形成人的行为能力和行为模式内在品质,决定了人在接收具体外部信息时的具体行为表现。

8.3.3 信息的行为外化

信息的行为外化是指行为主体与外部进行信息交互进而实现行为目标的过程,包括外部信息获取和决策信息对行为表现发挥效用两个部分。内化的成果是使人形成新的行为意识,而外化的成果是使人产生高级行为表现。外化不是简单的信息导引行为的过程,而是复杂的应对环境、发挥内化能力进行指向明确、活动连续、调整及时,自觉自律行为的过程。

人的某一具体行为是建立在自身认知、感情、意识等心理过程的基础上,与环境反复交流过程的心理活动的驱动成果,本质上是信息活动与生物运动的高度融合。图 8-6 以信息外化角度简单地表达了个体行为的主要过程(以交通行为为原型),这样可以直观地看到行为人自身、环境、结果等外化关系。此图只是人的行为过程、环境影响因素的简化、局部、近似的示意表达。

行为是由需求启动的,需求以信息表达和存在,是导致行为的原因。当需求转化成动机后,行为得以发生,并驱动行为直至完成。发生什么样的行为,由诸多内部因素和外部因素决定,当内化稳定时,外部因素对行为表现起决定作用:调节

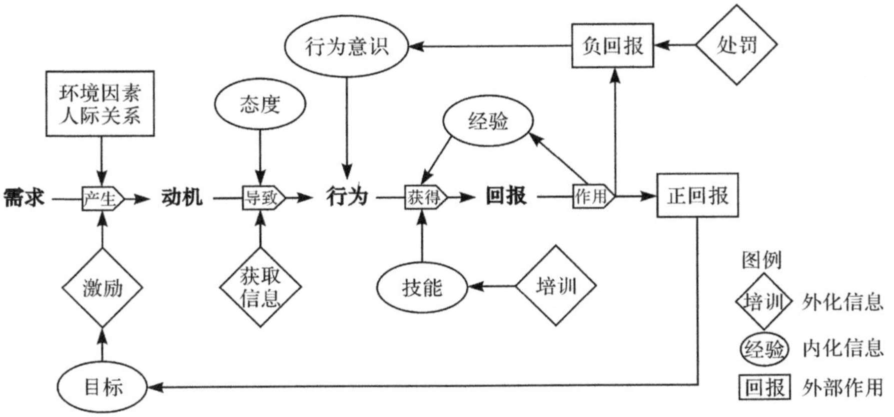

图 8-6　个体行为过程中的信息形式与外化作用

外部信息因素即可改变行为。换句话说，服务于需求的行为是可预测和可控的。要使行为能够稳定地可预测和可控制，就需要强化信息的行为外化作用。

需求是行为产生的起源，但需求只有转化为动机才能成为推动和维持个体行为的内部动力。从个人的行为角度看，交通行为不是盲目的，而总是满足某种个体交通需要的，从社会群体角度看，导致交通行为的需求总是围绕生活、生存活动展开的。因此，就导致行为需求的社会性而言，个体需求受社会生活的内容、节奏、场所、质量、协作等影响和制约，是有规律的，是可以预测或控制的。需求本身的产生来自于外界环境的刺激，但不是物质或能量，只能以信息方式存在和表达。

动机是引起并维持人们从事某项行为、追求一定目标的内部动力。动机是直接推动个体交通行为的动力，出行者的交通需求、兴趣、爱好、价值观等都要转化为动机后，才对交通行为产生动力作用。动机是个体行为的内部动力，由一定动机引起的行为应指向能满足个体动机的对象。动机与行为具有一致性。但动机与行为的一致性并不意味着动机与行为是一一对应的。首先，动机与行为目的之间不是一一对应的关系。具有相同动机的人可能有不同的行为目的。其次，动机与行为的效果的关系也十分复杂。一般来说，动机与行为的效果是一致的。在信息引导下动机的形成不外乎两个原因：一是信息内化导致的需要；二是信息外化过程中的需求。

信息的行为外化主要体现在两个方面：一方面为外部信息获取，即认知模式结构下的获取环境信息和关心的信息，这里的获取信息不是单纯地采集信息，而是复杂的传递、传播、交流支持下的信息获取过程；二是信息的有形化表达，行为主体将生成的信息内容用能量和运动形式（声音、动作、操作等）或物质变化形式（痕迹、符号、文字等）表现于外部的实践活动。前者是行为适应环境、感知情境的认知结构外化表现，是行为的起点；后者将信息以行为进程实现外化，是目的和效用。

信息的行为内化和行为外化是一个从知到行的过程，将人的行为以信息角度分成内外两部分，便于信息作用交通行为的研究，以便于发现交通行为基本规律，探索应用环境情境信息和效用信息干预、改变和控制交通行为。

8.4 交通情境信息中的交通行为

道路交通系统设施和道路景观对交通行为构造了一个信息主导的情境。无论交通行为主体是否意识到，道路交通系统情境信息决定一切交通活动的全过程。

8.4.1 道路交通情景信息

在讨论本节的内容前，首先需要将道路交通情景的内涵进行明确。

“情景(scenario)”一词最早出现于英文著作 *The Year 2000*[7]。该书指出，未来存在着多种发展趋势，并存在许多未知的可能性。存在着一些潜在的情景，这些情景在未来是有可能实现的。根据上面两句描述可知，“情景”一词可以理解为针对未来的某种情形的预测；也可以理解为在未来发展时，事物所呈现出的一系列状态的描述。在马克思主义哲学的辩证唯物主义认识论中，情景是主体从认知目的上把握客体的部分。客体并不直接等同于情景，只有当它成为认知对象并被主体把握时才可称为情景。在人类的活动中，人与人之间、人与周围环境之间以及人与世界之间的交流等，都产生了丰富的情景。对于情景，不同角度的具体认识将会产生不同的理解。在此将人类活动产生的问题情境划分为三类，即现实情景、个人情景和时代情景。人类所处的社会文明发展的程度、科技进步的程度影响着整体社会环境和自然环境，上述环境中以不同人群为中心产生各种活动场景的总和即现实情景；任何个体(人)的内心都会存在心理情景，但每个个体的心理期望、教养文化、生活阅历并不相同，导致不同个体会把现实中的某个情景解释为不同含义或者不同感情色彩的内容。因此，不同个体对同一情景会产生不同的联想和不同的诉求，个体具备的各类知识和各种经验都会作为理解因素反映到对该情景的认识中[8,9]。上述心理和现实揉和的综合体即个人情景。不同的时代会产生不同的现实情景，而任何现实情景中都会含有其代表性的符号。人们通过观察该符号即可识别其所处的时代。上述具有代表性的符号构成的情景即时代情景。

很明显，本节的主题——道路交通情景属于现实情景的一种。将道路交通情景的范围限定于交通人在做出交通行为时所能观察到的全部情景的总和。从字面可知，道路交通情景的构成物十分广泛，例如，设置在山区道路外侧的护栏、施划在道路路面上的标线、设置在道路沿途的标志、种植在三块板或者四块板道路主辅路隔离带中的绿化物、设置在高速路中央隔离带的防眩板、设置在道路两侧的景观等。顾名思义，道路交通情景信息即交通人可以在道路交通情景中提取出的信息。

按照上述信息变化的频率，可以将道路交通情景信息分为动态道路交通情景信息和静态道路交通情景信息。动态道路交通情景信息是指在不受载体限制而有自我更新能力的信息，典型的代表是交通可变信息标志(variable message sign, VMS)中提供的信息。静态道路交通情景信息主要是指无法在保留原有信息载体的前提下变更信息的道路交通情景信息，即如果更新该信息，则必须同时更换其载体。例如，当指路标志牌的信息需要更新时，道路养护人员必须把承载有原信息的标志板拆除，并安装承载有更新后信息的标志板。

按照信息作用于交通行为的特性，可以将道路交通情景信息划分为直接道路交通情景信息和间接道路交通情景信息。直接道路交通情景信息是指交通人通过获取该种信息，可以直接改变交通行为，即直接道路交通情景信息可以直接指导交通人优化自己的交通行为，如交通标志、标线等。间接道路交通情景信息是指交通人无法通过获取该种信息直接改变自己的交通行为，即该种信息可以通过改变交通人的视觉，使得交通人产生某种意识，从而影响交通人的交通行为，如道路景观和公益性道路标识、标语等。然而，间接道路交通信息对交通人产生的影响，既可能是积极的影响，也可能是消极的影响。

8.4.2 直接静态道路交通情景信息

针对直接静态道路交通情景信息对交通行为的改变，本节将以道路交通标志中承载的信息作为代表进行讨论。

交通标志是道路交通情景信息的一种载体，用于消除交通人对交通环境的不确定性，并应当传递适量、准确的交通信息，协同人、车、路和环境，协助交通人安全、舒适地完成交通行为。构成交通标志的元素包括颜色、形状、图符和文字，这些元素也都属于直接静态道路交通情景信息。

下面分别讨论交通标志中的颜色、形状、图符和文字这四种直接静态道路交通情景信息的特征及其对交通行为的影响。

交通标志中图符所提供的信息是最重要的直接静态道路交通情景信息，也是影响交通标志理解性的最重要方面。图符具有如下特点：

(1) 形象性。抽象符号是经过隐喻设计，用一个图形符号来比喻想表达的含义。例如，注意危险警告标志，用感叹号来传达注意危险的信息。象征符号的隐喻设计必须形象生动，使交通标志传达给驾驶员的含义与实际含义之间尽量接近。如果隐喻设计不够形象，图片传达的信息与交通标志实际想表达的含义差距很大，就会给交通人带来迷惑，从而影响交通人做出正确的交通行为。

(2) 简明性。标志设计时应明确图形符号要素、图形符号细节、图形符号重点细节。符号要素是指图形符号要素构成图像内容的相对独立的组成部分,符号可由一个或若干个要素组成。符号细节是构成图形符号要素的可辨别的最小单元,它由线、面等组成。符号重点细节是符号图像内容中对符号的理解或对符号图像的完整性起关键作用的细节。

(3) 熟悉性(可联想性)。根据人机交互原理,驾驶员对图形标志进行识别时,将图形与其之前的知识积累、记忆信息等进行匹配。因此,交通标志的图形符号应尽量能直接让驾驶员想起生活中熟悉的事物,快速完成对图符的信息匹配过程,实现对图符的正确认知。因此,交通标志的图形符号设计应具有熟悉性。

(4) 语义接近性。语义接近性是衡量图符设计的最为重要的指标。图形标志传递的信息与实际信息一致才会使交通人做出正确的行为选择。

交通标志中的文字是标志设计中重要的视觉传达元素,在指路标志、告示标志等多种交通标志中起到信息传达等多种作用。除信息传达作用,文字在交通标志中又能起到装饰标志的作用,是文化与艺术、内涵与形式的综合体现。在含有文字的交通标志设计中,文字应用的优劣直接影响标志的视觉传达效果。

交通标志中的颜色包括四部分:主体颜色、图案颜色、边框颜色、衬边颜色。主体颜色往往是安全色。

(1) 主体颜色信息与标志整体信息一致。主体颜色是上述四种颜色中最重要的部分,它的信息是标志整体信息中不可或缺的一部分。

(2) 主体颜色的面积在标志整体颜色面积中具有较大比例。这是为了提高标志的整体形象度,以及交通人的识别度和理解度,从而使交通人获得正确的信息。

交通标志中的形状是标志设计的重要内容。在交通人获得交通标志的信息中,形状是紧随着颜色信息之后获得的信息。交通人往往通过获得的形状信息而得出交通标志的种类。一般地,交通标志的形状信息与对交通人行为的影响对应如下:

(1) 正等边三角形,用于大多数警示标志中,起到警告作用,具有警示性。

(2) 圆形,用于大多数禁令、指示标志中,起到禁止、指令的作用,具有强制性。

(3) 倒等边三角形,用于“减速让行”禁令标志中,起到指令作用,具有警示性和强制性。

(4) 八角形,用于“停车让行”禁令标志中,起到指令作用,具有警示性和强制性。

(5) 叉形,用于“铁路平交道口叉形符号”警告标志,起到警告作用,具有警示性。

(6) 矩形,用于指路标志,部分警告、禁令和指示标志,旅游区标志,辅助标志,告示标志等,起到提示作用,大多数情况下不具有强制性,只具有建议性。

然而，上述信息在大多数情况下需要组合使用才可以为交通人提供完整的、可供改变交通行为的信息。例如，红色是一种安全色，任何一名经过培训的交通人在观察到红色的交通标志后，都会意识到自己观察到的是一个禁令标志，下一步自己应当根据标志内图符所表达的具体禁令要求完成正确的交通行为。此例中颜色和图符共同构成完整的禁令标志信息，缺一不可。

交通标志是一种记号，它的作用是代替冗长的文字，表达特定的含义，传达明确的信息，实现信息传播，进而使交通人正确优化其交通行为。交通标志作为整体讨论时，其信息具有以下特征：

(1) 功用性。交通标志不是用来观赏的，而是为了实用，如提示前方道路情况的交通标志、指示公共场所的公共信息标志、企业商标等。交通标志要将关键的信息以最简洁的方式在相对较小的空间表现出来，同时需要使用者在较短的时间内理解其含义。

(2) 识别性。识别性是使交通标志便于识别、记忆和传播的重要因素，它并不是指简单化，而是用最为关键的因素表达图形含义。识别性强的标志一般具有公众认同面大、通俗简单的特点。

(3) 独特性。独特性是交通标志设计的基本要求。标志的形式法则和特殊性要求标志具备各自独特的个性，不允许有丝毫的雷同。因此，标志的设计必须做到独特别致、简明突出。

(4) 多样性。交通标志的多样性主要体现在构成形式、应用形式上。交通标志的应用形式体现在空间应用，如二维平面式、三维立体式，另外还有浮雕、圆雕等特殊样式。

(5) 准确性。交通标志信息传达的决定性因素是使用者对符号的理解，而准确性则可避免交通标志被误解，这一特点正是交通标志优于语言、快于语言的关键所在。

(6) 持久性。标志与其他宣传品不同，一般具有长期使用价值，不会轻易改动。

在视觉信息传递中，标志比文字说明更具有优越性。标志能够以最简洁并且最直接的传递方法有效促进其所代表事物的发展，它不需要用冗长的解释说明就能传达其所指目标。

交通标志信息的基本功能是识别性。它是以平面构成为基础的视觉语言表达和视觉形象创造，强调向受众进行目的明确的视觉传达，利用图形、文字构成具体可见的视觉符号，并将这一视觉符号中的内容、信息、观念传达出去，影响受众者的态度、看法和行为等，从而树立起所示目标形象的目的。因此，在进行标志设计时绝不能随意拼凑，所涉及的图形或符号作为一种“视觉语言和形象”要能被他人认识和理解。标志设计在传达的过程中能否达到预期的目的与效果主要取决于标志设计的优劣。而标志设计的优劣又取决于创意的优劣。好的标志设计要以高度准确性为前提，最大限度地符合其设计目的，体现服务特定场合和目的，并在一定程度上产生社会价值。

图 8-7 解释了交通人在阅读交通标志时，典型的交通标志信息对交通行为的改变过程。

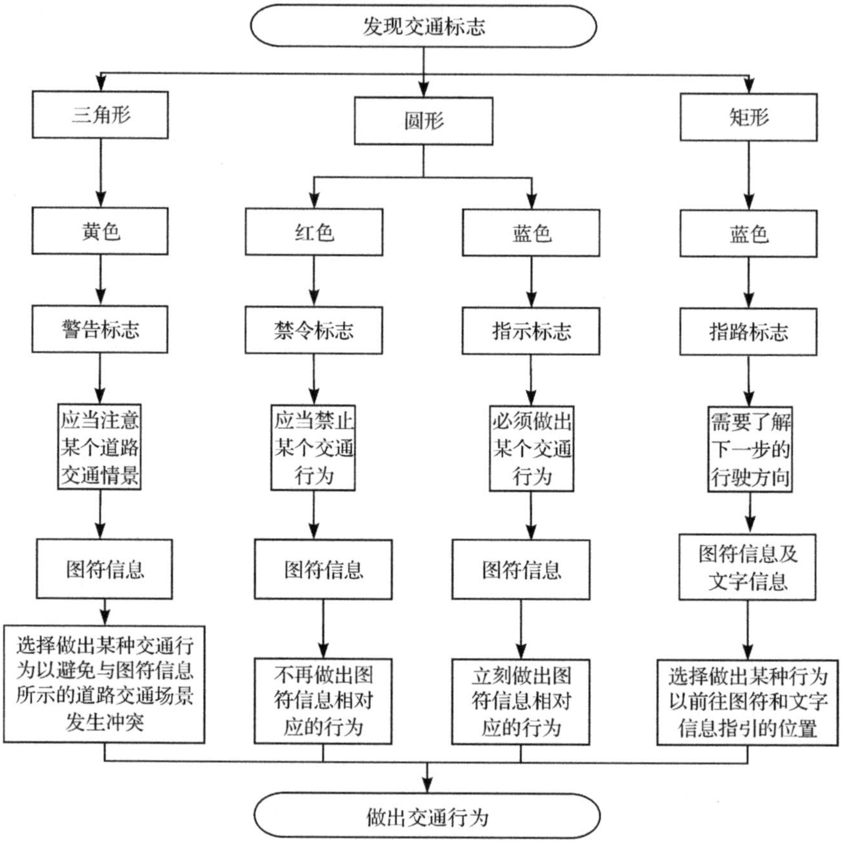

图 8-7　典型的交通标志信息对交通行为的改变过程

8.4.3　间接静态道路交通情景信息

针对间接静态道路交通情景信息对交通行为的改变，本节以道路景观信息作为代表进行讨论。

道路景观不同于单纯的造型艺术、观赏景观，它首先要实现道路的运输通行功能，有自身的结构形式，具有很强的功能性和实用性；同时包含一定的社会、文化、地域、民俗等含义，具有一定的观赏性和艺术性。道路景观对于增加道路安全性和舒适性、营造现代道路气息具有重要作用。良好的道路景观可有效减轻驾驶人心理生理压力和疲劳感，为交通行为主体提供连续的视觉感受。

道路景观信息始终作用于交通行为人的一切交通活动过程。道路景观信息过程是指道路景观以信息方式作用于行为个体并实现效用所经历的各个阶段。道路景观信息对交通行为的影响主要表现为交通行为主体根据自身认知结构从道路景观中获取景观信息、效用信息，并且根据道路景观信息的种类、表现形式、功能、地位等因素的不同，进行不同形式的传递、传播、交流支持下的信息挖掘过程。

基于道路景观信息的实践作用历程、生命周期长短及认知结构影响的阶段性特征，可将道路景观信息过程细致划分为信息获取、传输、处理和施效四个主要阶段，最终实现改变或影响交通行为的效用。这四个阶段没有严格区分或者过程的排序，不同过程经常可以混合交织。

道路景观信息进程各个阶段一般具有以下特点。

(1) 道路景观信息获取。交通行为主体通过人体各种感官形式，如视觉、听觉、触觉、嗅觉器官等，或各种仪器设施辅助感官认知，发现、观察、认知、获取道路景观信息。道路景观信息是道路自身与其沿线景观组成的综合景观体系。道路自身景观属于路权范围内的部分，主要包括道路的线形(平、纵曲线)、道路构造物(边坡、挡墙、护栏、路缘石、排水沟、桥梁、涵洞、隧道的进出口等)、服务性设施(服务区、停车区、加油站、收费站(所)、观景台、标志牌等)、道路绿化等。道路沿线景观以自然环境和人文环境为主体，是交通游览观赏的主要对象。道路沿线自然景观包括大地景观(如平原、丘陵、山区、草原、森林、大海、沼泽等)、植物景观、动物景观、水体景观以及季节、气象等变化带来的景观。道路沿线人文景观泛指该道路所经过沿线区域的历史、文化等特征。对道路景观信息的获取是交通行为的基础过程。

(2) 道路景观信息传输。在获取景观信息的基础上，通过时空跨越的方式实现景观信息的传输和流动，作用于置身其中的交通人。景观信息根据交通个体的视觉体验、印象记忆及心理生理体验等对景观信息进行加工和传输。视觉传输是传输信息的最直接也是最主要的手段，它通过环境标识系统、空间导示系统、形象识别系统传输道路指示性信息、指向性信息、指意性信息。交通行为主体借助视觉符号的重构和再现，提炼转换复杂或隐喻等意象表达手法，并整合图形、色彩、文字以及标识等表象视觉元素，有效传递和展现道路景观信息的主题和内涵，满足交通行为主体对道路的功能需求及审美需求。这个过程是交通行为适应交通环境的保障。

(3) 道路景观信息处理。对道路景观信息的处理是景观信息过程的最核心及最复杂的部分。对道路景观信息的处理可使景观信息价值得到质的提升，并在很大幅度范围内决定景观对交通行为主体的效用水平。交通行为主体对道路景观信息的处理形式主要表现为对景观信息的功效评价、审美感知、价值导向等行为过程，并通过行为主体的视觉感知和心理生理体验特征表现反映道路景观对交通行为主体的作用形式，即交通行为主体在视觉感知和心理生理体验的基础上，将道路景观作为审美对象，结合道路所在区域的地形地貌、路域自然景观和人文景观特征等，对景观的交通运输功能、美学特征、价值导向等进行综合评价，从而产生、影响或改变相应的交通行为。

(4) 道路景观信息施效。这一过程通过科学合理地规划设计道路景观信息，使其有目标地干预交通行为、施展道路景观对交通行为的积极效用，实现景观信息有效促进积极交通行为、提高视觉审美价值的过程。

道路景观信息与交通行为主体的关系是景观信息主导下的物质能量交互关系，交通行为主体的驾驶行为是道路景观信息主导下的驾驶活动。人的智能全面体现在信息操纵能力上，高水准的信息内化是一切行为的内因。外部的道路景观信息经过交通行为主体的景观信息加工、信息重构及信息再现，并对交通行为主体产生行为效用的过程称为道路景观信息的内化。道路景观信息的内化必须经过交通行为主体对该类信息进行不同层次的转化实现，在这个转化的过程中，交通行为主体的意识行为会发生相应的变化，景观信息的行为内化作用可以看成将景观信息内容作为“营养”吸收、存储、记忆于交通行为主体中，融于交通行为主体的思想、心智等精神层面，从而改变主体的意识行为或内在品质，如学习、认知、思维及决策等，最终体现在行为方式上。

例如，道路景观信息在经过人体重新组合后转变为驾驶人的内部信息，刺激驾驶人的主观认知和驾驶绩效。又如，良好的道路景观设计方式有利于促进积极驾驶情绪，表现在情感认知方面即心情舒畅；反之，不合理的公路景观设计方式，将诱发消极驾驶情绪，表现在情绪上即心情沮丧，压抑、烦躁，欲快速驶离、寻找刺激等。单调道路景观的典型事例为沙漠道路。

交通人在经历适应、感知及反馈道路景观信息后，产生不同的交通行为。

景观信息的外化不只是简单的道路景观对交通行为主体的引导行为，而是主体复杂地应对环境、发挥或表现景观对驾驶人影响的外在体现。道路景观信息的行为内化和外化是一个从知到行的过程，相互促进、相辅相成，景观信息的行为内化是外化的前提和基础，景观信息的行为外化是内化的表现和形式。合理的道路景观设计方式能够有效地通过改变景观对人的作用方式，对行为人的驾驶产生良性影响，例如，良好的道路景观设计方式有利于促进驾驶行为过程，表现在平均行驶速度的方差小、速度波动小、偏离道路中心线的位移小、无急加速或急减速现象、频繁换道次数少等良好驾驶行为。反之，不合理的道路景观设计方式将诱发不良驾驶行为的产生，例如，单调繁杂的道路景观设计方式容易诱发不良驾驶过程，表现在平均行驶速度的方差大、速度波动大、偏离道路中心线的位移大、有急加速或急减速现象、频繁换道次数多等不良驾驶行为，间接形成安全行车隐患。

道路景观信息对行为外化主要表现为主体从外部获取信息，即认知模式结构下的获取环境信息、效用信息，这个获取信息不是单纯的信息采集，而是复杂的传递、传播、交流支持下的信息挖掘过程。感知获取信息是行为适应环境、感知情境的认知结构外化表现，是行为的起点。

景观对人的作用通过人的行为表现体现，表征为道路景观信息流动、作用和表现的过程。结合这一观点，美国著名景观规划设计师麦克哈格(Ian McHarg)于1969 年提出“设计结合自然”的理念[9]，即设计结合自然寻求的不是武断的硬性设计，而是根据自然限制条件，充分地利用自然提供的潜力来进行设计。这一理念强调环境保护、景观设计应该注重公路与周边自然环境及社会环境的整体生态效果。

借鉴“设计结合自然”的理念，通过科学合理地规划设计道路景观信息，使其有目标地干预交通行为、施展道路景观对交通行为的积极效用，对实现景观信息、有效促进交通行为、提高视觉审美价值具有重要意义。在道路景观规划设计中，要充分考虑公路空间中交通人的视觉特性，结合道路景观序列的特点，合理利用景观特色带和景观过渡带，秉承对道路景观序列的艺术布局，实现“虽由人做，宛自天开”、“佳则收之，俗则屏之”、“虚中有实，实中有虚”、“相辅相成，一本万殊”、“主调突出，客调烘托”、“藏露互补，起伏开合”、“高低错落，疏密有致”的视觉效果；同时强调沿线原有的景观特色点，通过视线的引导，创造视觉的兴奋点，充分运用景观节奏与韵律、合理安排兴奋点、视错觉、季相交替布局、借景、对景、透景、障景、夹景、框景、漏景、空间的渗透与延展等手法实现对公路景观序列的布局，形成有张有弛的景观序列，避免视野过于复杂或过于单调。

道路绿化是道路自身景观的重要组成部分。道路绿化不能喧宾夺主地成为视觉的焦点。绿化树种必须选择原生树种，并注意乔、灌、草的结合，避免新树种的引进而破坏原有的生态平衡。而种植的形式应模拟原有的植物群落的构成，使道路绿化能和周围环境有机地融合成一体。在局部地形平坦、视野开阔的区域，不能为了片面地追求道路绿化的效果，而大量种植乔木，形成沿路赏景的障碍。

8.4.4　道路交通动态情境信息

道路交通动态情境信息是出行者(如机动车辆驾驶人)处在道路交通系统中，为实现交通出行目标，直接获取或间接得到的、系统中其他动态交通要素(人、车、交通信息与控制装置)运动变化形成的实时交通环境、场景和态势信息的总和。

与静态道路交通情景信息相比，道路交通动态情境信息对于交通行为的影响更直接、更明显、更具体。道路交通动态情境信息取决于道路上交通流量大小、其他交通要素行为或运动具体表现等因素,对于交通行为或运动具有信息量变化幅度大、变化速度快、可预测性差、不确定性强等特点。

1. 交通行为对道路交通动态情境信息的依赖分析

(1) 道路交通动态情境信息是交通行为的基础资源。任何交通行为都是适应道路交通环境、实现交通目标的活动。道路环境和交通状态的变化主要以信息方式作用于交通行为。根据有关研究信息行为报告表明,人的大脑每天通过五种感官接收外部信息的比例分别为:味觉1%,触觉1.5%,嗅觉3.5%,听觉11%,视觉83%。在交通行为中,视觉获取的实用交通动态信息占比更高,是交通行为正常进行、实现出行目标无法或缺的资源。在夜晚,道路上点亮的路灯、行驶车辆上开启的车灯甚至车辆上的红外夜视成像仪等,都是为了保障人能获得足够的道路交通动态情境视觉信息,实施交通行为。

(2) 安全高效的交通行为需要和依赖更多的道路交通动态情境信息。相同的道路交通环境、相同的交通工具品质、相同的交通行为意识,在保障安全前提下实现高效道路通行行为,只能依赖于更多的信息,特别是道路交通动态情境信息,来寻求距离短、耗时少的通行路径。在交通流量大的道路系统中,交通流量往往分布不均衡,依赖经验的道路通行路径选择行为与依赖道路交通动态情境信息的通行行为经常相差较大,后者实现高效出行的可靠性更高。

(3) 竞争交通行为依赖道路交通动态情境信息取得优质高效的通行资源。当道路通行资源有限时,出行者希望获得更为优质的道路通行资源,就会形成竞争交通行为。安全的、遵守法规和交通秩序的竞争交通行为,只能依靠信息这个无形软资源在竞争中获得高效通行道路资源。动态车载导航装置是典型的建立在道路交通动态信息上的信息装置,它为驾驶员提供了自身感官无法直接获得的路网交通的动态信息,使驾驶员能选择交通量少、车速快的路段行驶,获得竞争优势。

(4) 交通行为同样依赖人为有目的设置的交通控制与动态信息,这些信息专门用来对交通行为实施影响、干预和控制。借助道路交通工程设施,可动态发布各种作用于交通行为的信息,人为构造道路交通情境中的控制信息要素,如路况动态显示装置影响路径选择行为、动态限速显示装置可干预车辆驾驶行为、信号灯可以有效控制路口车辆通行行为等。交通行为依赖这些动态情境信息来适应复杂、共享、协作甚至危险的交通环境。

2. 交通行为对道路交通动态情境信息的需求分析

(1) 交通行为动态水平越高,对动态情境信息的需求越大。当驾驶员在繁忙的交通流中反复快速变道、超车，导致加速、制动、转动方向盘等驾驶行为快速转换，需要更多的动态情境信息支持驾驶行为的完成，导致驾驶员观察环境采集信息相关的各种感官与肢体活动明显，以希望获取本车道、左右车道相关车辆速度、加速度、车辆间隙大小等信息。

（2）交通行为追求目标的强度水平越高，对动态情境变化的信息依赖越大。在交通繁忙、路网复杂的大城市，路口、路段交通流量经常由于各种原因产生随机大幅度变化。当出行者因特定需求和动机导致交通状况动态变化时，追求快速到达的目标越强烈，对动态交通信息需求就越大。当驾驶员强烈希望在较短时间内准时到达目的时，他更加关注道路交通状况、交通诱导控制装置和周边车辆行驶状况等动态信息，这些信息是其交通行为有效性的基础。

（3）交通行为风险水平越高，对动态情境信息的可靠性要求越高。在最基本的交通安全意识作用下，当出行者进行危险、违法的交通行为时，他本能上会更加关注和确认道路交通情境信息。例如，穿行机动车道的行人、闯红灯的驾驶人、驾驶超载卡车在高速公路上行驶的驾驶员等，他们对动态交通信息可靠性的需求明显增加。

（4）交通行为所处的环境越复杂，对动态情境信息涉及的内容和范围要求越广泛。在视距良好、交通量不大、道路平直、交通设施齐全、行人驾驶员文明守法的道路环境中，需要和处理的动态信息不多，车辆驾驶行为相对轻松。相比之下，在大雪、大雾、交通混乱的傍晚，交通环境较为复杂，驾驶行为需要的动态信息涉及的内容更广泛、范围更大、质量更高。

3. 道路交通动态情境信息对交通行为的作用

在适应交通环境实现出行目标的驱动下，道路交通动态情境信息被获取、判断和应用，形成具体的交通行为。信息“应用”是具体的、外显的，也就是说，信息的作用要以具体的感官、肢体的活动或协调的动作表现出来。出行者通过自身的感官采集的道路交通动态情境信息具有采集速度快、信息转换少、信息可信度高、需求满足度高等特点，对交通行为影响最直接、最明显，并体现在启动、保持、调整、试探、放弃、犹豫、观察等行为活动或肢体动作上。

（1）启动新的行为。当采集的道路交通动态信息支持可选的新交通行为发生时，出行者将应用这些信息进行服务于出行目标的交通行为。

（2）保持当前行为。维持当前交通行为同样需要道路交通动态情境信息的支持保障。

（3）调整当前行为。调整当前行为分为主动调整当前交通行为和被动调整当前交通行为。服务出行目标和自主愿望的主动调整交通行为，需根据现实的道路交通动态情境信息做出调整交通行为的最终决策;被动调整当前交通行为是指获取的道路交通动态情境信息迫使交通行为进行调整以适应当前情境变化。在目标和动机指向导引下,交通行为意识需要道路交通动态情境信息支持任何行为优化和调整。

(4) 试探行为。试探行为是指当道路交通动态情境信息不足以支持交通行为变化时,尝试启动、缓慢改变行为以获得更多动态信息的试验探测的行为。

(5) 放弃当前行为(行为中断)。获取的道路交通动态情境信息不支持当前行为。

(6) 犹豫行为。获取的道路交通动态情境信息的信息量不足,无法进行交通行为决策,在保持当前交通行为过程中,陷入(相对)长时间判断是否启动新的行为、调整当前行为和放弃当前行为的犹豫过程中。

(7) 继续或加强情境观察行为。由肢体动作支持的感官探测综合行为,如采取转动头颅、身体、眼珠来观察行车环境,获取动态信息。

4. 电子化道路交通动态情境信息作用于交通行为分析

依赖人自身感官和大脑,对道路交通动态情境信息获取能力、处理能力、应用水平都是有限的,据此表现出的交通行为甚至无法使自己满意,更别提形成优质和高效的交通群体行为(交通群体行为最终表现为交通系统运行)。

对信息的渴望、需求和追求是交通行为的基本特征。一方面,借助机械化和摩托化,现代交通活动更为广域、快速、优质、个性化;另一方面,信息技术发展为交通信息化提供了基础。交通行为对交通工具的需求不再停留在机械(物质)、功率(能量)上,而是延展到对交通信息的自动采集、自动处理,甚至自动应用的需求上。随着电子信息科学的快速发展,电子传感器、通信传输网络、信息计算处理装置与系统等电子信息技术的发展,信息数量、信息品质、信息效用水平等大幅度提高,这不仅可以为交通行为提供更好的信息服务,同时也刺激了交通行为对电子信息系统获取道路交通动态情境信息的客观需求。

由于个体人的感官局限性,能够直接获取的道路交通动态情境信息只能覆盖个体周边,十分有限,这就制约了复杂路网环境中个体交通行为的优化,如路径选择行为的优化。而现代化的交通电子信息系统借助广泛分布的交通检测装置、大范围通信网络和高性能信息存储处理计算机系统等,可以为交通行为提供远远多于个体感官所能获得的道路交通动态情境信息。但这些电子化的道路交通动态情境信息往往需要借助电子多媒体装置再向人的感官传送加工过的信息,并非个体感官直接从情境中感知获取,其作用于交通行为的信息效用价值取决于信息的相关品性,如表 8-4 所示。

表 8-4　电子化道路交通动态情境信息作用于交通行为的品性分析

动态情境信息品性	信息品性对交通行为的作用	品性的具体体现
准确性	是交通行为采信电子系统提供交通信息的基本要求	表达准确，应用简单语法信息准确表达
		精度适度，符合交通行为应用要求的数据精度
		信息语义明确、单一、易懂等
时效性	是交通行为计划、调整与实施关注的电子信息的属性	与交通系统运行时域特性相适应的动态信息
		与交通行为时域特性相适应的动态信息
		与交通动态发展与态势预测对交通行为信息需求相适应的动态信息等
共享性	当信息是竞争交通行为取得优势的主要资源时关注的信息品性	独占动态交通信息使竞争交通行为取得非对称优势
		共享信息可发挥最大信息效用，形成对多数交通行为影响，交通群体行为优化
针对性	针对特定道路交通情境、交通行为个体、交通事件等发布信息	个体针对性，面向行为个体提供所需交通信息
		事件针对性，面向交通事件提供行为应用信息
		情境针对性，面向当前情境及发展态势提供信息
可验性	是交通行为重复采信动态电子信息关注的属性	多渠道信息互验，不限于电子信息渠道
		信息先验，通过对既往信息应用效果的评价，验证所获动态信息可用性
		信息后验，对采信信息的交通行为作用效果进行事后评估，验证信息效用，建立对信息的信任
连续性	是交通行为进程中对动态交通信息积累应用的品性要求	内容连续，连续表达特定交通事件的变化
		表达方式连续，采用相同的语法语义信息表达同一交通事件进程
		场合连续，根据交通行为道路路径等场合进行连续的信息表述

8.5　交通控制信息作用于交通行为

8.5.1　交通行为与交通控制

由环境中的人或者信息装置(系统)有意给出作用于行为的信息统称效用信息。

交通诱导信息与交通控制指令信息是动态发布旨在作用于交通行为的信息。例如，交通管理者(警察)、可变信息系统(VMS)、导航系统、交通信号灯控制系统、道路动态限速控制系统发布的信息作用于交通行为，减小交通行为自由的空间。

1. 交通行为是可控的

根据生活经验和常识，人们都知道并相信，人的社会行为表现不是无规律的、突发的、随机的和无原因的活动。交通行为是社会行为的集中体现，看似混杂个体的交通行为毫无规律，但实际上，每个出行者都有自己的交通出行的需求、实施交通行为的动机指向其交通出行目的，有着稳定的出行活动表现。那么，交通行为是否可控？从行为学研究的成果来看，交通行为可控性体现在如下几个方面[6]。

(1) 对行为产生影响的行为心理状态或水平是一系列内外部“刺激-反应”(S-R)联结的积累和合集。行为主义心理学认为行为是有机体用以适应环境的反应系统，行为是 S-R 的联结。心理学研究刺激与反应间联系的规律，这样就可以预测和控制人类行为[4]。S-R 是行为的基本单位，但人们关心的人的行为不是从第一个 S-R 的联结开始的过程，而是人表现其行为时，其稳定的心理状态和水平是一系列积累的合集结构。行为控制就是改变或利用 S-R 合集构成或其结构，给出适当刺激，产生预期行为。对于交通行为，外部刺激常以信息形态出现。

(2) 服务于交通出行目的的能动性，使得交通行为具有连续性、可塑性。交通行为具有主观指向，即任何行为都是在目的驱使下形成的。提供行为多目的选择项、加大行为目的的激励及外部条件的刺激可以满足人的内在需求，就可以借用人的能动性改变其行为。同时，人的目的和需求是多种多样的、可调整的，因此，引导、改变或平衡各种目的需求，就改变了行为内驱力，使服务于目的的行为持续下去。

(3) 交通行为建立在持续的与环境信息交换基础上。首先，交通行为不是封闭系统的输出，而是一个十分开放能动系统的输出；其次，决定交通行为的个体主观意识也不是在真空环境中形成的，它是在与环境交流基础上形成的；再次，交通行为开始不会导致其感知器官的关闭，正相反，交通行为开始后人与交通环境的交流得到加强。总之，交通行为是在人与交通环境协同过程中完成的，协同正是进退、消长的调节合作过程，是作用、控制的体现。

(4) 现代社会人具有最高的环境适应性和自觉悟意识。人的社会特性将人的行为圈定在社会这个框架中。帕森斯认为社会是具有一切必要生存功能的社会系统，是社会行动者之间相互作用稳定的社会关系模式的组合，在社会系统中，个人之间的相互作用是按照一定的规范进行的。帕森斯认为，任何一个生命系统应具有四种功能：①适应功能，即系统必须适应环境并从环境中取得资源，使之得以生存和发展；②目标实现功能，即系统必须确立自己的目标及目标的轻重缓急并确定达到目标的手段；③整合功能，即系统必须协调内部各部分之间的关系，以维持一定的和谐；④模式维持功能，即系统必须使各单元具有动力和动机并按一定的规范和秩序参与系统内部的动态过程，以维持系统原模式的存在。这四种功能由经济组织、政治制度、法律制度和教育制度来执行。在这样一个社会系统生存并适应的人，其交通行为经常被外界因素左右，以期达到社会的适应性，经常还以能动性行为来实现社会适应。

(5) 行为控制问题不仅在于科学能否提供有效控制行为的技术手段，还在于人类是否有必要控制人的行为以及社会是否有权利决定个人的行为选择。斯金纳在 1971 年出版的《超越自由与尊严》一书中阐述了自己的观点。他认为人不是自由的，而且这一假设是运用科学方法研究人类行为的基本出发点；他把争取自由看成一切生物为使自己从与有害事物的接触中摆脱出来的一种简单的行为活动。人类为自由奋斗不是由于人有要自由的意志，而是由这种有机体需要躲避或逃脱环境中的“不利”特征而采取的行为过程决定的。行为科学就是通过环境控制手段来消除这种“不利”的特征。问题“不在于将人类从控制中解脱出来，而是去分析和改变他们置身于其间的种种控制”。

对交通行为的控制不只依赖护栏、栏杆、隔离墩、路障等交通装置来约束、限制行为空间来实现，同时还需要依靠交通信息对行为的效用来实现，这种方式更能灵活地实现实时交通控制。

2. 发挥信息效用是交通行为控制的主要手段

道路交通系统中，控制器通常是交通管理者（警察）或交通控制装置（信号灯），被控制对象是人，而不是车辆（车辆只是人掌控的交通工具），控制内容是人的交通行为及其操控的交通工具的运动。图 8-8 和图 8-9 给出了交通控制中常见的控制系统的控制论（cybernetics）模型信息流动作用关系，由图可以看出，交通信息作用于人实现交通行为控制的过程。

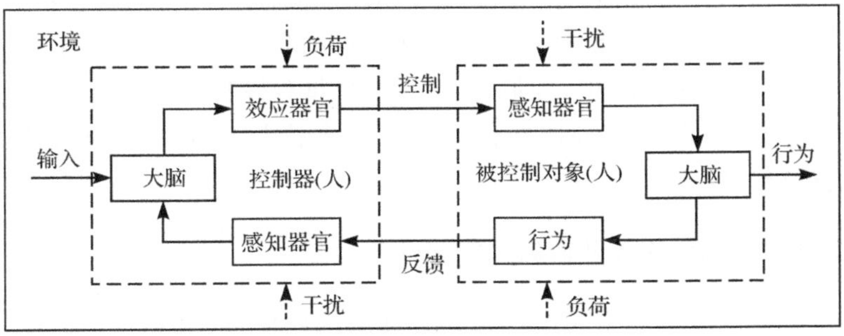

图 8-8　人对人控制的系统论模型

在一个系统中，实现交通控制指令信息对于交通行为的效用，需要如下方面：

(1) 建立稳定的控制关系。设计、添加、设置交通控制装置，并使之对于人的

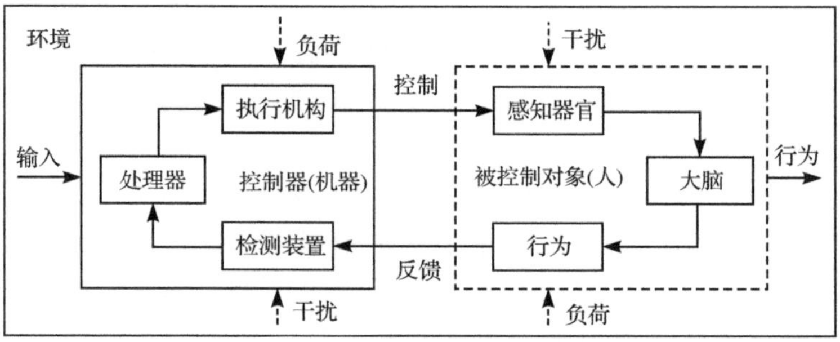

图 8-9 机器对人控制的系统论模型

行为形成非对称信息作用关系，协同完成控制功能。控制器与人的控制关系不是简单的搭配，而是一个复杂重复强化关系的全信息作用进程。

(2) 控制指令语法信息可有效转化成控制语义信息。实现这一过程，不仅依赖控制指令的形式、内容，而且还取决于控制指令的接收者将指令信号还原成控制信息。由于控制对象是人，所以控制指令表达要求面向接收者（交通人），即简单、明确、冗余、互证。

(3) 交通控制指令接受者具有转化指令语义信息的内化能力。

(4) 控制信息施效于交通行为。与自动控制系统（如自动驾驶的车辆）的最大不同在于，交通信息对交通行为的控制作用不是通过直接的物质和能量接触实现的，且不能以运动或变化直接表达控制信息效果。交通控制器与被控制对象（交通人）多以信息方式进行作用，以行为表现展示控制信息效用。因此，交通控制信息施效于交通行为是信息实现其效用的重要环节。

无论是交通警察还是交通信号灯控制系统，都是通过信息作用于行人的，这个作用关系中的物质与能量只是信息的载体。控制器与人之间既没有物质接触，也没有能量交换，两者之间的作用关系无法用运动学与能量守恒定律完整描述。

总之，在交通行为控制中，控制器对于人的非对称控制作用不是体现在物质和能量的强势上的，而是控制器在信息方面占据优势地位形成对人的非对称作用，进而实现行为控制。

8.5.2 交通控制指令语境及信息的行为效用

交通控制指令信息对于交通行为具有强制性作用，即交通控制指令信息确保较高的语用信息。与自动系统中实现控制指令语用信息的方法不同，为实现指令信息对交通行为的强制作用，需要特别设置指令信息的语境来保证指令信息的效用。这是因为人具有情感、意识、能动的特性，对信息感受不是简单的单因素线性过程，需要构建复合信息情境，多因素非线性作用于行为主体，并将人的意识、态度引入该情境中，发布信息影响、干预、控制人的行为。语境即语法、语义和语用等影响信息施效的信息环境。同样，交通诱导和提示信息实现效用，也需要甚至更需要特定的语境来强化信息对于行为的效用。

1. 交通控制指令的社会与法律语境

交通控制指令信息是控制系统或装置发布的具有严格法律法规约束、必须强制执行的信息。交通法规制定、宣传、教育、违法处罚、民俗良序等构建了交通控制信息施效于交通行为的复合语境，当交通控制指令实时发布时，控制信息就能快速有效地形成对驾驶人、步行者、骑行者交通行为的强制。

交通控制指令的社会与法律语境旨在建构人的交通行为意识（交通安全意识、交通法律意识和交通秩序意识）高级认知结构，使交通控制指令能够快速准确形成交通控制信息，引导交通行为的进程，实现信息效用。

2. 交通控制与诱导信息的感知语境

面向人的认知特性，针对人的情境感知方式，建构能够强化交通控制指令的信息语境，使交通控制信息能够快速、准确地产生，施效于交通行为。

一般来说，驾驶员通过视觉、听觉等直接获取高级交通控制指令，如交通信号灯控制指令、交通诱导信息、安全驾驶警告提示等。这些指令借助语言、图像、视频、灯光等表达，通过高效感觉器官形成大脑皮层刺激，调动认知结构，解析为控制信息，最终由行为意识调动肢体活动，形成外显的交通行为。

人对信息的感知具有相对性，将交通控制指令转换为交通控制信息受认知的结构性影响，转换效率不是稳定不变的。感知语境的建构可以渲染、强化、突出控制指令信息，刺激认知结构的快速调节，形成对应的交通行为。

(1) 面向感知器官建立信息作用交通行为的语境。在交通行为进行的过程中，人对外界的感受是多方面的，几乎所有的感知器官都可以本能地获取外界信息。建立信息作用交通行为的语境可综合刺激人的感官，避免过于集中地刺激视觉、听觉等感官造成信息过载或感知麻木。表 8-5 为面向感官的驾驶行为信息语境建构方法。

表 8-5　面向感官的驾驶行为信息语境建构方法

信息作用的器官	信息作用形式	信息调度参数	信息装置
视觉	屏幕图案、图形	颜色、构成、闪烁等	图像生成系统、光学显示屏
	可见光	色彩、变亮、变暗、闪烁等	
听觉	音乐声响	悠扬、恐怖、高频、低频等	计算机控制的声音合成器、耳机或喇叭
	人物话语	话语者、语气、语调、语速、时机等	

续表

信息作用的器官		信息作用形式	信息调度参数	信息装置
嗅觉		气味	胶糊气味、薄荷气味等	气味传递装置
体觉	触觉	皮肤感知的触摸、温度、压力等	舒适、凉爽等	感觉刺激装置
	力觉	抖动、颠簸、失衡、力反馈等	轻微、强烈等	

语境信息通过声音、图文、气味、温度、压力、动感等方式向人发布，视觉接收的指令信息以屏幕图案、可见光等形式存在于控制装置显示屏上，屏幕的颜色、构成给驾驶员构成不同的语境。听觉接收的指令信息以音乐声响、人物话语的形式传递给驾驶员，并根据不同情况伴随着音乐声响的悠扬、恐怖、高频、低频和人物话语的语气、语调、语速的时机。嗅觉接收的指令信息通过气味传递装置发布给驾驶员，如胶糊气味、薄荷气味等。触觉接收的指令信息包括皮肤感知的触摸、温度、压力，以及在行驶过程中感受到的抖动、颠簸、失衡、力反馈等。

(2) 控制指令要实现对驾驶行为的控制，需根据不同情境和控制指令建构不同的控制信息语境，这就需要对交通行为的情境进行检测感知。例如，对于不良驾驶行为的控制指令总是出现在驾驶员不良违章驾驶行为发生时。同时还需要探测的环境状况，以选择相适应的信息发布的方式和强度，再向驾驶员发布指令信息，以期达到预期的目的，消除不良违章驾驶行为。

(3) 借助现代电子技术，可构造语气语调、色彩反差、亮暗闪烁、清香焦煳、倾斜平衡等信息行为语境，并将控制指令信息融入其中。当驾驶员沉浸在这样的语境中时，极易接收和执行行为控制指令信息，表现为自动调整改变自身驾驶行为的现象。服务于行为控制构建的信息语境是随指令、行为状态等不断运动变化的，是一个动态自适应的过程。

在控制装置与控制对象进行交互的过程中，行为在不断发生着变化，指令信息也在实时地变化。语境的构建因指令信息的不同而呈现不同的变化，同此，驾驶员并不是完全被动地沉浸在受控语境中，而是能动地感知、接收和理解语境含义。因此，服务于行为控制的语境不是静止、单一的，而是可以随着控制指令和情境变化的。例如，对不良驾驶行为的控制过程中，信息语境根据不良驾驶行为出现和发展不断变更进行调整才能实现控制。为实现对交通行为的控制，通常需要构造多重语境，并根据行为变化进行调度。图 8-10 为不良驾驶行为控制过程中的语境调度示意图。

下面通过一个具体的例子来分析交通行为控制语境的作用。

如果车载装置想对超速驾驶行为进行控制，仅仅一条“您已超速，请减速行

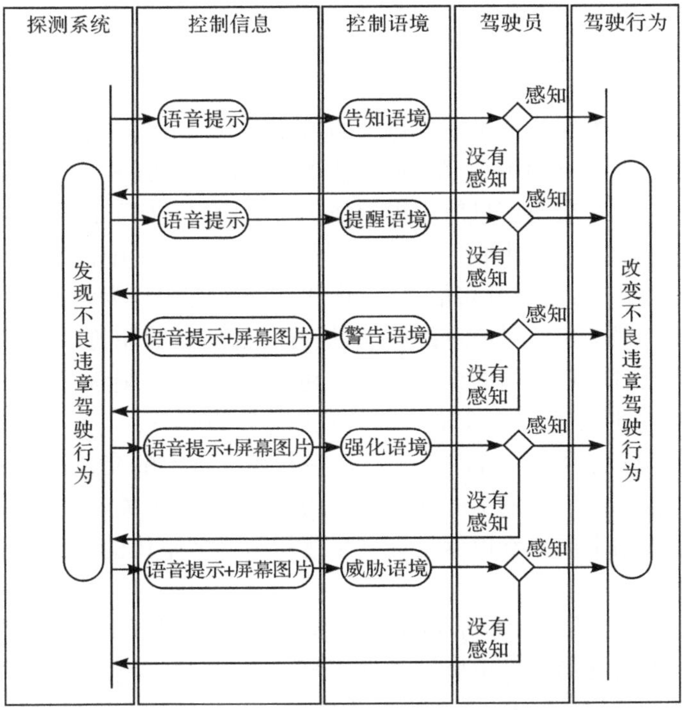

图 8-10　不良驾驶行为控制过程中的语境调度示意图

驶”的行为控制指令是很难实现的，因此需要建构和调度控制语境。控制装置首先通过车速表或 GPS 测出车辆行驶速度，并与道路限速对比，如果判定驾驶员超速行驶，就会用语音来提醒驾驶员“您正在超速行驶，请减速慢行”，形成“告知语境”，这就借助语音提醒刺激听觉系统，向驾驶员发出一条中文语法信息。驾驶员在驾驶车辆行驶这个特定情境中获取这条信息，准确理解听到的提示的含义，获得自己“正在超速行驶”的语义信息，内化的交通安全意识、交通守法意识将其转化为受控驾驶行为：采取一定的措施来降低车速，从而实现语用信息。

当驾驶员继续以超速行驶时，控制装置通过语音提醒驾驶员“超速可能引发交通事故”，为驾驶员构造“提醒语境”。如果驾驶员不听从语音提示，继续超速行驶，控制装置将通过语言或屏幕图像对超速行为导致的后果进行发布，构造一个“警告语境”，加大对超速驾驶行为的干预，希望驾驶员能够降低行驶速度。进一步，导航装置会构造“强化语境”，通过一张以往超速导致的交通事故现场图片等感官刺激来强化降低车速的控制指令。如果该驾驶员仍然不接受之前的“告知语境”、“提醒语境”、“警告语境”、“强化语境”表达的指令信息，控制装置即可调度构造“威胁语境”，例如，自动向交警报警、通知家属等对驾驶员个体有威胁的信息，通过语境来实现对超速驾驶行为的控制指令效用，实现控制驾驶员的超速驾驶行为信息效用。

3. 既往信息效用提示强化语境

对信息效用的事后评价是交通行为的组成部分，是对再次采信使用相同类型信息并获得回报的一个评估过程，从信息作用于行为的过程看，是强化信息效用语境的一部分。既往交通信息效用提示强化语境的构造如下：

(1) 既往交通信息效用评价行为前引导。通过重复利用变化较大的交通信息(如城市高峰路网交通流量分布信息)来优化交通出行的行为，对既往交通信息效用的前置评价有助于建立对信息的信任，提升交通信息效用价值。既往交通信息效用前评价引导对即将开始的交通行为起到信息的提示、刺激、强化作用，在这样的语境中，后续交通信息对于交通行为的效用才得以提升。

(2) 交通信息效用行为后评价提示。顺利完成特定的交通活动后，人往往因信息的局限性很难评价已发生的交通行为的优劣，特别是关键交通信息起到的效用。交通信息效用事后评价提示是信息交通行为优劣整体的反馈，起到学习和增长经验的作用。

(3) 在线交通信息效用提示强化。在线交通信息效用提示强化是在交通行为实施过程中对发布交通信息重要性的具体提示强化。这种提示不是笼统的、命令式的或说教性的，而是详细的、明确的、醒目的表达。例如，路径导航系统提示“左转路径比直行将为您节省 10 分钟行车时间”。

8.5.3 交通控制指令信息实现行为控制

交通控制信息实现对交通行为控制是一个由控制指令信息原意设计到受控行为评价的完整的过程。图 8-11 是这个过程的模型，这个模型给出了控制信息对交通人的作用过程。图中：

(1) 控制信息。它是在交通控制系统中，为达到系统的控制目标，由控制器发出的指令信息。控制信息根据道路系统各种参数计算得出，是服务于系统目标的。控制信息是针对人下达的，是控制交通系统中每个人交通行为的控制信息。因此，考虑到人的行为特点，交通控制语法信息使用了简单、明确的方式表达。

(2) 交通人。它是交通控制信息作用的对象，是具有交通信息内化和交通信息外化能力的个体集合。人是交通的主体，既是交通行为的主体，也是交通行为控制的执行器。

(3) 交通行为。它是人(出行者)在接收信息后一系列心理过程最终服务于交通出行的肢体活动，是控制信息作用的最终体现。个体交通行为构成了整个交通系统的行为。交通人的一个违反控制信息原意的行为，会严重影响交通系统的整体行为，降低整个系统的效率。

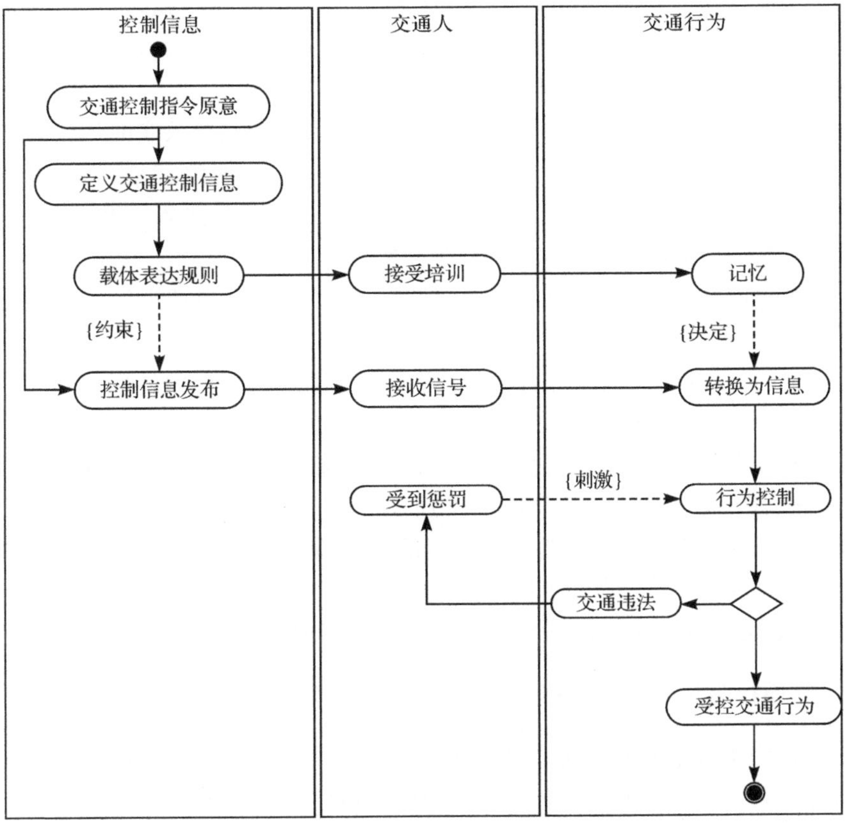

图 8-11　交通控制信息的行为控制作用模型

(4) 交通控制指令原意。它是交通控制系统对被控制对象原始、明确的控制要求，是未经信息编码、传送等过程的控制器(或者指挥者)指令的意图或意志。交通控制指令原意受信息表达、传送以及被控制对象可执行程度的制约，往往不能完全对外发送。

(5) 定义交通控制信息。受交通控制对象因素的限制，交通控制信息以尽量简单的表达形式和变化状态表达，并形成严谨的定义，要求控制器和被控制对象共同遵守。例如，通行、停止、禁止等控制性指令对交通行为是最为简单、明确、通用的控制指令，而减速、快步通行、安全时通行等则不能被明确定义，不能成为控制指令。

(6) 载体表达规则。通过对信息载体形式、形态和状态及其变化表达信息的约定，实现交通信息在物与人之间的传送。载体规则通过相关技术标准或规范来定义。例如，表达停止通行控制信息，要明确交通警察手势和交通信号灯作为载体，并定义使用什么样的手势，点亮什么颜色的信号灯等，这些都由载体表达规则约定。

(7) 接受培训并建立记忆。对交通人进行的培训,使控制器给出的控制信号能够转换成控制交通行为的控制信息。这是针对人的训练的过程,足够的培训形成记忆甚至建立起对交通信号与交通行为之间的条件发射。

(8) 控制信息发布。它是交通控制设备根据系统控制要求实时给出控制指令的环节,这一环节是以人的感官为对象的刺激环节。人的感官是综合、循序渐进和层次分明的,控制信号发布要适合人的特点,信号明确、逻辑完整,而且表达信息要符合一致性、互验性、充分必要性的基本要求。

(9) 接收信号,转换为信息。这是人的感官反应和主观意识反应的过程。足够的训练和应用,使得信息转换非常流畅。

(10) 行为控制。人应用综合信息,遵照指令信息约束行为过程。

(11) 交通违法行为受到处罚。违法处罚是交通行为控制的基本原则之一。处罚是一种信息刺激,刺激强化了人的交通行为意识,使之能控制自己的行为。当然,违法、违反社会道德准则,以至于违反自然规律的交通行为,或者遭到他人谴责使人格评价降低,同时自然规律决定的人身安全代价。有些处罚性回报具有不确定性或可观测性等,降低了回报的刺激。

(12) 受控交通行为。它是交通人与控制信息原意一致的交通行为。

8.5.4 交通行为指导信息的行为控制效用

交通行为指导信息对交通行为具有提示、引导、指导、影响等作用,对压缩、减小交通行为自由度空间具有客观上的行为控制效用,体现在如下几点:

(1) 交通人控制自己的交通行为需要信息。交通行为以出行需求为导向,满足需求导向的交通信息,自觉应用到交通行为,信息导致了事实上的交通行为控制。

(2) 交通信息与出行者的信息需求不相关,信息被忽略;信息和出行者相关经验相背,信息不起作用。

(3) 指导信息价值越大,信息对交通行为控制效用越大。因此,一条信息的信息量(对于交通行为可称为"价值")取决于信息源系统不确定背景,以及出行者知识背景。

交通指导信息以语法信息和语义信息表达,其作用模型如图 8-12 所示。

该模型与交通控制信息作用不同的环节如下:

(1) 交通行为指导语法信息的读取。交通行为指导语法信息判读还需要文字、数字、文化、地理等综合知识。交通语法信息的表达设计突出了交通行为服务功能,满足了出行者对出行信息的客观需要和采集获取基本特性。

(2) 交通语义信息的信号刺激。道路交通系统中出现的语义信息通常以简单象形符号配以颜色表达警告、提示、指示等内容,它不像交通行为控制指令信息符

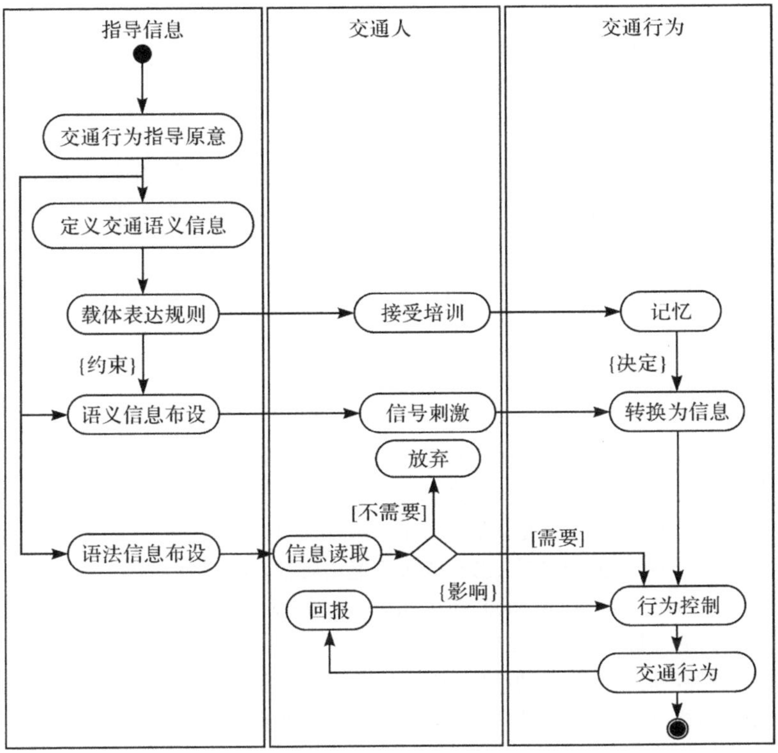

图 8-12　交通指导信息的行为控制作用模型

号等具有强制性。加强语义信息对于交通行为的刺激作用，首先确保信息能够看到、易于读懂、快速转换，是否能够形成语用信息的关键，实现交通行为的指导作用还取决于信息作用对象交通人本身。

(3) 交通行为指导信息作用的交通行为回报。实现安全和高效的交通出行是一切交通行为追求的回报。忽略或拒绝获取交通行为指导信息，可能会导致事故、危险和低效交通行为等负回报(包括客观上的代价或心理上的不快乐感受等)。强化可能的负回报是交通行为指导信息发挥效用的重要手段。

对于交通指导信息导致的交通行为调整的评价，既可以从出行者个体出行效率和心理感受进行，也可以从道路交通系统安全、畅通等方面进行。

8.6　本章小结

在现代交通系统中，安全高效的交通行为高度依赖交通信息。同样，任何交通信息发布和应用，无不追求对于交通行为的效用。

信息是道路交通系统中实现或指导人与道路、车辆、环境交互的非物质能量形态的资源。

交通行为的信息特性在信息获取、记忆学习、处理决策和控制行为四个过程中体现，这四个过程重复进行，并实现信息对于交通行为的内化与外化作用，是交通行为预测与控制的基础。

作用于交通行为的信息可分为道路交通环境静态信息和交通诱导控制动态交通信息，这两种信息从不同的方面对交通行为产生影响或作用。

参考文献

[1] 钟义信. 信息科学原理[M]. 北京:北京邮电大学出版社,2002.
[2] 刘继云,孙绍荣. 行为控制理论的研究路径及其拓展[J]. 商业研究,2006,14:1-3.
[3] 刘继云,孙绍荣. 行为控制理论研究综述[J]. 科技管理研究,2006,5:206-207.
[4] 白华. 信息解释与行为控制[J]. 情报杂志,2004,23(6):39-40.
[5] 乔欢. 信息行为学[M]. 北京:北京师范大学出版社,2010.
[6] 石建军. 交通行为控制原理[M]. 北京:人民交通出版社,2009.
[7] Kahn H, Wiener A. The Year 2000: A Framework for Speculation on the Next Thirty-three Years[M]. USA: MacMillan, 1967.
[8] 塔尔科特·帕森斯. 社会行动的结构[M]. 北京:译林出版社,2003.
[9] 伊恩·麦克哈格. 设计结合自然[M]. 芮经纬,等,译. 北京:中国建筑工业出版社,2005.

第 9 章　虚拟交通行为

9.1　虚拟交通行为概述

随着计算机技术的发展，计算机模拟技术在交通领域的应用日趋广泛，大致可归纳为三个阶段：交通系统仿真、交通行为仿真和虚拟交通行为。而虚拟交通行为则是计算机技术、网络技术及交通行为理论进步的产物。

9.1.1　交通系统仿真

传统的交通工程学认为道路交通系统是由人、车、路构成的，交通系统运行就是人和车在道路上的流动。交通系统仿真则是利用计算机技术模拟人和车流在道路中流动的时空特征，从而深入研究复杂交通现象，为交通系统规划、组织与管理，交通能源节约和物资合理化运输等提供依据。

根据对交通系统描述的细致程度，交通系统仿真可分为宏观模型、中观模型和微观模型，并经历了如下四个较为明显的发展阶段。

1) 初期阶段(20 世纪 60 年代)

此阶段模型多采用宏观模型，模型灵活性和描述能力有限，仿真结果也不够理想，这主要受当时计算机性能的制约。

2) 发展阶段(20 世纪 70～80 年代)

随着计算机技术的发展，系统仿真模型的精度迅速提高，功能更加多样化，实现了对跟驰、换道、冲突等驾驶行为的模拟，内嵌驾驶行为模型。

3) 逐步成熟阶段(20 世纪 80 年代末～90 年代)

随着智能交通系统(intelligent transportation system，ITS)的兴起，出现了大批以 ITS 为背景的仿真研究。该阶段系统仿真中出现了对信息诱导交通行为的模拟，但是主要通过事先假设驾驶员的接受比例来实现。

4) 交通仿真的高级阶段与下一代交通仿真(20 世纪 90 年代末至今)

此阶段出现了分布式交互仿真系统。由于交通系统的复杂性主要受交通人行为复杂性影响，且当前系统仿真模型在模拟交通行为中存在一定的局限性，如无法模拟多样性驾驶行为、无法根据交通人个体特性模拟交通人对各种信息的反应等，因此提出了下一代交通仿真(next generation simulation，NGSIM)的概念，下一代交通仿真主要聚焦交通行为的建模与计算机模拟[1]。

从行为的角度看，交通系统仿真主要立足于系统运行状态分析，在行为模拟方面虽涉及跟驰、换道等交通行为，但主要从交通流理论出发，描述交通系统中驾驶行为的一般规律性特征，对于行为描述处于相对静态阶段，难以表现个体行为的智慧性及随机性。

9.1.2 交通行为仿真

交通行为仿真是通过人工智能、计算机技术、虚拟现实技术等对交通人行为进行模拟。其主要侧重点在于人的智能性的模拟，包括人的学习、判断和行为动作表现的智能化特点，通过机器学习、经验判断等方法表现交通人的个体智慧特征。

从功能上来说，交通行为仿真可划分为如下两大类。

1）交通体行为活动的仿真

目前应用较为广泛的仿真模型主要包括元胞自动机模型与智能体（Agent）模型。

元胞自动机模型适用于模拟具有离散性和随机性的现象，通过系统中元胞个体状态变化的合成来反映整个系统的状态[2]，在交通行为仿真中主要用于模拟行人的离散和随机行走行为，对于车辆模拟存在较大差距，对超车、合流等行为描述粗糙。

不同于元胞模型，Agent 模型是可以在交通环境所属的区域动态改变自身属性的。在基于离散多智能体的建模方法中，Agent 是一个抽象实体、一个根据外部环境的刺激做出自主反应行为的计算单元。基于 Agent 的建模是一种自下而上的建模方法，它为交通系统中的每个元素建立 Agent 抽象单元，然后用仿真系统的控制结构将所有 Agent 联系在一起，从而搭建起整个系统的模型。

Agent 模型源于人工智能技术，基于 Agent 的交通行为仿真能够模拟交通体在交通环境中的自主行动及状态判断，同时能从行动中获取知识、提高能力。Agent尽量模仿交通人的反应性、协调性、自主性、学习性、社会性等特点，能够感知周围环境并接收外部刺激进行行为反应，可以自主学习、决策及相互协作，组成社会群体[3]。

以上行为过程仍受限于计算机及人为设定，呈现一定的个体行为程序化和群体中个体行为同化的现象。

2）交通体感观模拟

交通体感观模拟（图 9-1）主要侧重于对交通行为个体活动感观真实度的表现，包括驾驶模拟器、三维场景模拟等，主要用于交通个体行为实验分析。

交通行为仿真中基于 Agent 的行为仿真，已具备了虚拟交通行为的基础，即虚拟行为体具有“智慧”，能够模拟交通人的自主判断能力、随机行动能力，以及与

图 9-1 交通体感观模拟[4]

信息及其他个体的互动能力。但是,其经验的学习全部在系统内部进行,其个体本质为刺激反应计算单元,真实性受行为建模、初始行为与环境设定、需求设定等因素影响。由于全部为人为设定,内部学习与现实行为可能会出现较大偏差。而交通体感官模拟虽然能够模拟个体现实行为活动及场景,但是在虚拟空间中的交互性及系统性差。

虚拟交通行为是顺应下一代交通仿真需求,以交通体行为活动仿真和交通体感观模拟为基础,以辅助交通行为研究为目标而提出的。

9.1.3 虚拟交通行为的概念与研究意义

1. 虚拟交通行为概念

虚拟交通行为可以看成计算机模拟技术在交通领域发展的第三阶段,它是计算机技术、网络技术与交通行为理论的结合,是交通系统仿真与交通行为仿真的融合。

虚拟交通行为是现实交通行为在计算机虚拟空间中的映射,通过在计算机中对行为数据、模型(元素、单元、逻辑、进程)处理、计算与介入控制,并赋予智能体单元,使其在功能与表现上体现交通行为的特征。虚拟交通行为是通过计算机语言,描述个体及群体交通人在交通发生全过程中,行为的一般过程及在不同情境状态下的一般反应方案的集合,用于深层次理解人的行为机理,并提供交通系统中人的行为或系统设计规范。

因此,可将虚拟交通行为表述为:交通行为在计算机及其网络构成的虚拟空间中,借助数据、模型、计算、显现等信息方式实现的有交通管控和交通科学研究等应用目的的映射。

2. 交通行为与虚拟

交通行为是特定社会与交通环境中的行为表现，从信息科学的角度可看成特定的社会信息下，对交通相关情境及控制、诱导等信息进行认知、决策、执行、学习的循环过程，即交通行为的信息过程。因此，借助计算机技术对信息的操作处理能力，使交通行为的计算机虚拟成为可能。当前，计算机对人行为的虚拟研究主要集中在三个方向：一是人体动作、表情、反应等外在表现的计算机模拟；二是对人思维、决策等内部心理过程和智能的计算机拟人化；三是更加注重对行为过程的虚拟，不关注具体个人的面部情绪和动作表现，思维、决策的内部心理过程内涵于对各种认知-反应行为表现过程与结果当中。虚拟交通行为属于第三个方向的虚拟行为研究。

虚拟交通世界中存在大量的虚拟实体对象，如人类、汽车等，各种实体对象均有自己的行为方式。仅当这些实体对象都以令人信服的方式进行行为运动时，虚拟交通世界的真实性才能得以体现[5]。因此，虚拟交通行为的核心是虚拟交通行为建模。

但是，交通行为是一种复杂的社会行为，人的行为存在随意性，因此部分行为难以通过模型的方式反映。在此情况下，虚拟交通行为体现为对行为统计规律的挖掘与展现，如出行趋势、出行链、通行轨迹等宏观行为的表达，如图 9-2 所示。

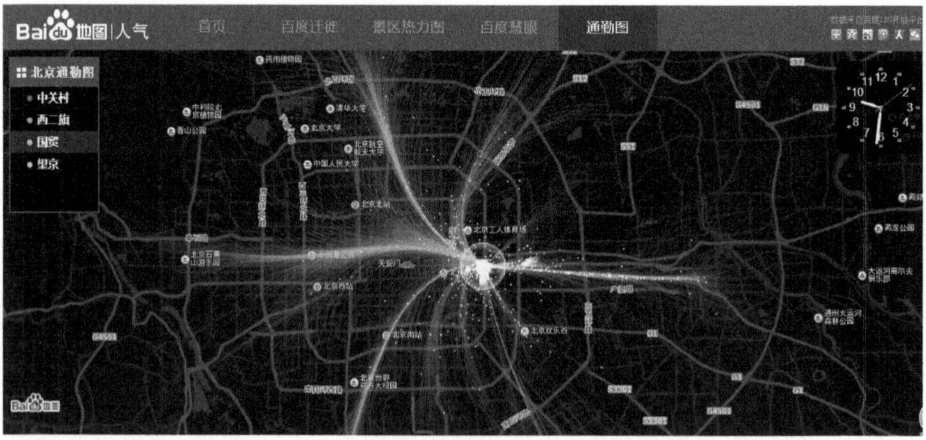

图 9-2　出行趋势的表达——百度通勤图[6,7]

对于交通行为规律的可建模部分，虚拟交通行为表现主要受所采用的交通行为模型与计算机模拟技术的影响。虚拟行为过程侧重于对行为过程的逻辑描述。

以基于 Agent 对车辆换道行为虚拟为例，假设当车辆当前所处车道功能与车辆事先设定的路径在本路段上的出口车道一致时，不需要执行强制换道，但可以根据与前导车的距离以及速度等驾驶环境判断是否进行选择性换道，在决定换道后，当两车之间有足够距离支持完成换道时，开始实施换道；反之，车辆在强制换道关键点前开始做换道准备。因此，可将车辆换道行为过程表达如图 9-3 所示[8]。

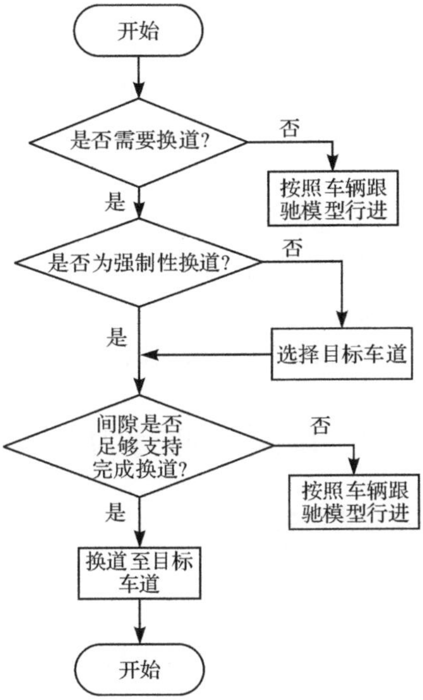

图 9-3　基于 Agent 的车辆换道行为

3. 虚拟交通行为的研究意义

虚拟交通行为的根本目的是面向应用的交通行为研究，其服务对象主要分为交通管控、交通系统设计、交通科学研究三个方面。

1) 交通管控

虚拟交通行为主要应用于交通管理与控制方面。在现实道路交通系统中，由于行为的随机性与多样性，交通管控措施对交通行为的干预作用会受各方面的制约。对于能否达到预期的干预目的，实现控制与管理的效果，尤其对于大范围的行为干预，在现实交通中无法轻易预测与尝试。而借助交通行为的虚拟化，可在虚拟环境中对交通行为进行干预，通过虚拟交通行为来实现管控与交通行为相关规律的提取，推演交通的管理与控制措施所衍生交通行为变化趋势，进而为交通管理与控制提供科学研究方法。

2）交通系统设计

当前系统设计主要存在数学推导与仿真分析两种方式。对于数学推导，在系统实施前难以评估，只能通过后评估的方法进行验证。而目前的仿真软件主要从系统的层面开发，在表现交通行为方面，尤其是行为与信息交互方面，主要通过预设响应概率的方法进行模拟，与实际行为现象存在一定的差异，同时在行为交互方面缺乏灵活性。而虚拟交通行为基于交通行为的信息过程，对交通人的行为，尤其是交通人与静态情境信息与动态管控信息的交互过程进行虚拟实现，能够更好地辅助交通系统的优化与设计。

3）交通科学研究

利用虚拟交通行为进行交通科学研究是一个长期的实验过程。通过在线及非在线环境进行交互实验，利用交通行为的可控性，进行行为优化控制，最终服务于交通管理与控制。因此，交通科学研究面对的是如何优化控制交通行为，为交通管控技术提供理论基础，为交通问题解决提供新思路。

9.2 虚拟交通行为基础

9.2.1 虚拟交通行为主体分类与特征

1. 虚拟交通行为主体分类

根据交通行为的虚拟对象及复杂程度，虚拟交通行为主体主要分为三种类型：虚拟个体行为、虚拟交互行为与虚拟群体行为。

一般意义上，个体行为是指在一定的思想认识、情感、意志、信念支配下，个体所采取的符合或不符合一定规范的行动[9]，包括人的知觉行为、学习行为、决策行为等。交通行为学中主要关注对交通系统产生影响或促使交通外在表现及结果产生变化的个体行为，这一行为过程主要涉及交通个体在交通系统中的认知—决策—执行—学习过程。在同一交通场景中，交通个体行为会因为认知、经验、个性、能力等因素表现为不同的行为决策与执行过程。虚拟交通个体行为站在应用的角度通过计算机技术等描述交通中个体行为过程，体现交通个体行为的智能性与多样性，是对交通个体在虚拟交通空间中的认知、决策、执行和学习过程的模拟。交通系统的个体行为主要包括个体驾驶行为与个体步行行为等。

社会行为学中，“交互”一词最早出现于19世纪80年代海丹尔发表的《生命与机制》，其认为环境与个体是交互关系，相互作用、相互反映。20世纪40年代，杜威进一步阐述了交互作用的思想。而班杜拉在前人研究的基础上将交互定义为事物之间的相互作用，他认为环境是决定行为的潜在因素。此外，霍曼斯在1958

年发表的《交换的社会行为》中提出，人与人之间的互动行为是一种过程，在此过程中双方参与者执行与对方有关的活动且交换有价值的资源[10]。

交通交互行为主要关注交通人在通行途中发生的与道路资源有关的交互过程，包括道路资源竞争行为、协作行为、攻击行为等。根据马洛斯的需求动机论，需求是动机的本质，是行为的源动力，而计划行为理论认为在行为发生前都会受到一定意图的驱使，其行为执行是需求、动机和意图共同作用的结果。虚拟交通交互行为主要是通过计算机模拟在“交互场”范围内有限道路交通资源下，个体与个体之间道路资源的竞争、共享过程。其中，涉及个体之间“需求—动机—意图—行动—结果—反馈”的博弈过程。

在社会学中，群体具有严格意义上的群体和准群体两个概念[11]。严格意义上的群体是指由两个或者两个以上的具有共同认同和团结感的人组成的人的集合。而准群体是指人与人之间已经具有某种联系，有一定程度的共同关心点，有可能在某些时候形成集团，但目前还没有组织起来的人群。交通行为学中的群体行为严格意义上属于准群体行为。

交通群体，即聚集的具有交通共同需求或正在进行同一交通过程的人群，其呈现出与组成群体的交通个体不同的特性。交通群体行为是社会行为的一种，受与交通相关的某种需求驱动，追求一定目标，受社会条件及群体制约，依赖于交互过程，行为以社会、群体规范为原则。虚拟交通群体行为是在虚拟交通个体与交互行为基础上产生的团体或集群行为。

2. 虚拟交通行为主体特征

1) 个体行为特征

从人类行为差异性来看，个体行为具有以下特征：

(1) 自发性。个体行为是具有其内在动力自动发生的，外在环境因素可以影响个体行为的发展方向和强度，但不能发动个体行为。

(2) 原因性。可以将行为看成表现出的结果，则该行为必存在原因，且一个行为产生后，还可能成为下一行为发生的原因。

(3) 目的性。个体行为不是盲目的，任何行为的产生都不是偶然出现的，都受个体意识支配，不但有起因，而且有目标，即使行为者没有自觉意识。

(4) 持久性。任何行为在目标没有达成以前，是不会终止的，也许会改变行为方式，或由外显行为转为潜在行为，但总是不断地向着目标进行。

(5) 可变性。人类为了达到目标，不仅常改变行为方式，而且经过学习或训练改变行为的内容，在环境变化中选择最有利的方式达到个人目标。

(6) 从观察与被观察关系角度来看，个体行为具有以下特征。

(7) 不连贯性。人的行为易受周围细小的不确定因素影响，从而使其偏离原有的特定的情形。

(8) 环境依赖性。环境变化会对个体行为产生重要影响。

(9) 隐蔽性。人的真实动机具有难以察觉性或不可知性，即通过外在行为表现推测的动机，往往与真实动机存在差异。

(10) 应变性。人会根据目标、价值观和环境等选择行为方式。

(11) 复杂性。行为是一定环境条件下各种因素共同作用的结果，因此行为复杂，难以深入认识和准确预测。

(12) 难以描述与度量性。由于以上原因，到目前为止行为的认识仍然有限。

虚拟个体行为是指通过计算机模拟的方法表现个体的行为特征。计算机技术及行为研究程度的限制，使得虚拟个体行为除满足以上大部分特征外，还具有以下特征。

(1) 被动性。相对于现实行为的自发性，虚拟交通个体内部初始需求的产生具有被动性。

(2) 有限进化性。虚拟交通行为进化依靠在虚拟空间中所设定具体环境中的经验学习，与现实社会或关系团体的及时广域的信息交流和学习，如出租车司机间的路径、路况咨询等，可获信息相对有限，因此与现实交通系统相比其进化性是有限的，这也会使得虚拟交通个体行为现实行为存在差异。

(3) 动机半隐蔽性。虚拟交通行为是通过行为建模或行为统计等方式实现的，因此与现实行为相比，虚拟交通行为中在行为建模实现部分，需求与动机的关系是明确的，而在统计实现及现实交互实现部分动机具有一定的不确定性。

(4) 与现实行为的差异性。由于计算机技术与行为研究的影响，虚拟交通个体行为无法表现实际交通个体行为的全部特征，且行为表现过程和结果也有可能与实际不同。

2) 交互行为特征

如前所述，人的交互行为过程实际上就是参与双方执行与对方有关的活动且对有价值的资源进行博弈的过程。因此，交通过程中的交互行为的主要特征表现为对道路资源的博弈。

虚拟交通交互行为的主要特征即博弈性，其中存在信息对称博弈与信息不对称博弈，从而出现了竞争与协作。

虚拟交通交互行为的第二个特征为普遍性，即虚拟交通交互行为主要针对特定应用目的进行行为建模，其模型反映交通交互行为的普遍特征，并不能涵盖全部交互行为，尤其是个别特殊行为，如“路怒症”等攻击行为。

3) 群体行为特征

一般来说，个体在群体中的行为会出现趋同性或一致性，一个行为个体在群体中表现出的行为与这个个体独处时表现出的行为可能完全不同。

根据组织行为学研究,群体行为主要有以下特征:

(1) 群体成员具有共同的需要和目标。

(2) 群体成员具有共同的规范和行为模式。

(3) 群体成员要相互作用。

(4) 群体成员具有共同的归属感。

(5) 群体成员具有组织性。

此外,由于群体影响,群体中的个体行为具有以下特征:

(1) 社会助长。当他人在场或与群体中他人一起活动时,个体行为效率有提高的倾向。

(2) 社会惰性。当个人贡献可以相互累加增加群体行动效果时,随群体规模增大,个人贡献倾向于下降。

(3) 从众性。个体在群体引导或压力下,观念和行为朝向与多数人一致的方向变化。影响从众性的因素主要有在群体的气氛和个体的素质。

(4) 去个性化。个体在群体压力或群体意识影响下,会导致自我导向功能削弱或责任感丧失,从而产生一些个人单独行动不会出现的行为。

交通群体不属于正式固定的组织群体,其更偏向于松散的集合体或概念群体,同时具有开放性。交通群体普遍具有群体及群体中的个体特征,同时还具有以下特点:

(1) 非固定性。根据个体交通需求和目标的变化,群体成员会从一个群体迁移至另一个群体。

(2) 多面性。交通群体为非组织概念性群体,从宏观交通需求或微观交通需求出发可组合成多类群体,如出行群体、过街群体、换乘群体等。

(3) 混合个性。交通群体在不同需求角度和规模下,其个体个性会表现出不同的现象。例如,从宏观上,出行群体会表现出个性与去个性、从众与非从众相融合的现象,如个体会由于社会车辆文化和多数人行为选择从众的购车与驾车出行,同时也会根据个体需求变换出行方式。从局部角度,过街群体随着集合人数的增加也会普遍出现由个性向共性的改变。

虚拟交通群体是由虚拟交通个体及其与交互集合而成的,同时加入群体势场与场力的影响——群体中与群体行为背离或偏离的个体行为,其追求个性最大化或自身价值,需要付出代价,当代价很大时,通常使其行为最终回归到群体行为中来。例如,不同国家或城市交通群体中的个体受该国家和城市群体交通文化的影响,出行群体中个体受群体出行导向、群体出行习惯、群体出行信息的影响,过街群体中个体受过街群体意志的影响。因此,虚拟交通群体的主要特征是个体需求与群体目标联合控制的行为表现。

9.2.2 虚拟交通行为与信息

1. 交通行为过程中的信息分类

交通行为是人的智能在交通系统中的体现，而人的智能则是由信息系统支撑的。当人产生出行意图时，人就进入了交通系统，他根据出行需求、交通环境与预期目标获取关于需求-环境-目标的信息，并通过通信传输给思维器官预处理及认知，通过认知将交通信息转化为相应的知识，在此基础上激活知识使之成为满足约束条件、解决问题、达到目标的策略，进而产生行动指令，根据自身的执行能力转化为实际行动，同时根据行动的结果或目标满足情况生成新的知识。

作为交通行为主体，人主要受两部分信息影响，即内部信息与外部信息。内部信息包括知识、经验、情绪、想象、预测等，外部信息包括相关社会信息、静态情境信息与动态控制、诱导信息、车辆性能信息、通信信息等，如图 9-4 所示。

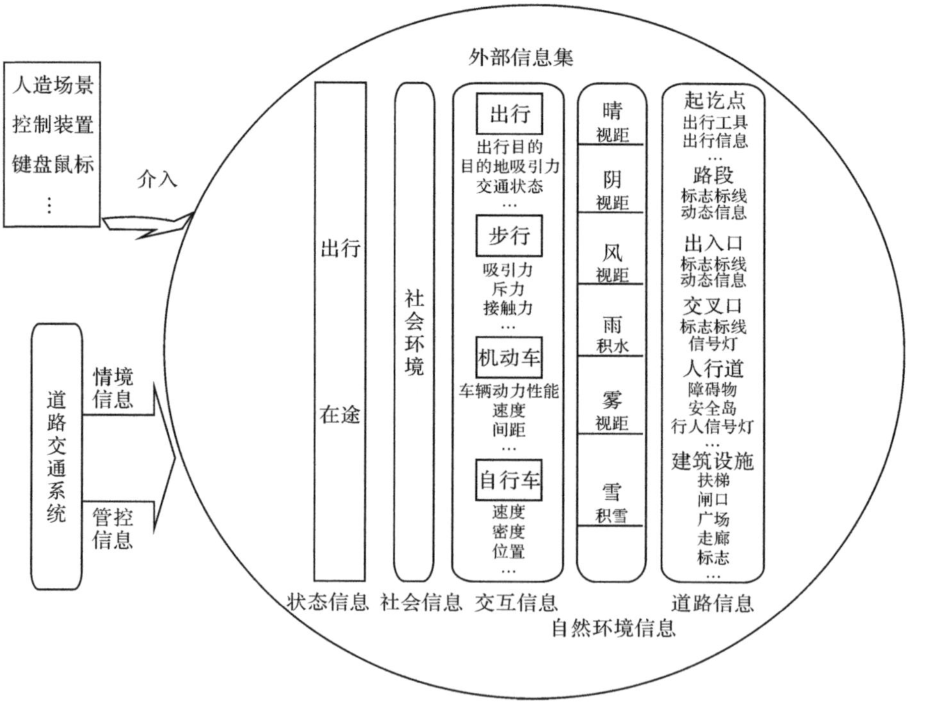

图 9-4　交通行为外部信息

从交通人在交通系统中的整体过程看，交通行为是交通人根据外界与自身信息形成认知，进而进行决策、执行，并获得经验信息，进行学习，准备下一情境状态认知、决策、执行、学习的循环过程，如图 9-5 所示。而从交通行为过程的时间维度上讲，交通行为又存在两种状态，而这两种状态也与信息息息相关。当一种行为在连续的心理过程，及连续的情绪、认知或意志状态时，一个时间尺度的交通行为会涌现决定另一时间尺度的行为，即行为的连续性。此外，情绪、认知或意志状态会随着环境信息的变化触发跃迁，使决策目标改变进而引发行为在时间上的突变，即行为的刺激反应特性。

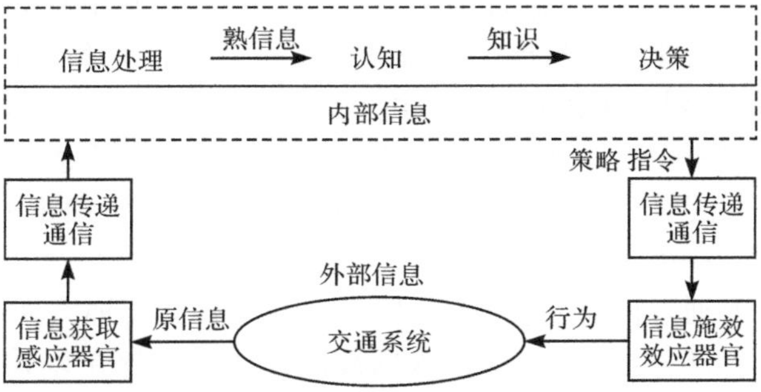

图 9-5　交通行为过程与信息

如将内部信息定义为 II，感知的外部信息定义为 OI，执行能力定义为 EC，则交通行为 TB 可表示为

$$\mathrm{TB}=\{\mathrm{II},\mathrm{OI},\mathrm{EC}\} \tag{9-1}$$

根据式(9-1)，交通行为的连续性可表示为

$$\mathrm{TB}(t)=\{\mathrm{II}(t),\mathrm{OI}(t),\mathrm{EC}(t)\}\underset{\psi(t)\in\Psi}{\Rightarrow}\mathrm{TB}(t+1)=\{\mathrm{II}(t+1),\mathrm{OI}(t+1),\mathrm{EC}(t+1)\} \tag{9-2}$$

式中，$\psi(t)$为 t 时刻感知的外部信息状态；Ψ 为外部交通系统正常运行状态信息集，$\Psi\in\bigcup\{\mathrm{OI}\}$。

刺激反应性可表示为

$$\mathrm{TB}(t)=\{\mathrm{II}(t),\mathrm{OI}(t),\mathrm{EC}(t)\}\underset{\psi(t)\in\Psi'}{\rightarrow}\mathrm{TB}'(t+1)=\{\mathrm{II}'(t+1),\mathrm{OI}'(t+1),\mathrm{EC}(t+1)\} \tag{9-3}$$

式中，Ψ'为外部交通系统突变状态信息集，该信息包括动静态交通信息，如管控信号转换、道路结构变化以及交通突发事件等。

此外，认知心理学认为行为是认知的表现。艾利斯(Ellis)指出，经历某一事件的个体对此事件的解释与评价、认知与信念，是其产生情绪和行为的根源[12]。因此，个体已有的认知和信念引起与之相应的情绪和行为反应。梅钦伯姆(Meychenbaum)认为，人的行为和情绪由自我指令性语言控制，而自我指令性语言自其儿童时代的认知与学习经历中内化，虽在成人期意识不到，但仍在控制人类的行为和情绪[12]。该指令性语言表现为对情境信息涵义的不同表征。因此，可以认为交通行为主要受内部信息中认知水平与原有知识结构制约，故对交通行为的虚拟应以认知与内部信息结构的构建为主要出发点。

2. 虚拟交通行为的信息过程

交通行为的信息过程主要包括外部信息过程与内部信息过程两方面。外部信息过程包括信息的获取、信息的施效；内部信息过程包括信息需求产生、信息处理、信息认知、策略或指令信息产生与信息吸收等。如第 8 章所述，根据全信息理论，可以将交通信息划分为语法信息、语义信息与语用信息。而语法信息主要存在于交通系统环境中，表示交通系统状态与运行方式的外在表现，从不同的角度可分为有限、无限，连续、离散，清晰、模糊，概率型、偶发型、确定型等。而语义信息和语用信息建立在语法信息的基础上，也可做以上分类。

语法信息主要通过信息获取得到，信息获取主要受交通人所处交通环境、自身感知能力与信息条件制约，因此传入内部的语法信息存在差异性。同时，个人信息处理能力与先验知识与行为目的的不同也会使认知的信息产生差异。

1) 信息获取

对于虚拟交通行为，信息获取有两种不同的方法：一种是直接从外界获取，即直接法；另外一种是通过对信息库的检索获取，即间接法[13]。在虚拟交通行为系统中，根据应用目的的不同，信息获取可以通过交通智能体与虚拟交通系统外部信息、其他智能体、外部介入装置通信实现。

已有的研究表明，直接获取信息方法的关键环节在于对外界信息的"感知"，主要包括对交通相关客体，如车辆、行人等运动状态及其变化方式的直接感受，或者通过客体与主体的相互作用将客体事物的本体论信息转变为主体的第一类认识论信息，如图 9-6 所示[14]。此种获取方法，如传感器，只是"感知"到了交通客体的运动状态及其变化方式的形式，并不"知晓"其含义和效果。可以认为，该信息感知过程对其所感受的信息，是有"感"而无"知"的。因此，该信息感知可理解为感觉并知道客体运动状态及其变化方式的存在。此类方法在虚拟交通行为信息获取中主要应用于外部信息与行为活动虚拟化，以及虚拟交通交互的初级阶段，其感知的为语法信息。

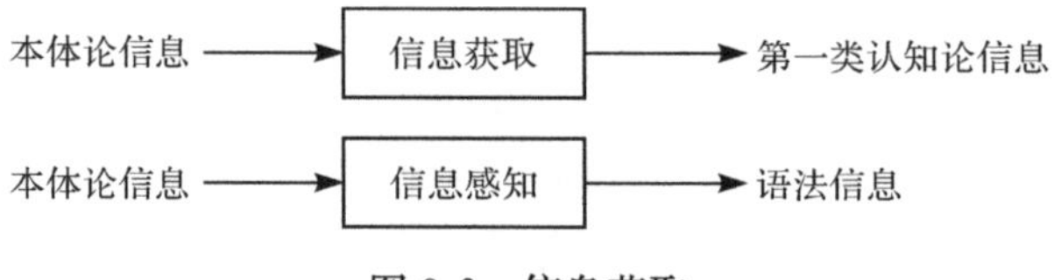

图 9-6　信息获取

根据交互对象及交通个体单元敏感度不同，虚拟交通行为中的信息获取可分为完全感知及非完全感知。用 u 表示输入，v 表示输出，U 表示敏感域，V 表示输

出范围[14]，则完全感知状态的输入输出关系可表示为

$$R=\{f|v=f(u),u=f^{-1}(v),u\in U,v\in V\} \tag{9-4}$$

非完全感知状态的输入输出关系可表示为

$$R=\{f|v=f(u),u'=g(v),d(u,u')<\varepsilon,u\in U,v\in V\} \tag{9-5}$$

式中，$d(u,u')$为 u 与 u'之间的差异度；ε 为差异度允许值。

此外，在虚拟交通行为的二次感知阶段，尤其在多主体交互中，还可以通过信息检索来实现信息获取。检索的目的在于查找哪些信息可能符合交通行为信息需求，同时带有目的性地响应相应的信息需求。但是信息检索也只是获取信息，并不真正理解其实际内容，其所得信息仍是语法信息，因此需要通过文本分析、语义分析、结构化生成等过程过滤出有效的信息内容。

对于虚拟交通行为主体，获取信息并不难，困难在于对于得到的信息如何找到其背后的含义，即如何运用信息并对其进行过滤、认知及吸收。

2) 信息认知

信息认知包括信息的理解和知识的利用与生成。

如上所述，信息获取与信息检索只能获取语法信息，并不能真正理解其具体含义，即无法形成可用信息，为了获得真正所需的信息，需要先理解信息。因此，信息认知需包含理解模块，该模块能够同时收集感知端与认知端语法信息、语义信息与语用信息，在内部形成全信息，同时具备逻辑推演能力。该模块的原理见图 9-7，模块接收感知单元获得的语法信息，再通过效用计算获得语用信息，并在此基础上通过逻辑演绎形成语义信息。其中效用信息根据交通行为既定目标或需求计算得到，设交通需求为 D，感知的本体论信息为 I，则通过计算本体论信息矢量 I 与需求矢量 D 之间的相关性即可得到语用信息。根据已得到的语法信息与语用信息，即可通过对语法信息、语用信息的逻辑演绎得到相应的语义信息，从而形成对所获交通信息的理解[14]。

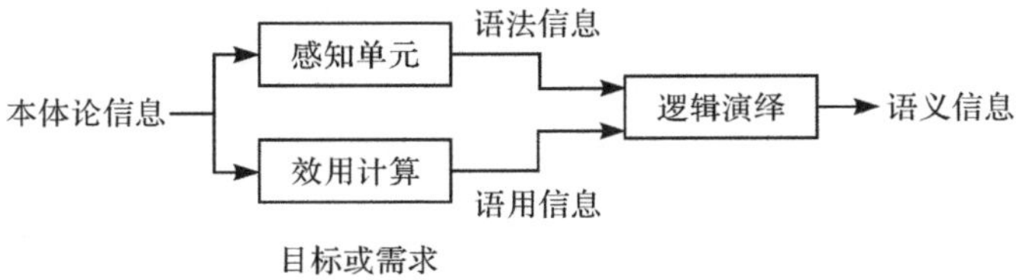

图 9-7　信息认知

对信息的理解推动了知识的生成。理论与实践证明，知识来源于信息与经验，服务于策略的生成。信息的认知既是利用知识与经验的过程，也是生成知识的过程，但其生成知识的过程受既有经验与知识的影响。因此，虚拟行为的信息认知受初始知识设定与自身经历的影响。

3）信息再生

信息再生是决策策略产生的过程，同时也是一个反馈循环的过程。信息再生主要可产生两个方向信息：一个是人通过已认知的知识或经验结合目标判断目标的可行性进而修正产生新目标信息；另一个是目标可行后结合知识和经验进行决策产生行动指令信息。

4）信息施效

虚拟交通行为中信息施效主要来源于两方面：一方面，对于可以形成知识的信息，通过策略计算生成策略信息；另一方面，对于尚未形成知识的经验信息，则根据经验随机生成施效信息。信息施效总体上可划分为决策指令接收、与行为能力信息结合产生行动信息、通过与外部信息通信改变外部环境几个步骤。信息施效是信息过程的目的，即信息施展效用、兑现信息价值的过程。信息只有实现效用价值才能生成或改变其他信息，否则只是概念或名词意义上的信息。

5）信息吸收

信息吸收是对信息内容的理解、接纳、链接、排斥等，最终实现学习的过程[15]。信息吸收的意义在于，一方面传递和表达信息的价值，另一方面直接或间接影响虚拟交通个体。对虚拟交通个体的影响体现在以下几个层面：一是信息的浅层认可，该层面作用是扩充接受信息交通个体的知识或经验，使之对客观世界未知领域认识的不确定性减少；二是“认知库”的重新整合与接收，即将交通个体“脑”中有序或庞大无序的信息进行整序、逻辑记忆，同时剔除其中错误的、冗余的信息；三是创造性的信息吸收，从而成为创造活动的源泉和动力，完善主体思维层次和水平。信息吸收的表示如图 9-8 所示[15]。

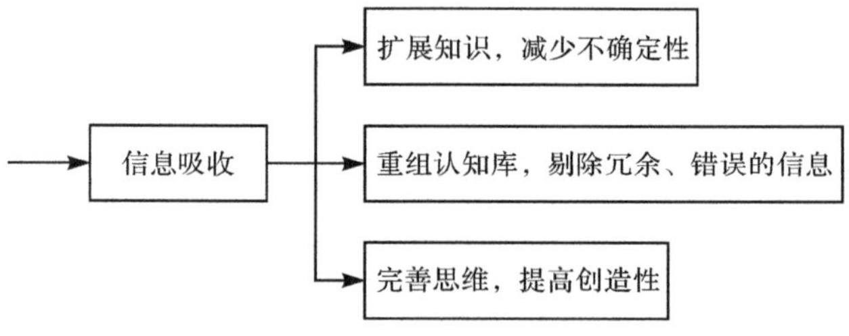

图 9-8　信息吸收的表示

9.2.3　虚拟交通行为的基本过程与影响因素

1. 虚拟交通行为的基本过程

1）计算机建模的基本过程

如 9.1 节虚拟交通行为的概念所述，虚拟交通行为是面向应用的虚拟行为研究。因此，在模型搭建中，首先应明确应用目的，以确定虚拟交通主体类型。与传统仿真不同，虚拟交通行为为了实现交通行为在计算机虚拟空间的“真实”映射，其建模重点在于各类主体行为的计算机建模而不是交通系统的建模。在虚拟交通行为中，交通系统的基本构成要素是作为信息交互单元存在的。

虚拟交通行为从明确问题到模型建立一般需要以下 8 个步骤：

(1) 明确应用目的，确认虚拟主体；

(2) 交通主体行为过程逻辑建模；

(3) 虚拟主体各行为单元与环境单元计算机建模；

(4) 设计虚拟主体行为逻辑与信息过程流程图；

(5) 确定行为模型初始状态及需求；

(6) 计算机编程；

(7) 程序验证与调试；

(8) 模拟实验。

2) 交通行为虚拟过程

如前文所述，交通行为过程可以看成一种交通人在交通系统内的信息过程，其过程主体划分为信息获取、信息认知、信息再生、信息施效、信息吸收等五个部分。其中，信息获取属于感知功能，信息认知-再生对应交通人认知与决策的过程，信息施效对应于行为实施过程，信息吸收对应学习过程。因此，虚拟交通行为的计算机模型主体基本结构应包括：与外界交互的感知器和通信机制；对信息进行存储加工的信息处理器和记忆库；根据需求目标及自身的职责产生的目标模块和反作用于外部环境的效应器。虚拟交通主体通过感知器感知环境，通过效应器作用于环境。虚拟交通行为主体的基本结构如图 9-9 所示。

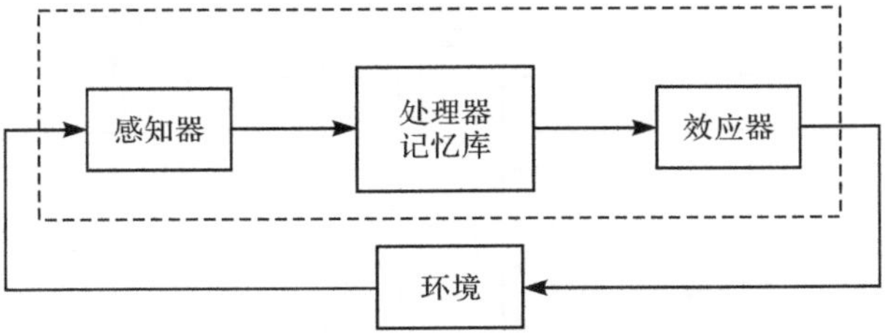

图 9-9　虚拟交通行为主体的基本结构

在以上基本结构的基础上，考虑交通行为的基本过程，可以将虚拟交通个体行为的基本过程划分为虚拟认知、虚拟决策、虚拟执行、虚拟学习过程，同时通过与外部信息包通信或介入控制的方式实现交通行为一般过程的虚拟。同时，虚拟认知、虚拟决策、虚拟执行、虚拟学习中的信息活动分别对应于前节所述的信息获取、信息认知、信息再生、信息施效、信息吸收。虚拟个体行为基本过程如图 9-10

所示。

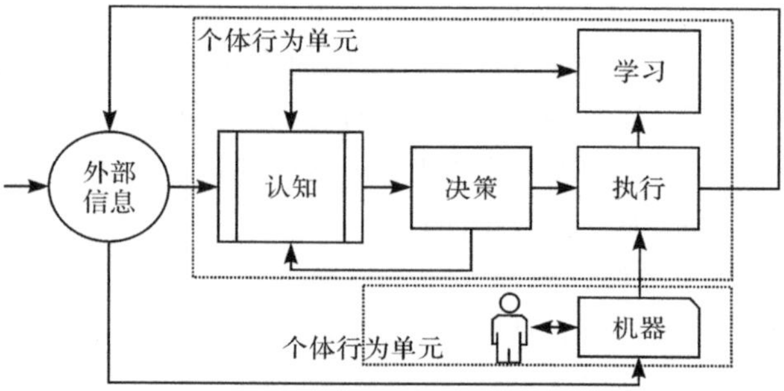

图 9-10　虚拟个体行为基本过程

面向应用的虚拟交通行为交互主要涉及虚拟交通个体交互、虚拟交通个体与交通信息交互、虚拟交通个体与介入行为交互三个方面。交互行为由需求驱动，交互过程即双方通过相互博弈最终全部达到需求目标的过程。当前众多研究表明，个体在认知能力和可获得的信息方面由于个体能力，如注意力、记忆力、理解力、沟通能力以及所处环境、位置、经历的不同，导致个体在同一环境中所获得或认知的信息产生差异，即传入虚拟个体的信息可能不对等，同时个体传出的信息也不一定会被其他个体完全接收。因此，在虚拟交通行为交互中，外部信息与交互信息均以信息包的形式存在，由其他虚拟交通个体根据“个人能力”进行调用，同时交互过程通过双方需求及满足情况通过博弈次第推动，如图 9-11 所示。

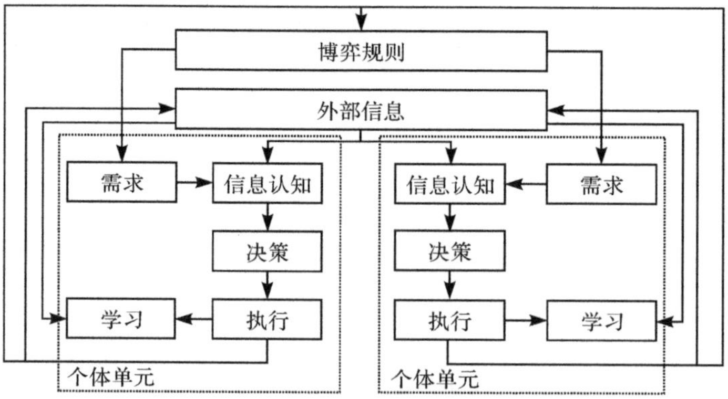

图 9-11　虚拟交互行为基本过程

群体行为过程是个体行为过程与交互过程在共同规则和行为计划下的集合。群体行为过程是群体中的全部个体在共同需求目标驱动下，遵循群体规则和群体行动规划，通过个体行为与交互最终实现群体目标的过程。首先是通过需求判断的自由集群，其次各个群体接收共同的行为计划与规则，其中个体行为个性弱化，集体目标优先,同时根据情况保留部分个性,允许通过博弈进行交互。虚拟群体行为基本过程如图 9-12 所示。

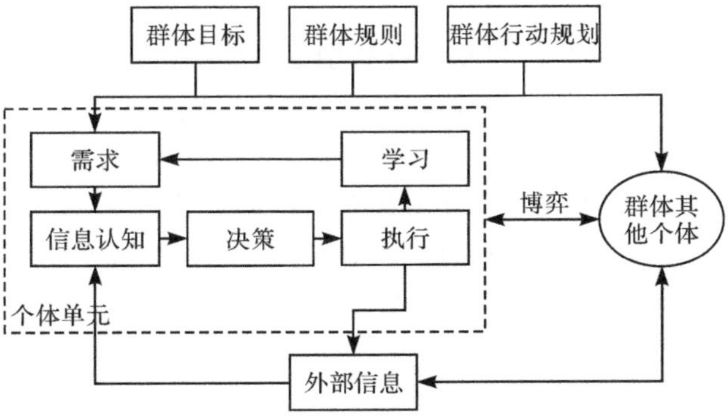

图 9-12　虚拟群体行为基本过程

2. 虚拟交通行为的影响因素

1) 交通行为的影响因素

任何事物的运动都有其内部原因和外部原因,人的行为也不例外。影响交通行为的因素可以分为内部因素与外部因素两个方面。内部因素主要为个人主观因素,包括生理因素、心理因素、文化程度、价值观等,如交通需求、目标,以及满足需求过程中涉及的知识、意志、情绪、知觉、决策及能力等。外部因素主要包含客观外在环境因素,分为外部信息因素和外部环境因素,其中外部信息因素包括群体规则、社会规则、交通规则、交通信息等;外部环境因素包含道路资源条件、交通条件、控制条件、天气条件、自身交通资源等。

2) 虚拟交通行为的影响因素

虚拟交通行为同样受内部因素与外部因素的影响,除交通行为的普遍影响外,还受计算机技术水平、交通行为模型、行为的计算机建模、虚拟空间环境、行为初始状态设定与现实介入交互的影响。

9.3　虚拟交通行为建模

9.3.1　建模前提

1. 对象设定

人类借着认知、思考、推理及创造能力使行为发展符合社会行为,这种行为的表现即人类的理性行为。人类的理性行为受社会化过程的制约而使其行为表现合乎理性。另外，人类行为也是情绪化的行为。在人类活动中，均带有情绪的因素，具体表现为积极情绪（包括毅力、热情、忠诚等）和消极情绪（包括丧志、忧愁、恐惧等）。

人类的情绪行为通常是由刺激或挫折引起的，该刺激包括身外刺激和个体内在刺激。在交通人通行过程中可能会由于各种原因引发情绪化行为，如因争抢通行权而引发的攻击性驾驶行为等。该类行为对于以应用为目的的虚拟交通行为不具有普遍应用意义，因此可进行单独的研究。本书主要针对普遍性的一般虚拟交通行为进行讨论与建模，对于非理性（如情绪失控、身体失控、突发事件条件反射等）导致的异常、难以描述的行为不作为研究对象。

2. 建模条件

1）驱动力

根据行为理论，现实交通行为的产生是交通人根据所处的交通系统状态、环境等，产生行为需求、动机，进而结合行为的态度、行为主观规范及认知，经过深思熟虑计划的结果。其行为的初始驱动力一般为需求与动机。

虚拟交通行为是将交通行为在计算机空间中数字化表示，它可以是完全由计算机虚拟程序控制行动的完全虚拟交通体，也可以通过驾驶模拟器、控制器等介入装置由人控制，作为人在虚拟交通空间中的化身，或是两种方式的组合。但不管何种方式，其行为均以数据、信息、模型、进程的方式存在于计算机虚拟空间中，其驱动方式应符合计算机进程的特点，即其行为过程是以信息通信与逻辑、规则判断的形式完成的，其初始驱动为已设定的初始需求、目标信息、事件信息、状态信息。

2）实现形式

现有的虚拟行为实现形式可概括为两种：完全计算机虚拟行为和人机混合控制的虚拟行为。虚拟交通行为根据应用目的和虚拟主体行为特点结合两种方式加以实现。两种方式特点的适用范围有所不同：完全计算机虚拟行为主体在交通系统环境变换、系统整体运行情况分析方面有更高的灵活性，适用于交通管控与交通系统设计分析；人机混合控制的虚拟个体在模拟交通人行为方面，尤其是交互行为方面具有更高的真实性与可推演性，因此更适用于有针对性的交通科学实验研究。

9.3.2 虚拟交通个体行为

1. 交通个体行为的计算机表达

如前所述，行为在时间维度存在连续性与刺激反应性，而其行为状态的切换主要由内部信息即认知功能引发，因此虚拟交通个体行为过程可以由图 9-13 表示。即在统一的认知功能构建基础上，根据感知的外部信息状态衍生下一时刻的行为目标。

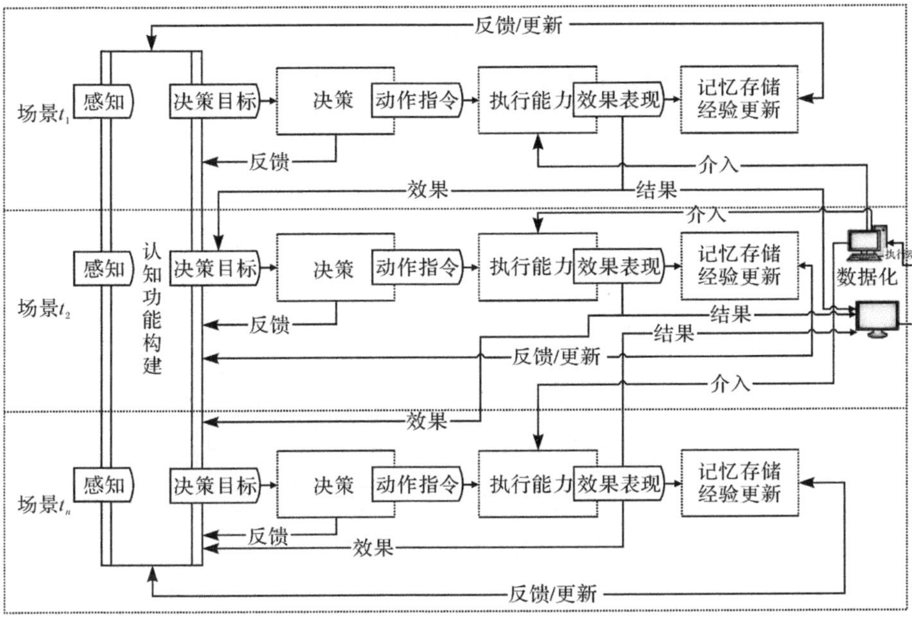

图 9-13 虚拟交通个体行为过程

2. 虚拟交通个体认知过程

人类关于认知的探索由来已久，早在古希腊就出现了关于认知记忆与思维的论述。美国心理学家霍思顿等将关于认知的观点归纳为五类：

(1) 认知是信息处理过程；

(2) 认知是心理上的符号运算；

(3) 认知是问题求解；

(4) 认知是思维；

(5) 认知是一组相关活动，如知觉、记忆、思维、判断、推理、学习等。

本书采用认知科学的观点，认为认知是一种信息的计算。为保障计算过程能够反映人们的实际认知过程，需要计算模型与实际的交通认知过程在功能和表现上是等价的。这就要求有一个聚合层面，在该层面上模型和认知之间必须具有相似性，这就是认知的功能构建。功能构建为实现认知过程提供计算资源。

认知功能构建包含信息需求目标生成及决策目标产生两方面。图 9-14 为认知功能构建基本结构。其中，感知器感知能力根据人感知能力建立，包括视野、视距、各种视力（如夜视力）、理解力、记忆力等。认知过程中的信息活动如图 9-15 所示。

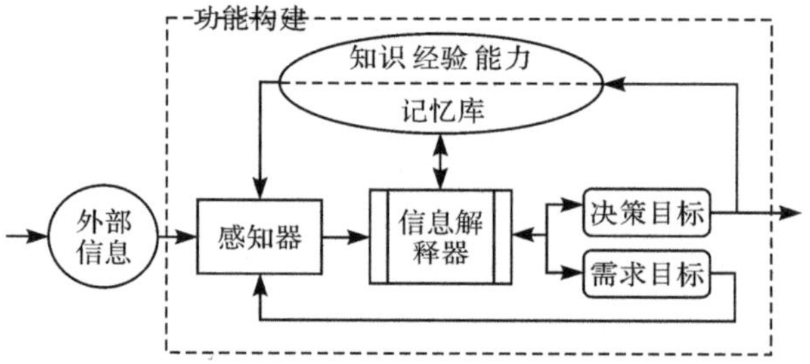

图 9-14　认知功能构建基本结构

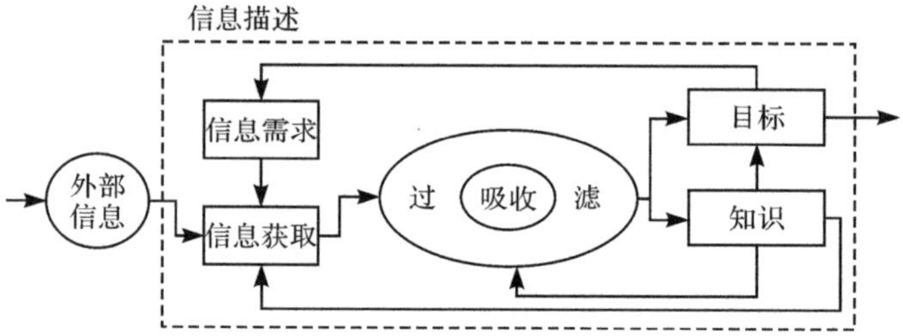

图 9-15　认知过程中的信息活动

“功能构建”是虚拟交通人对动、静态交通信息和其他个体动作传递信息等，进行不同理解和演绎的组合。虚拟交通认知即在“功能构建”下对“感知”交通相关信息处理和输出的过程，即语法信息转化为语义和语用信息的过程。在功能构建中虚拟交通认知按照行为类型分类见表 9-1。

表 9-1　虚拟交通行为认知功能构建信息

交通状态	行为	知识	信息类型
交通全过程	社会交通行为	交通规则、交通设施含义、从众性	语义信息、语用信息
	安全交通行为	安全感、黄灯行为、车辆事故模型、车辆碰撞模型	语义信息、语用信息
	信息交通行为	信息对交通行为影响、控制模型	语义信息、语用信息
出行	交通方式选择行为	出行目的数据、出行成本估算模型	语义信息、语用信息
	换乘行为	换乘行为模型、上下车模型	语义信息、语用信息
	路径选择	路径选择模型	语义信息、语用信息
通行	跟驰	安全时距、安全间距、跟驰模型	语义信息、语用信息
	换道	安全可穿插间隙、协作换道模型、竞争换道模型	语义信息、语用信息
	超车	安全可穿插间隙、超车模型	语义信息、语用信息
	基本行车	车道选择、障碍物避让、排队模型	语义信息、语用信息
	驾驶人	驾驶动作模型	语义信息、语用信息
慢行	步行	个人空间喜好、避让模型、方向决策模型、跟随模型、徘徊模型、排队模型	语义信息、语用信息

根据以上分类，虚拟交通行为认知功能构建的结构主要可分为以下四类。

(1)刺激反应型认知，即根据感知获得的语义信息形成刺激反应型认知过程，该功能的主体知识包括本能知识，如避让本能等，其基本结构如图 9-16 所示。

图 9-16　刺激反应型认知基本结构

(2)规则型知识认知，即对交通规则、社会规则等规则性知识的认知功能，该认知过程主要包括对信息的理解、规则匹配和逻辑演绎，基本结构如图 9-17 所示。

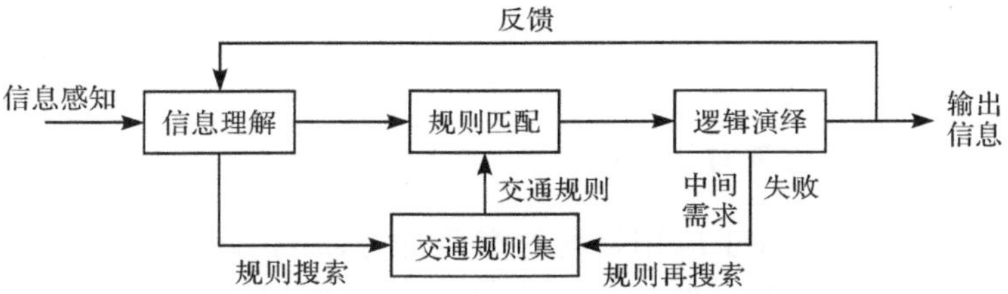

图 9-17　规则型知识认知基本结构

(3)规律型知识认知，即主要针对已建成成熟交通行为数学模型的行为规律的认知反映的功能表现，该认知首先需要确定交通状态类别，并在此基础上调用适用模型进行演算，当一模型演算后结果不能匹配目标时，再次调用其他适用该状态的模型，基本过程如图 9-18 所示。

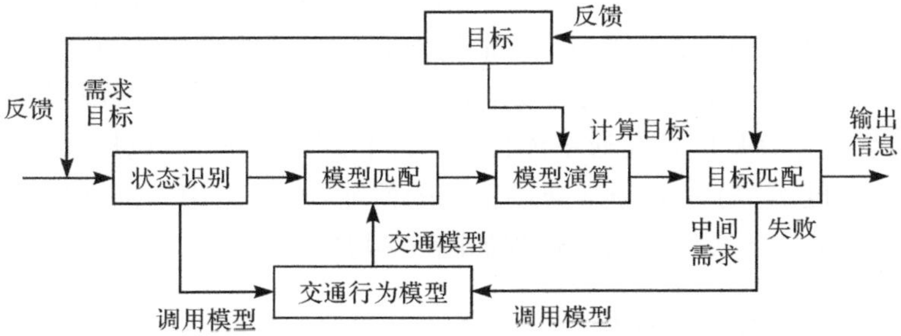

图 9-18　规律型知识认知基本结构

(4)程序型知识认知，即对应于无法建立数学模型、但具有普遍规律，尤其是具有逻辑进程规律的交通行为认知过程，如黄灯犹豫、步行徘徊、换道过程等，基本结构如图 9-19 所示。

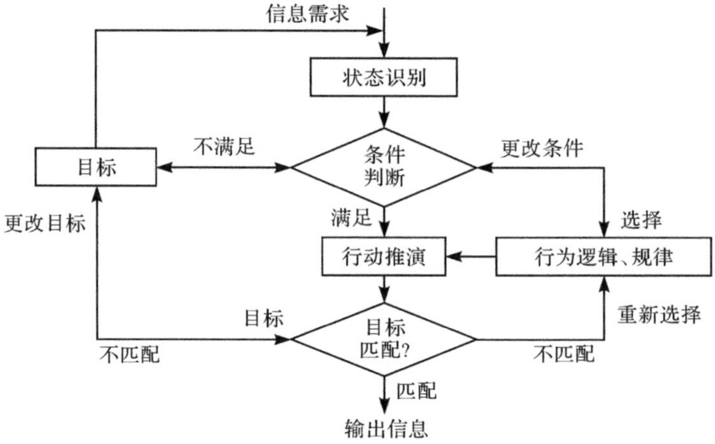

图 9-19　程序型知识认知基本结构

3. 虚拟交通个体决策与执行过程

虚拟交通行为是服务于应用目的的交通行为，对于交通管控和系统设计，交通系统的行为只需要涵盖一般的行为过程。由于偶发性、突发性的异常行为，即非理性行为，不影响或不具备交通系统的常态特征，对于交通管控和交通系统设计，不存在必要性的作用，所以在本书中不予考虑。本节讨论的虚拟交通行为决策是基于一般交通行为的决策过程展开的。虚拟交通个体决策与执行过程是一个判断与反馈的循环过程，其中包括虚拟交通个体的有限理性决策，及其与其他虚拟或介入单元的博弈过程。

而相同的动作指令由于执行能力的差异化而体现出多样化的执行效果。多样化的个体执行效果的相互作用集合形成了交通系统的整体运行状态，即交通系统整体现象。这里，多样化的执行效果依靠执行器实现，执行器虚拟执行能力由两部分组成：一部分是虚拟交通主体自身生理心理反应能力，包括反应时间，动作速度、力度、幅度等；另一部分是交通工具的性能，通过调用外部交通工具信息获得。虚拟交通个体的决策与执行过程如图 9-20 所示。

4. 虚拟交通个体学习过程

学习是人类智能的基本特征，是人获得关于外界知识及存储、提取这些知识的过程。认知心理学认为，学习是对先前经验、知识与决策、行为结果的反复提取、验证与积累，最终形成新知识的过程。因此，虚拟交通学习的过程应包括先前经验、知识提取、结果验证、知识生成与记忆的过程，如图 9-21 所示。

虚拟学习的整体过程可以理解为将语法信息转变为语义信息与语用信息，并

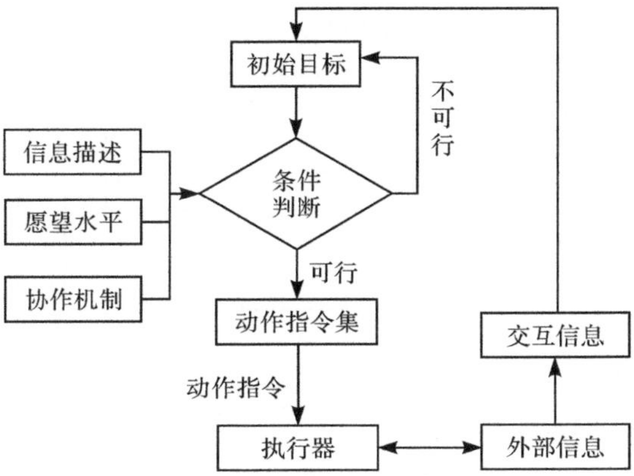

图 9-20　虚拟交通个体的决策与执行过程

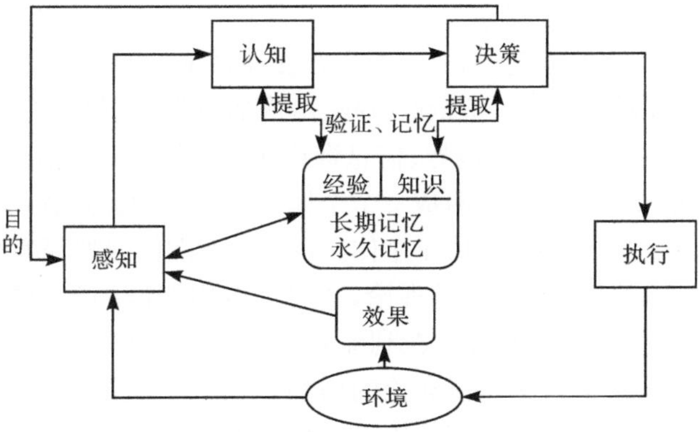

图 9-21　虚拟交通学习过程

进行吸收、记忆的过程。在虚拟交通体感知、认知、决策过程中，会产生临时性的工作记忆、短期记忆以及效果信息，当某些信息反复出现并多次通过效果验证可行后就会转为长期记忆形成经验，当某条经验经过一段时间积累反复被验证规律性后，则会形成知识，并进行长久记忆。经验学习过程如图 9-22 所示。

9.3.3　虚拟交通交互行为

1. 个体交互

1) 交通人个体交互与博弈

人类不能离群索居，必须与他人及群体共同生活，因此互动是必然发生的。互动是指个人的言语行动等反应能构成对另一个人言语行动的刺激，并且彼此反复不已。在人类的社会生活中，处处关系到人际互动问题，如人类的成就、个体的

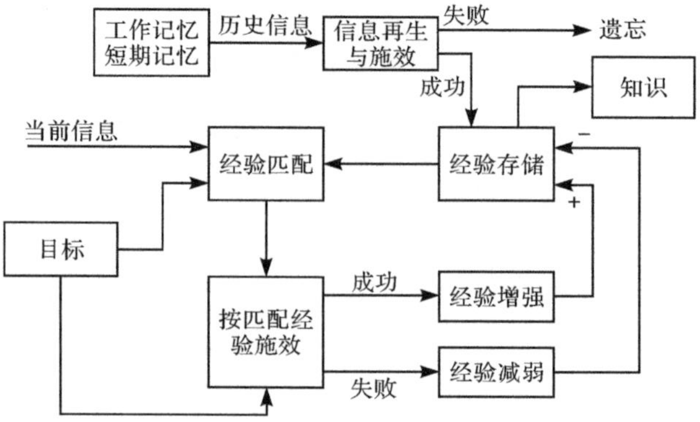

图 9-22　经验学习过程

特性、生活的幸福或痛苦、各种关系的结合和维持等，都与人际互动有关，所以互动具有深刻的社会意义和心理意义[16]。

交通行为作为一种社会行为，其交通人在交通系统中的活动过程也是互动的过程，包括人与人的互动，如跟驰、争抢通行权、协作通行等；也包括人与人的信息互动及人与交通信息的互动，如交通诱导、信息咨询-信息指引指引、信息规范等。其中，交通人个体行为的交互过程可以看成一个个体与他人的博弈过程，其博弈的结果可能是竞争，也可能是协作，主要取决于个体实现目标意图的强烈程度及交互协议。

博弈论是用来研究互动决策的理论，其通过应用严谨的数学模型描述和推导冲突对抗条件下最优决策，即研究在利益相互影响的条件下，如何选择最佳的策略，使自身的利益实现最大化。博弈论的精髓是当一个决策问题存在一个以上决策者时，每个决策者必须考虑在其他决策者反应的基础上选择一个可以实现自己利益最大化的决策方案。

按照博弈参与方之间是否合作，博弈可分为合作博弈和非合作博弈。如果博弈各参与方之间存在一个对博弈各方都有约束力的协议，那么参与方在协议范围进行的博弈称为合作博弈；反之称为非合作博弈。按照博弈参与方对其他博弈参与方的了解程度，即感知其他交通参与方的动作或传送信息并认知的程度，博弈可分为完全信息博弈和不完全信息博弈。在博弈过程中如果博弈参与方准确了解其他博弈参与方的策略空间、支付函数、特征等信息，那么该博弈为完全信息博弈。如果博弈参与方对其他参与方的上述信息不够了解，或者不是所有参与方之间的信息都相互了解，那么该博弈为不完全信息博弈。

按照博弈参与方的行为顺序，博弈可以分为静态博弈与动态博弈。在博弈过程中，博弈的各个参与方同时进行决策，或者虽然不是同时进行决策，但后行动的参与方不知道先行动的参与方的具体行动，称为静态博弈。相反，当博弈参与方的决策行为有先后顺序，并且后行动的一方能够知道先行动的一方的行动选择时，称为动态博弈。

由上所知，在博弈中如果博弈参与方对其他参与方的特征、策略空间、支付函数（如与其发生交互驾驶员的性格特性、通行目标和意志等内在信息）不够了解，对其类型（合作或非合作，如违规、攻击性驾驶行为等）也不够了解，或不是所有参与方之间可以实现信息共享，即形成不完全信息博弈。在此类博弈中，所有博弈参与方的策略选择只能通过主观判断来进行。由于虚拟交通行为个体交互主要为运动中的交互，其交互过程及博弈行为具有时间连续性及循环性，且虚拟个体除了获知交互对象此前的协议（即动作表现），一般难以获知对象的内部策略，即人们只能看到对象的行动，而不能获知其内心的具体想法，因此，虚拟交通行为个体交互可看成一种不完全信息的动态博弈。

2) 虚拟交通个体交互的基本结构

虚拟交通个体交互即对交通人个体交互与博弈行为的虚拟，其关键内容包括四个部分，即行动规划、通信、协商与学习，基本结构如图 9-23 所示。

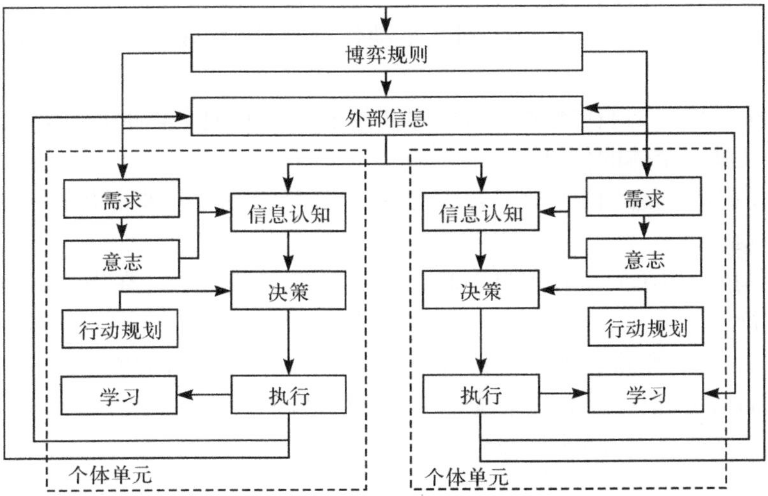

图 9-23　虚拟交通个体交互基本结构

(1) 行动规划是保证实现某个目标的一系列行为，包括跟驰、换道等。传统规划方法一般基于虚拟个体，强调的是执行预先定义的行为。在动态、复杂的不确定环境中，由于可能会在某时刻出现意外情况，所以需要在原规划中增加一些其他方面的能力如对发生突发事件的预测能力、对多种协作规划的选择决策能力等。此外，虚拟个体对实现某个目标意志的强烈程度也会影响交互行为的博弈过程，如双方都有强烈的意志要优先获得某出入口的通行权时，就会出现道路争抢、挤压式换道，如一方或双方的安全感与安全度不匹配，即对安全估计不足时，就会出现交通事故。

(2) 通信是虚拟交通交互行为中必不可少的组成部分，建立高效的通信机制是实现虚拟交通人之间在协调合作过程中信息互交和协商的基础，是支持解决个体之间协作和可能发生的冲突问题的主要手段。其中包括虚拟交通个体与外部信息的交互，以及个体与其他个体协议动作的交互。

(3) 协商：在虚拟个体交互中当某个个体对动态事件做出反应时，该个体的某些动作可能对自己周围其他个体产生影响，其对环境的错误感知经过信息互交可能进一步导致系统内冲突发生的概率增加。因此，在交互中需设置协商机制。

(4) 学习：交通系统是一个复杂的动态系统，在系统问题求解中要考虑多个虚拟交通个体的相互影响，如果每个虚拟个体在初始设定阶段中就考虑涵盖各种情况的复杂空间，求解的所有行动策略的难度几乎是不可想象的。因此，可以通过学习的方法来解决这个问题，实现各虚拟个体的协调合作。每个虚拟交通个体通过学习其他个体的行动策略而采取自己与之对应的最优策略。

3) 虚拟个体交互的信息过程

虚拟交通行为协调博弈的信息过程可进行如下描述：

(1) 在两个虚拟个体上一时刻发生动作的基础上，虚拟个体 i 向另一个体 j 提出交互协议。

(2) 发起者 i 知道在此之前的可感知到的周边其他个体的动作，并感知当前外部信息及其他个体的信息。

(3) 发起者 i 使用博弈学习方法，根据自身目标、意志，进而决定行动规划，并选择行动策略。

(4) 其他个体单元接收来自发起者 i 的提议，即发起者 i 在当前时刻的动作，进而产生行动。

(5) 发起者 i 获得其他个体协议，即感知其他个体动作，更新自身规划，推断可能出现的情况，根据计算结果选择下一步的最佳动作。

个体交互信息过程如图 9-24 所示。

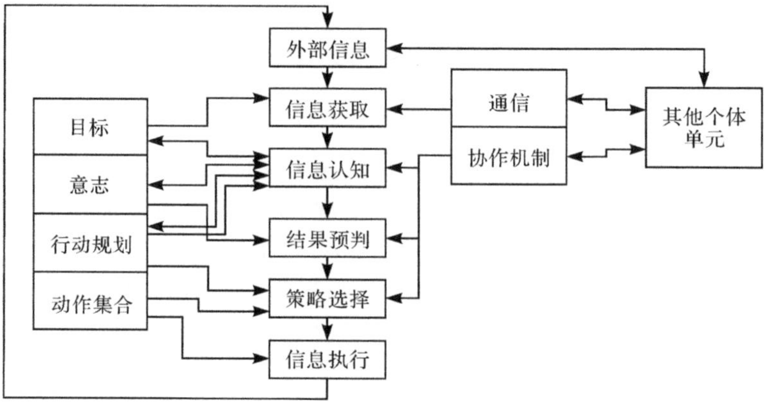

图 9-24　个体交互信息过程

2. 虚拟个体信息交互

1) 交通人与信息的互动

交通人与信息交互的过程既是交通人根据已认知和掌握的信息进行有限理性决策的过程，也是信息通过各种方式影响或控制人的行为的过程。

结合以往研究，信息对交通行为的影响和控制主要归纳为以下三方面：

(1) 交通规则或社会规范信息约束。交通规则或社会规范信息约束旨在通过提出基本的交通规则或社会规范，对交通行为在认知、意识层面加以制约，使交通行为在整体上体现一定的秩序性，从而构造一个功能有效、信息通畅、运动稳定的虚拟交通行为系统环境。这是实现交通行为交互的基础。主要的交通规则或规范信息如表 9-2 所示。

表 9-2　主要的交通规则或规范信息

现实信息形式	虚拟信息获得方式
交通法律、法规、技术规范	知识库提取
驾驶培训与教育	知识库检索
安全、守法和秩序宣传	知识库检索
绿色出行宣传	知识库检索
交通处罚	知识库检索
通行权、让行规则	知识库检索
车辆限行	知识库检索
⋮	⋮

(2) 静态交通控制信息控制。静态交通控制信息主要包括道路交通基础设施附带的控制信息、交通标志标线信息、各种交通管理与组织信息，如车道渠化附带车道转向使用权、隔离设施附带禁止通行信息、限速标志附带最高限制车速或最低限制车速信息、专用车道附带专用通行权信息等。该类信息在交通系统中具有语义、语用信息长期稳定的特点，一般不会在行为过程中发生改变，在个体与信息交互中主要作为被动输出方或知识储备，由虚拟交通体主动获得。主要静态控制信息如表 9-3 所示。

表 9-3　主要静态控制信息

现实信息形式	虚拟信息获得方式
交通基础设施	知识库检索
交通标志标线	知识库检索、学习
信号灯色	知识库提取、学习
道路景观	知识库检索、学习
⋮	⋮

(3) 动态交通控制信息控制。动态交通控制信息对行为的影响与控制是目前基于系统建立的仿真系统等难以实现的主要方面之一。目前,基于系统的交通仿真对于动态信息的响应主要通过设置预估响应比例的方式实现,这种方式存在两个问题:一是预估比例不一定符合实际情况;二是难以体现人对动态引诱导或指引信息响应的行为灵活性与多样性,且无法模拟虚拟交通个体与信息的交互过程。在虚拟交通行为中动态交通控制信息与个体的交互可分为三种方式:个体信息直接实时交互、个体与信息间接交互、个体与信息中心交互。三种方式信息交互与信息变化周期依次增长,且信息内容与范围逐步宏观化。而三种方式的响应比例主要受各自信息推送方式与个体对信息效果经验累积和学习的影响。主要动态控制信息如表 9-4 所示。

表 9-4　主要动态控制信息

现实信息形式	虚拟信息交互方式
车载信息提醒	个体信息直接实时交互、学习
电子导航	个体信息直接实时交互、学习
可变标志	个体与信息间接交互、学习
出行查询系统	个体与信息间接交互、学习
交通广播	个体与信息间接交互、学习
路径安排	个体与信息中心交互、学习
⋮	⋮

2) 虚拟交通个体与外部信息交互的基本结构

根据以上分析可知,虚拟交通个体与信息交互包含两个过程:一是虚拟交通个体主动获取外部信息进行信息施效改变外部信息的过程;二是外部动态信息主动影响虚拟交通个体行为的过程,即行为控制、行为约束过程。

需要解决的两个问题为:①虚拟主体对信息的接受程度的实现;②结合响应行为的信息层次化的主动推送模式的建立。虚拟交通个体与外部信息交互的基本结构如图 9-25 所示,其信息交互过程如图 9-26 所示。

3. 虚实交互

虚实交互是建立在虚拟个体与介入设备信息单元通信和虚拟行为显示的基础上的交互行为,主要包括虚拟个体接收介入信息与虚拟主体信息外显两个部分。

1) 虚实交互的基本结构

虚实交互是一种人机交互过程。人机交互是指人与计算机之间使用某种对话语言,以一定的交互方式,为完成确定任务的人与计算机之间的信息交换过程。

虚实交互的功能主要依靠可输入输出的外部设备和相应的虚拟行为交互机

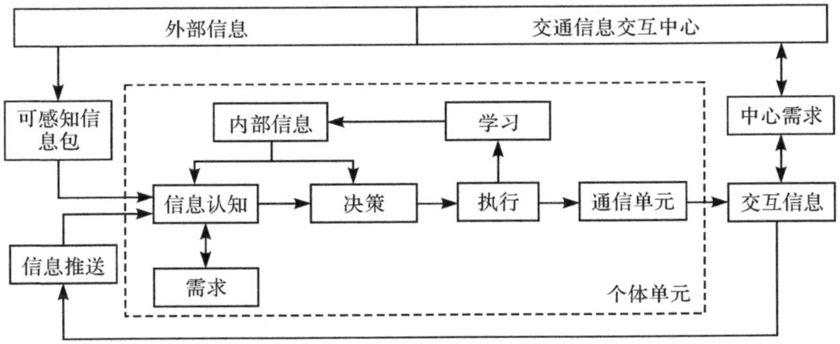

图 9-25　虚拟交通个体与外部信息交互的基本结构

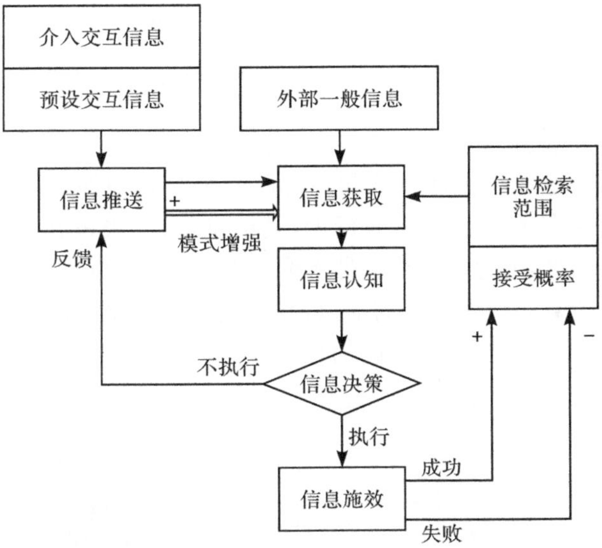

图 9-26　虚拟交通个体与外部信息交互的过程

制来完成。虚实交互使虚拟交通系统成为一个虚实融合的开放系统，不仅可将现实道路交通系统实况引入，还允许实验人员、被试人的行为动作介入计算进程中，用以支持对交通行为与信息的计算研究。多方式介入计算使交通仿真具备推演能力，可支持对驾驶决策及执行过程的规律、类型、特点等进行实验研究。

虚实交互主要面向的对象包括研究人员、交通管理者、实验者、交通参与者等，需要具备行为科学实验的信息交互能力。由于视觉是人和动物最重要的感觉，至少有 80%以上的外界信息经视觉获得，故计算机显示设备、激光 3D 动态数字沙盘、沉浸式设备等是最直接的行为显示装置。实验人员对行为真实性的认可度，即虚拟行为与介入行为的交互将直接影响虚实交互效果。

虚实交互的基本结构如图 9-27 所示。

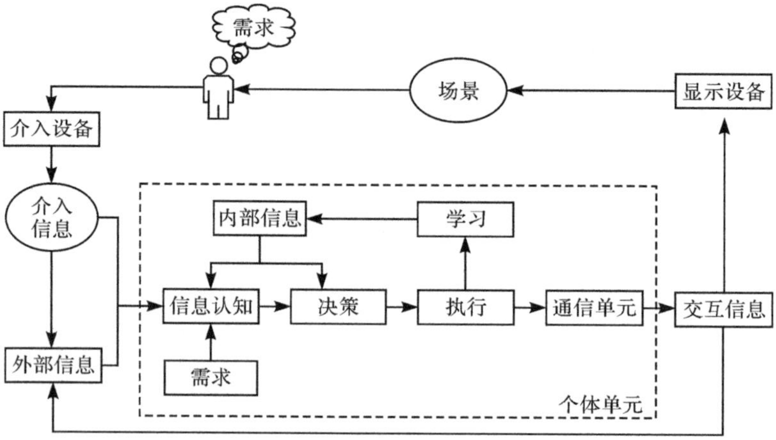

图 9-27　虚实交互基本结构

2）虚实交互的信息过程

虚实交互的信息过程包括外部和内部两部分。其中外部过程主要表现为现实实验主体对外显信息的认知反应行为，其信息认知、决策和执行信息产生过程存在于实验主体内部，通过驾驶模拟器等介入装置将其执行行为动作转化为介入信息实现对其虚拟空间映射个体的虚拟，并通过该虚拟个体的行动传达给其他虚拟个体，进而实现交互。虚实交互的信息过程如图 9-28 所示。

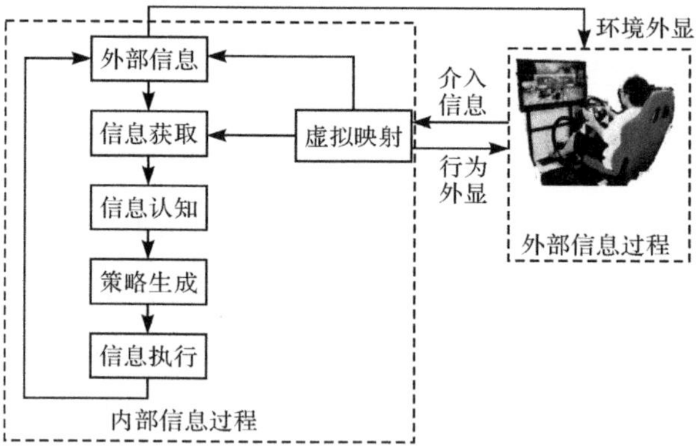

图 9-28　虚实交互的信息过程

9.3.4　虚拟交通群体行为

虚拟交通群体行为根据实际发生的交通过程及群体中个体的交互方式，可以分为交通实体群体与交通概念群体，两类群体在实际交通过程中的个体行为受群体影响的程度与个体间交互方式有关。虚拟交通实体群体，如行人群体、自行车群体，相互间直接接触，通过个体与个体、个体与环境交互实现群体行为，群体中的个体与交互行为受群体压力或意志的制约，个体随群体出现自组织、集团性和从众性。虚拟交通概念群体，如出行群体、路径选择群体，更多地表现为在群体规则与群体信息影响下的个体行为，通过个体与环境、个体与群体信息交互实现群体行为。其群体需求覆盖范围广，但是群体中的个体相对分散，个体需求分层、分阶段受宏观信息如社会导向、交通政策、交通整体运行状态信息等影响。

1. 虚拟交通实体群体行为

如上所述，虚拟交通实体群体也可以称为局部群体，主要出现在交通个体较为集中的局部区域内，如道路交叉口、枢纽场站等。由于交通体相对集中，从而相互影响产生群体需求与群体意志，当个体需求与群体需求相差较远时，个体维持个体行为或搜寻相近需求群体；当个体需求与群体需求相近或一致时，群体需求与群体意志提高，个体意志下降，当意志下降至临界点时个体执行群体行为。实体群体行为过程如图 9-29 所示。

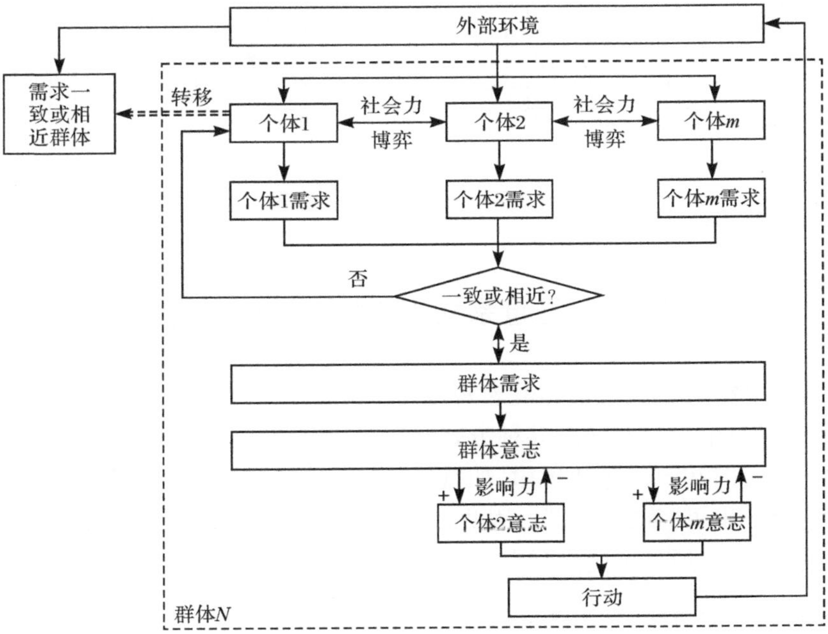

图 9-29　实体群体行为过程

2. 虚拟交通概念群体行为

虚拟交通概念群体行为过程是通过分层、分阶段完成的，其个体受群体信息的影响，个体之间的交互行为主要通过个体与群体的信息交互实现，如图 9-30 所示。概念群体中主要体现个体需求，个体需求分为总体需求与具体需求两个层次。个体首先通过对现有社会、交通环境信息和自身资源、状态信息的认知做出初步决策，从而归入具体群体类别，并对应产生具体需求，同时结合该类群体的信息（如选择驾车出行群体结合路况信息，公交出行群体结合公交线路、换乘、出行时间等信息）进行下一阶段决策、执行等行为。

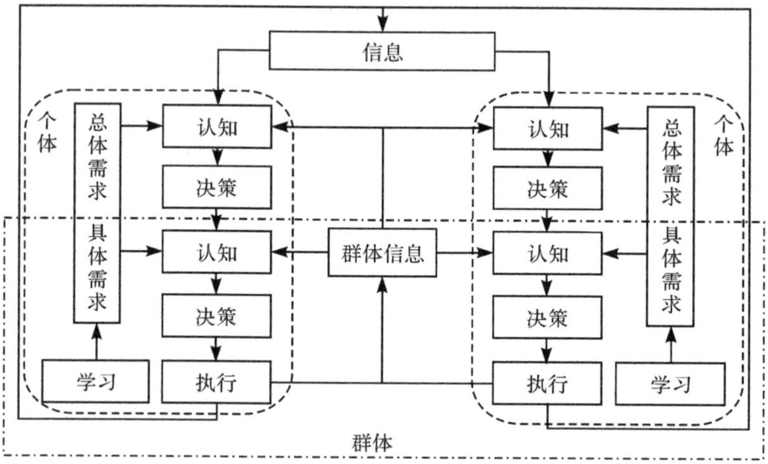

图 9-30　概念群体行为过程

9.4　交通系统与虚拟交通行为

微观（个体与交互）行动影响宏观运行效果。单一个体的出行是随机和不可控的，而一旦每个交通人通过某种方式“连接”起来就形成一个大的出行群体，同时体现出一定的共同趋势和规律，如百度的“大迁徙”图，这时微观的个体行为与交互行为就产生了“集群智能”。因此，在虚拟个体行为与交互的基础上可建立虚拟的交通系统，并通过不同交互方式的组合最终实现相应的应用目的。

9.4.1　虚拟交通系统

1. 混合现实系统

人的智慧是开放式的，它随着经历、学习的积累会不断地更新，同时人的智能是大脑高层次的活动，仅用计算机进行模拟存在局限性。1988 年，马希文先生在学术讨论会上提出了人与机器结合的思想，为解决这一问题提出了一条解决思路[17]。这里包含两个阶段：人机界面交互、人机混合系统。而王飞跃先生在 2004 年提出的人工系统和平行系统是对人机混合系统研究的一个重大推进。

1）人工系统——从单一世界到多重世界[18]

对于大多数物理、工程系统，模型主要用于描述和表达系统内的实际行为，并作用于系统的设计、分析、控制等。大部分情况下，人们研究的实际系统是唯一现实存在的，所建模型需尽可能真实准确地反映实际行为，实际系统则作为唯一的参考和标准，即“单一世界”观。而根据复杂系统的推论——“单一世界”观无法在复杂系统的研究中得到实施，人工系统则秉承“多重世界”的观点，即对复杂系统进行建模时，不再以逼近实际系统的程度作为唯一的标准，而是将模型本身也看成一种“现实”，是实际复杂系统的一种可能的替代形式或另一种可能的实现方式，而实际复杂系统则看成现实中可能的表现之一，其行为与模型的行为“不同”，但“等价”。这就是利用人工系统研究复杂系统的思想基础。

在利用人工系统研究复杂系统时，可以采用“多重世界”的观点，“多重世界”不必苛求人工系统与实际系统完全相同或高精度逼真，而只要求它们在规模、行为方式、系统特性等方面有相应的一致性。因此，可以通过把人工创造的系统置于实际、仿真或混合环境下，产生复杂的互动方式和相关行为，利用涌现方法进行观测总结，以了解、分析和理解复杂系统的行为及其各种影响因素。

2）平行系统——从单纯虚拟到人机结合

平行系统由“三步”组成：第一步，利用人工社会或人工系统对复杂系统进行建模，在一定意义下人工社会可以看成科学“游戏”，这时可用类似计算机“游戏”的技术来建模；第二步，利用计算实验对复杂系统进行分析和评估，在建成具有针对性的人工社会的基础上，将人的个体行为、社会行为放入计算机，使计算机成为一个虚拟实验室，进行“计算实验”，通过“实验”分析复杂系统的行为，评估其可能的后果；第三步，将实际社会与人工社会并举，通过实际与人工之间的虚实互动，以平行执行的方式对复杂系统的运行进行有效的控制和管理[19]。

3）混合现实系统——虚拟交通系统的未来形态

由于完全计算的局限性，混合现实系统在第二步计算实验过程中加入人机、虚实互动，更加真实地完成复杂系统行为“实验”，同时通过人机互动使更加深入把握行为表现的深层次内涵成为可能。同时，通过硬件在环、沉浸式虚拟现实设备及其他控制方式介入，将交通系统的范围扩展至实验室，使现实交通系统与实验室虚拟系统逐渐模糊时间和空间的界限，形成混合现实系统。

该系统不再是纯粹的虚拟系统，随着计算技术、信息科学、虚拟现实技术与交通科学研究的进一步提高与深入结合，在未来将成为交通系统的重要组成部分之一，即交通系统的外延将得到延伸。

2. 虚拟交通系统的构建

虚拟交通系统是交通系统在信息空间的构建，各种群体行为中个体期望的趋同性或一致性通过虚拟个体获取社会或群体意志信息实现。整个虚拟系统建立在虚拟个体与个体行为交互、虚拟个体与信息交互以及虚实交互的基础之上。此外，通过与现实交通系统的实时通信与介入实验，实现虚实混合的虚拟交通系统。虚拟交通系统的基本构建见图 9-31。

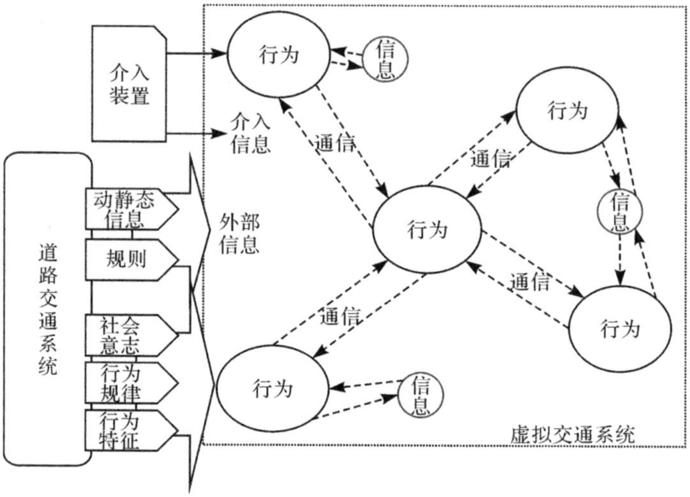

图 9-31　虚拟交通系统基本构建

虚拟交通系统是以个体行为、交互行为、群体行为为基础，同时体现社会行为，应用信息与安全行为。通过信息、模型、计算等方式将实际道路交通系统与行为转化为虚拟空间模型与信息，进而实现交通个体、群体在实际交通系统中的各种行为表现在虚拟空间的再现，为交通现状管控、交通系统设计、交通科学研究提供可靠的研究方法，见图 9-32。

虚拟交通系统是信息形态的道路交通系统，但其并不是单纯的道路交通系统数据库、数据仓库、大数据，其信息空间并不是数据的简单堆积，而是包含行为规律、交通特征、交通模型，能够进行数据及模型计算、仿真推演控制，并能够表达显现的复杂信息空间。虚拟交通系统关键在于能够真实地表现道路交通在系统、行为和信息等方面的静态特性及动态规律，并能够以多种形式服务于交通学科理论研究、科学实验和数据计算。图 9-33 为虚拟交通系统信息空间示意图。

9.4.2　虚拟驾驶人行为

在实际道路交通系统中，由于驾驶人员信息获取和加工能力的限制，驾驶人

图 9-32 虚拟交通系统基本构成

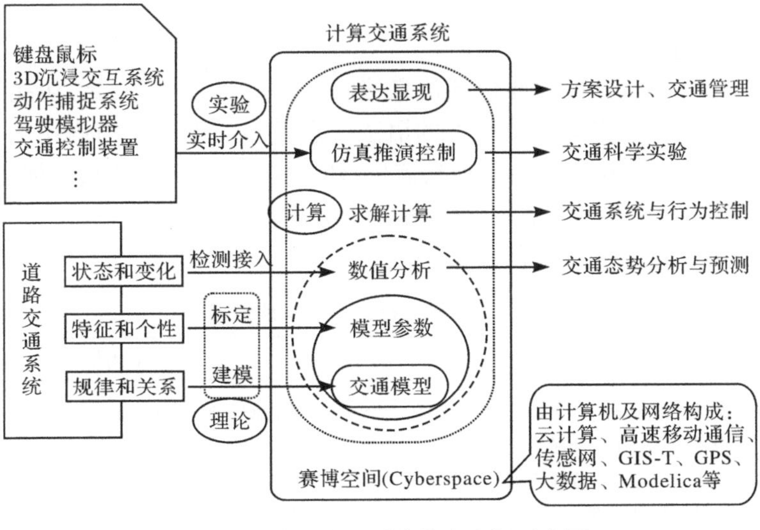

图 9-33 虚拟交通系统信息空间示意图

不可能同时应用一切可能的信息，也不能采取一切可能的行动。这表明，驾驶员的实际行为受认知过程和个人能力等的制约。同时，驾驶人行为不仅是信息感知、决策和执行三个阶段不间断的多次串联组合，也是三者与学习过程连锁反应的综合。首先，驾驶人通过感觉器官获取外部信息；其次，对获取信息结合内部经验、知识等进行认知转到短时记忆，然后与长时记忆中提取出的信息相匹配；再次，根据已掌握的驾驶准则、驾驶经验或需求、意愿等制定行为决策；最后，将制定的决策传递至执行器执行动作，并结合动作结果进行学习，同时通过感觉器官获取反馈信息，该反馈信息将影响驾驶人员下一步决策与执行。根据虚拟个体行为的基本过程，可将驾驶人行为细化为如下过程，如图 9-34 所示。

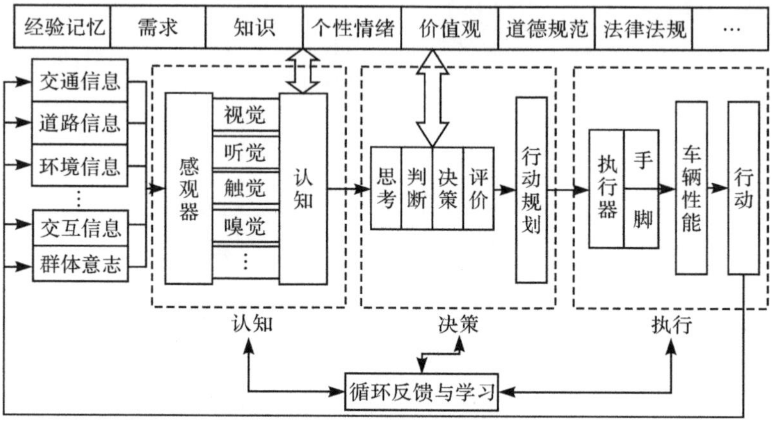

图 9-34 驾驶人行为过程

1）驾驶人行为认知过程

驾驶人行为认知过程主要包括信息接收、理解与转化。因此，功能构建信息应包括与驾驶人个体交通活动相关的语法信息及对应的语义与语用信息。其感观器"感知"到的信息包括交通静动态信息、环境信息、道路及基础设施信息、其他车辆交互信息等，这些信息在行为过程需要时均需要从语法信息、语义信息转换为相应的语用信息。举例如表 9-5 所示。

表 9-5 驾驶人行为功能构建信息

语法信息	语义信息	语用信息
限速标志、行人标志、专左渠化标线等	限速"60"标志，"60"代表车速限制在 60km/h 以下；行人与人行横道图画，代表注意避让行人；车道中左转箭头线，指明该车道用于左转车辆通行等	需控制车速在 60km/h 以下，或左右区间徘徊；看到该标志是注意前方行人，随时控制车辆减速避让；左转时走该车道，非左转时不使用该车道等
护栏	护栏放置于行人道与非机动车道或机动车道之间，代表行人应在护栏分隔的行人道通行，不能翻越护栏，非机动车与机动车不得驶入行人道；机非分隔护栏代表机动车与非机动车应在护栏两侧分别行驶，不能混行，不能占用对方车道等	行人在护栏起始位置进行判断，选择行走方向，当出现其他行走需求时，寻找护栏出口；机动车在有护栏处不驶入非机动车道等

续表

语法信息	语义信息	语用信息
信号灯色	红灯代表该方向停止通行，绿灯表示该方向允许通行，黄灯提醒通行状态将要改变等	红灯亮时该方向车辆停车、行人停止行走；某方向绿灯亮时该方向停止车辆启动行驶、行驶车辆通过；黄灯闪烁时，进行判断，选择减速停车或加速通过等
安全车头间距	如行驶中安全车头间距为 5m，代表本车与前后车间距保持在 5m 以上安全，5m 以下易出事故；停车最小安全车头间距 2m，代表停车时本车与前后车间距保持在 2m 以上安全，2m 以下易出事故等	行驶中与前车间距接近或小于 5m 时，车辆减速；减速停车时经预断与前车间距小于 2m 时，提高减速度等
安全可穿插间隙	如安全可穿插车头间距为 10m，代表在将要穿插车队中当前后车出现 10m 以上间距时，本车穿过该车队是安全的，10m 以下易出事故等	在预穿越车队出现 10m 及以上间距时，车辆行驶通过，无 10m 及以上间距出现时减速或停车等
车辆运动与驾驶动作	如方向盘向左转向车辆左转，方向盘转角不同车辆转向的幅度不同；踩油门代表车辆加速等	在车辆有左转需求时，向左转动方向盘，根据目标方位控制方向盘转角；有加速需求时踩油门，达到目标车速时放开油门等
⋮	⋮	⋮

根据功能构建信息，虚拟驾驶人行为认知过程可以通过以下四种方式构建：

(1) 刺激反应型认知过程。以避让为例，其基本结构如图 9-35 所示。

图 9-35　刺激反应型认知过程

(2) 规则型知识认知过程。以让行规则认知过程为例，其基本结构如图 9-36 所示。

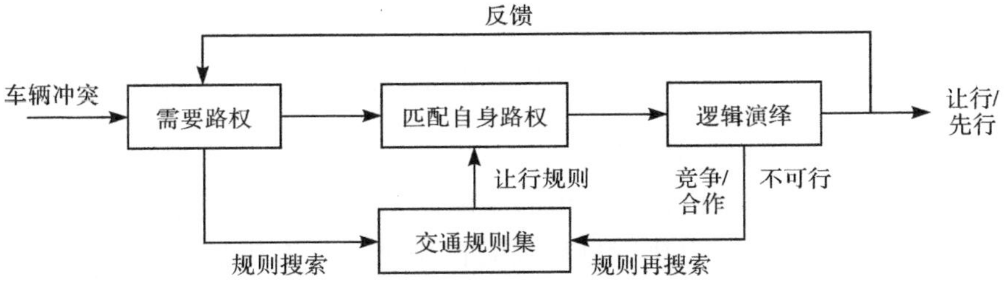

图 9-36　规则型知识认知过程

(3) 规律型知识认知过程。以跟驰过程为例,其基本过程如图 9-37 所示。

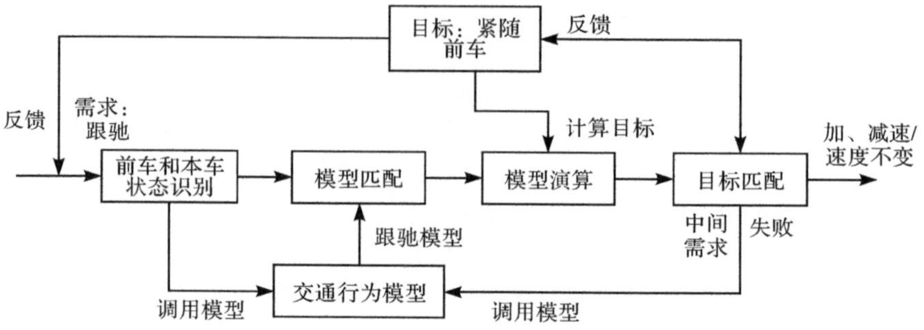

图 9-37　规律型知识认知过程

(4) 程序型知识认知过程。以黄灯过程为例,其基本过程如图 9-38 所示。

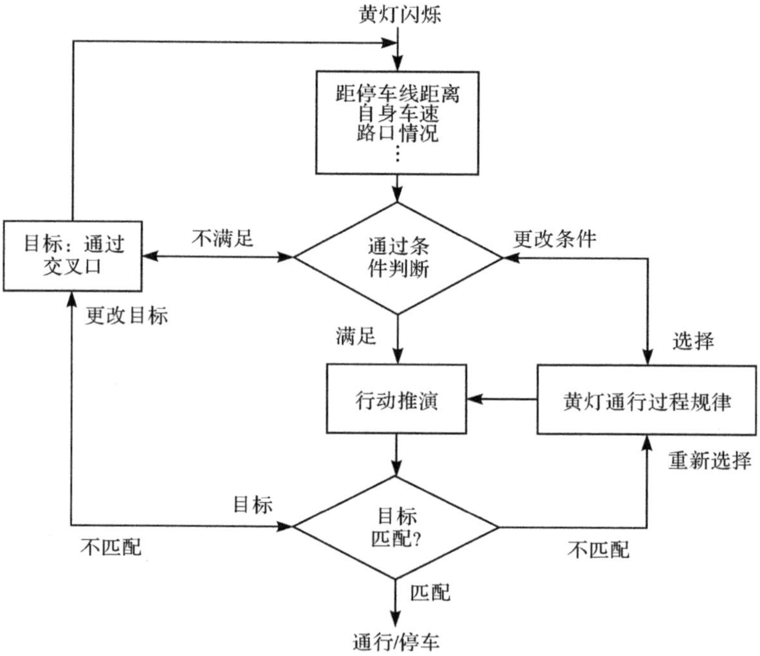

图 9-38　程序型知识认知过程

2) 驾驶人决策与执行过程

驾驶人行为的决策与执行过程由需求驱动,其决策过程受愿望水平、内部知识、自身与外部条件制约,而执行过程则受自身执行能力和车辆性能影响。下面以具有强烈超车愿望的超车决策执行过程为例,对驾驶人决策执行基本过程进行简单描述,如图 9-39 所示。

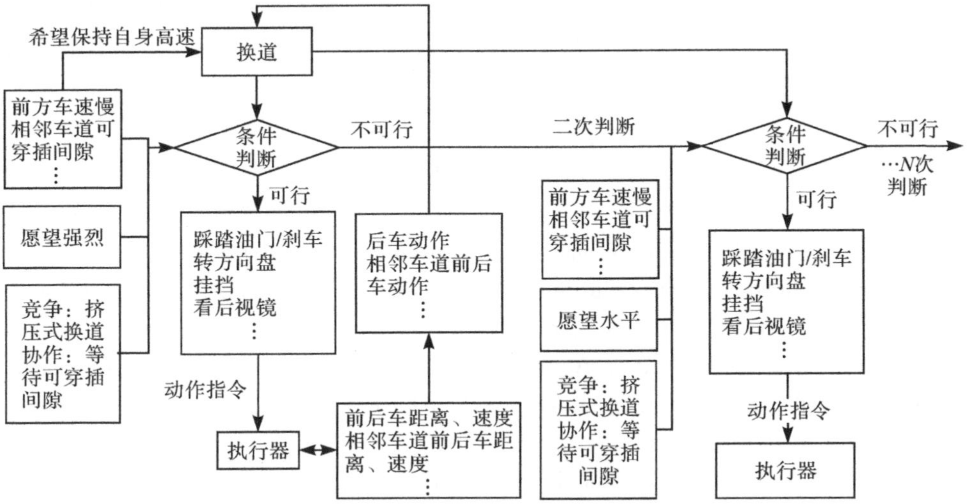

图 9-39　决策与执行过程

9.5　本章小结

本章专题讨论虚拟交通行为，主要介绍了虚拟交通行为的概念、发展和基本框架。

电子计算机及其网络构建了一个虚拟空间，可以用来存储交通系统运行与交通行为数据、记录描述交通系统与行为规律、处理各种交通数据、计算求解道路交通系统复杂模型、仿真表现交通系统运行和交通行为等。在计算机构建的信息空间中，交通系统的运行和交通行为的表现可反映现实状态，同时也可根据应用需求进行虚拟推演。借助电子计算机系统可研究交通系统运行面临的安全、效率和污染排放等问题。

虚拟交通行为是仿真、虚拟现实技术与交通行为学理论交叉融合而产生的交通行为应用基础研究。早期的交通仿真从交通系统出发，着重交通系统与交通流特性的建模与计算，随着交通行为基础理论的发展，交通行为研究与实验成果逐渐引入仿真与虚拟现实技术当中，出现了对行为的仿真与模拟。虚拟交通行为即在此基础上提出的，结合交通行为仿真与交通行为虚拟现实，在虚拟空间层面实现交通行为与交通系统的再现与推演。

目前，随着智能体技术的提出，交通行为仿真已更趋于行为灵活、随机、多样化，但是其行为发展过程仍然受限于计算机技术和人为设定因素而呈现程序化。而虚拟现实技术多关注于个体行为特性，对于行为交互、微观行为的系统表现（群体行为)研究尚有所欠缺。虚拟交通行为致力于将交通行为仿真与虚拟现实技术相结合,通过虚实结合的方式实现交通行为与交通系统更为真实再现,其将是未来一个有价值的研究方向。

参 考 文 献

[1] http://ops.fhwa.dot.gov/trafficanalysistools/ngsim.htm[EB/OL][2014-12-1].

[2] Toffoli T. Cellular automata as an alternative to (rather than an approximation of) differential equations in modeling physics[J]. Physica D,1984,10:117-127.

[3] Franklin S,Graesser A. Is It an Agent,or Just a Program? A Taxonomy for Autonomous Agents. Intelligent Agents: Agent Theories, Architectures, and Languages [M]. Berlin: Springer-Verlag,1996.

[4] http://jxhb.91cy.cn/27017.shtml[EB/OL][2015-7-1].

[5] 李艳君. AOP 在虚拟行为建模中的应用研究[J]. 电脑知识与技术,2009,5(10):2722-2725.

[6] http://qianxi.baidu.com[EB/OL][2015-9-1].

[7] http://renqi.map.baidu.com/traffic[EB/OL][2015-9-1].

[8] 王艺利. 基于 Agent 的微观交通仿真系统的设计与实现[D]. 成都:电子科技大学,2012.

[9] 王玉芬. 浅谈班主任工作对学生个体行为的调控[J]. 锦州师范学院学报(哲学社会科学版),1996,2:103-104.

[10] 许广永. 企业创新的交互性及结构维度[J]. 上海市经济管理干部学院学报,2013,11(4):1-8.

[11] 李志强,胡晓峰,杨雪生,等. 虚拟环境中大规模群体行为建模研究进展[J]. 计算机工程与应用,2008,44(8):45-48.

[12] 许婵贞. 认知疗法的整合性发展[J]. 社会心理科学,2008,23(5):83-86.

[13] 常松丽. 基于 Multi-Agent 的井下矿工信息交互模型研究[D]. 太原:太原科技大学,2014.

[14] 钟义信. 机器知行学原理:信息、知识、智能的转换与统一理论[M]. 北京:科学出版社,2007.

[15] 鲁安民. 用户信息行为及信息吸收探析[J]. 华东交通大学学报,2000,17(1):63-66.

[16] 王玮. 竞争与合作两种社会互动形式的伦理审视[J]. 辽宁教育行政学院学报,2005,22(11):4-6.

[17] 史忠植,余志华. 认知科学和计算机[M]. 北京:科学普及出版社,1990.

[18] 王飞跃. 人工社会、计算实验、平行系统——关于复杂社会经济系统计算研究的讨论[J]. 复杂系统与复杂性科学,2004,1(4):25-35.

[19] 王飞跃. 平行系统方法与复杂系统的管理与控制[J]. 控制与决策,2004,19(5):485-489.